Richard Sale/John Cleare

ON TOP OF THE WORLD
Die 14 Achttausender: Von den Erstbesteigungen bis heute

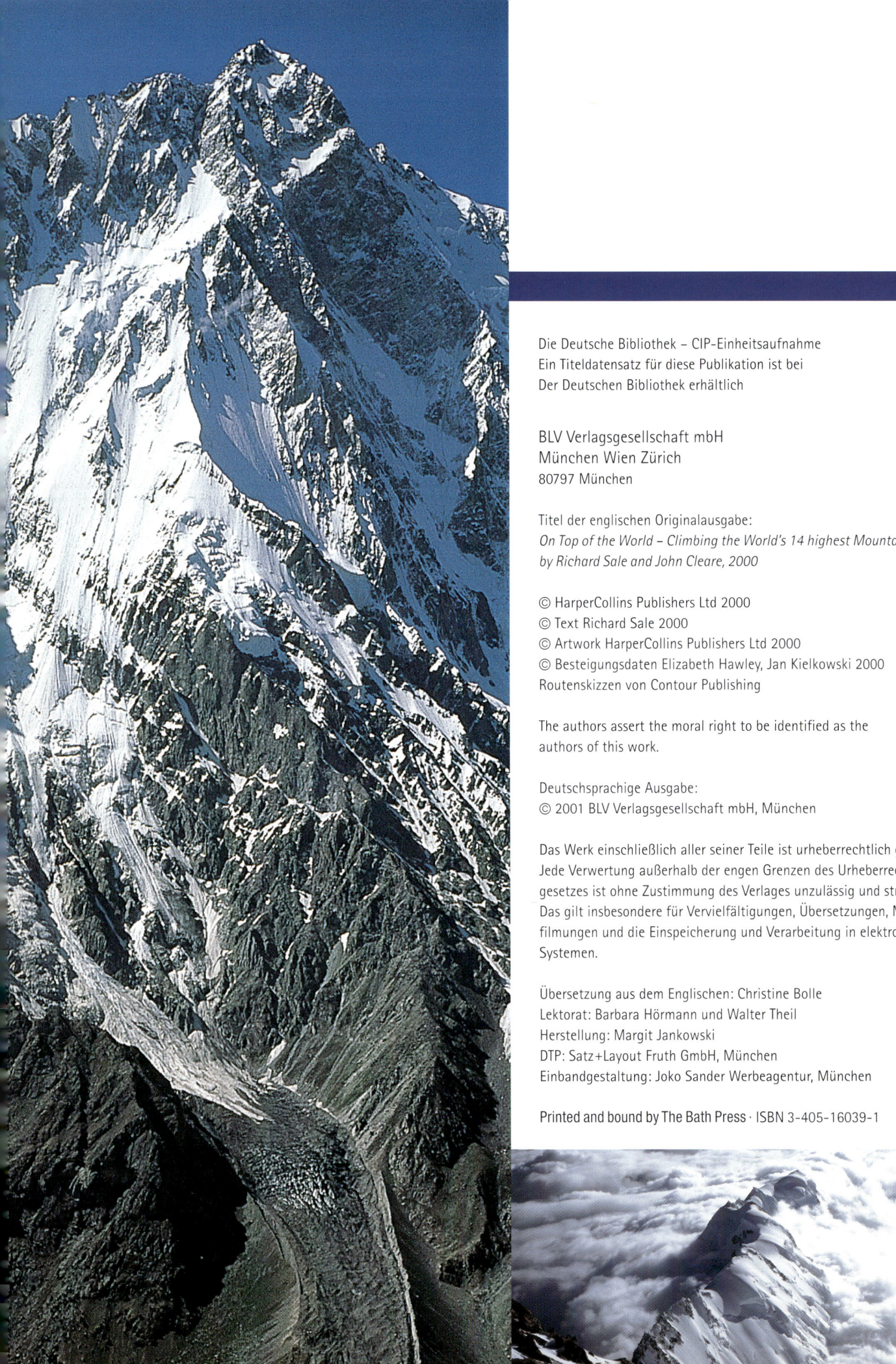

Die Deutsche Bibliothek – CIP-Einheitsaufnahme
Ein Titeldatensatz für diese Publikation ist bei
Der Deutschen Bibliothek erhältlich

BLV Verlagsgesellschaft mbH
München Wien Zürich
80797 München

Titel der englischen Originalausgabe:
*On Top of the World – Climbing the World's 14 highest Mountains
by Richard Sale and John Cleare, 2000*

© HarperCollins Publishers Ltd 2000
© Text Richard Sale 2000
© Artwork HarperCollins Publishers Ltd 2000
© Besteigungsdaten Elizabeth Hawley, Jan Kielkowski 2000
Routenskizzen von Contour Publishing

The authors assert the moral right to be identified as the
authors of this work.

Deutschsprachige Ausgabe:
© 2001 BLV Verlagsgesellschaft mbH, München

Das Werk einschließlich aller seiner Teile ist urheberrechtlich geschützt.
Jede Verwertung außerhalb der engen Grenzen des Urheberrechts-
gesetzes ist ohne Zustimmung des Verlages unzulässig und strafbar.
Das gilt insbesondere für Vervielfältigungen, Übersetzungen, Mikrover-
filmungen und die Einspeicherung und Verarbeitung in elektronischen
Systemen.

Übersetzung aus dem Englischen: Christine Bolle
Lektorat: Barbara Hörmann und Walter Theil
Herstellung: Margit Jankowski
DTP: Satz+Layout Fruth GmbH, München
Einbandgestaltung: Joko Sander Werbeagentur, München

Printed and bound by The Bath Press · ISBN 3-405-16039-1

Inhalt

Vorwort	4
Einleitung	5
Die Entdeckung	14
Frühe Besteigungen	18
Annapurna	26
Everest	42
Nanga Parbat	62
K2	82
Cho Oyu	100
Makalu	112
Kangchendzönga	122
Manaslu	136
Lhotse	146
Gasherbrum II	156
Broad Peak	166
Gasherbrum I	174
Dhaulagiri	182
Shisha Pangma	196
Besteigungsdaten/Literatur	204
Bildnachweis	227

Vorwort

Als Junge beanspruchte ich die örtliche Bibliothek in besonderem Maße. Ich las jedes Buch über das Bergsteigen, das sie hatten oder wozu ich sie überreden konnte, es zu besorgen oder zu kaufen. Es gab wenig Bücher über die Alpen und noch weniger über das britische Bergsteigen. Die meisten beschrieben den Himalaja. Und es gab die Berichte über die Erstbesteigungen der höchsten Berge der Welt.

Doch trotz meiner Liebe zu den Bergen und meiner Begeisterung für das Bergsteigen, war ich ein Bergsteiger mit relativ bescheidenen Fähigkeiten. Ich war nicht gut genug für die gesponserten Teams an den hohen Gipfeln und nicht reich genug, um an den kommerziellen Reisen teilzunehmen, als diese immer mehr angeboten wurden. Ich konnte es mir nur leisten zum Himalaja zu fahren, um die Gipfel anzusehen und zu träumen.

Als ich schließlich doch noch einige private Unterstützung für eine Expedition zu einem Achttausender erhielt, war diese Reise ein Albtraum. Krankheit hielt mich davon ab herauszufinden, ob ich das Potenzial hätte, mich in den Achttausender-Club einzureihen.

Es wird einige geben, die bezweifeln, dass jemand, der in seinem Tourenbuch keine Achttausender-Besteigung aufweisen kann, überhaupt das Recht dazu hat, eine Geschichte über die ersten 50 Jahre ihrer Besteigungen zu schreiben. Aber es ist falsch zu glauben, dass Kunstbücher nur von Künstlern geschrieben werden können und Sportbücher nur von Sportlern. Bücher über das Bergsteigen, geschrieben von Bergsteigern können eine Unmittelbarkeit hervorbringen, die für Nicht-Praktiker nie erreichbar sein wird. Aber sie können auch durch eine Subjektivität geprägt sein, die viel Wertvolles verloren gehen lässt.

Ich hoffe, ich besitze ausreichend Wissen über das Bergsteigen, um die Besteigungen zu verstehen, aber auch die Objektivität von jemandem, der von dem eigentlichen Geschehen etwas abgerückt steht. Außerdem bringe ich die Liebe zu den großen Bergen mit. Ich hoffe, dass das genug ist.

Richard Sale

Oben: Der Everest von Süden, die Südostwand steigt vom Western Cwm an. Mitte: Der Gasherbrum I Ganz rechts: Gipfeltag am Südostgrat des Everest. Rechts von dem Bergsteiger ist im Hintergrund der Makalu zu sehen.

Einleitung

Im Jahre 1793, wenige Monate nach der Hinrichtung Ludwig XVI. und mit dem Beginn der Schreckensherrschaft, hat der Französische Revolutionärsrat den Wissenschaftler Joseph Lagrange dazu aufgefordert, die Führung einer Kommission zu übernehmen, die mit der Entwicklung eines neuen Maß- und Gewichtssystems beauftragt war. Der Rat hoffte, dass dieses System weltweite Akzeptanz erreichen würde.

Die Kommission entschied, dass eine Längeneinheit ein Zehnmillionstel der Länge des Quadranten zwischen dem Äquator und dem Nordpol sein sollte, welcher durch Dünkirchen hindurch führt, Frankreichs nördlichster Stadt. Bereits ein Jahrhundert zuvor war diese Einheit von Gabriel Mouton vorgeschlagen worden. Wie die Aufsichtsbeamten der großen trigonometrischen Vermessung in Indien während des folgenden Jahrhunderts feststellen mussten, ist es nicht einfach, die Länge eines Quadranten zu messen.

Nachdem die Kommission einen ungefähren Wert erhalten hatte, verwarf sie den Plan und nahm stattdessen (entsprechend des geschätzten Wertes) eine Länge an, die durch zwei Markierungen auf einem platin-iridium-legierten Stab definiert wurde, der in Paris aufbewahrt wird. Diese Länge wurde »Meter« genannt (nach dem französischen Wort für Maß, abgeleitet von dem griechischen metron), eine Einheit, die in der Wissenschaft weltweite Akzeptanz fand und in vielen Ländern verwendet wird – mit den bemerkenswerten Ausnahmen Großbritannien und USA.

Ein halbes Jahrhundert nach der Definition des Meters wurden die höchsten Gebirge der Welt, der Himalaja und der Karakorum entdeckt. Die Umrechnung der britischen Höhenangaben dieser Gipfel in das Dezimalsystem ergab, dass unter der enormen Anzahl der gewaltigen Gipfel des sich über 2400 Kilometer erstreckenden Himalaja-Gebirges nur 14 über 8000 Meter hoch sind. Dieses Buch beschäftigt sich mit diesen 14 Gipfeln.

Auf der Schwierigkeitsskala des alpinen Bergsteigens an niedrigen Gipfeln – in den Alpen, sagt man, hat sich das Bergsteigen zum Sport entwickelt – befinden sich die leichtesten Routen auf die Gipfel der Achttausender am unteren Ende. Sicherlich sind sie nicht schwieriger als die Routen, die im späten 19. Jahrhundert oder Anfang des 20. Jahrhunderts begangen wurden. Das Problem beim Besteigen großer Gipfel ist vielmehr die Höhe, die den Bergsteiger ermüdet, Ungeschicklichkeit und Fehleinschätzungen hervorruft und zur Folge hat, dass der Bergsteiger oder die Bergsteigerin viel mehr Zeit für den Aufstieg braucht. Je länger der Bergsteiger unterwegs ist, um so verwundbarer ist er durch Wetterumschwung, die Lawinengefahr und die Auswirkungen der Kälte. Ein trainierter Mann kann von Meereshöhe aus einen Anstieg von 300 Metern bei angemessener Steigung in etwa 30 Minuten bewältigen. Die meisten der Achttausender erheben sich 3000 bis 3500 Meter über das jeweilige Basislager. Unter Anwendung der gleichen Regel würden für den Aufstieg 5 bis 6 Stunden zu veranschlagen sein. Niemand wäre so naiv, eine derartige Aufstiegszeit für möglich zu halten (obwohl heutzutage die schnellsten Zeiten auf den »leichtesten« Routen solch eine Umrechnung weit weniger abwegig erscheinen lassen als vor 20 Jahren). Dennoch ist der Vergleich mit der geplanten Aufstiegszeit einer kommerziellen Tour auf einen »leichten« Achttausender, den Cho Oyu, interessant: hier rechnet man mit 40 Tagen. Der Unterschied liegt in dem Verlangsamungseffekt der Höhe, der die Anlage einer Reihe von Lagern erfordert, die alle erst ausgerüstet werden müssen und in denen sich die Bergsteiger eine Zeitlang zur Akklimatisation aufhalten.

Bevor Bergsteigen zum Sport wurde, stiegen die Menschen nur aus religiösen Gründen oder zu Handelszwecken, eventuell

Ed Webster jümart den »Fourth Cauliflower Tower« an der Kangshung-Wand des Everest hinauf.

Gipfeltag einer kommerziellen Expedition am Südostgrat des Everest

zur Jagd über 5350 Meter hinaus, aber es gab keine ständigen Ansiedlungen in dieser Höhe. In 5500 Meter Höhe ist der Luftdruck nur noch halb so groß wie auf Meereshöhe – die Luft »wird dünner«, wie der Volksmund sagt. Mit einer Lungenfüllung Luft bekommt man also nur noch halb so viel Luftteilchen in den Körper wie am Meer, und auch nur halb so viel vom lebenswichtigen Sauerstoff. Medizinisch-physiologisch betrachtet sieht die Sache noch übler aus: Der Luftdruck – und auch der Druckanteil des Sauerstoffs, sein »Partialdruck« – ist wichtig, um die Sauerstoffteilchen aus der Lunge durch die Gefäßwände ins Blut und weiter in Muskeln und Hirn hinüberzudrücken. Das wird mit zunehmender Höhe und abnehmendem Druck immer schwieriger; auf Everesthöhe, wo der Druck noch knapp ein Drittel beträgt, funktioniert es gerade noch so, ein paar hundert Meter weiter oben gar nicht mehr. Wenn ein Mensch die Höhe von 6000 Meter erreicht, hat die Verschlechterung der Körperfunktionen bereits begonnen. Je höher er kommt, desto mehr verstärken sich diese Mängel. Durch die Akklimatisation wird versucht, die Auswirkungen der schlechten Sauerstoffversorgung durch Vermehrung der roten Blutkörperchen zu reduzieren. Auf Meereshöhe beträgt die durchschnittliche Anzahl der roten Blutkörperchen etwa 5 Millionen pro Kubikzentimeter Blut. Eine gute Akklimatisation in 5350 Meter Höhe kann die Anzahl der Blutkörperchen auf 6 Millionen pro Kubikzentimeter ansteigen lassen (verglichen mit 7 Millionen und mehr pro Kubikzentimeter bei einer Person, die in vergleichbarer Höhe geboren und aufgewachsen ist). Über diese Höhe hinaus ist eine weitere Akklimatisation nicht möglich: Die Fähigkeit des Körpers, sich an den Sauerstoffmangel anzupassen, hat hier die Grenze erreicht.

In Höhen über 7000 Meter, aber besonders über 8000 Meter reduziert sich die Überlebenszeit für Menschen dramatisch. Wie immer gibt es Unterschiede bei den Fähigkeiten der einzelnen Bergsteiger, generell aber gilt, dass ein gut akklimatisierter Bergsteiger in 8000 Meter Höhe bei warmen Temperaturen und ausreichender Lebensmittel- und Getränkeversorgung innerhalb von wenigen Tagen stirbt. Auf dem Gipfel des Everest verringert sich die Überlebenszeit auf sehr wenige Tage. 1999 verbrachte der Sherpa Babu Chire fast 24 Stunden auf dem Gipfel des Everest ohne zusätzlichen Sauerstoff aus der Flasche. Obwohl sie beeindruckend ist (wenn auch etwas bizarr), stellt diese Leistung die erwähnte allgemeine Schlussfolgerung jedoch nicht in Frage. Schon einige Bergsteiger haben festgestellt, dass in großen Höhen alles richtig funktionieren kann – und man trotzdem sterben kann. Wenn man zusätzlich zu den Auswirkungen des Sauerstoffmangels den jeweiligen Zustand eines Bergsteigers in Betracht zieht – wahrscheinlich ist er dehydriert, zuletzt sicher ein wenig unterernährt und erschöpft –, überrascht es nicht, dass Todesfälle vorkommen. Zeitungen, immer auf Auflagen steigernde sensationelle Schlagzeilen erpicht, haben die Höhen über 8000 Meter als »Todeszone« bezeichnet. Einerseits ist es leicht, über derartige Aussagen zu spotten, andererseits hat die Presse recht damit, obwohl man anmerken sollte, dass es ein Irrtum ist, sich auf die Höhe von 8000 Meter zu beschränken und den Begriff nicht auf 7500 oder 7000 Meter anzuwenden. Der einzige Unterschied besteht in der Geschwindigkeit der Leichenbergung und in der geringen Anzahl von Achttausendern.

Da das Bergsteigen an Achttausendern bedeutet, dem Tod ins Auge zu schauen, drängt sich die Frage auf, warum jemand dies macht. Mit dieser Frage konfrontiert, weichen viele mit dem lahmen Hinweis (der wahrscheinlich falsch ist, aber das ist eine andere Geschichte) auf George Leigh Mallory aus, der, als er gefragt wurde, warum er den Everest besteigen möchte (auf dem er 1924 zu Tode kam), antwortete: »Weil er da ist.« Diese Phrase wurde derart oft benützt, dass sie beinahe schon mythisch geworden ist. Jedenfalls können damit weitere Diskussionen beendet werden. Lässt man den quasi-philosophischen Touch dieser Aussage weg, dann bleibt nur ein Satz, der fast irritierend banal ist. Die Berge sind für alle da, aber nicht alle wollen sie besteigen oder interessieren sich dafür, ob sie bestiegen werden. Dies gilt für jedes menschliche Bestreben. Um die Frage des »Warum?« zu beantworten, braucht es wahrscheinlich mehr Verständnis für die menschliche Psyche als wir je haben werden. Der zweite Mann, der alle 14 Achttausender bestiegen hat, Jerzy Kukuczka sagte: »Es gibt keine Antwort... auf die endlosen Fragen über die Gründe für Expeditionen zu den Himalaja-Riesen.

Der Makalu vom First Step am Nordostgrat des Everest aus gesehen

Ich fand es nie notwendig, dies zu erklären. Ich ging zu den Bergen und bestieg sie. Das ist alles.«

Doch trotz der Unlogik, die in dieser Aktivität liegt (Lionel Terray, einer der besten Bergsteiger, die Frankreich je hervorgebracht hat, gab seiner Autobiografie den Titel »Les Conquérants de l'Inutile« – Die Eroberung des Nutzlosen) und trotz der objektiven Gefahren –große Höhe, schlechtes Wetter, Lawinen – hat der Wunsch diese Berge zu besteigen niemals abgenommen.

Die Geschichte des Achttausender-Bergsteigens ist mit der Geschichte des Bergsteigens in den Alpen vergleichbar, nur dass sie sich in einem viel gedrängteren Zeitraum abspielte. Die Ära der ersten Aufstiege zu den großen Gipfeln zog sich über ein Jahrzehnt hin (1950–1960; der Shisha Pangma wurde erst 1964 bestiegen. Es gibt aber keinen Zweifel, dass seine Erstbesteigung viel früher stattgefunden hätte, würde er in Nepal oder Pakistan liegen statt im damals unzugänglichen Tibet). Die Phase der Wandbesteigungen – im Himalaja sind es eher die Südwände als die Nordwände, die das Interesse der Bergsteiger wecken – zog sich ebenfalls über zehn Jahre hin, teilweise wegen der Zugangsschwierigkeiten zu den Gipfeln. Sie begann erst 1970. In den achtziger Jahren sprachen die Bergsteiger bereits von den »letzten großen Problemen« und verlagerten ihr Interesse auf viel steilere Wände an niedrigeren Gipfeln. Die dritte Phase begann in den späten Achtzigern mit den kommerziell organisierten Expeditionen, die Kunden mit begrenzter oder auch gar keiner Erfahrung zu den Gipfeln führten.

Viele aus der Bergsteigerelite und auch einige andere äußerten sich negativ über den Beginn der Kommerzialisierung, aber er war aus zweierlei Gründen unumgänglich. Erstens gab es wirtschaftliche Gründe: Die großen Gipfel liegen in den Territorien von China, Nepal und Pakistan, aus westlicher Sicht sehr arme Länder. Diese Länder waren an harter Währung interessiert, und so war jedes Mittel recht, um die Anzahl der Bergsteiger zu erhöhen (und damit auch die Einnahmen, da jeder Bergsteiger eine Gipfelgebühr zahlen muss). Diese Situation rief einiges an Klagen in den reicheren Ländern hervor. Viele dieser Klagen riechen nach Elitedenken und sollten mit Skepsis betrachtet werden: Bergsteigen ist ein Sport, der ein großes Maß an Egoismus beinhaltet, und Eigendünkel und Elitedenken gehören dazu. Einige sind schlicht naiv, wenn sie lamentieren, dass die großen

Einleitung

Dem Gipfel des Makalu entgegen

Bergsteiger, die im Alleingang die Achttausender bezwingen wollen – was großen Aufwand bedeutet, sowohl an Zeit wie auch an Ausrüstung – oder einfach nur deren Gipfel erreichen wollen, müssen Führer werden, ebenso wie in den Alpen. An einem schönen Sommertag ist der Hörnligrat am Matterhorn überfüllt mit von Bergführern geführten Bergsteigern – sicher überfüllter als der Gipfelgrat des Everest, und das an viel mehr Tagen im Jahr – dennoch werden keine ernst zu nehmenden Beschwerden erhoben. (Natürlich haben die geführten Touren in den Alpen nie in demselben Ausmaß kulturelle und Umweltprobleme hervorgerufen wie zum Beispiel in Nepal.)

Gipfel zu edel sind, um durch Kommerzialisierung besudelt zu werden. Aber gibt es jemanden, der wirklich daran glaubt, dass wenn der Everest in einem weiter entwickelten Land liegen würde, er nicht in einer ähnlichen oder noch kaltschnäuzigeren Art und Weise ausgebeutet worden wäre? Aber es gibt auch gute Gründe, warum einigen dieser Gegner aufmerksam zugehört werden sollte. Man könnte auch den Standpunkt vertreten, dass im 19. Jahrhundert wohlhabende britische Bergsteiger in einer Weise die arme Bevölkerung der Alpen ausgebeutet haben, die den Imperialismus der britischen Außenpolitik widerspiegelt. Dies als rassistisch begründete Pseudo-Sklaverei zu bezeichnen, wäre gewiss überzogen. Aber es gibt einige, die so weit gehen, das gegenwärtige westliche Interesse am Besteigen der großen Gipfel so zu nennen. Die Auswirkungen der vielen reichen Menschen aus dem Westen auf die armen Dörfer des Himalaja und des Karakorum waren bemerkenswert, sowohl was den kulturellen Umbruch als auch die Umweltbelastung anbelangt. Die Minister der betroffenen Länder erfreuen sich an dem Devisen bringenden Potenzial dieser Expeditionen, sie sind aber nicht direkt von der dadurch herbeigeführten Verwüstung betroffen.

Der zweite Grund für die Unvermeidbarkeit kommerzieller Bergtouren liegt bei den Bergsteigern selbst. Die Bergsteigerszene hat eigene Magazine, jedes vollgepackt mit Anzeigen. Keine davon bietet Bergsteigern eine bezahlte Beschäftigung. Auch wenn Bergsteigen für einige Personen eine Berufung ist, so ist es doch kein Beruf per se. Viele

Innerhalb der Gruppen der Bergsteiger, die sich keinen kommerziellen Expeditionen anschließen – und es gibt nur wenige, die diese Gelegenheit nicht wenigstens ab und zu nutzen – war die Konkurrenz um die wenigen Sponsoren immer groß. Die Ära des nationalen Sponsorings für Expeditionen zu den großen Gipfeln dauerte nicht lange, wenngleich das Sponsoring für einzelne Landesteams durch nationale Unternehmen weiter anhält. Tatsächlich ist es für bestimmte hochkarätige Bergsteiger weiterhin eine wichtige Methode, Geldmittel für Großprojekte zu bekommen. Für Einzelpersonen war solch eine Förderung immer willkürlich, denn die Möglichkeit einem solchen Team anzugehören, ist von Faktoren abhängig, die außerhalb des Einflusses der meisten Bergsteiger liegen. Und obwohl solche Expeditionen das eigene Image der Einzelperson steigerten, wurde die Wer-

Kommerzielle Expedition am Gasherbrum I

bung (und somit die Chance auf zukünftiges Sponsoring) geschmälert, wenn größere Mannschaften beteiligt waren. Dies traf ganz besonders zu, wenn die öffentliche Aufmerksamkeit dem Expeditionsleiter und den Bergsteigern zukam, die den Gipfel bezwangen. In diesem Sinne hob sich das Bergsteigen von den meisten anderen Mannschaftssportarten ab: Bei großen Expeditionen wurde der Erfolg der Mannschaft an Einzelpersonen festgemacht, und es waren diese Männer, nicht die ganze Mannschaft, die die Huldigungen bekamen. Die halbe Welt hat von Hillary und Tensing gehört: Wie viele können zwei andere Mannschaftsmitglieder benennen? Es ist überraschend, dass es auf großen Expeditionen nicht mehr Probleme als die offensichtlichen gab, besonders da die ständigen Auswirkungen der großen Höhe die Leute reizbar macht.

Publicity war wichtig, zumindest für einige Bergsteiger, da ein hohes Image in den Medien den Erfolg in den Bestsellerlisten, für Lesungen und bei den Sponsoren, die bereit waren, die Kosten für die Reise und die Ausrüstung zu übernehmen, garantierte. Es gab welche, die diese Vorstellung verachteten, den Medienrummel aber dennoch mitspielten: Meistens lehnten gerade diejenigen den Vorschlag eines Sponsoring durch einen Ausrüstungshersteller ab, die es sich wegen ihres Einkommens aus Büchern und Vorträgen leisten konnten. Aber um mehr Bücher verkaufen zu können oder größere Zuhörerschaften zu gewinnen, waren immer verwegenere Aufstiege notwendig. Daraus entstanden, parallel zu dem Zuwachs an kommerziellen Expeditionen, das »Wettrennen« um alle 14 Achttausender, die Besteigungen in Rekordzeiten, die Besteigungen mehrerer Achttausender in einer Saison und die Alleinbesteigungen, gelegentlich über neue, schwierigere Routen.

Der Langtang Himal vom Pungpa Ri aus gesehen, während eines erfolglosen Versuches am Shisha Pangma 1987

Von diesen Herausforderungen ist diejenige, alle 14 Achttausender zu besteigen, in vielerlei Hinsicht die interessanteste, auch weil sie viel mit der Geschichte zusammenhängt. Wäre der Meter nur ein wenig länger, gäbe es weniger Gipfel, die über die magische Zahl hinausgehen und somit wäre es eine einfachere Aufgabe gewesen, alle zu besteigen. Gäbe es nur zwei, drei oder vier, hätten viele Bergsteiger sie alle in relativ kurzer Zeit bestiegen und die Vervollständigung der

Blick vom Shisha Pangma nach Westen zu den Gipfeln rund um den Manaslu

Sammlung hätte nicht viel Aufmerksamkeit geweckt. Wäre der Meter etwas kürzer ausgefallen, gäbe es mehr Achttausender. Gäbe es 30 oder 40 von ihnen, wäre es sehr zweifelhaft, ob jemand das Bedürfnis hätte (oder auch nur in der Lage dazu wäre), sie alle zu bezwingen. 14 Gipfel, das ist wohl die richtige Zahl. Sie alle zu bezwingen erfordert ein sehr spezielles Engagement über einen langen Zeitraum.

Reinhold Messner war der erste Bergsteiger, der die Gipfel aller 14 Achttausender erreichte. Er behauptet, dass die Idee sie alle zu besteigen mit der Zeit gewachsen ist und nicht sein Ursprungsziel gewesen sei. Es trifft sicherlich zu, dass seine frühen Besteigungen mehr dem Ziel dienten, an die Grenzen des Möglichen bei den großen Gipfeln zu stoßen: die Rupal-Wand am Nanga Parbat, der Gasherbrum I im reinen Alpinstil mit Peter Habeler, der Everest ohne zusätzlichen Sauerstoff (wieder mit Habeler), der Nanga Parbat und dann der Everest im Alleingang. Seine spätere Eile, die Gipfelsammlung zu vollenden, erlaubte ihm dennoch weitere zukunftsweisende Unternehmungen – die Überschreitung von Gasherbrum I und II, eine neue Route auf die Annapurna mit einer kleinen Mannschaft –, obwohl er meistens die Originalrouten genommen hat (immer, das muss erwähnt werden, ohne künstlichen Sauerstoff und gewöhnlich mit minimal ausgerüsteten Expeditionen). Messner brauchte 16 Jahre, um die 14-Gipfel-Sammlung zu vervollständigen, beginnend mit dem Nanga Parbat 1970 und abschließend mit dem Lhotse 1986. Ein Jahr später wurde Jerzy Kukuczka der zweite Mann, der alle 14 bestiegen hat. Er brauchte acht Jahre, und an zwölf Gipfeln beging er neue Routen oder unternahm eine Erstbesteigung im Winter. Die einzigen Ausnahmen waren der Dhaulagiri (Kukuczka machte die erste »offizielle« Winterbesteigung, aber der Gipfel wurde bereits drei Jahre zuvor von einer Mannschaft erreicht, die den Anstieg vor Beginn der offiziellen Wintersaison begonnen hatte) und der Lhotse, sein erster Achttausender im Jahre 1979. Ironischerweise kam er 1989 bei dem Versuch einer neuen Route am Lhotse kurz vor dem Gipfel ums Leben. Der dritte, der alle 14 Achttausender bestieg, war der Schweizer Erhard Loretan, aber zu diesem Zeitpunkt war das Streben zu einem klaren Wettbewerb geworden. Der Franzose Benoît Chamoux war zur gleichen Zeit am Kangchendzönga, Loretans 14. Gipfel. Er wollte ebenfalls Dritter werden. Viele haben behauptet, dass dieser Wettkampf zwischen ihnen am Tod von Chamoux an diesem Berg Schuld sei (oder zumindest dazu beitrug).

Es gab ein französisches Medienteam im Basislager, das bereit war, die Neuigkeit von Chamouxs Besteigung (wenn er sie geschafft hätte) in der ganzen Welt zu verbreiten. Die Bergsteigerwelt hätte allerdings die Gültigkeit von Chamouxs Anspruch auf den 3. Platz in Frage gestellt, da er nicht den eigentlichen Gipfel des Shisha Pangma erreicht hat, sondern einen etwas niedrigeren Nebengipfel. Dies war ein Problem, welches später immer wieder auftauchte und andauernd für Artikel in Bergsteigermagazinen sorgte. Fausto De Stefani gab zu, nicht den Gipfel des Lhotse erreicht zu haben, als er der sechste wurde, der alle 14 Achttausender bestiegen hat, aber darüber, wie nah er wirklich kam, wurde viel gestritten. Waren es nur ein paar Meter, wie er behauptet, oder waren es 150 Meter? Wie nah ist nah – wann ist der Gipfel kein Gipfel? Während das Jahrhundert zu Ende ging, bildete sich eine Schlange derer, die als nächste die 14-Gipfel-Sammlung vollenden wollen. Aber viele Fragen bleiben offen: Haben sie den Gipfel des Cho Oyu erreicht oder nur den Rand des Gipfelplateaus? Den Gipfel des Broad Peak oder den Vorgipfel? Den Gipfel des Shisha Pangma oder einen untergeordneten Punkt in der langen Gipfelschneide?

Der Shisha Pangma vom Pang La, Tibet, gesehen

Außerhalb der Bergsteigerwelt mögen diese Behauptungen trivial erscheinen, aber für einen Sport, der von Sponsoren geleitet und von Medien beeinflusst (wenn nicht sogar gesteuert) ist, sind sie lebenswichtig.

Die Streitfragen gehen noch weiter, wenn man die Alleinaufstiege betrachtet. Messner machte Panoramaaufnahmen auf dem Gipfel des Nanga Parbat und Aufnahmen von sich selbst neben einem chinesischen Dreifuß auf dem Everest. Spätere Solobergsteiger konnten dies wegen schlechter Sicht, fehlender Zeit oder da sie mit den Apparaten nicht umgehen konnten, nicht machen. Bergsteigen ist vor Betrug nicht mehr geschützt als andere Aktivitäten und es gibt hier genauso die Täuschungen, von denen jeder weiß (zum Beispiel die behauptete Erstbesteigung des Mount McKinley), und Gipfelsiege, die von jemandem beansprucht werden und über die noch immer diskutiert wird – Maestris erster Aufstieg auf den Cerro Torre zum Beispiel. So ist es

Einleitung

Der Lhotse (links), der Südsattel und der Everest vom Makalu aus gesehen

folglich nicht überraschend, dass einige der unglaublicheren Besteigungen mit Vorsicht behandelt werden. Aber gelegentlich entsprechen diese unglaublichen Aufstiege der Wahrheit. Verschiedene Sherpas bezweifelten Habelers und Messners Besteigung des Everest ohne Sauerstoffflaschen, besonders in der von ihnen angegebenen Zeit. Und es hätte sicher ebenfalls Zweifler an Messners Soloaufstieg gegeben, gäbe es nicht die Gipfelfotos. Manchmal sind die Zweifel angebracht, aber wie es scheint, werden einige beanspruchte Leistungen aus mehr als nur technischen Gründen angezweifelt – ärgerten sich die Sherpas darüber, nicht selbst den ersten Aufstieg auf den Everest ohne Sauerstoffflaschen gemacht zu haben, weil es sie von ihrer Position der körperlichen Überlegenheit im Höhenbergsteigen verdrängte? Können wir sicher sein, dass alle Zweifel an Tomo Cesens beanspruchter Alleindurchsteigung der Lhotse-Südwand 1990 frei von Neid sind und frei von der Sorge um die Probleme, die für zukünftiges Sponsoring entstehen, weil nun das »letzte große Problem« gelöst ist?

Zufällig fiel das 50. Jubiläum der Erstbesteigung der Annapurna mit dem Ende des Millenniums zusammen (bemerkenswerterweise liegt es fast genau in der Mitte zwischen dem populären Ende des Millenniums, dem 31. Dezember 1999, und dem rechnerisch korrekten Ende, dem 31. Dezember 2000). In seinem Buch über die Geschichte der Eiger-Nordwand, »Die weiße Spinne«, wählte Heinrich Harrer als einen willkürlichen Endpunkt die 50. Durchsteigung, um die Geschichte auf den neuesten Stand zu bringen. In den frühen Jahren der Geschichte der großen Wände war es noch möglich, die Namen aller Bergsteiger an diesen Wänden aufzuzählen, es waren die berühmten Namen dieses Sports. Aber der Fortschritt zieht zwangsläufig ein allgemeines Ansteigen des Standards nach sich: Die Liste der Bestei-

gungen, und die meisten Namen sind nahezu unbekannt. Beim K2 mag man darüber streiten, vielleicht auch bei der Annapurna, aber man kann mit Recht sagen, dass die Sonne nun für all die großen Gipfel aufgegangen ist.

Nun, da das zweite Millennium endet, stellt sich die berechtigte Frage, was das dritte bringen wird. Man könnte leicht den Fehler begehen anzunehmen, dass es bei der Ausrüstung keine Verbesserungsmöglichkeiten mehr gibt, dass die Thermo-Anzüge, die Steigeisen an den Plastikbergstiefeln, die Pickel fast nichts mehr wiegen und dass der Rest so weit entwickelt ist, wie es nur sein kann. Zweifellos glaubte man damals an der Annapurna 1950 das gleiche. Aber die Ausrüstung wird weiter verbessert werden, es ist immer so. Die persönliche Fitness wird ebenfalls ansteigen, und da sie »auf den Schultern ihrer Vorgänger« klettern, wird die Selbstsicherheit der Bergsteiger ebenfalls wachsen. Der hervorragend trainierte Messner brauchte zweieinhalb Tage, um den Everest von Norden her allein zu besteigen: Nun wird das schon in einem Tag gemacht. Die Bedingungen mögen einfacher geworden sein, aber sie können nicht die 300 Prozent Verbesserung erklären. Die Aufstiegszeiten verringern sich. Viele werden dem »Club der 14 Achttausender« beitreten. Besteigungen von einigen, wahrscheinlich sogar von allen 14 werden innerhalb von zwölf Monaten gemacht werden, innerhalb eines Kalenderjahres, in weniger als einem Jahr. Manch einer wird den Everest ein dutzend Mal besteigen, zwei dutzend Male. Die Everest-Trilogie – Nuptse, Lhotse, Everest – wird gemacht werden. Andere »letzte große Probleme« werden erkannt und schnell abgehakt werden.

Bergsteiger werden kämpfen. Sie werden Erfolg haben.
Sie werden sterben.
Und den Gipfeln wird dies alles gleichgültig sein.
Nichts verändert sich.

gungen wird länger, die Häufigkeit der Aufstiege steigt an und die Namen der Bergsteiger sind weniger bekannt. Was sagte Don Whillans, der große britische Bergsteiger, über die Routen, die er und sein Partner Joe Brown unternommen haben, Routen, die eine Aura der Unbezwingbarkeit hatten: Zuerst werden nur wenige sie versuchen – aber »jeder wird sie machen, wenn die Sonne aufgeht«.

An der Eiger-Nordwand ging die Sonne auf. Dann ging sie am Everest auf: 1975 gab es etwa 50 Besteigungen, und die Namen der Kletterer waren berühmt. 25 Jahre später waren es 1300 Bestei-

Der Makalu vom Basislager aus. Links sieht man die Südwand mit dem Südostgrat rechts vom Gipfel.

Die Entdeckung

Sir George Everest

Im Sanskrit, der Sprache der Urbevölkerung am Indus und am Ganges, die Sprache der Veden, der Upanischaden und der Bhagavadgita, wurden die gewaltigen Berge, die die Ebene des Ganges vom Tibetischen Plateau trennen, als Hima alaya bezeichnet – der Wohnsitz des Schnees.

Obwohl er den frühen Nomaden und den Siedlern Tibets und Nordindiens bekannt gewesen sein dürfte, war der Himalaja in Europa unbekannt, bis die Expedition Alexander des Großen zum Hindukusch vorstieß. Später brachte zweifellos der Handel zwischen dem östlichen Mittelmeer und Asien Neuigkeiten über die hohen Berge weiter nach Osten, aber die Invasion der Barbaren im 3. Jahrhundert vor Christus unterbrach die alte Seidenstraße und brachte den Handel und damit die Kommunikation praktisch zum Stillstand. In den nächsten 700 Jahren wurden die Handelsverbindungen nicht wieder aufgenommen. Marco Polo unternahm seine Reisen in den Jahren 1271 und 1295, aber erst im 16. Jahrhundert erschien der Himalaja auf Landkarten europäischer Herkunft, die von einem spanischen Jesuiten gezeichnet worden waren, der Hindustan besucht hatte.

Mitte des 18. Jahrhunderts legten die Briten und die Franzosen an der Ostküste Indiens Handelszentren an und versuchten ihren Einflussbereich auf dem Subkontinent auszuweiten. Obwohl ihre Interessen ursprünglich rein wirtschaftlicher Art waren – die Briten waren eher durch die Ostindische Kompanie als durch die Krone vertreten –, strebten beide Länder nach einem östlichen Imperium. Es war unvermeidlich, dass dies zu einem Konflikt führte. Die Briten gewannen die entscheidende Schlacht bei Plassey im Jahre 1757 und fortan kontrollierten sie Bengalen. Sie dehnten im Jahre 1805 die Kontrolle auf die gesamte Ostküste Indiens und etwa 1815 auf den gesamten Subkontinent aus.

Obwohl auf den traditionellen Reisewegen eingeschränkter Handel betrieben werden kann, benötigt ein richtig organisierter Handel doch Landkarten. Die Regierung braucht ebenfalls Landkarten, besonders da die Besteuerung oft auf Landbesitz basiert. Landkarten existierten schon seit den Babyloniern und den alten Ägyptern, und wahrscheinlich wurden im gleichen Zeitraum regelmäßige Vermessungen durchgeführt, auch wenn diese auf recht speziellen Methoden basierten, zum Beispiel wie viel Land an einem Tag mit einem Ochsengespann durchpflügt werden konnte. Nach der Schlacht bei Plassey wurde der Kommandeur der siegreichen Armee, Robert Clive, zum Gouverneur des neuen britischen Besitzes Bengalen und zum Baron Clive von Plassey ernannt. Eine von Clives ersten Taten war, Captain James Rennell damit zu beauftragen, seinen Regierungsbezirk zu vermessen. Rennells Vermessungen führten ihn Richtung Norden bis an die Grenze zu Bhutan. Dort, in Sichtnähe zum Himalaja, wurde er von den Abkömmlingen der Mongolen gestoppt, die dieses Königreich immer noch besetzt hielten. Rennell vermaß ein Gebiet von 3800 km² und veröffentlichte 1783 eine Landkarte von Hindustan, obgleich die Darstellung des unerforschten Himalaja nur auf frühen Karten von Reisenden basierte.

Rennells Arbeit wurde von späteren Landvermessern südlich in Richtung Madras fortgesetzt. Dann, im Jahre 1800, schlug William Lambton, der 1781 bei Yorktown als Fähnrich der Infanterie gefangen genommen wurde, bevor er unter Colonel Arthur Wellesley (dem späteren Duke of Wellington) in Indien diente, die Vermessung des gesamten Subkontinents vor. Lambton nannte diese Arbeit »the Great Trigonometrical Survey« (die Große Trigonometrische Vermessung) und ordnete die Herstellung eines eine halbe Tonne schweren Theodoliten an, der dann, fast einen Meter breit, der Große Theodolit genannt wurde. Lambton schlug außerdem die Vermessung des 78. Längengrades vor.

Lambton war ein Mann mit Visionen und einer, der sich des Ausmaßes seiner Visionen absolut bewusst war. Bei diesem Projekt konnte ein Land, fast dreißigmal so groß wie Großbritannien, ebenso genau vermessen werden wie durch das Landesvermessungsamt im Jahre 1791. Die Vermessung des »großen meridionalen Bogens« würde die Berechnung erlauben, um wie viel die Erde, wenn überhaupt, von einer perfekten Kugel abweicht. Der 78. Längengrad war der längste auf zugänglichem Land. Er erstreckt sich über 2500 Kilometer vom Osten des Kap Comorin an Indiens Südspitze bis zum Himalaja. Lambton begann 1802 mit der Arbeit. Für seine Vermessungen nutze er ein Netzwerk von Dreiecken, eine gründliche, aber langwierige Technik. Im Jahre 1818 stellte Lambton einen neuen Chefassistenten ein, Lieutenant George Everest, der einen grundlegenden Beitrag zu dieser Arbeit geleistet hatte, als er im Jahre 1823 Leiter der Indischen Landvermessung wurde. Damit trat Everest die Nachfolge Lambtons an, der bis zum Schluss gearbeitet hatte und im Alter von 70 Jahren mitten in der Arbeit starb.

Aber bevor man auf die Arbeit von Everest eingeht, sollte Folgendes angemerkt werden: Obwohl es bis nach dem Tod des neuen Leiters keine anerkannten Höhenangaben der Himalaja-Gipfel gab, sind schon sehr viel früher Messungen durchgeführt worden. Kartenskizzen, die in den späten 1760er Jahren von Offizieren der Britischen Armee angefertigt wurden, zeigen die Routen durch das schwer zugängliche Land in der Nähe der Grenze zwischen Indien und Nepal und bis nach Nepal hinein. Dennoch war es erst im Jahre 1804, als Charles Crawford, der

Ein Forschungsteam während einer frühen Erforschung des Himalaja

Die Entdeckung 15

Befehlshaber der Militäreskorte, die den ersten britischen Gesandten zum nepalesischen Königshof in Katmandu begleitete, vermutete, dass die Gipfel des nepalesischen Himalaja (oder des indischen Kaukasus, wie er es nannte) zu den höchsten der Welt gehören könnten, ja dass sie eventuell sogar höher als die Anden in Südamerika sein könnten. Im Jahre 1808 machte sich Lieutenant Webb daran, die oberen Quellflüsse des Ganges zu erforschen. Auf seiner Rückreise konnte er einige der von Crawford erwähnten hohen Gipfel sehen und nahm sie das erste Mal von den Vermessungsstationen in der Ebene wahr. An seinem Stützpunkt angekommen, errechnete Webb die Höhe eines bestimmten Gipfels – des Dhawala Gira – und war über seine eigenen Ergebnisse erstaunt. Crawfords Annahme, dass diese Gipfel zu den höchsten der Welt gehören könnten, entsprach nicht ganz der Wahrheit: Sie waren tatsächlich die höchsten. 1809 kam Webb zurück, um seine Messungen zu bestätigen. Es gab keinen Zweifel, und so veröffentlichte er das Ergebnis: der Dhawala Gira (wir sprechen es als Dhaulagiri aus) war 26.862 Fuß hoch. Diese Höhe, 8190 Meter, liegt nur 23 Meter über der derzeit anerkannten Höhe von 8167 Meter, was die Genauigkeit der Messungen von Webb zeigt. Statt diese kolossale Höhe zu bewundern, machten die europäischen Geografen nur abschätzige Bemerkungen über diesen verrückten Soldaten, der nicht einmal die einfachsten Berechnungen aufstellen konnte. Für sie war der Chimborazo in den ecuadorianischen Anden der höchste Berg der Welt, und dies blieb offiziell noch viele Jahre so. Eine interessante Ausnahme von dieser offiziellen Ansicht war die Veröffentlichung eines Artikels im Jahre 1842, in dem die Höhen der höchsten Gipfel der Welt verglichen wurden. Darin wird der Chimborazo mit 21.464 Fuß (etwa 6542 Meter) angegeben, aber es werden auch vier Gipfel des Himalaja genannt, darunter der »Dhawala Gira« mit einer Höhe von 26.462 Fuß (etwa 8066 Meter). Diese Höhe ist verwirrend, da sie nicht mit der von Webb übereinstimmt, aber sie ist identisch mit der einer Gravierung unbekannter Herkunft aus dem Jahre 1817. Außerdem gibt es zwei Abbildungen, die zwischen 1817 und 1842 veröffentlicht wurden, die den »Dhawala Gira« zeigen, aber mit unterschiedlichen Höhen. Ähnlich interessant ist die Tatsache, dass gemessen vom Geozentrum (das ist das Massezentrum der Erde) der Chimborazo wirklich der höchste Gipfel ist. Durch die Erdumdrehung entsteht eine Abflachung an den Polen: der Everest liegt 28 Grad Nord, während der Chimborazo (mehr oder weniger) auf dem Äquator liegt. Obwohl er 2600 Meter niedriger als der Everest ist, ist sein Gipfel 2200 Meter weiter vom Geozentrum entfernt.

Die wenigen Reisen Crawfords und anderer nach Nepal hinein waren für über 140 Jahre die letzten. 1814 hatte die Ostindische Kompanie genug von den Überfällen auf die Handelsrouten und -zentren und begann den zweijährigen Nepalesischen Krieg. Dieser endete mit der Neufestlegung der westlichen Grenze Nepals, wodurch das Gebiet des Kumaun Himalaja (die Berge um den Nanda Devi) nach Indien kam und die Grenze zu Nepal für Fremde verschlossen wurde. Dadurch mussten Vermessungen der höchsten Gipfel bis auf weiteres von Indien aus durchgeführt werden.

George Everest wurde am 4. Juli 1790 geboren, wahrscheinlich in Gwernvale in der Nähe von Crickhowell, einer kleinen Stadt unterhalb der Black Mountains im südlichen Wales. Dort war sein Vater Tristram Rechtsanwalt. George war das dritte von sechs Kindern von Tristram (der eine Kanzlei in Greenwich hatte) und Lucetta Mary, geborene Smith. Heute wird der Name des höchsten Berges der Welt Ever-est augesprochen. George wäre wohl darüber entsetzt. Während seines ganzen Lebens befolgte er die von seiner Familie bevorzugte Aussprache Eve-rest.

Mit 14 Jahren wurde George Kadett und ging bald danach auf die Royal Military Academy in Woolwich. Im November 1805 verließ er Woolwich und kam im Jahr darauf, gerade sieben Tage nach seinem 16. Geburtstag, in Indien an und wurde Lieutenant der Bengalesischen Artillerie. Es ist nur wenig über seine frühe Karriere beim Militär bekannt, aber 1811 war er ganz sicher mit Vermessungsarbeiten beschäftigt, als er vorübergehend auf Java stationiert war. 1818 wurde er Lamptons Chefassistent und 1823 trat er als Leiter der Indischen Landvermessung an. Er wurde 1830 zum Generallandvermesser von Indien ernannt. 1843 trat er in den Ruhestand. Er heiratete 1846 die 23-jährige Emma Wing und wurde zwischen 1849 und 1859 Vater von sechs Kindern. George wurde 1861 zum Ritter geschlagen und starb am 1. Dezember 1866. Er liegt auf dem Friedhof der St. Andrew's Church in Hove an der Südküste Englands begraben. Sir George hatte nur zwei Enkelkinder, beide Kinder seines ältesten Sohnes. Da die Enkelkinder keine Kinder hatten, starb die Everest-Linie im Jahre 1935 aus.

In seiner Eigenschaft als oberster Vermesser in Indien ersetzte Everest Lamptons System durch ein Netz von Triangulationsketten, um die Arbeit an den Meridianen zu beschleunigen und verbesserte die Konstruktion der Theodoliten durch konsequente Verbesserung der Präzision bei den Vermessungen. Everest schloss die Vermessung des »großen meridionalen Bogens« 1841 ab, ist aber bis zu seinem Ruhestand mit der Vermessung des Landes bis zu den Grenzen Nepals nicht vorwärts gekommen. In den folgenden Jahren wurden die Ebenen am Südfuß des Nepal-Himalajas trianguliert. 1849 wurde während der Vermessungen der Ganges-Ebene um Bihar ein bis dahin unvermessener Gipfel im verbotenen Nepal entdeckt. Innerhalb eines Nummerierungssystems, das im Osten von Darjeeling begann, mit dem Südgipfel und dem Hauptgipfel des Kangchendzöngas als Gipfel VIII und IX und dem Makalu als Gipfel XIII, entsprach dieser neu entdeckte Berg dem Gipfel XV. Die Berechnungen der Höhe dieses Gipfels begannen 1852, aber bis 1856 sah es Andrew Waugh, der die Nachfolge von Everest als Generallandvermesser angetreten hatte, nicht als gerechtfertigt an, die berechnete Höhe des Gipfels XV und die Tatsache, dass dies wahrscheinlich der höchste Berg der Welt war, zu veröffentlichen.

Es wird gewöhnlich behauptet, dass der Gipfel XV erst 1865, nach einer ermüdenden Suche eines regional gebräuchlichen

Die Entdeckung

Karakorum und Himalaja

Namens, den Namen Everest erhielt. Tatsächlich aber wurde der Name von dem Moment an verwendet, als die Höhe des Gipfels und sein wahrscheinlicher Rang das erste Mal veröffentlicht wurden. Im März 1856 schrieb Andrew Waugh an Maj. Thuillier, dem stellvertretenden Generallandvermesser in Kalkutta (der später als Gen. Sir Henry Thuillier der Nachfolger Waughs als Generallandvermesser werden sollte): »Von meinem hochachtungswürdigen Chef und Vorgänger Col. George Everest habe ich gelernt, jedem geografischen Objekt seine wahre lokale oder nationale Benennung zu geben... Aber hier haben wir einen Berg, höchstwahrscheinlich den höchsten der Welt, für den wir keinen lokalen Namen finden konnten und dessen einheimische Bezeichnung, wenn er denn eine hat, sicherlich nicht eher ermittelt werden kann, ehe wir nicht nach Nepal vordringen dürfen, um uns diesem fantastischen Massiv zu nähern. In der Zwischenzeit fällt mir das Privileg wie auch die Pflicht zu, diesem erhabenen Gipfel... einen Namen zuzuteilen, unter dem er bei Geografen bekannt sein sollte und der ein Alltagsname werden wird... Als Ausdruck meines herzlichen Respektes für einen verehrten Vorgesetzten – in Übereinstimmung mit dem, wie ich glaube, Wunsch aller Mitglieder der wissenschaftlichen Abteilung, der ich die Ehre habe vorzustehen – und um die Erinnerung an diesen berühmten Meister genauer geografischer Forschung zu bewahren – habe ich beschlossen, diesen edlen Gipfel ›Mont Everest‹ zu nennen.« Die Höhe wurde mit 8842 Meter angegeben.

Später wurde diese Höhe auf 8848 Meter korrigiert, die derzeit gültige Höhe. 1999 hat ein GPS-System des Boston Museum of Science für das Bishop's Ledge eine Höhe von maximal 8830 Meter errechnet. Die Stelle, die sich unmittelbar unter dem Gipfel befindet, wird so genannt, weil sie auf dem berühmten Foto zu sehen ist, das Barry Bishop hier während der amerikanischen Expedition 1963 von Lute Jerstad aufgenommen hat. Nur einige Tage später hat die National Geographic Society, Mitsponsor des Experiments, verkündet, dass die korrekte Höhe aktuell 8850 Meter ist.

Thuillier benutzte Waughs Brief, um im August 1856 die Entdeckung des höchsten Berges der Welt formell auf einem Treffen der Asiatic Society of Bengal bekannt zu geben. Abgesehen von dem Gebrauch des französischen »Mont« (das eher einen einzelnen Gipfel bezeichnet statt ein Gebirgsmassiv), das 1857 zu Gunsten des Wortes »Mount« fallengelassen wurde, stand der Name des höchsten Berges der Welt fest. Im August 1856 hat Brian Hodgson, der früher in Katmandu und anschließend in Darjeeling gelebt hat, in einem Brief an die Asiatische Gesellschaft als Reaktion auf Thuilliers Bekanntgabe gefordert, dass der Gipfel Devadhunga oder Bhairathan genannt werden müsste. Das hatte zur Folge, dass Waugh Anfang 1857 ein Komitee zusammenstellte, um den Namen des Gipfels zu erforschen. Dieses kam zu dem Schluss, dass Devadhunga (bedeutet »Sitz Gottes«) für viele Orte gebraucht wurde und dass es keinen Grund gab, den Namen Bhairathan zu unterstützen. Darüber hinaus kam im Januar 1857 ein offizieller Brief des Außenministers von Indien (geschrieben als Antwort auf Waughs Brief vom Juli 1856), in dem er mitteilte, dass der Name Everest akzeptiert würde.

Frühe Besteigungen

Die Diamir-Flanke des Nanga Parbat. Mummery versuchte die Wand über die hervorstehende Rippe zu bezwingen.

Die »Entdeckung« des höchsten Berges der Welt fiel mit dem Beginn des »Goldenen Zeitalters« des Bergsteigens in den Alpen zusammen.

Der Montblanc wurde 1786 bestiegen, und obwohl einige andere Gipfel folgten (zum Beispiel Piz Bernina und Jungfrau), gab es vor der Ankunft der Briten Mitte des 19. Jahrhunderts kaum wirkliche Ambitionen, die übrigen Viertausender zu besteigen. Der höchste Gipfel der Monte-Rosa-Gruppe wurde 1855 von fünf Briten und drei Bergführern erreicht. Einer der Briten, Charles Hudson, starb bei der Tragödie der Erstbesteigung des Matterhorns. Während der folgenden zehn Jahre wurden nahezu alle übrigen Viertausender bestiegen, was mit dem Matterhorn-Triumph durch Whymper, Croz und ihrem Team im Jahre 1865 seinen Höhepunkt erreichte. Während dieser zehn Jahre beschleunigte sich das Tempo der Erforschungen, an die 100 Gipfel wurden zwischen 1863 und 1865 bestiegen. Die Ausrüstung dieser Pioniere war rudimentär. Bald nach der Besteigung des Montblanc wurde eine Art Steigeisen hergestellt, aber selten benützt. Die meisten Bergsteiger verließen sich auf genagelte Schuhe und auf die Stufen, die sie in den Schnee oder das Eis schlugen. Diese Stufen wurden mit Pickeln geschlagen, die einen langen Schaft hatten, viele davon eher mit einer beilartigen Haue, also nicht wie die heutigen Konstruktionen. Das Seil war aus Hanf, das schwer wurde, sobald es nass war. Auch die Anwendung des Seiles war rudimentär: Es diente mehr der Beruhigung der Nerven als dass es einen sicherungstechnischen Aspekt gehabt hätte. Das Ausrutschen eines Seilschaftsmitgliedes hatte meist den Absturz der ganzen Seilschaft zur Folge. Die Bekleidung war wenig mehr als alte Straßenkleidung: schwere Tweedmäntel und Hosen, ein Hut oder eine Kappe tief über den Kopf gezogen. Eine länger andauernde Schlechtwetterperiode hatte ernste Folgen für diese ersten Bergsteiger, und es zeugt von ihrer Ausdauer, hoher Geschwindigkeit in kombiniertem Gelände und guter Wetterkenntnis, dass so wenig Unfälle passierten. Auch mit moderner Ausrüstung können diese ersten

Routen dem Unvorsichtigen oder dem Unglückseligen Schwierigkeiten bereiten oder ihn sogar töten.

Nach dieser Blütezeit veränderte sich das Bergsteigen. Der Aufstieg auf den Montblanc wurde ebenso aus wissenschaftlichen Gründen (und später aus ästhetischen) wie auch aus Abenteuerlust unternommen. Dieser Sport war in diesem goldenen Zeitalter der oberen Bevölkerungsschicht vorbehalten – den Geistlichen, den Adeligen und den Reichen, die mit lokalen Führern kletterten. Whymper war da anders, ein bescheidener Graveur, der durch eine eher moderne Einstellung angetrieben wurde. Nach der Besteigung des Matterhorns ging die Nachfrage nach Führern bei diesen Pionieren zurück und Wissenschaft und Forschung als Vorwand wurden fallen gelassen: Bergsteigen wurde nun nur aus sportlichen Gründen betrieben. Diese Änderung war durch Albert Mummery personifiziert, einen britischen Bergsteiger, der – nach einer langen Phase des gemeinsamen Bergsteigens mit dem Schweizer Führer Alexander Burgener – damit begann, schwere Routen einfach aus purer Lust daran zu klettern und weniger mit dem Ziel, unbedingt einen bestimmten Gipfel zu erreichen.

Das erste Team, das versuchte den K2 zu bezwingen – Wesseley, Eckenstein, Jacor-Guillarmod, Crowley, Pfannl und Knowles

Während der Mummery-Ära – die letzten zwanzig Jahre des 19. Jahrhunderts – gab es einige Fortschritte in der Technik. Etwa 1879 wurde das erste Mal abgeseilt, und in den Ostalpen begann man Haken als Ergänzung zu den natürlichen Sicherungen an den kompakten Felswänden in Tirol und in den Dolomiten einzusetzen. Mummery war auch ein früher Pionier des Bergsteigens in Gebirgen außerhalb der Alpen. Es überrascht nicht, dass sich dort die Entwicklung des Bergsteigens in den Alpen wiederholte – zuerst mussten die Gipfel über die leichtesten Routen erreicht werden. Erst danach würden sich die Bergsteiger den schwierigeren Varianten widmen.

Die Verbesserung der Techniken und der Ausrüstung wurde in der Zeit nach Mummery beschleunigt. Anfang des 20. Jahrhunderts stellte Oscar Eckenstein Leichtsteigeisen, die am Rucksack getragen werden konnten, und Pickel mit kurzen Schäften her.

Mallory und Norton auf etwa 8200 Meter Höhe, dem höchsten Punkt, der während der Expedition 1922 erreicht wurde

Gleichzeitig wurden in den Ostalpen Kletterhaken mit einer Öse und Karabiner benützt, so dass das Seil nicht mehr jedes Mal durch den Ring gefädelt werden musste, sondern in den Karabiner eingehängt werden konnte. Mit diesen Neuerungen konnten die Bergsteiger leichter in kombiniertem und steilerem Gelände klettern und konnten sich selbst mit laufenden Sicherungen schützen, wodurch der Kletterstandard angehoben wurde. Das Niveau des Felskletterns wurde weiterhin durch die Erfindung der Kletterschuhe mit Filzsohlen und durch fortgeschrittene Seiltechniken wie den Seilquergang verbessert.

Der Krieg von 1914 bis 1918 brachte die Entwicklungen zum Stillstand. Als der Konflikt beendet war, änderte sich die Rangfolge in den Alpen. Die britische Vorherrschaft ging zu Ende. Obwohl die britischen Bergsteiger bei der Entdeckung des Himalaja immer noch Vorreiter waren – Indien war noch weitere 25 Jahre von den Briten besetzt –, hatten sie in den Alpen doch ihre herausragende Position verloren. Nun brachten die Nationen, denen die Berge gehörten, die Bergsteiger hervor: Armand Charlet aus Frankreich, Hans Lauper aus der

Vittorio Sellas Foto von der Westwand des K2, während der Expedition des Herzogs der Abruzzen im Jahre 1909 aufgenommen

Frühe Besteigungen

Edward Norton bei der Annäherung an das Große (Norton-) Couloir in etwa 8500 Meter Höhe, wahrscheinlich fast 30 Jahre lang der höchste erreichte Punkt und das an der höchsten Stelle aufgenommene Foto

macht wurden, in den dreißiger Jahren, der Zeit der Nordwand-Durchsteigungen – und dann mit denen, die ein halbes Jahrhundert später aufgenommen wurden, in der »modernen« Ära. Fast reflexartig lächelt man und schüttelt den Kopf über die viktorianische Bekleidung der Bergsteiger und deren Ausrüstung, dennoch besteht nur sehr wenig Unterschied zu dem, was die Brüder Schmid, die als erste die Nordwand des Matterhorns durchstiegen, an Bekleidung trugen oder als Ausrüstung mit sich führten. Weitere fünfzig Jahre später ist der moderne Bergsteiger mit Kunstfaserstoffen bekleidet, die leicht, warm, wind- und wasserabweisend sind – praktisch unverwüstlich. Und er hat eine Ausrüstung, die sich durch hervorragende Stabilität und Funktionalität auszeichnet. Er scheint in einer völlig anderen Welt zu leben. Doch die eigentliche Herausforderung beim Bergsteigen bleibt die gleiche. Die Fortschritte bei der Ausrüstung und der Technik spiegeln sich in entsprechenden Fortschritten bei den Kletterstandards wider. Bei der Erstdurchsteigung der Eiger-Nordwand hatte Heinrich Harrer gar keine Steigeisen (und das mit Absicht, und nicht weil es keine gegeben hätte; eine Entscheidung, die ein heutiger Bergsteiger so niemals treffen würde) und Fritz Kasparek hatte zehnzackige Steigeisen, obwohl Anderl Heckmair und Ludwig Vörg schon die neuen zwölfzackigen Steigeisen hatten. Keiner dieser Vier hatte

Mitglieder der Everest-Expedition von 1921 – Wollaston, Howard-Bury, Heron und Raeburn (stehend von links), Mallory, Wheeler, Bullock, Morshead (sitzend von links)

Schweiz, Emilio Comici aus Italien und Willo Welzenbach aus Deutschland. In der Folge der Weiterentwicklung durch diese neuen Pioniere versuchte man sich an den großen Wänden der Alpen. »Die sechs großen Nordwände«, die des Matterhorns, der Großen Zinne, des Petit Dru, des Piz Badile, der Grandes Jorasses und des Eiger wurden alle während der dreißiger Jahre bestiegen. Es ist aufschlussreich die Fotos der Pioniere aus der Mummery-Ära mit denen zu vergleichen, die 50 Jahre später ge-

Frühe Besteigungen

Stiefel mit Vibramsohlen (Vitale Bramanis revolutionäre Sohle, die nach ihm benannt ist, war bis 1939 noch nicht erhältlich) oder war mit wasserabweisender Kleidung versehen. Stattdessen wurden ihre Jacken triefnass und dann kalt, wenn das Wasser von der Oberfläche eingedrungen war. Obwohl diese Fotos die Vier in eine Zeit so weit entfernt wie die von Mummery zu versetzen scheinen, waren ihre Leistungen beträchtlich. Ein halbes Jahrhundert lang hatte die Wand den Ruf des letzten großen alpinen Problems und beschert auch heute noch Bergsteigern keinen leichten Tag. Als Heckmair vor gar nicht so vielen Jahren nach einem Vortrag in England gefragt wurde, wie er die Durchsteigung mit einem altmodischen Pickel geschafft hat – einem ohne der modernen geneigten Haue –, gab er seine berühmte Antwort, ob man den Eiger besteigt oder nicht hinge nicht von der Krümmung der Haue ab.

Die Sikkim-Seite des Kangchendzönga, vom vorgelagerten Gipfel Siniolchu aus gesehen. Die Expeditionen der dreißiger Jahre versuchten sich am Nordostsporn, einer Route, die bis 1977 nicht bestiegen wurde.

Erste Besteigungen im Himalaja

In der Geschichte der frühen Erforschung des Himalaja gibt es viele, die für sich beanspruchen, einen höheren Punkt oder Gipfel erreicht zu haben als je ein Mensch zuvor. Die kürzliche Entdeckung der gefrorenen Leichen von Kindern nahe des Gipfels Llullaillaco, einem 6723 Meter hohen Berg im Norden Argentiniens, macht viele dieser Ansprüche hinfällig. Es wird angenommen, dass diese drei Kinder vor etwa 500 Jahren während eines Opferrituals von Inka-Priestern getötet wurden. Es ist sehr wahrscheinlich, dass dies die größte von Menschen erreichte Höhe in Südamerika war. Die Anden erheben sich nur selten über die 6000-Meter-Linie. Auf der Nordseite des Himalaja (der tibetischen Seite) kann die Schneegrenze im Sommer in einer Höhe von 6500 Meter liegen, und obwohl es in dieser Höhe nur wenig Vegetation gibt, wurde von Yaks und Schneeleoparden in einer Höhe von 6100 Meter und von der Tibetischen Gazelle (oder Goa) in über 5500 Meter Höhe berichtet. Es ist wahrscheinlich, dass Menschen auf der Jagd ähnliche Höhen erreichten und auf der Suche nach Handelsrouten vielleicht sogar noch höher kamen. Aber sie lebten nicht auf diesen Höhen: Gorak Shep, bei Trekkern im Everest-Gebiet wegen der hervorragenden Aussicht auf das Everest-Massiv vom nahegelegenen Kala Pattar aus wohl bekannt,

Mallory und Irvine verlassen das Lager am Nordsattel für ihren letzten Angriff 1924.

Das Grat-Lager in etwa 6000 Meter Höhe während einer der frühen Versuche der Deutschen am Nordostsporn des Kangchendzönga

Blick über die Märchenwiese hinweg auf den Nanga Parbat

einen Gipfel eher als den anderen aus oder warum strebt er nach dem Gipfel, wenn eine niedrigere Bergschulter für seine Zwecke ausreichend gewesen wäre. Eines der bemerkenswertesten Beispiele für diese Grauzone war William Johnson, der, obwohl er ein Mitglied der Indischen Landvermessung war, offensichtlich ebenso viel aus Freude geklettert ist wie um die Triangulationsstationen zu installieren. Auf einer nicht genehmigten Reise ins chinesische Kunlun Shan im Jahre 1865 (eine Reise, die zu seinem Austritt aus der Indischen Landvermessung führte) behauptete er, einen 7284 Meter hohen Gipfel bestiegen zu haben. Neuere Vermessungen ergaben, dass dieser Gipfel eine Höhe von 6710 Meter hat, und einige stellen, damals wie heute, Johnsons Behauptung in Frage, obwohl ohne Zweifel feststeht, dass Johnson schon irgendwo diese Höhe erreicht hat.

Es ist allgemein anerkannt, dass W. W. Graham einer der ersten reinen Bergsteiger war. Er reiste im Frühling 1883 in den

liegt auf 5190 Meter Höhe. Die frühen Landvermesser im Indischen Himalaja bestiegen einige Dutzend Gipfel mit 6100 Meter und einige mit Höhen über 6400 Meter. Auch gibt es den berühmten Vorfall, dass ein Khalasi (ein indischer Assistent des Vermessungsteams) einen Gipfel nördlich des Spiti-Flusses im Himachal Pradesh erreicht hat, von dem behauptet wird, dass er über 7000 Meter hoch sei. Der Name des Mannes wurde nicht festgehalten, aber der Name des Gipfels wurde mit Shilla angegeben. Neuere Vermessungen haben seine Höhe mit 6111 Meter festgelegt und dabei traurigerweise einen Mythos zerstört. Es wäre schöner gewesen, diesen so zu belassen. Ganz nebenbei erhält man einen wunderbaren Einblick in die Methoden der Indischen Landvermessung, indem man sich fragt, wie diese Khalasis wohl die Höhe ihrer Stationen feststellten. Bei der Triangulation werden Theodoliten von festen Plattformen eingesetzt – und viele von ihnen waren im nordindischen Hochland verstreut –, aber derartige Instrumente waren zu teuer, um sie an jedermann auszugeben (und wurden von den Britischen Landvermessern sehr wahrscheinlich nicht den einheimischen Helfern anvertraut). Stattdessen wurden den Helfern Thermometer gegeben, sicher nicht weniger zerbrechlich, aber sehr viel billiger. Die Helfer wurden beauftragt, Wasser zu kochen, um den Siedepunkt zu messen, was die Messung des Luftdrucks und somit der Höhe möglich machte.

Wann genau die Bergsteiger bzw. die Forscher oder Kartografen in den Himalaja kamen ist Ansichtssache – wann wurde der Forscher zum Bergsteiger? Warum wählt der Kartograf den

Uli Wieland (Teilnehmer der deutschen Expedition zum Nanga Parbat 1934) spurt zum Mohrenkopf, hinten der Grat zum Silbersattel

Frühe Besteigungen

Himalaja. Zu dieser Zeit waren Bhutan und Nepal unzugänglich, Sikkim war feindlich gesinnt und der Karakorum war entlegen und befand sich politisch in einer heiklen Lage: Die Grenzen zu Russland, Afghanistan und Britisch Indien mussten noch festgelegt werden. Vom Himalaja waren nur der Himachal Pradesh und der nördliche Uttar Pradesh (Garhwal und Kumaun) einfach und sicher zu erreichen. Daher ist es überraschend, dass Graham, begleitet von seinem Schweizer Führer Joseph Imboden, sich dafür entschied, nach Sikkim zu gehen. Die beiden erforschten die südlichen Zugänge zum Kangchendzönga, aber Imboden wurde krank und musste in die Schweiz zurückkehren. Graham stellte dann die beiden Schweizer Führer Emil Boss und Ulrich Kaufmann ein und reiste mit ihnen zum Garhwal. Das Trio kam im Juli an und machte zwei Aufstiege, die, wenn es wirklich wahr ist, erstaunlich waren. Graham behauptet, am Dunagiri (7070 Meter und bis 1929 unbestiegen) eine Höhe von 6900 Meter erreicht zu haben. Dann bestieg er den Changabang (6864 Meter), den Gipfel, dessen wilde Granitspitze über dem Ramani-Gletscher aufragt. Dem Aufstieg zum Changabang wird kein Glauben geschenkt. Die erste anerkannte Besteigung des Changabang fand erst 1974 statt, als ein britisch-indisches Team den Gipfel erreichte. Auch die Höhe von 6900 Meter am Dunagiri wird angezweifelt: Viele glauben, dass Graham nicht höher als bis 6100 Meter an einem vorgelagerten Grat kam.

Nach seinen Aufstiegen im Garhwal kehrte Graham mit Boss nach Sikkim zurück und behauptete, den Kabru (7349 Meter) im Süden des Kangchendzönga bestiegen zu haben. Wenn dies der Wahrheit entspräche, wären Graham und Boss die Ersten gewesen, die eine Höhe über 7300 Meter erreicht haben. Aber dieser Aufstieg wurde von denselben Leuten angezweifelt, die glaubten, dass Graham am Dunagiri nicht über 6100 Meter hinauskam. Es wurde nicht angenommen, dass Graham ein Lügner war, da seine Forschungen so gut dokumentiert sind. Es ist mehr seine offensichtliche Unfähigkeit den Norden vom Süden und den Osten vom Westen zu unterscheiden, und dass seine Vermutungen über das, was er sah, mehr dem Wunschdenken entsprangen als der Geografie, das heißt er befand sich wirklich im Irrtum darüber, auf welchem Berg er gerade war. So sollte es also noch einige Jahre dauern, bis ein Mensch tatsächlich auf dem Gipfel eines Siebentausenders stand.

Der Kamet, von einem Gipfel auf dem Grat zwischen dem Ost-Kamet-Gletscher und dem Banke-Plateau gesehen

In den achtziger Jahren des 19. Jahrhunderts traf F. E. Younghusband mit den Männern zusammen, die seinen Onkel R. B. Shaw begleitet hatten. Shaw war der erste Engländer, der den Himalaja durchquerte. Younghusband war ein britischer Offizier, der bei Meerut stationiert war, einem Ort bei Dharamsala, das heute als Exil-Heimat des Dalai Lama bekannt ist. Vielleicht durch dieses Zusammentreffen angeregt, erforschte Younghusband das Indus-Tal und das heutige Afghanistan, um sich dann einer Expedition in die Mandschurei anzuschließen. Aus Peking zurückkehrend war er der erste Europäer, der die Wüste Gobi durchquert hatte. Bei Expeditionen im Jahre 1887 und 1889 überquerte er auf einer Forschungsreise im Karakorum den Mustagh-Pass, eine Heldentat, die bei Bergsteigern immer noch Bewunderung hervorruft. 1890 dann traf er im Pamir auf eine Kosakenpatrouille unter der Führung von Col. Yonoff, der ihm sagte, dass er sich unbefugt auf Boden befand, den Russland annektiert hatte. Yonoff eskortierte Younghusband nach Süden und vertrieb ihn vom »Russischen« Territorium. Zu dieser Zeit versuchten das Britische Empire und das Russische Reich ihren Einfluss im Innern Asiens auszuweiten. Dieser Vorfall löste einen politischen Sturm aus und führte zur Festlegung der Grenzen zwischen dem Britischen Empire, Russland und China. Die Briten sicherten den Karakorum und die Russen den Pamir. Um sicherzustellen, dass die beiden Großmächte nicht aneinander grenzten, was als potenzielle Konfliktquelle angesehen wurde, lag ein Teil Afghanistans, das bis an die Grenze Chinas reichte, zwischen ihnen. Eine geografische Kuriosität, die bis heute besteht. Die Festlegung der Grenzen bedeutete, dass der Karakorum nun sicher erforscht werden konnte.

Conway folgte den Reisen Younghusbands zum Karakorum, als er seine maßgebliche Expedition zum Baltoro unternahm, wo er Broad Peak, Hidden Peak (der frühere Name für den Gasherbrum I) und Concordia benannte. Für das Bergsteigen bedeutungsvoll war aber die nächste Expedition von Mummery, Collie und Hastings, zusammen mit Bruce und zwei Gurkhas im Jahr 1895 zum Nanga Parbat. Eine Reise, die mit den wahrscheinlich ersten Todesfällen von Bergsteigern im Himalaja endete. Der Tod Mummerys war ein bedeutender Schlag, sowohl für die Briten als auch für die gesamte Bergsteigerszene, da er wohl der kompe-

Holdsworth auf dem Gipfel des Kamet, die Pfeife noch immer fest zwischen die Zähne geklemmt

tenteste und erfahrenste Bergsteiger seiner Zeit war.

Zwei Jahre nach Mummerys Verschwinden am Nanga Parbat bestieg Matthias Zurbriggen, der 1892 mit Conway im Baltoro war, den Aconcagua in Argentinien. Zurbriggen, der als Führer bei dem Briten Edward Fitzgerald angestellt war, machte die letzte Etappe des Berges im Alleingang und erreichte den Gipfel am 14. Januar. Bald danach wurde dieser Aufstieg von anderen Teilnehmern der Expedition wiederholt. Der Aconcagua war mit 6960 Metern wahrscheinlich der höchste Gipfel, der zu dieser Zeit erreicht wurde.

Zehn Jahre vergingen, bevor diese Gipfelhöhe übertroffen wurde. Dr. Tom Longstaff und die Brüder Henri und Alexis Brocherel – oder Enrico und Alessio, da sie französische Führer aus dem italienischen Courmayeur waren – erreichten am 12. Juni 1907 den Gipfel des Trisul, einen 7120 Meter hohen Berg in der Nähe des Nanda Devi. Longstaff wollte nach dem Trisul noch den Nanda Devi besteigen, aber er war nicht in der Lage eine angemessene Route zu finden, bevor seine Vorräte erschöpft waren. Nachdem er die Vorräte wieder aufgefüllt hatte, ging die Expedition in Richtung Nordwesten, weg vom Nanda Devi. Es war nun fast Ende Juni, und Longstaff zog es vor zum Kamet zu gehen, da dieser vom nahenden Monsun weiter entfernt war und so eine größere Chance auf gutes Wetter bot. Aber der Monsun dieses Jahres war heftig und seine Ausläufer reichten bis zum Garhwal, wodurch die Expedition zum Rückzug gezwungen wurde.

1909 erreichte die Baltoro-Expedition des Herzogs der Abruzzen am Chogolisa die Höhe von 7500 Meter, ein Rekord, der bis zur Everest-Expedition in den zwanziger Jahren bestehen blieb, obwohl es weitere Steigerungen der Gipfel-Höhenrekorde gab. Der erste war ein Nebenprodukt der 1930 durchgeführten internationalen Expedition zum Kangchendzönga, die von dem Schweizer Geologen Günter Dyhrenfurth geleitet wurde. Der Versuch an dem großen Gipfel wurde nach dem Tod eines Sherpas verworfen, aber das Team blieb in dieser Gegend, um verschiedene Sechstausender und Siebentausender zu erklimmen. Einer der letzten, der Jonsong, war mit 7420 Meter der höchste und wurde Anfang Juni 1930 von sechs Mitgliedern des Teams zusammen mit zwei Sherpas bestiegen.

Der neue Höhenrekord hielt nur für ein Jahr. Dem ursprünglichen Blick Longstaffs zum Kamet folgend, wurde dieser Gipfel vor dem Ersten Weltkrieg mehrere Male in Angriff genommen. 1913 erreichte Charles Meade, der sich an dem Gipfel schon in vorangegangenen Jahren versucht hatte, zusammen mit dem französischen Führer Pierre Blanc den Meade-Pass (zwischen Kamet und Abi Gamin). Die beiden hatten die Route zum Gipfel gefunden, aber schlechtes Wetter und die Tatsache, dass sie nicht völlig akklimatisiert waren, hatten sie am Weitergehen gehindert. Nach dem Krieg, im Jahre 1920, gab es einen weiteren Versuch den Gipfel zu besteigen. Danach wurde er bis 1931 in Ruhe gelassen. In diesem Jahr erreichte ein Team unter der Leitung von Frank Smythe, dem auch der junge Eric Shipton angehörte, den Gipfel auf der Route über den Meade-Pass. Der Gipfel wurde von fünf der sechs Teammitglieder zusammen mit zwei Sherpas erreicht, die sich in zwei Teams aufgeteilt hatten und am 21. und 23. Juni 1931 kletterten. Bei diesem Aufstieg wurde nicht nur ein Gipfel-Höhenrekord aufgestellt – der Kamet ist 7756 Meter hoch –, sondern das Buch über diese Expedition wurde für die nächsten 50 Jahre ein schablonenhaftes Modell für gleichartige Bücher. Es enthielt eine Liste der Sponsoren, eine Liste, die sich erweitern und so ein wesentlicher Bestandteil späterer Bücher werden sollte. Darin

Shipton auf dem Gipfel des Kamet

Der Nanda Devi im frühen Morgenlicht, vom Changabang aus gesehen. Die Nordwand ist von der Sonne beschienen, während der Nordgrat das Licht vom Schatten trennt.

hinderte für viele Jahre den Zugang zu dem Gipfel. Dann, 1934, fanden Eric Shipton und Bill Tilman zusammen mit drei Sherpas einen Weg durch die Schlucht des Rishi Ganga. Sie erreichten das Innere des Heiligtums und machten die Route zum Gipfel aus. 1936 bestieg ein britisch-amerikanisches Team, das gemeinsam von Graham Brown und Charles Houston geleitet wurde, den Berg. Bill Tilman und Noel Odell (die letzten Männer, die Mallory und Irvine lebend gesehen haben) erreichten den Gipfel am 29. August 1936.

wurde nicht nur die Schifffahrtsgesellschaft erwähnt, die die Expedition nach Indien gebracht hatte, sowie die Lebensmittel- und Filmgesellschaften, sondern auch die Gramophone Co Ltd aus Kalkutta, die ein Grammophon und Schallplatten zur Verfügung gestellt hatte. Dieser herrliche Stil, völlig seiner Zeit entsprechend und dennoch Vorläufer der heutigen CD-Player und Kassettenrekorder (und Radios und Satellitentelefone), wird durch Fotografien ergänzt, die ebenfalls ihrer Zeit und diesem Stil entsprechen. Eine vorausgekletterte Gruppe machte einen Schnappschuss von Holdsworth, der ihn mit einer Pfeife zwischen den Zähnen zeigt. Auf Holdsworth, wie auch auf die anderen Teammitglieder, wird übrigens durch das gesamte Buch hindurch nicht verwiesen, geschweige denn, dass die Vornamen genannt worden wären. Die Pfeife ist auf dem Foto, das Holdsworth auf dem Gipfel zeigt, immer noch da.

Der Gipfel-Höhenrekord wurde noch einmal gebrochen, bevor der Zweite Weltkrieg weitere Expeditionen zum Himalaja verhinderte. Der Nanda Devi war mit 7816 Meter der höchste Gipfel im Britischen Empire und inspirierte Bergsteiger schon seit Longstaff ihn 1905 fotografiert hatte. Er ist ein großartiger, wunderschöner Berg, aber ebenso beschützt, wie die Legende seines Namens vermuten lässt. Nanda war die Tochter des Königs von Kamaun (ein Teil des Garhwal). Sie war sehr schön und sehr begehrt und ein mächtiger König wollte sie zur Frau. Nandas Vater verweigerte die Zustimmung, wurde aber in einer Schlacht durch ihren Freier besiegt. Nanda floh zu einem Bergheiligtum und suchte auf seinen höchsten Gipfeln Zuflucht. Nanda Devi bedeutet »Prinzessin« oder »Göttin«. Nanda und andere Gipfel dieses Heiligtums sind nach der Legende benannt – Trisul bedeutet zum Beispiel »Dreizack«, das ist die Waffe, die den freienden König bedrohte.

Nanda Devis Heiligtum, ein fast ununterbrochener Kreis von Gipfeln (inklusive Changabang) und riesigen Bergwänden, ver-

Der Aufstieg auf den Nanda Devi war nicht nur wegen der Tatsache erinnerungswürdig, dass dies bis 1950 der höchste bestiegene Berg war. Das kleine, gut zusammenarbeitende Team bestand nur aus sieben Teilnehmern, hatte eine minimale Ausrüstung und keine Unterstützung durch Sherpas und kletterte dabei aber eine so anhaltend steile Route, wie sie noch nie zuvor im Himalaja begangen worden war. Zuerst verweigerte das Team sogar die Herausgabe der Namen der Gipfelbezwinger. Das Expeditionsbuch von Tilman ist wohl das Beste, das in seiner Art produziert wurde. Tilmans lakonischer Stil und eleganter Witz bereiten ein großes Lesevergnügen.

Ein Bergsteiger in etwa 7000 Meter Höhe während der erfolgreichen Expedition zum Nanda Devi 1936

Frühe Besteigungen

» **Glaubst Du, dass es das wert ist?** «

Annapurna 8091 m

fragte LOUIS LACHENAL MAURICE HERZOG während der
Erstbesteigung der Annapurna

Annapurna

Die Kriegsereignisse hatten zur Folge, dass der britische Einfluss in den Jahren 1939 bis 1945 in Tibet schwand. 1947 sagte das Horoskop des Dalai Lama aus, dass Tibet von Fremden bedroht werden würde, und so schloss das Land seine Grenzen. Noch bevor die Briten die Möglichkeit hatten, ihren Einfluss wieder geltend zu machen – formal waren sie noch immer der Garant für die tibetische Autonomie – oder die Tibeter selbst begriffen, dass der Vorzug ausländischer Freunde darin bestand, die Kolonialambitionen des riesigen Nachbarlandes in Schranken zu halten, marschierten die Chinesen ein. Für Jahrzehnte schlossen sie den nördlichen Zugang zum Everest und zu den anderen großen Gipfeln. Im Angesicht eines so ungeheuren Gegners vergaßen die Briten stillschweigend ihre Verpflichtungen.

Nachdem Tibet verschlossen war, hätte das Interesse zum westlichen Ende des Himalaja wechseln können, aber die großen Gipfel des Karakorum waren ebenfalls unzugänglich, da die neu etablierten Nationen Indien und Pakistan um Grenzlinien stritten. 1948 öffnete dann das früher abgeschottete, geheimnisvolle Land Nepal vorsichtig seine Grenzen, da es, besorgt über die langfristigen Absichten Chinas, mächtige Freunde gewinnen wollte. Zuerst einer Gruppe amerikanischer Ornithologen und

Der Zweite Weltkrieg beendete die Himalaja-Besteigungen. Die Hauptnationen, die an den Forschungen und Besteigungen in den dreißiger Jahren beteiligt waren, waren in diesen Konflikt am stärksten involviert. In den unmittelbaren Nachkriegsjahren erholten sich die erschöpften Nationen, aber es dauerte nicht lange, bis die Rastlosigkeit der Menschen die Entbehrungen und das jeweilige Durcheinander überwand.

dann einem Schweizer Bergsteigerteam, das unter der Führung von René Dittert den Nordosten des Landes erforschte. 1949 begann die Fédération Française de la Montagne Verhandlungen mit der nepalesischen Regierung zu führen, um die Besteigungsgenehmigung für einen der großen Gipfel zu erhalten, der komplett auf nepalesischem Boden steht.

Frankreich befand sich in einer ausgezeichneten Situation, um so einen entscheidenden Versuch in Szene zu setzen, zumal viele der führenden Bergsteiger der späten vierziger bzw. frühen fünfziger Jahre Franzosen waren, eine Situation, die zu großen Teilen durch die unglücklichen Umstände des Krieges bedingt war. Obwohl einige Franzosen aus dem deutsch besetzten Frankreich flohen, um das »Freie Französische Bataillon« zu gründen, waren die meisten innerhalb des Landes gefangen. Der Militärdienst war abgeschafft, aber die französische Zivilregierung gründete »Les Chantiers de la Jeunesse«, eine Organisation mit dem Ziel, jungen untätigen Männern etwas zu tun zu geben. Dahinter steckte die Absicht, Ideen von ehrlicher Arbeit und staatsbürgerlichem Denken zu fördern, da sonst zu befürchten war, dass das ganze nationale Gefüge auseinanderbrechen könnte. Parallel dazu wurde in Berggegenden die Organisation »Jeunesse et Montagne« gegründet. Hier halfen Offiziere der französischen Armee den zivilen Lehrern, die jungen Männer im Skilaufen und Bergsteigen zu unterrichten. Die JM, wie sie genannt wurde, half die körperliche Fitness des Offizierscorps und deren Sachkenntnis zu erhalten und gab gleichzeitig bergsteigerisches Können an eine Generation von Kletterenthusiasten weiter. Lionel Terray, wohl der größte Alpinist der Nachkriegszeit, ging aus der JM hervor und beschrieb die Strenge der Ausbildung und später die Arbeit, die die Auszubildenden verrichteten, um der »Maquis«, der französischen Widerstandsbewegung, zu helfen, die französischen Alpen zu befreien. Terray hat einen Tag aufgezeichnet, an dem seine Truppe mit 20 Kilogramm schweren Packstücken fast 3000 Meter hinaufkletterte und mit nur wenig Essen von fast der

Annapurna I (der Hauptgipfel) aus der Sicht vom Poon Hill

Blick über den nördlichen Annapurna-Gletscher zur Nordflanke der Annapurna. Links am Horizont erhebt sich der Ostgipfel der Annapurna.

Annapurna: Anstiegsrouten

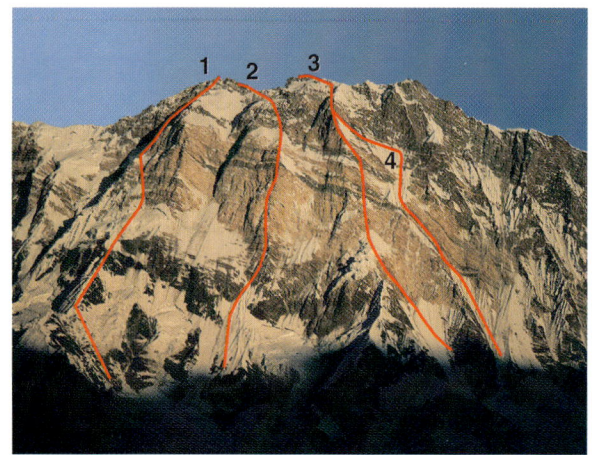

Oben: Südwand
1 *Briten-Route (1970)*
2 *Japaner-Route (1981)*
3 *Polen-Route (1981) zum Mittelgipfel*
4 *Spanier-Route (1981) zum Mittelgipfel*

Unten: Nordwand
A *Ostgipfel*
B *Hauptgipfel*
1 *Franzosen-Route (1950)*
2 *Holländer-Route (1977)*
3 *Polen-Route (1996)*
4 *Ostgrat (links am Horizont), Loretan und Joos (1984) über den Ost- und den Mittelgipfel (in den Wolken versteckt) zum Hauptgipfel*

Links: Westwand
1 *Messner/Kammerlander (1985)*

Annapurna

Maurice Herzog auf dem Gipfel der Annapurna

Die 2700 Meter hohe Südwand der Annapurna I erhebt sich über das einsam gelegene »Annapurna-Heiligtum« am Ende des Modi-Khola-Tales

gleichen Höhe wieder abstieg. Das JM-Training und der Partisanenkrieg fanden sowohl im Sommer als auch im Winter statt, was den Franzosen ein fast konkurrenzloses Verständnis für Schneebedingungen sowie Bergsteiger- und Überlebenstechniken unter den härtesten Bedingungen vermittelte. Als der Krieg beendet war, verfügte Frankreich über eine Gruppe junger Männer, die in der Lage waren, die großen alpinen Bergtouren der Deutschen, Österreicher und Italiener zu wiederholen und dabei die Maßstäbe noch höher zu schrauben. Gaston Rébuffat gelang die zweite Begehung des Walkerpfeilers und der Nordwand des Piz Badile sowie frühe Durchsteigungen der anderen großen Nordwände. Louis Lachenal und Lionel Terray unternahmen die zweite Begehung der Eiger-Nordwand und verringerten die schnellste Aufstiegszeit am Piz Badile von 19 auf 7½ Stunden. Dies war ihrer erstaunlichen körperlichen Fitness sowie ihren bergsteigerischen Fähigkeiten zu verdanken. Diese Männer bildeten den Kern der französischen Himalaja-Expedition 1950.

Der Name

Der Annapurna-Gipfel trug die Nummer XXXIX der Indischen Landvermessung. Sein regionaler Name besteht aus einer Kombination zweier Sanskrit-Worte, deren eigentliche Bedeutung »gefüllt mit Nahrung« lautet. Der Name enthält jedoch auch die Wurzel eines anderen Namens für Durga, die hinduistische Göttermutter und Schützerin der Welt, Gattin des Shiva. Maurice Herzog wurde während seiner Expedition gesagt, die richtigere Übersetzung lautet: »Göttin der Ernten«, das heißt die göttliche Mutter der Gebenden.

Erforschung und Erstbesteigung

Als die Franzosen im Frühjahr 1950 ankamen, galt ihre Genehmigung für einen Besteigungsversuch auf den Dhaulagiri oder die Annapurna. Bevor sie jedoch mit einem von beiden beginnen konnten, mussten sie erst einmal die Annäherungsmöglichkeiten zu den Gipfeln erkunden. Es existierten Landkarten von der Indischen Landvermessung, aber diese erwiesen sich schon bald als höchst ungenau. Die 1949 von der Schweizerischen Stiftung für Alpenforschung aufgenommenen Luftaufnahmen waren, obwohl faszinierend, aus zu geringer Höhe aufgenommen, als dass sie hätten von Wert sein können. Die Franzosen kamen am 7. April 1950 in Nepal an, aber erst am 14. Mai hat sich Herzog dazu entschlossen, den Versuch eines Aufstiegs zur Annapurna zu unternehmen. Der größte Teil der dazwischenliegenden Zeit wurde für Versuche benützt, den Fuß des einen oder des anderen Achttausenders zu erreichen. Die Versuche, von Osten und von Norden zum Dhaulagiri zu kommen, ergaben nur Ansichten des Berges, die erahnen ließen, dass es sich um ein außergewöhnliches Unternehmen handeln könnte. (In der Tat stellte Lionel Terray sehr in Frage, ob der Berg jemals bestiegen werden würde.) Der erste Vorstoß zur Annapurna scheiterte daran, dass das Gebirge überhaupt nicht gefunden wurde. Es klingt ziemlich unglaubwürdig, dass ein 8000-Meter-Gipfel nicht aufzufinden ist, aber die Karten waren derart schlecht, dass die Franzosen tatsächlich im falschen Tal waren.

Das Bergteam, welches sich der Annapurna zuwandte, bestand aus Jean Couzy, Louis Lachenal, Gaston Rébuffat, Marcel Schatz und Lionel Terray. Dr. Jacques Oudot war der Teamarzt, Marcel Ichac der Fotograf und Francis de Noyelle, ein junger Diplomat, war der Verbindungsoffizier. Das Team wurde von Maurice Herzog, dem Generalsekretär der Groupe de Haute Montagne angeführt und von acht Sherpas unter dem Sirdar Angtharkay unterstützt.

Das Team verließ Paris am 30. März 1950 mit 3½ Tonnen Ausrüstung, einschließlich Nylonanoraks, Überziehhosen und Seilen: die erste mit synthetischen Materialien ausgerüstete Expedition; eine Nebenerscheinung des Zweiten Weltkrieges. Die Franzosen hatten Daunenjacken und eine leichtgewichtige Kletterausrüstung (Steigeisen usw.). Sie hatten außerdem eine verbesserte Sauerstoffausrüstung, obwohl diese nur zu physiologischen Tests unten am Berg benützt wurde. Keiner der Bergsteiger (einschließlich der Gipfelbezwinger) verwendete sie beim Aufstieg. Obwohl der Einsatz der neuen Materialien und der leichtesten Ausrüstung eine Antwort auf die Schwierigkeiten des Höhenbergsteigens war, hatte dieser Versuch der Gewichtsminimierung katastrophale Konsequenzen: Die leichten Stiefel hatten zur Folge, dass alle Bergsteiger unter kalten Füßen litten und die Gipfelbesteiger Erfrierungen davontrugen.

Bergsteiger am »Knauf« des Sichel-Gletschers

Maurice Herzogs Darstellung dieser Expedition ist eines der besten Bücher vom Bergsteigen überhaupt, ein facettenreicher Diamant von einem Buch. Der Leser kann mitfühlen, Heldentum bewundern oder das Gesicht vor Entsetzen verziehen. Es ist eine monumentale Geschichte, eine große Tragödie, eine Perfektion an Schadenfreude. Die ersten Kapitel über Nepal (und etwas weniger ausgiebig über Indien) vor der Touristenflut späterer

Die Annapurna von Westen. Die Nordwestwand, von Kammerlander und Messner erstbestiegen, liegt am weitesten vom Fotografen entfernt.

Jahre sind faszinierend: Die Karbidlampen beleuchten das Zollamt in Alt-Delhi; zum ersten Mal sehen die alten Nepalesen weiße Menschen und beäugen diese misstrauisch, während die Kinder sich mit verwunderten Augen zusammendrängen; Karawanen freudiger tibetischer Händler kommen aus einem Land, welches sich bald für immer ändern, wo Freude durch Leid ersetzt werden würde.

Die Beschreibung Herzogs von der Suche nach Anmarschwegen zum Dhaulagiri und zur Annapurna sind ähnlich faszinierend. Die Mitglieder des Teams gaben vor der Abreise einen Treueschwur auf ihren Teamleiter ab. Dies und die jungenhaften Gespräche, die Herzog wortwörtlich zitiert, beschwören eine Atmosphäre der Unschuld herauf, eine Gruppe naiver, junger Männer auf einem großen Abenteuer: Es ist keine Überraschung, wenn Teilnehmer auf Pferden in das Lager und wieder hinaus reiten. (Auch wenn viele der Wortwechsel später ausgedacht worden sein müssen, ihr »Gefühl« und ihr Hintergrund sind vermutlich echt.) Die kürzlich veröffentlichte ungekürzte Fassung der Tagebücher von Louis Lachenal (die frühere Version wurde von Herzogs Bruder und von Lucien Devies herausgegeben, die Abschnitte ausließen, die nicht die Sicht von Maurice Herzog über die Expedition wiedergaben) und die Aussagen von Gaston Rébuffat (in seiner Biographie wiedergegeben) deuten an, dass nicht alles so idyllisch war, wie es Herzog darstellt. Was auch immer zutraf, die Unschuld sollte bald verloren sein.

Nachdem er viele Wochen mit der Erkundung zugebracht hatte, beschloss Herzog schließlich, dass die Nordwand der Annapurna die beste Aussicht auf Erfolg bringen würde (eine Entscheidung, die wahrscheinlich durch die Unterhaltung mit einem Buddhisten bestärkt wurde, der das Lager des Teams besucht hatte und der ihnen sagte, dass der »Dhaulagiri nicht günstig für euch ist... gebt auf und lenkt Eure Gedanken in die andere Richtung... nach Muktinath« – der Stadt in der Nähe der Annapurna).

Die Franzosen versuchten zuerst den Nordwestgrat (den Blumenkohl-Grat, wie sie ihn nannten), mussten aber bald feststellen, dass selbst wenn sie ihn besteigen könnten, die Sherpas nicht in der Lage wären, die Lasten hoch zu tragen. Daher verwarfen sie den Plan zu Gunsten der Nordwand. Sie wählten eine Route über eine relativ leicht ansteigende Wand zum Fuß der »Sichel«, eine markante Eiswand, die sich vom Gipfel herabzieht. Die Route zur Sichel, an dessen Fuß Lager V am 2. Juni aufge-

In der Nordflanke hängt die große Eisbarriere der Sichel über dem Lager II der Expedition von 1970.

Annapurna 33

schlagen wurde, dauerte nur zehn Tage vom Lager I, von dem aus der nördliche Annapurna-Gletscher erforscht wurde. Aber die Zeit drängte – der Monsun wurde für den 5. Juni erwartet.

In den Aufzeichnungen von Herzog wird berichtet, dass die Sherpas, die Vorkriegserfahrungen hatten, sagten, dass die Besteigung der Annapurna viel schwieriger sei. Er berichtet außerdem von der Unerfahrenheit der Sherpas im Klettern auf Eis und ihrer daraus resultierenden Abneigung, die Führung beim Weiterbau der Routen zu übernehmen. Wie sich die Zeiten doch ändern: Die heutigen Sherpas sind oft erfahrener und ausgebildeter als ihre Kunden. Herzogs Aufzeichnungen spiegeln auch die fehlende Kenntnis von den besten Methoden zur Akklimatisation wider. Die stärksten Bergsteiger marschierten voran, bis sie erschöpft waren, dann gingen sie für eine Pause hinunter. Diese Strategie wird heute zu Gunsten eines schrittweisen Aufstiegs verworfen. Infolgedessen waren es Herzog und Lachenal, die am 2. Juni das Lager V besetzten und nicht Lachenal und Terray, wie es erwartet wurde. Herzog bot Angtharkay die Möglichkeit an, am 3. Juni den Aufstieg zum Gipfel fortzusetzen, der lehnte aber ab, da seine Füße erfroren waren, und stieg hinunter.

Herzog und Lachenal fanden in der Nacht des 2. Juni keinen Schlaf, sie wurden durch den Wind, der das Zelt niederzureißen drohte, und die Schneeanhäufungen an der Zeltplane wachgehalten. Am nächsten Morgen waren sie so ausgelaugt, dass sie es versäumten etwas zu trinken. Dehydration wird heute als eine Hauptursache für Erfrierungen angesehen, hervorgerufen durch den Anstieg der Zahl der roten Blutkörperchen und verstärkt durch die Eindickung des Blutplasmas. Die beiden nahmen ein Gemisch von Tabletten, welche ihnen der Teamarzt verschrieben hatte. Dazu gehörte auch Maxiton, welches das Gefühl von Müdigkeit unterdrückt, teilweise durch ein Gefühl der Euphorie. Herzogs Bücher zeigen, dass er jeden Aspekt dieser frühen Expedition genoss – den Nervenkitzel im Himalaja und mit den weltbesten Bergsteigern zusammen zu sein –, aber seine gelegentlich unbändige Freude war fast nichts im Gegensatz zu dem beinahe permanenten Hochgefühl bei der Gipfelbesteigung. Während Lachenal regelmäßig anhielt, um seine gefrorenen Füße zu massieren, kletterte Herzog in einer Welt, die der Realität entrückt schien. Schließlich fragte Lachenal Herzog, was er tun würde, wenn er (Lachenal) absteigen würde. Herzog sagte, dass er alleine weitergehen würde und so willigte Lachenal ein, ihn zu begleiten. Herzogs Buch deutet an, dass die beiden für die Ehre Frankreichs kletterten, aber Lachenals ungekürzte Tagebücher zeigen, dass er diese Ansicht nicht teilte. Er glaubte, wenn Herzog alleine weiterginge, würde er nicht wieder zurückkommen – »diese Gipfelbesteigung war keine Angelegenheit des nationalen Prestiges. Es war une affaire de cordée« – eine Angelegenheit der Seilschaft, eine Verpflichtung, die ein Mann für den Mann am anderen Ende des Seils hat. In diesem Falle um so mehr, da Lachenal der weitaus erfahrenere Bergsteiger und professioneller Bergführer war, Herzog aber nur ein Amateur. An anderer Stelle hat Lachenal erklärt, dass für ihn die Annapurna nicht wichtiger war als jeder andere Berg, und dass er seine Füße nicht der Jugend von Frankreich schulde. Als die beiden den Gipfel gegen 14 Uhr erreichten,

Gerry Owens macht den letzten Schritt zum Gipfel während der Zweitbegehung. Wenige Tage später standen Dougal Haston und Don Whillans auf dem linken Buckel, nachdem sie die Südwand durchstiegen hatten.

war Herzog überglücklich und nahm beinahe nicht wahr, dass Lachenal darauf bestand, sofort abzusteigen. Lachenal hat genau gespürt, wie nah sie am Limit waren.

Auf dem oft veröffentlichten Gipfelfoto erhebt sich ein Schneehang hinter dem triumphierenden Herzog, eine Tatsache, die manche dazu veranlasste, die Frage zu stellen, ob der richtige Gipfel erreicht wurde (eine Frage, die immer noch gestellt wird). Herzog verwarf diese Einwände, indem er sagte, dass dort eine Wechte am Gipfel war und dass der Winkel, aus dem das Foto gemacht wurde, eine verzerrte Ansicht davon gab. Bei dem Schneefall und den damals herrschenden Winden ist es kaum überraschend, dass sich eine Wechte gebildet hat. Wenn alle Fotos von Herzog verglichen werden, kann man tatsächlich feststellen, dass das offensichtliche Schneegefälle hinter Herzog sich verringert, je nachdem, wie Lachenal seine Position wechselt. Berücksichtigt man Herzogs merkwürdigen Geisteszustand, ist es leicht zu verstehen, warum Zweifler seiner Behauptung misstrauen. Aber diejenigen, die Lachenal kannten, beziehen sich auf die Tatsache, dass in seinem Tagebuch steht, sie hätten den Gipfel erreicht und dass er es nicht so gesagt hätte, wenn dies nicht der Fall gewesen wäre.

Nach den Aufzeichnungen über den Abstieg vom Gipfel folgte Herzog Lachenal, der aus Angst vor Erfrierungen sehr schnell abgestiegen ist. Herzog erinnert sich, seine Handschuhe beim Öffnen des Rucksacks verloren zu haben, wobei er nicht weiß, warum er ihn geöffnet hat oder warum er nicht seine zusätzlichen Socken als Handschuhe benützt hat. Er war eindeutig noch immer euphorisch. Er behauptet Lachenal gefolgt zu sein, bis Nebel sie beide einhüllte. Wie auch immer, Lachenals Version war die, dass Herzog voranging, und dass er selbst ständig schrie und auf Herzogs Hände zeigte, um dessen Aufmerksamkeit auf das Fehlen seiner Handschuhe

Bergsteiger bei einer Rast während der Zweitbegehung 1970

zu lenken, da er nicht in der Lage war ihn einzuholen. Wenn Lachenal Herzog folgte, so würde dies auch erklären, warum Herzog zuerst im Lager V ankam. Lachenal stürzte in leichtem Gelände und wurde von Terray zum Lager zurückgebracht, obwohl er inzwischen verzweifelt nach unten wollte, damit Oudot sich um seine erfrorenen Füße kümmern konnte.

Herzogs Hände waren wahrscheinlich nicht mehr zu retten, aber seine und Lachenals Füße hätten vermutlich gerettet werden können, wenn das Wetter am 4. Juni besser gewesen wäre. Terray und Rébuffat behandelten sie mit der damals anerkannten Methode: dem Peitschen des bloßen, erfrorenen Fleisches mit einem verknotetem Seil. Heutzutage wird gesagt, dass Körperwärme die beste Behandlungsweise ist, die Peitschentechnik wurde in dubiose Massagesalons verbannt. Nach einer Nacht mit wenig Schlaf und Schmerzen – die beiden Gipfelbesteiger hatten die erste Flüssigkeit seit 24 Stunden zu sich genommen – starteten die vier Bergsteiger während eines Schneesturms in Richtung Lager IV. Sie versuchten den ganzen Tag das Lager zu erreichen, scheiterten aber wegen schlechter Sicht und tiefem Schnee. Die in einer zufällig gefundenen Gletscherspalte – Lachenal ist hineingefallen – verbrachte Nacht war fürchterlich und verursachte

Gerry Owens kurz unter dem Gipfel während der Zweitbegehung

wahrscheinlich Dauerschäden an den Füßen der Gipfelbesteiger. Am nächsten Morgen waren die vier Bergsteiger unter einer Lawine begraben, und wäre der Monsun pünktlich eingetroffen, wären sie sehr wahrscheinlich gestorben, aber am 5. Juni war es schön. Terray und Rébuffat waren schneeblind, da sie den größten Teil des vorangegangenen Tages damit zugebracht hatten, sich ohne Schneebrillen durch den Sturm zu kämpfen. Lachenal, der die Chance auf Rettung schwinden sah, schrie in Richtung Lager IV – und wurde im Lager II 1260 Meter darunter gehört. Die verzweifelten Insassen des Lagers II – viele Kletterstunden entfernt – waren erleichtert, als sie wenig später einen Suchtrupp von Lager IV bei den Bergsteigern ankommen sahen: Die Gletscherspalte war nur 200 Meter vom Lager entfernt.

Herzogs Darstellung vom Rückzug ist entsetzlich. In der Gletscherspalte hatte er die Hoffnung aufgegeben und gehofft, sterben zu dürfen. Weiter unten wurde er dann von einer Lawine erfasst. Er und zwei Sherpas wurden 150 Meter nach unten gerissen und nur durch ein wundersames Verhaken des Seiles vor dem Tode bewahrt. Der restliche Abstieg und der Rückmarsch vom Berg durch den Monsun, mit Pausen für die fürchterlichen Injektionen und schließlich der beiläufigen Amputation von Herzogs Fingern und Zehen sowie Lachenals Zehen ist eine beklemmende Horrorgeschichte. Herzog spart nichts aus, weder von sich selbst noch von der Situation.

Herzogs Aufzeichnungen sind eher faktisch als lyrisch. Dennoch scheint bei seinem Stil die Schönheit der Berge durch. Seine Wiedergabe von Unterhaltungen innerhalb des Teams – mit allen Schwächen und Fehlern – setzte einen Standard, dem spätere Autoren nacheiferten, meist aber weit weniger erfolgreich. Sein Schlusssatz, nach all den Gedanken an eine Expedition, die ihn fast umgebracht hatte und beide Gipfelstürmer verstümmelt hat, bezeichnet den Drang menschlichen Forschens eindrücklich und kann besser kaum geschrieben werden: »da gibt es noch weitere Annapurnas im Leben der Menschen«.

Spätere Besteigungen

Die zurückkehrenden Franzosen wurden von einer Nation begrüßt, die außer sich war vor Freude und Stolz, das Selbstwertgefühl war wieder hergestellt, neues Prestige gewonnen. Für die Teammitglieder war die Annapurna-Erfahrung eher traumatisch, und nur zwei von ihnen folgten vier Jahre später dem Ruf, als die Franzosen zu den hohen Gipfeln zurückkehrten.

Nach der Annapurna begann die »Blütezeit« der Achttausender-Besteigungen und beschäftigte die weltbesten Bergsteiger ein Jahrzehnt lang. Damals machten politische Schwierigkeiten Reisen nach Nepal für mehrere Jahre unmöglich. Als dann die Reiseprobleme in den späten sechziger Jahren nachließen, gab es eine neue Generation von Bergsteigern, die zu der Zeit, als die Annapurna bestiegen wurde, gerade im schulfähigen Alter war. Der Aufstieg auf den Jannu durch die Franzosen 1962 zeigte den Weg in eine neue Ära, dem Klettern auf niedrigere, aber technisch schwierigere Gipfel, obgleich die treibende Kraft noch immer die Erstbesteigung war. Als nächstes folgten mehrere Versuche der Deutschen an der Rupal-Wand des Nanga Parbat. Ein weiterer Hinweis auf die neue Einstellung zeigte sich an der Annapurna im Jahre 1969, als eine deutsche Expedition an dem ehrgeizigen Unterfangen scheiterte, den 7½ Kilometer langen Grat von der Gletscherkuppel zum Hauptgipfel zu klettern. Dann, im Jahre 1970, kam eine britische Expedition zur Südseite des Berges und versuchte sich an der gewaltigen Südwand. Diese Expedition, zusammen mit der Durchsteigung der Rupal-Wand durch die Deutschen, kündigte ein neues Zeitalter des Himalaja-Bergsteigens an: der bewusste Versuch einer schwierigen Route auf bereits bestiegene Gipfel. Die Entwicklung im Himalaja nahm auf diese Art den gleichen Weg wie in den Alpen, aber gleichsam im Zeitraffer. Ironischerweise wiederholte zur gleichen Zeit auf der Nordseite des Berges eine britisch-nepalesische Armee-Expedition die französische Route, aber mit Sauerstoff. So waren gleichzeitig der alte (einige würden sagen rückständige) und der neue Stil im Einsatz, getrennt durch einen gewaltigen Berg aus Schnee und Eis.

Vom Bergfuß erhebt sich die Südwand der Annapurna fast 3000 Meter und ist damit doppelt so hoch wie die Eiger-Nordwand – nur dass der Fuß der Wand schon 1000 Meter höher liegt als der Gipfel des Eiger. Ab dem Beginn der Hauptschwierigkeiten hat die Wand eine Neigung von 55 Grad, etwa wie bei den Eisfeldern oder der Rampe am Eiger. Dem Vergleich mit Abschnitten am Eiger widmet sich ein Kapitel des Expeditionsbuches von Chris Bonington, der Teamleiter, der zusammen mit Ian Clough, einem weiteren Teammitglied, 1962 die erste britische Durchsteigung der Eiger-Nordwand schaffte. Die anderen Bergsteiger waren Martin Boysen, Mick Burke, Nick Estcourt, Dougal Haston, Mike Thompson und Don Whillans – eines der stärksten Teams, das zu der Zeit im Himalaja versammelt war – zusammen mit dem Amerikaner Tom Frost. Der Letztgenannte wurde aus Gründen des Sponsorings mit aufgenommen; seine Anwesenheit half die Besteigung in den USA zu verkaufen. Derart unverhohlener Kommerz war ein weiterer neuer Gesichtspunkt im Himalaja. Das Team wurde durch Dave Lambert als Arzt und Kelvin Kent als Chef des Basislagers vervollständigt. Die Ausrüstung war im Vergleich zu den Franzosen erheblich verbessert worden: wärmere Kleidung, leichteres Klettergerät und bessere Zelte (obwohl das Problem mit den sich lösenden Steigeisen ein wiederkehrendes Thema war – die Steigeisen mit Kipphebelbindung halfen erst in späteren Jahren, ebenso wie die gekrümmten Eisgeräte). Ein weiteres Detail sollte nicht übersehen werden: Wie Bonington be-

Klettern am Fixseil oberhalb von Lager V bei der britischen Südwand-Durchsteigung 1970

Die Annapurna von Westen; die Felsformationen sind gut zu erkennen

richtet, mussten die Franzosen erst ihren Berg finden, während sein Team noch nicht einmal eine Karte brauchte, um die Wand zu finden.

Die Besteigung (am linken Wandpfeiler hoch) war bis zum Lager III in 6100 Meter Höhe einfach, aber dann erforderte ein schmaler Eisgrat, der nach links gequert werden musste, sieben Tage harter Kletterei. Weiter oben musste ein 300 Meter breites Felsband durch Klettern überwunden werden, was ähnlich schwierig war. Gegen Ende Mai und bei sich verschlechterndem Wetter, das wahrscheinlich die frühe Ankunft des Monsuns ankündigte, bezogen Dougal Haston und Don Whillans Lager VI in 7300 Meter Höhe. Es bestand die Absicht, ein weiteres Lager 300 Meter höher anzulegen. Aber weil praktisch das ganze Team erschöpft war und dadurch der Nahrungsmittel- und Ausrüstungsnachschub für die Gipfelmannschaft stockte, verließen die beiden das Lager am 27. Mai zu einem, wie man rückblickend sagen kann, richtigen Gipfelversuch. An früher angebrachten Fixseilen – der letzte Teil von insgesamt 4½ Kilometer Seilen, die sie zum Lastentransport angebracht hatten – stiegen sie auf, anschließend ging es unangeseilt weiter, bis sie den Gipfelgrat kaum 10 Meter unter dem Gipfel erreichten. Haston war nach den vielen Wochen in der Wand überrascht, wie flach die Nordseite des Berges war. Die beiden kletterten weiter auf den schmalen Gipfelhöcker zu. Die Spuren von Henry Day und Gerry Owens – die die zweite Besteigung der Annapurna am 20. Mai durchgeführt hatten – waren gerade noch erkennbar. Zwei Tage später versuchten Burke und Frost, den Aufstieg zu wiederholen. Burke kam nicht höher als bis zum Lager VI und Frost machte alleine bis auf etwa 7700 Meter weiter.

Nach dem Versuch von Burke und Frost forderte Bonington das Team auf, den Berg zu räumen. Er ahnte, dass mit dem aufkommenden Monsun, den regelmäßigen Lawinenabgängen und dem Steinschlag, der die Bergsteiger verletzen und die Fixseile zerstören könnte, die Erfolgsaussichten für die Bergsteiger beendet waren. Und gerade in dieser letzten Phase brach ein Eisturm zusammen und tötete Ian Clough. Aber trotz dieser Tragödie war die Expedition ein großer Erfolg, der erste »moderne« Aufstieg auf einen Achttausender. Ein kommerzieller Erfolg war es auch, Boningtons cleverer Geschäftssinn ebnete den Weg für spätere eigene Expeditionen und für die von anderen.

1973 gab es weitere Todesfälle auf dem Berg. Nachdem sie am nordöstlichen Pfeiler scheiterten, hatte ein japanisches Team sein Interesse auf die Normalroute verlegt. Auf ihr kletterten zwei Teams bis etwa 150 Meter an den Gipfel heran, bevor sie durch starke Winde und Erschöpfung zum Rückzug gezwungen wurden. Während des Abstiegs wurden vier Japaner und zwei Sherpas durch eine Lawine getötet. Später im Jahr scheiterte ein italienisches Team am Nordwestgrat. Zwei Mitglieder wurden während des Abstiegs durch eine Lawine getötet.

Im Jahre 1974 bestieg ein spanisches Team den Annapurna-Ostgipfel, der 8012 Meter hoch ist. Ihre Route verlief östlich der französischen Linie und weiter über den Nordgrat. Ein österreichisches Team scheiterte 1975 bei einem Angriff auf den Hauptgipfel über den Südostgrat. Die Sherpas waren nach Hause gegangen, weil ihre Kleidung, Nahrung und Ausrüstung unzulänglich sei. Die Österreicher machten zwar weiter, gaben den Versuch aber auf, als ein Teammitglied durch eine Lawine getötet wurde. Die spanische Route wurde 1980 erneut begangen, als ein deutsches Team sie nutzte, um den oberen Teil der Nordwand zu erreichen. Von dort stiegen sie zum Zentralgipfel weiter.

Die vierte Begehung des Hauptgipfels fand 1977 statt, als ein holländisches Team den ersten Aufstieg in der Nachmonsunzeit schaffte. Anlass war das 75. Jubiläum des Royal Dutch Alpine Club (eine Organisation, die ebenso ungewöhnlich klingt wie etwa der Sahara-Kanu-Club, die aber einige bemerkenswerte Bergsteiger hervorbrachte). Die holländische Route, links von der französischen, über die jetzt so genannte Dutch-Rippe war weniger lawinengefährdet und wurde von späteren Gruppen auf der Nordseite bevorzugt. Die Gipfelbezwinger benutzten künstlichen Sauerstoff.

1978 fand ein bemerkenswertes Ereignis statt, als ein Team amerikanischer Frauen (inklusive einer britischen Frau und so ein Spiegelbild der Südwand-Mannschaft von 1970) die holländische Route wiederholte. Das Team, welches von Arlene Blum geführt wurde, musste 80.000 Dollar auftreiben, um den Aufstieg zu finanzieren. Drei Viertel der Summe wurden durch den Verkauf von T-Shirts erzielt, die mit dem Spruch »A woman's place is on top ... Annapurna« bedruckt waren. Blum wollte lieber Sherpanis als Sherpas für den Aufstieg einstellen, musste aber erkennen, dass diese nur daran interessiert waren, beim Kochen oder bei der Wäsche zu helfen, eine irgendwie ernüchternde Tatsache in Bezug auf die offenkundigen feministischen Ziele dieser Expedition. Schließlich wurde das Team von Sherpas unterstützt – wohl keine Beeinträchtigung der feministischen Ideale, da die bergsteigerische Leitung bei einer Frau lag. Und bei männlichen Teams wurde der Einsatz von Sherpas auch nie als Herabsetzung des Erreichten angesehen. Die Expedition fand nach dem Monsun statt, und es wurde künstlicher Sauerstoff benützt. Als Irene Miller und Vera Komarkova zusammen mit zwei Sherpas den Gipfel erreichten, konnte der Anspruch auf die erste Frauenbegehung erhoben werden. Traurigerweise scheiterte ein zweiter Aufstieg, da Alison Chadwick-Onyszkiewicz, das britische Teammitglied, und Vera Watson getötet wurden.

1979 folgte ein französisches Team der Originalroute. Beim Versuch einer Skiabfahrt fuhr Yves Morin in das lose Ende eines Fixseiles und wurde getötet. Einen Erfolg gab es auf der Holländer-Route im Jahre 1980, dann bedeutende Aufstiege 1981. Ein polnisches Team eröffnete eine neue Route an der Südwand, rechts neben der britischen Route, mit Anforderungen ähnlich derer in der Matterhorn-Nordwand. Die Route führt direkt zum Annapurna-Mittelgipfel, der 8051 Meter hoch ist. Die Gipfelbesteiger, Maciej Berbeka und Boguslav Probulski, erreichten die

Dougal Haston am Fixseil zwischen Lager V und VI während der britischen Südwand-Expedition 1970

Spitze in starkem Sturm und gingen nicht weiter zum Hauptgipfel. Dieser wurde von zwei Mitgliedern eines japanischen Teams erreicht, die im Herbst eine schwere Route zwischen der britischen und polnischen Route an der Südwand begingen (Zentralpfeiler). Bei einem zweiten Gipfelgang wurde ein japanischer Bergsteiger getötet. Währenddessen starben am Nordwestgrat vier Bergsteiger (zwei Franzosen und zwei Sherpas) bei dem Versuch, eine neue Route einzurichten.

1982 stand die Südwand wieder im Mittelpunkt. Ein dreiköpfiges Team versuchte einen Aufstieg im Alpinstil auf einer Route rechts der polnischen Route. Der Aufstieg wurde abgebrochen, als der Brite Alex McIntyre durch Steinschlag getötet wurde. Die Route (zum Mittelgipfel) wurde 1984 von den Spaniern Nil Bohigas und Enric Lucas im Alpinstil bestiegen. In diesem Jahr fand auch eine Begehung des Ostgrates durch ein sechsköpfiges Team unter Führung von Frank Tschirky statt. Das Gipfelpaar Erhard Loretan und Norbert Joos kletterte in nur drei Tagen über den Grat, vom Glacier Dome zum Ostgipfel, weiter über den Mittel- und Hauptgipfel und stieg über die Nordwand ab. Ebenfalls 1984 beanspruchte ein koreanisches Team den Gipfel im Winter bestiegen zu haben. Diese Behauptung wurde von ihren Sherpas abgestritten und ebenso von einem französischen Team, das zur gleichen Zeit auf dem Berg war. Die Franzosen gaben an, dass die Aussagen der Koreaner nicht mit ihren Beobachtungen übereinstimmten, und auch nicht mit den Gegebenheiten vor Ort, die bedingt durch starken Schneefall sehr gefährlich waren. Allgemein wird jetzt angenommen, dass die Koreaner etwa 2 Stunden vor Erreichen des Gipfels abbrachen.

1985 scheiterten die Japaner bei einer Winterbegehung an der britischen Südwandroute (ein bulgarisches Team hatte Anfang 1986 nicht viel mehr Erfolg auf der Polen-Route). Bemerkenswert ist aber die erste Durchsteigung der Nordwestwand durch Reinhold Messner und Hans Kammerlander 1985. Dies war Messners elfter Achttausender. Die gewaltige konkave Nordwestwand war die letzte der unbestiegenen Wände an den großen Gipfeln und erwies sich als schwierig. Messners kleines Team musste zwei feste Lager einrichten, darüber zwei Biwaks. Der Schlussaufstieg fand in orkanartigen Stürmen statt, der Gipfelgrat stellte beide Bergsteiger auf die Probe. In seinem Besteigungsbericht gibt Messner zu, dass es nur Kammerlanders Willen war, der die beiden weitergehen ließ und dass nur dessen Gegenwart Messner geholfen hat, an sein eigenes Überleben zu glauben. Während des Abstiegs hatten die beiden mit Neuschnee zu kämpfen und waren froh über die Hilfe von den anderen Mitgliedern ihres Teams, Reinhard Patscheider und Reinhard Schiestl. Während der Nacht hat nur Patscheiders dauerndes Schneeschaufeln das erschöpfte Paar vor dem Ersticken im Zelt bewahrt. Einige Tage später versuchten Patscheider, Schiestl und Swami Prem Darshano (das fünfte Mitglied des Teams) den Aufstieg zu wiederholen, wurden aber durch tiefen Schnee zurückgedrängt. Beim Abstieg überlebte Patschneider einen 400-Meter-Sturz.

Ian Clough am Fixseil während der britischen Südwand-Expedition 1970

Maurice Herzog kehrte 1986 mit einer französischen Expedition zum Basislager an der Nordseite zurück. Die gefühlsbetonte Rückkehr war aber kein Garant für Erfolg. Die Franzosen scheiterten am Nordgrat, während ein italienisches Team Herzogs Originalroute in nur sechs Tagen schaffte (vom Fuß des Berges zum Gipfel und zurück). Der erste Winterbesteigung der Annapurna wurde schließlich 1987 von einem kleinen polnischen Team unternommen. Jerzy Kukuczka (er machte seinen 13. Achttausender) und Artur Hajzer folgten am 3. Februar der französischen Route auf den Gipfel. Kukuczka, ein Mann der scheinbar immun gegen Kälte und Leiden war, beschrieb diesen Aufstieg als die »Kalte Hölle«. Da sie auf der Nordseite waren, haben die Bergsteiger nach Verlassen des Basislagers die Sonne nicht mehr gesehen. Sie kletterten ständig im Schatten, und das Eis war so hart, dass die Steigeisen kaum Halt fanden. Im Nachmonsun des gleichen Jahres vollendete ein spanisches Team den ersten Aufstieg auf der Franzosen-Route im Alpinstil, während die Japaner im Dezember die erste Winterbegehung der Südwand schafften. Sie folgten mit einigen kleinen Abweichungen der britischen Route. Zwei der Gipfelbezwinger wurden beim Abstieg getötet.

Der Gipfel der Annapurna (bei der Zweitbegehung)

1988 erlebte die Annapurna ihre einundzwanzigste Besteigung. In diesem Jahr fand auch die zweite Begehung der Nordwestwand durch ein tschechisch-italienisches Team statt. Im folgenden Jahr kam Reinhard Patscheider zurück, um die Wand allein zu durchsteigen. Und wieder hatte er Glück im Unglück: Nachdem eine Lawine sein Lager zerstört hatte, versuchte er sich mit einem Paraglider zurückzuziehen. Dabei machte er eine Bruchlandung und kugelte sich den Arm aus. Bei seinem nächsten Versuch brach ein Haken aus, er fiel 15 Meter tief und verletzte sich am Rücken. Er trat den Rückzug an, und schwor, dass er zurückkommen würde. Im Jahre 1991 wurde ein (halber) Alleinaufstieg von Gabriel Denamur aus einem belgisch-polnischen Team über die britische Südwandroute unternommen. Denamur war sicher oben – seinen Spuren zum Gipfel folgte später Krzysztof Wielicki. Wielicki sah, dass Denamurs Spuren zur Nordseite führten, aber er wurde auf dieser Seite nicht von Expeditionen gesehen. Dem Aufstieg Denamurs folgte ein umstrittener Alleingang des Italieners Giancarlo Gazzola, der illegal (das heißt ohne Besteigungsgenehmigung) unterwegs war. Er erhob Anspruch auf eine Solobegehung in der Nachmonsunzeit.

Während der neunziger Jahre faszinierte die Südwand der Annapurna weiterhin jene, die nach schwerster Kletterei in großen Höhen suchten. Nach der Monsunzeit im Jahre 1992 suchten die französischen Bergsteiger Pierre Béghin und Jean-Christophe Lafaille eine neue Linie rechts der Briten-Route. Teilweise nachts kletternd, da dann die besseren Schneeverhältnisse herrschten, erreichten die beiden eine Höhe von 7500 Meter, bevor sie den Rückzug antraten. Béghin wollte sich an einem Friend abseilen, um den Haken für den unteren Teil aufzusparen. Aber die Sicherungsvorrichtung löste sich und Béghin stürzte tödlich ab. Lafaille musste alleine über extrem schwieriges Gelände absteigen und erreichte ein Biwakzelt in etwa 7000 Meter Höhe. Beim weiteren Abstieg benutzte er nun die Zeltpflöcke als Abseilhaken und ein 6 Millimeter dickes 20-Meter-Seil. In der Nähe eines früheren Lagers auf 6600 Meter wurde Lafailles rechter Arm durch Steinschlag gebrochen. Für einen Rechtshänder eine äußerst kritische Situation. Er rief die slowenischen Bergsteiger, die sich auf der britischen Route befanden, aber sie hörten ihn nicht. Er war gezwungen, sich seinen Arm behelfsmäßig zu schienen und sich mit dem gesunden Arm und den Zähnen weiter die Wand hinunter abzuseilen. Schließlich erreichte er den Fuß der Wand und lief zum slowenischen Basislager hinüber, von wo er mit dem Helikopter nach Katmandu geflogen wurde. Im Jahre 1996 kehrte Lafaille zu der Wand zurück, mit der Absicht, die Briten-Route allein zu begehen. Er scheiterte am tiefen Schnee, meinte aber: »Es ist eine sehr schöne Route, nicht sehr gefährlich – eine interessante Route.«

1993 wurden die Annapurna und der Dhaulagiri als erste Gipfel von der »Chinesisch-tibetischen Expediton zu den 14 Achttausendern der Welt« bestiegen, deren Ziel es ist, bis 2002 einen Tibeter (möglichst, aber nicht notwendigerweise denselben) auf alle 14 Gipfel zu bringen. Nach dem Monsun 1994 war die Südwand wieder die Hauptattraktion: Ein südkoreanisches Team bestieg die Briten-Route, aber der Versuch einer neuen Route rechts davon durch Catherine Destivelle und Eric Decamp scheiterte. Die beiden versuchten dann den koreanischen Fixseilen zu folgen, gaben aber in einer Höhe von 7700 Meter auf.

Spätere Aufstiege konnte man in die Reihe der »noch fehlenden« Erstbegehungen einreihen. Im April 1995 bestiegen die Slowaken Andrej und Davorin Karnicar die französische Route an der Nordwand. Sie erreichten den Gipfel um 8.25 Uhr morgens. Nach einem Aufenthalt von etwa einer Stunde fuhren sie mit Ski ab und kamen gegen 18 Uhr wieder ins Basislager. Im Frühling 1996 schaffte der Schweizer André Georges die französische Route im Alleingang, die erste anerkannte Alleinbegehung. Nur elf Tage zuvor hat Georges den Dhaulagiri im Alleingang bezwungen. Nach dem Monsun von 1996 glückte einem polnisch-ukrainischen Team die erste Begehung des Nordwestgrates. Im unteren Bereich folgten sie der Normalroute, am Grat fixierten sie 2 Kilometer Seil. Der Gipfel wurde am 20. Oktober von dem Polen Andrzej Marciniak und dem Ukrainer Vladyslav Terzyul erreicht.

Es hat den Anschein, als wenn der für seine Lawinen berühmte und wegen früherer Todesfälle berüchtigte Berg durch moderne Ausrüstung und bessere Fitness gezähmt worden wäre. Aber das trifft im Himalaja nicht zu. An Weihnachten 1997 wurde Anatoli Boukreev, einer der besten Höhenbergsteiger der Welt und berühmt für seine Teilnahme an der Everest-Tragödie 1996, zusammen mit Dimitri Sobolev getötet, als sie von einer Lawine an der Südwand des Fang mitgerissen wurden, nachdem sie beschlossen hatten, den Hauptgipfel über den Südwestgrat zu besteigen. Simone Moro, der mit den beiden kletterte, wurde 800 Meter die Wand heruntergerissen und landete nur 50 Meter neben dem ersten Lager des Teams. Seine Hände waren schwer verletzt, die Kleidung zerrissen und er hatte seine ganze Ausrüstung außer den Steigeisen verloren. Er rüstete sich neu aus und kletterte 1500 Meter die Wand hinunter zum Basislager, von wo er ausgeflogen wurde, nachdem der nepalesische Koch des Teams durch die Nacht gelaufen war, um Alarm zu schlagen.

Zwei Jahre später, am 29. April 1999, bestieg der Spanier Juan Oiarzabal die Annapurna, um die 14-Achttausender-Sammlung zu vervollständigen; dafür hatte er 14 Jahre gebraucht. Unmittelbar nach seinem Aufstieg stellte sich die Frage, ob er der sechste oder siebente war, der den ganzen Satz vollendet hatte, vor allem wegen des Aufstiegs von Fausto De Stefani auf den Lhotse. Das Gros der Bergsteigerwelt scheint heute zu favorisieren, dass der Spanier der Sechste ist. Da Oiarzabals Team, vom spanischen Fernsehen unterstützt, die französische Route als zu gefährlich empfand, folgten sie der spanischen Route von 1974 auf den Ostgipfel, dann der deutschen Route von 1980 zum Zentralgipfel und schließlich über die Sichel zum Hauptgipfel. Beim Abstieg stürzten der Sherpa Kami Dorje, der gerade seinen zweiten Aufstieg zur Annapurna hinter sich hatte, und eine koreanische Bergsteigerin in den Tod.

Zum Zeitpunkt da dies geschrieben wird, weist die Annapurna weniger Begehungen auf als irgendein anderer Achttausender. Der Berg hat einen grimmigen Ruf und steht bereits an zweiter Stelle nach dem K2, wenn man Todesfälle im Abstieg und erfolgreiche Besteigungen ins Verhältnis setzt. Und er ist der Achttausender mit der höchsten Todesrate bei erfolgreichen Aufstiegen: Für jeden zweiten Bergsteiger, der den Gipfel erreicht, stirbt einer. Diese Statistiken erklären auch, warum es bislang keine rein kommerziellen Expeditionen zu diesem Gipfel gab. Die lawinengefährliche Nordwand und die schwierigen Süd- und Nordwestwände stellen sicher, dass es auch kaum eine Änderung während der ersten Jahre des neuen Jahrtausends geben wird. Der erste Achttausender, der bestiegen wurde, wird weiterhin ein sehr exklusiver Gipfel bleiben.

Die Westwand der Annapurna von Kalopani. Der Hauptgipfel (Annapurna I) ist auf der linken Seite, rechts der Fang

Everest 8848 m

» Viele Bergsteiger kommen mit einer Es-schaffen-oder-sterben-Einstellung zum Everest. Manche von ihnen schaffen es, manche von ihnen sterben und manche von ihnen tun beides. «

ANON

Everest

Als dann ein Name hätte gesucht werden können, hatte sich unter den britischen Bergsteigern »Everest« bereits festgesetzt. Da die Briten die einzige Nation waren, die den Gipfel in den Jahren vor dem Zweiten Weltkrieg in Angriff nahmen, war der Name in den fünfziger Jahren bereits internationalisiert, als sich die Schweizer und Franzosen um Genehmigungen für Versuche von der nepalesischen Seite her bemühten.

In späteren Jahren begann die Suche nach einem einheimischen Namen erneut. Der wahrscheinlichste Kandidat ist Chomolungma, wofür es verschiedene Schreibweisen gibt. Dies war der Name, der von den tibetischen Behörden in dem offiziellen Dokument für die britische Expedition im Jahre 1921 verwendet wurde, und er wurde von den Teammitgliedern benützt, wenn sie mit den Einheimischen sprachen. Der Name, der »Göttinmutter des Landes« bedeutet, schien sich auf das Everest-Massiv zu beziehen, also auch auf Lhotse, Nuptse und andere kleinere Gipfel, und nicht nur den Hauptgipfel selbst. Obwohl der Name in Tibet entdeckt wurde, schien er auch in der Khumbu-Region in Nepal benützt worden zu sein – keine große Überraschung, wenn man die Handelsverbindungen quer durch den Himalaja betrachtet. Es ist jedoch interessant, dass Tensing in seiner Autobiographie diesen Namen vermerkt und behauptet, dass seine Mutter ihm diesen mit der Bedeutung »der Berg so hoch, dass kein Vogel über ihn hinweg fliegen kann« genannt hätte. Nach der chinesischen Invasion in Tibet befürchtete Nepal, dass die Chinesen versuchen könnten, den Gipfel zu annektieren, und suchte deshalb nach einem eigenen einheimischen Namen und brachte Sagarmatha hervor, was in der Sherpa-Sprache »Himmelsmutter« oder »Mutter des Universums« bedeutet. Dieser Name wird nun für den Nationalpark in der Khumbu-Region benützt. Die Chinesen reagierten darauf mit ihrem eigenen Namen – Qomolangma (manchmal Qomolangma Feng). Es wird behauptet, dass er auf einer tibetischen Legende von fünf Göttinnen (qomo) beruht, von denen die schönste, die mit einem smaragdgrünen Gesicht, Qomo Langsangma oder Qomo Langma war.

> Der Everest war Gipfel XV bei der Indischen Landvermessung, von Generallandvermesser Sir Andrew Waugh nach seinem Vorgänger benannt. Waugh hatte vermerkt, dass kein einheimischer Name für den Gipfel zu existieren schien – obgleich die Suche danach sich zu diesem Zeitpunkt nicht bis nach Nepal und Tibet erstreckt hatte, da beide Länder für Fremde unzugänglich waren.

Obwohl es viele gibt, die es gerne sehen würden, dass Chomolungma als offizieller Name für den Gipfel angenommen wird, wird nun Everest sowohl von der Tradition her als auch im täglichen Leben akzeptiert, und es ist sehr unwahrscheinlich, dass er jemals verdrängt wird.

Erforschung

Obgleich es Vermutungen über Expeditionen gab, die sich dem Everest in den Jahren vor dem Ersten Weltkrieg näherten

Die Gipfelpyramide vom Second Step aus

Die drei herausragendsten Berge des Everest-Massivs: der Everest (links), der Lhotse (Mitte) und der Nuptse (rechts)

(und Besteigungsversuche unternahmen), sind sie alle aus dem einen oder anderen Grund fehlgeschlagen, und bis 1921 wurde keine Expedition genehmigt. Die von 1921 wurde von Charles Howard-Bury geleitet und schloss George Leigh Mallory mit ein, dessen Name mit diesem Berg in einer Weise verknüpft ist, wie es nur noch bei den Namen von Hillary und Tensing der Fall ist. Die Expedition beschäftigte sich ausschließlich mit der Aufklärung und erforschte den Norden, den Nordwesten und die östlichen Seiten des Gipfels. Mallory sah den Khumbu-Eisbruch, benannte den dahinter liegenden West Cwm (heute üblicherweise Western) – und verwarf die Möglichkeit, dass eine Route dort hindurchführen und über den Pass zwischen dem Everest und dem »Südgipfel« (Lhotse) hinaufführen könnte. Die Expedition sah sich außerdem die Ostwand (Kangshung-Wand) an, gab dieses Vorhaben aber bald auf und bestieg den Chang La, welchen

Hoch in der Nordwand. Dieses Foto wurde von etwa derselben Stelle aufgenommen wie das von Norton 1924 (siehe Seite 20)

Everest: Aufstiegsrouten

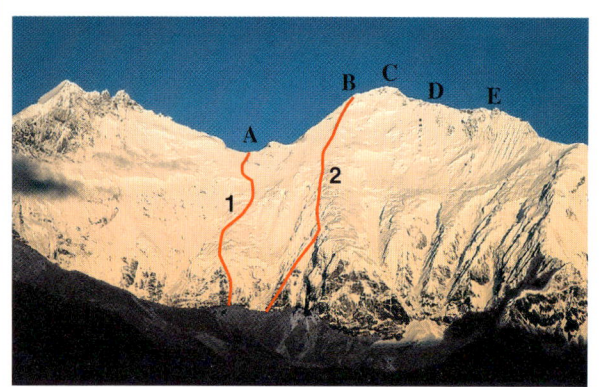

Oben: Ostwand
A *Südsattel*
B *Südgipfel*
C *Hauptgipfel*
D *Nordgrat*
E *Pinnacles-Gruppe*
1 *Briten-Amerikaner-Route 1988*
2 *Amerikaner-Route 1983*

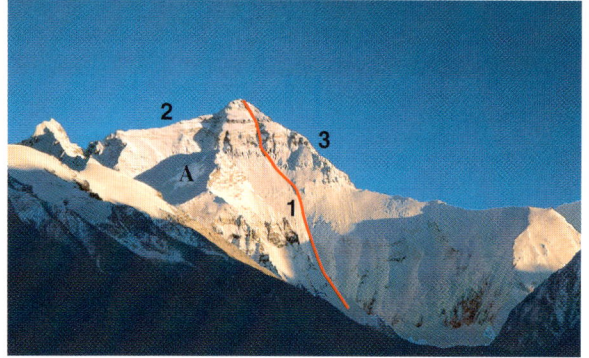

Oben: Nordwand
A *Großes oder Norton-Couloir (im Schattenbereich), zuerst bestiegen von den Australiern 1984*
1 *Hornbein-Couloir, Japaner-Route (1980)*
2 *Nordgrat-Route, Chinesen-Route (1960). Die Wand unter dem Kamm wurde in vielen Varianten der klassischen Route durchstiegen.*
3 *Westgrat, Teilaufstieg durch die Amerikaner durch das Hornbein-Couloir (1963); vollständiger Aufstieg durch die Jugoslawen (1979)*

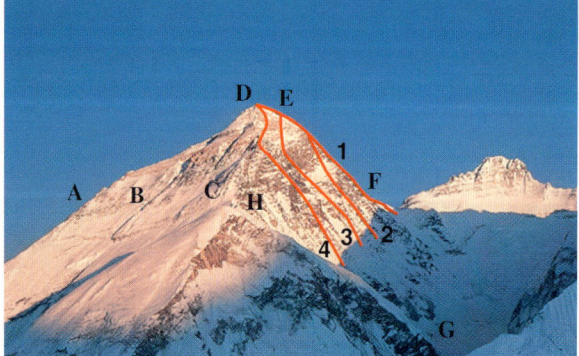

Oben: von Westen
A *Nord- (Nordost-)Grat*
B *Norton-Couloir*
C *Hornbein-Couloir*
D *Gipfel*
E *Südgipfel*
F *Südsattel*
G *Western Cwm*
H *Westgrat*
1 *Südostgrat, Route der Erstbesteiger/Normalweg (1953)*
2 *Südwestpfeiler, Russen-Route (1982)*
3 *Südwestwand, Briten-Route (1975)*
4 *Südpfeiler, Polen-Route (1980)*

sie in Nordsattel umbenannten. Mallory, Wheeler und Bullock erreichten den Sattel, und Mallory war bereit, weiter vorzustoßen, da er glaubte, dass sie weitere 600 Meter in der ihnen verbleibenden Zeit erforschen könnten, aber der Wind zwang ihn zum Umdenken. Nichtsdestotrotz hatte das Team genug gesehen, um zu beweisen, dass eine Route zum Gipfel über den Nordsattel und den Nordgrat vorstellbar war. Es war eine erfolgreiche Reise, obgleich sie durch den Tod von Alexander Kellas getrübt wurde, der wohl erfahrenste Himalaja-Bergsteiger dieser Zeit, dessen Herz wegen Erschöpfung nach einem sich hinziehenden Ruhranfall versagte.

Die chinesische Leiter am Second Step. Bemerkenswert ist der angehäufte Schnee links der Leiter.

Die Briten kamen 1922 wieder, dieses Mal von General Charles Granville Bruce angeführt, einem Hünen von einem Mann mit beneidenswertem Wissen über den Himalaja. Nach den Erfahrungen der Reise von 1921 hatte diese Expedition bessere Nahrungsmittel und Stiefel, aber die restlichen Ausrüstungsgegenstände waren mehr oder weniger die gleichen – schwere Wollhosen und Jacken, die seit Jahren in den Alpen getragen wurden, nur der in Australien geborene George Finch hatte eine selbstentworfene Daunenjacke. Finch war auch für die Sauerstoffausrüstung des Teams verantwortlich, obwohl wenige der Bergsteiger Vertrauen in Sauerstoff setzten und sogar noch weniger in die Ausrüstung. Das Team erreichte den Nordsattel Mitte Mai und stellte von da aus einige Höhenrekorde auf. Während des ersten Versuches kamen Mallory, Morshead, Norton und Somervell bis zu einem Punkt, der höher lag als jeder Punkt, den Menschen zuvor erreicht hatten, und schlugen dort ihr Lager auf. Am nächsten Tag überquerten Mallory, Norton und Somervell das erste Mal die 8000-Meter-Marke und kamen schließlich bis auf 8200 Meter. Das Trio benützte keinen zusätzlichen Sauerstoff, aber bei dem zweiten Versuch von Finch und Geoffrey Bruce (der Neffe des Leiters) wurde er genutzt. Sie erreichten 8320 Meter, ein Weltrekord, und ein besonders bedeutender für Geoffrey Bruce: Er war vorher noch nie geklettert. Später, beim dritten Versuch Anfang Juni, der Monsun war bereits eingetrof-

Der Western Cwm aus der Luft. Das Foto zeigt die Südwestwand des Everest (links), den Südsattel mit dem Lhotse, den Makalu (dahinter) und den Nuptse (rechts).

fen, waren vier Bergsteiger und dreizehn Sherpas auf dem Rückweg zum Nordsattel. Der tiefe Neuschnee kam ins Rutschen und sieben Sherpas wurden getötet.

Die Briten kehrten 1924 zurück, wieder unter Führung von General Bruce, obwohl ein Malariaanfall auf dem Anmarsch ihn zwang, die Expedition zu verlassen: Edward Norton übernahm die Führung. Die Ausrüstung war so ziemlich die gleiche wie 1922, die Lektion von Finchs Daunenjacke war noch nicht gelernt. Es ist aufschlussreich, wenn man betrachtet, was die Bergsteiger an Kleidung trugen. Zum ersten Gipfelversuch im Jahre 1924 hat Norton seine Kleidung aufgelistet: »Ich persönlich trug ein dickes Wollunterhemd und Unterhosen, ein dickes Flanellhemd und zwei Pullover unter einem hellen Knickerbocker-Anzug aus winddichtem Gabardine, die Hosen waren mit leichtem Flanell gefüttert, ein Paar weiche elastische Wickelgamaschen aus Kaschmir und Filzstiefel, gebunden und besohlt mit Leder und leicht mit den üblichen Bergsteigernägeln bestückt. Über allem trug ich einen sehr leichten Pyjamaanzug aus windabweisendem Gabardine. An meinen Händen trug ich

Durch den Khumbu-Eisbruch zum Western Cwm

Im Western Cwm quert ein Sherpa-Team unterhalb des Nuptse. Auf der linken Seite steht der Everest mit dem Südsattel und dem Lhotse rechts davon.

ein Paar lange fingerlose Wollhandschuhe und darunter ein ähnliches Paar aus Gabardine, auch wenn man beim Stufenschlagen einen sensiblen Griff am Pickelschaft brauchte. Manchmal nahm ich seidene Handschuhe, um die Wollhandschuhe zu ersetzen. Auf meinem Kopf trug ich einen pelzgefütterten Motorradhelm aus Leder, und meine Augen und die Nase wurden durch eine Schutzbrille geschützt, die in eine Ledermaske eingenäht war. Sie reichte weit über die Nase und deckte alles in meinem Gesicht ab, was nicht auf natürliche Weise durch meinen Bart geschützt war. Ein riesiger Wollschal rundete mein Kostüm ab.« Als 1999 die Leiche von Mallory gefunden wurde, trug er sieben, acht oder neun Schichten Kleidung (man konnte es nicht genau feststellen), ganz klar ein ähnliches »Kostüm«. Die amerikanischen Bergsteiger stellten fest, dass die Kleidung Mallorys mit etwa zwei Schichten aus modernem Fleece gleichzusetzen war – viel weniger als sie trugen. Wie sie hervorhoben, war die Kleidung ausreichend, ließ aber praktisch keinen Spielraum für schlechtes Wetter oder wenn man von der Nacht überrascht wurde: Mallory und seine Kameraden waren nicht nur geschickte Bergsteiger, sondern auch sehr tapfere Männer.

Norton plante die Gipfelversuche für Mitte Mai, da er ein frühes Einsetzen des Monsuns befürchtete, aber ein starker und langanhaltender Sturm durchkreuzte seine Pläne. So wurde erst am 4. Juni der erste Versuch von Howard Somervell und Norton selbst unternommen. Das Paar, beide benutzten keinen Flaschensauerstoff, bestieg die Felsen des Gelben Bandes und bewegte sich dann auf die Nordwand zu. Sie kletterten unterhalb des Nordostgrates, um den First Step und den Second Step zu umgehen, letzterer wurde als furchterregendes Hindernis betrachtet. Somervell hatte Probleme mit Höhenhusten, sein Hals war von der dünnen, kalten, trockenen Luft wund, und er gab auf. Norton ging weiter zum Fuß des deutlichen Couloirs (das Große oder Norton-Couloir genannt), von dem er glaubte, dass es ihm leichten Zugang zur Gipfelpyramide verschaffen würde. Aber das Gelände wurde schwieriger und um 13 Uhr hielt er an, da er realisierte, dass er nicht die Zeit haben würde zum Gipfel zu gelangen und sicher wieder zurückkehren zu können. Er hatte eine Höhe von 8570 Meter erreicht, ein Höhenrekord, der mit Sicherheit fast 30 Jahre lang nicht gebrochen wurde und sogar 54 Jahre hielt, wenn man nur Bergsteiger ohne Flaschensauerstoff berücksichtigt. Auf dem Abstieg verschlimmerte sich Somervells Husten, ein Hustenanfall löste die Schleimhaut seines Kehlkopfes und drohte ihn zu ersticken. Nur durch einen starken Stoß gegen seinen Brustkorb gelang es ihm, die Blockierung auszuhusten und seine Luftröhre frei zu machen.

Eine Bergsteigerlegende: Tensing, von Hillary auf dem Gipfel des Everest fotografiert

Der zweite Gipfelversuch wurde am 8. Juni von George Mallory und Andrew (Sandy) Irvine, dem jüngsten und unerfahrensten Mitglied des Teams, unternommen. Es wurde viel über Mallorys Wahl des Kameraden spekuliert. Er nannte als Grund Irvines technische Kenntnisse im Umgang mit der Sauerstoffausrüstung, die die beiden nutzen wollten – aber Noel Odell war ebenso damit vertraut und ein erfahrener Bergsteiger. Über die Jahre wurden zahlreiche mögliche Erklärungen für die Wahl Mallorys in Betracht gezogen. Viele sahen einen homosexuellen Grund darin, obwohl es keinen Beweis für Mallorys Homosexualität gibt: Er war verheiratet und hatte einen Sohn (obwohl das wiederum auch kein Beweis dagegen ist). Die wahrscheinlichste Erklärung scheint die offensichtlichste, die banalste zu sein: Mallory hatte sich mit Irvine angefreundet, schätzte seine Gesellschaft und war von seiner Kondition und seinem Wissen um das empfindliche Sauerstoffsystem beeindruckt. Was auch immer der Grund war, Mallory und Irvine bezogen am 7. Juni Lager VI. Irgendwann am Morgen des 8. Juni verließen sie das Lager und kletterten in die Geschichte.

Die bekannten Fakten zu diesem Aufstieg sind begrenzt: Um 12.50 Uhr sah Odell, der zum Lager VI aufgestiegen war und etwa 7960 Meter erreicht hatte, die beiden Bergsteiger durch eine Wolkenlücke auf dem Nordostgrat. Wo genau er die beiden gesehen hatte, würde Spekulationen schüren. Später, etwa gegen 14 Uhr, als Odell im Lager VI war, brach ein Sturm aus, der etwa 2 Stunden anhielt. Als er sich verzogen hatte, lag der Berg im Sonnenschein, aber Odell konnte kein Zeichen des Gipfelpaares über sich ausmachen. Sie kamen nicht zum Lager VI zurück und die Expedition kehrte nach England heim. 1933 wurde ein Pickel, von dem man annahm, dass er Irvine gehört hatte, unterhalb des Kammes am Grat nahe dem First Step gefunden. Er lag auf einem schrägen Felsband.

Der Entdeckung des Pickels folgten 60 Jahre lang Spekulationen, ob die beiden nun den Gipfel erreicht hatten oder nicht. Dann, bei einer chinesischen Expedition 1975, behauptete Wang Hongbao, einen »englischen Toten« gefunden zu haben, eine Leiche mit altmodischer Kleidung und einer Wunde im Gesicht, auf etwa 8200 Meter Höhe, direkt unter der Stelle, wo der Pickel gefunden worden war. Unglücklicherweise wurde die Geschichte von Wang der Öffentlichkeit nicht bekannt, bis er sie 1979 bei einer chinesisch-japanischen Expedition einem japanischen

Bergsteiger erzählte. Am nächsten Tag, noch bevor weitere Einzelheiten in Erfahrung gebracht werden konnten, wurde Wang durch eine Lawine getötet. Im Mai 1999 wurde die Leiche von Mallory an der Nordwand gefunden. Das war ebenfalls unter der Stelle, an der der Pickel gefunden worden war, aber die Tatsache, dass die Leiche mit dem Gesicht nach unten lag und fest an die Felsen gefroren war, führte zu der Vermutung, dass die Leiche, die Wang gesehen hatte, die von Irvine gewesen sein musste. Das Paar war eindeutig zusammen abgestiegen – bei Mallory war noch immer das Kletterseil um die Taille gebunden –, und es hatte eindeutig einen Unfall gegeben: Mallory lag einige hundert Meter unterhalb des Pickels. Er hatte sich beim Sturz das rechte Bein gebrochen.

Einige behaupteten, der Fund der Leiche würde das Geheimnis lüften – aber dies traf nicht zu. Der mögliche Erfolg oder das mögliche Scheitern des Mallory-Irvine-Versuches beruht weitestgehend noch immer auf Odells Ansichten. Zuerst behauptete er, die beiden nur etwas unterhalb der letzten Pyramide gesehen zu haben (das ist immerhin am Second Step, möglicherweise sogar höher). Wenn das so war, wäre es möglich, dass die beiden den Gipfel erreicht hatten und auf ihrem Abstieg gestürzt sind. Mallorys Schneebrille steckte in seiner Tasche, was einen Abstieg in der Dunkelheit andeutet und mit einer Ankunft am Gipfel am späten Nachmittag übereinstimmen würde. Dagegen sprechen die Kletterschwierigkeiten am Second Step und dass keine Abseilstelle an dessen oberen Ende gefunden worden war (was hieße, dass sie sich nicht abgeseilt haben; und den Step hinunterzuklettern ist sehr schwierig – andererseits fuhr Hans Kammerlander mit Ski um den Fuß des Step, also gibt es einen Weg, ihn zu umgehen) sowie die Tatsache, dass Odell während des restlichen Tages trotz perfekter Sicht nichts von den beiden gesehen hat.

Odell änderte später seine Meinung, glaubte, dass seine Sichtung viel tiefer gelegen hätte, vielleicht am oder gerade über dem First Step. In diesem Fall ist es wahrscheinlich, dass das Paar auf der Route zum Second Step vom Sturm erfasst wurde, den Rückzug angetreten hat und dabei abgestürzt ist (vielleicht hatte Mallory seine Schutzbrille wegen schlechter Sichtverhältnisse abgenommen). Wenn dies der Fall war, muss das Paar kurz bevor Odell den Berg wieder sehen konnte gestürzt sein. Obwohl es wahrscheinlich ist, dass die beiden den Gipfel nicht erreicht haben, wird die wahre Geschichte ein Geheimnis bleiben, bis die Leiche von Irvine entdeckt (oder wiederentdeckt) wird und vielleicht der Film in seiner Kamera das Geheimnis lüftet (vorausgesetzt sie wird gefunden, und der Film lässt sich immer noch entwickeln).

Der nächste britische Versuch fand erst neun Jahre später statt, da die Tibeter mit anderen britischen Expeditionen im Jahre 1921 und 1924 negative Erfahrungen gemacht hatten und erst auf diplomatischem Weg die Wogen geglättet werden mussten. 1933 schließlich führte Hugh Ruttledge eine Expedition zum Everest an. Dabei wurde der Pickel von Irvine entdeckt, und bei zwei Versuchen erreichten Percy Wyn Harris und Lawrence Wagner sowie Frank Smythe, der allein kletterte, etwa denselben Punkt, den Norton 1924 erreicht hatte. Während der folgenden Jahre, bevor der Krieg von 1939–1945 weiteren Versuchen ein Ende setzte, kamen die Briten drei weitere Male wieder, verbesserten aber nie den Höhenrekord. Die Expedition von 1935, geleitet von Eric Shipton, war deswegen bemerkenswert, weil ein 19-jähriger Sherpa auf seiner ersten Expedition dabei war. Sein Name war Tensing.

1934 versuchte sich ein exzentrischer Brite, Maurice Wilson, alleine an der Route über den Nordsattel und starb auf einer Höhe von 6400 Meter. Nach dem Krieg gab es zwei weitere Soloversuche: 1947 scheiterte der Kanadier Earl Denman, begleitet von Tensing und anderen Sherpas, beim Versuch den Nordsattel zu erreichen, und 1950 trat der Däne Klaus Larsen am Nordsattel den Rückzug an. Dann, im Oktober 1950, marschierten die Chinesen in Tibet ein, wodurch ausländische Expeditionen auf die Nordseite des Berges 30 Jahre lang nicht mehr möglich waren.

Das Interesse am höchsten Berg der Welt schlief jedoch nicht ein. Die Nepalesen öffneten ihre Grenzen, und während 1950 die Franzosen an der Annapurna waren, wagten sich Charles Houston, Bill Tilman und andere auf den Khumbu-Gletscher, sahen jedoch den Khumbu-Eisbruch unterhalb des Western Cwm als unüberwindbar an. 1951 stieg eine Expedition unter Eric Shipton (mit Michael Ward, Tom Bourdillon und Ed Hillary) am Pumori bis zu einem Punkt auf, von dem aus sie

Bergsteiger auf dem letzten Grat oberhalb des Hillary-Step; der Südgipfel im Vordergrund

Der Hillary-Step; der Bergsteiger ist der Israeli Doron Erel.

sehen konnten, dass es eine Route über den Western Cwm, den Südsattel und den Südostgrat geben musste. Später kletterten sie durch den Eisfall zum Beginn des Cwm. Obwohl sie wegen der Gefahren im Eisfall und wegen des Risikos, das ein Materialtransport dort hinauf bedeuten würde, erschüttert waren, waren sie überzeugt, dass die Südroute begehbar war.

Zurück in London, wurde Shipton vom British Himalayan Committee zum Leiter einer für 1952 geplanten Expedition ernannt. Zu ihrem Erstaunen mussten sie feststellen, dass die Nepalesen den Schweizern eine Genehmigung erteilt hatten. Die Briten nahmen daher zu den Schweizern Kontakt auf, um ihnen ein Angebot zu machen, das darauf hinauslief, dass sie ihnen erlaubten, eine Gruppe Bergsteiger mit der britischen Expedition mitzuschicken. Die Schweizer lehnten ab, was kaum überrascht. Daher entschieden die Briten, dass die Schweizer es vor dem Monsun versuchen sollten und sie selbst nach dem Monsun. Aber das lehnten die Nepalesen ab. Die Briten mussten lernen, und das schnell, dass nach dem Krieg ihre glorreiche Vergangenheit kein Passierschein mehr war.

Die Schweizer Expedition unter der Leitung von Ed Wyss-Dunant diente der Erforschung, wollte aber auch einen echten Versuch wagen: Niemand zuvor war diesen Weg gegangen. Unter Berücksichtigung dieser Tatsache und in Anbetracht des entsetzlichen Wetters kamen sie beachtlich voran. Die Lhotse-Flanke war steiler als sie erwartet hatten (sie ist mit der Brenva-Flanke am Montblanc zu vergleichen), und sie wählten für den Aufstieg den Genfer Sporn, eine Felsrippe am linken Rand der Flanke, die zum Südsattel führt. Bei tosenden Winden und eisiger Kälte verbrachten drei Schweizer, Tensing und drei weitere Sherpas eine Nacht auf dem Sattel. Am nächsten Tag stiegen die drei Sherpas ab, während Lambert, Tensing, Flory und Aubert über den Südostgrat weiterstiegen. Auf etwa 8380 Meter Höhe stellten sie ein Zelt auf. Hier blieben Raymond Lambert und Tensing, während Flory und Aubert zum Sattel zurückgingen. Am folgenden Tag kamen Lambert und Tensing trotz der Verwendung von Sauerstoff in 5 Stunden nur etwa 200 Meter am Grat hinauf. Ihr Versuch war damit beendet, aber ihre geschätzte Höhe von etwa 8600 Meter lag wahrscheinlich etwas höher als die, die auf der Nordseite erreicht worden war. Ein zweiter Versuch führte nicht höher als bis zum Südsattel.

Die Schweizer kamen nach dem Monsun wieder, da sie wussten, dass die Briten eine Genehmigung für 1953 und die Franzosen eine für 1954 erhalten hatten. Dieses Mal wurde die Expedition von Gabriel Chevalley geleitet, der zusammen mit Lambert und Tensing zu den einzigen Überlebenden des Vormonsun-Teams zählte. Tensing war nun als Mitglied des Bergsteigerteams dabei. Die Expedition wurde durch Krankheiten belastet und ein Sherpa, Mingma Dorje, starb, nachdem er von Eisschlag an der Lhotse-Flanke getroffen wurde. Die Verzögerungen, die

Don Whillans verlässt Lager IV bei dem Versuch an der Südwestwand 1971

diese Probleme verursachten, bedeuteten, dass bei Erreichen des Südsattels der Winter angebrochen war. Ein paar symbolische Meter wurden auf dem Südostgrat zurückgelegt, dann trat das Team den Rückzug an.

Die Erstbesteigung

Ebenso wie die Schweizer im Sommer 1952, waren sich die Briten dessen bewusst, dass 1953 ihre letzte Chance auf Erfolg sein könnte. Nicht nur, dass die Franzosen eine Genehmigung für 1954 hatten, es war auch den Schweizern eine weitere für 1955 erteilt worden. Was die Briten daher brauchten war ein entschlossener, entscheidungsfreudiger Leiter, und Eric Shipton, ungeachtet seiner Erfahrung und seiner Fähigkeiten, war ein vorsichtiger Mann und einer, der nicht allzu sehr von großen Expeditionen angetan war. Auf dem Cho Oyu 1952 hatte Shipton alle seine unangezweifelten Fähigkeiten als Forscher demonstriert,

Der Khumbu-Eisbruch strömt aus dem Western Cwm heraus.

aber ebenso sein Scheitern als zielstrebiger Expeditionsleiter. Das British Himalayan Committee bestellte daher John Hunt als Expeditionsleiter, einen Armeeoffizier mit beeindruckenden Leistungen in den Alpen und im Himalaja, der schon fast bei der Everest-Expedition von 1936 dabei gewesen wäre.

Hunts Team war sehr groß und hatte einige Mitglieder, die bereits mit Shipton 1952 am Cho Oyu waren. Es bestand aus George Band, Tom Bourdillon, Charles Evans, Alf Gregory, Edmund Hillary, George Lowe, Wilfried Noyce, Griffith Pugh (Expeditions-Physiologe), Michael Ward (Expeditionsarzt), Michael Westmacott und Charles Wylie. James Morris von der »Times« schrieb Berichte für die Zeitung, und Tom Stobart war dabei, um einen Film über diesen Versuch zu drehen. Alf Gregory, ein ausgezeichneter Fotograf, war für die Standfotos zuständig. Tensing wurde dazu eingeladen, sich dem Team anzuschließen und sollte außerdem der Sirdar für die Sherpas sein.

Hunts Planung für die Expedition war sorgfältig, sein militärischer Hintergrund offensichtlich. Die Expedition baute eine Reihe von nahe beieinander liegenden Lagern zwischen dem Beginn des Eisfalles und der Lhotse-Flanke auf. Hunt umriss dann seinen Plan für die Gipfelversuche. Die Expedition besaß zwei unterschiedliche Sauerstoffsysteme: das »offene«, bei dem reiner Sauerstoff mit der Umgebungsluft vermischt wird, was die Sauerstoffversorgung des Bergsteigers verbessert, und das »geschlossene System«. Bei diesem wird auf chemischem Weg bei der vom Bergsteiger ausgeatmeten Luft der Sauerstoff vom Kohlendioxid getrennt und der »recycelte« Sauerstoff, ergänzt durch Flaschensauerstoff, an den Bergsteiger zurückgeführt. Der Vorteil des Letzteren liegt darin, dass eine reichere Versorgung mit Sauerstoff möglich ist, was dem Benutzer erlaubt, schneller zu klettern. Der Nachteil besteht darin, dass der Benutzer von der Außenwelt abgeschnitten ist, eine klaustrophobische Situation.

Und sollte das System ausfallen, würde das eine viel schärfere Abnahme der Sauerstoffversorgung verursachen als bei Nutzern des offenen Systems. Das geschlossene System ist zudem viel komplizierter, was Probleme noch wahrscheinlicher macht. Als Konsequenz nutzen Bergsteiger jetzt ausschließlich das offene System, wenn sie überhaupt Sauerstoff benützen.

Hunt beschloss, dass der erste Gipfelversuch von Bourdillon und Evans vom Südsattel aus unternommen werden sollte, unter Nutzung des geschlossenen Sauerstoffsystems. Der zweite von Hillary und Tensing aus dem Lager hoch oben auf dem Südostgrat unter Nutzung des offenen Systems. Die Zusammensetzung der ersten Gruppe war zu verstehen: Bourdillon war in der Expedition der Experte für die Sauerstoffausrüstung und hatte als Wissenschaftler bei der Entwicklung des geschlossenen Systems mitgewirkt. Evans war sein Kletterpartner auf den ersten Etappen der Expedition. Aber warum sollten sie am Südsattel starten, wo doch ihre Chancen auf Erfolg viel größer gewesen wären, wenn sie höher gestartet wären? Hunt begründete es damit, dass das schnellere Aufstiegstempo der Nutzer des geschlossenen Systems das Problem eines niedrigeren Starts überwinden würde. Es ist aber wahrscheinlich, dass andere nicht ausgesprochene Faktoren eine Rolle gespielt haben. Das Einrichten eines Lagers über dem Südsattel war extrem schwierig, es zweimal auszurüsten mochte sich als unmöglich erweisen. Es machte daher Sinn, es einmal auszurüsten und es mit dem Team zu bemannen, das die besten Chancen auf Erfolg hatte. Es scheint, dass Hunt dem geschlossenen System misstraute und wahrscheinlich glaubte, dass Hillary und Tensing so eine bessere Chance hätten, den Gipfel zu erreichen. Wenn Bourdillon und Evans Erfolg hätten – ausgezeichnet. Wenn sie scheiterten, würden sie zumindest wertvolle Informationen an das zweite Team liefern. Es ist wahrscheinlich eine Übertreibung, das alles auf Hunts militärischen Hintergrund zurückzuführen – die erste Truppe zu nutzen, um das Minenfeld auf dem einen oder anderen Wege zu räumen und

Die Ostwand (auch Kangshung-Wand) des Everest (rechts) und der Lhotse spiegeln sich in einem Teich auf dem Kharta-Gletscher.

so sicherzustellen, dass die zweite Truppe einen leichten Durchgang hat –, aber es gab seither einige, die so vorgingen.

Die Wahl von Hillary und Tensing war weniger umstritten. Die beiden passten gut zusammen, entsprachen sich in Geschwindigkeit und Elan. Vor Hunts Ankunft im Basislager hatte Hillary die Route durch den Eisfall zum Cwm vorbereitet und das Paar war viel schneller als irgendein anderes Team am Berg. In seinem jüngst veröffentlichten Rückblick auf ein ereignisreiches Leben schreibt Hillary, dass die Partnerschaft nicht völlig zufällig war. Hillary war sich bewusst, dass Hunt höchstunwahrscheinlich ein Paar von Neuseeländern für den Gipfelversuch wählen würde (George Lowe war gewöhnlich sein Kletterpartner). Also hat er sich absichtlich von Lowe distanziert: Das ist eine Aussage von überraschender Ehrlichkeit. Die Tatsache, dass Hillary ein Neuseeländer war und Tensing Nepalese (oder Inder – nach dem Aufstieg erhielt er von beiden Nationen einen Pass) und der einzige Sherpa, der das Verlangen hatte den Gipfel zu erreichen, ließ auch vermuten, dass Hunt andere Motive für seine Wahl hatte – Weltmann und Einheimischer, eine sehr britische Wahl.

Hunt machte seine Ankündigung am 7. Mai, aber 10 Tage später schien sie voreilig gewesen zu sein – der Südsattel war nach wie vor ein schwer fassbares Ziel und der Zeitplan der Expedition war nicht einzuhalten. Der Sattel wurde nicht vor dem 21. Mai erreicht, obwohl das Tempo des Aufstiegs dann erhöht wurde. Am 26. Mai gingen Bourdillon und Evans um 7 Uhr am Sattel los, gefolgt von Hunt und dem Sherpa Da Namgyal, die das Lager IX auf dem Grat errichten wollten. Obwohl Bourdillon und Evans zuerst gut vorankamen, wurden sie mit zunehmender Höhe langsamer, weil es Probleme mit Evans Sauerstoffsystem gab und die Schneeverhältnisse schlecht waren. Erst um 1 Uhr nachts erreichten sie den Südgipfel. Das allein war schon eine Leistung, es war der höchste Punkt, der jemals erreicht wurde, aber auf dem Everest war das nur ein Punkt auf der Reise. 30 Minuten lang diskutierten die beiden ihre Möglichkeiten. Sie hatten ausreichend Sauerstoff für weitere 2 oder 3 Stunden Aufstieg, der sie, wie sie annahmen, bis zum Gipfel bringen sollte. Würden sie einen Abstieg ohne Sauerstoff überleben? Was, wenn das schadhafte System von Evans beim Besteigen des letzten Grates ausfallen würde? Sollte Bourdillon alleine gehen? Schließlich drehten sie um und stiegen ab.

Nach der Expedition wurde gesagt, dass Tom Bourdillon ihre Entscheidung bereut habe (oder zumindest seine eigene Entscheidung). Unten am Sattel jubelten die Sherpas laut, als sie das Team auf dem Südgipfel sahen, da sie glaubten, es sei der richtige Gipfel. Tensing dagegen war weniger euphorisch – der Anblick der aus dem Sichtfeld verschwindenden Bergsteiger, wahrscheinlich auf dem Weg zum richtigen Gipfel, bedeutete, dass seine eigenen Träume zerschlagen wurden und er spürte den Verlust deutlich.

Bei ihrer Rückkehr waren Bourdillon und Evans völlig erschöpft. Am nächsten Tag war das Wetter schlecht, aber der Zustand von Bourdillon war so beunruhigend, dass er trotzdem

heruntergebracht werden musste. Am 28. Mai gingen Hillary und Tensing, unterstützt von Lowe und Ang Nyima, zum Lager IX hoch. Am 29. Mai brachen Hillary und Tensing um 6.30 Uhr auf und erreichten schnell den weichen Schnee unterhalb des Südgipfels, der dem ersten Team Schwierigkeiten bereitet hatte. Hillary kämpfte sich geradewegs durch (Bourdillon und Evans

Auf dem Weg zum Gipfel: Die Bergsteiger schleppen sich die letzten Seillängen des Südostgrates hinauf.

hatten ihn links auf schlechtem Fels umgangen) und war sehr über die Instabilität erschrocken. Er machte weiter, wohl wissend, dass ein Ausrutscher für sie beide fatal werden könnte, weil der Abhang ins Rutschen geraten könnte. Er wusste aber auch, dass dies der Everest ist und dass dies seine einzige Chance war, den Gipfel zu erreichen. Gegen 9 Uhr hatten sie den Abhang überwunden und den Südgipfel erreicht. Der letzte Kamm sah schwierig aus, war aber problemlos zu begehen. Die einzige wirklich schwere Stelle schien der heutzutage berühmte Hillary-Step zu sein. Hillarys spätere Beschreibung von der Überwindung der Felsstufe verursachte bei Tensing tiefe Kränkung. Zuerst sagte Hillary, dass er, nachdem er die Stufe überwunden hatte, »wie ein

Hoch oben auf der ersten Spitze des Nordostgrates

Die Nordwand vom Rongbuk-Gletscher aus gesehen, der Westgrat auf der rechten und der Nordsattel auf der linken Seite

Fisch nach Luft rang«. Im offiziellen Expeditionsbuch übertrug er diese Metapher auf Tensing und deutete an, dass er alles bis auf den Sherpa hochgeschleppt habe. Tensing war durch beide Anspielungen sehr beleidigt. Hillary ließ die Fischbemerkungen in seiner Autobiografie weg, Tensing erwähnte sie wortwörtlich in seiner.

Das Team stieg dann über den letzten Grat weiter zum Gipfel. Die Entdeckung von Mallorys Leiche 1999 führte zu einigen Interviews mit Hillary, in denen er schließlich, wie mehrere Zeitungen behaupteten, zugab, dass er der Erste war, der den Gipfel erreichte. Da Tensing dies bereits einige Jahrzehnte zuvor in seiner Autobiografie zugegeben hatte, schien diese »neue« Information überraschend datiert. Unterhalb des Gipfels machten die beiden eine Pause. Hillary war besorgt, dass der augenscheinliche Gipfel eine überhängende Wechte der gewaltigen Ostwand sein könnte, und bat Tensing ihn zu sichern. Sie kämpften sich weiter auf dem Schneegrat voran und erreichten erleichtert den Gipfel. Nach den Glückwünschen machte Hillary Gipfelfotos von Tensing und spähte dann die Nordseite hinunter, um ein Zeichen von Mallory oder Irvine zu entdecken. Das erwähnte er in seinem Bericht, aber er sagte darin nicht, was er später Ruttledge anvertraute: Er glaubte nämlich, dass die letzten 275 Meter des Nordgrates nicht kletterbar sind. Die beiden aßen etwas und begannen anschließend den Abstieg. Auf dem Südsattel trafen sie auf George Lowe, Hillarys Landsmann. Hillary verkündete ihm dann die großartigen Neuigkeiten: »Nun«, sagte er, »wir haben den Bastard umgelegt.«

Spätere Besteigungen

Die Neuigkeiten über die Besteigung des Everest erreichten Großbritannien als verschlüsselte Mitteilung so schnell, dass die »Times« sie noch rechtzeitig am 2. Juni verkünden konnte, dem Tag, an dem Königin Elisabeth II. gekrönt wurde. Die Franzosen, die den Berg für 1954 »gebucht« hatten, verwarfen ihre Pläne, aber die Schweizer, die eine Genehmigung für 1955 hatten, strebten nach einem »Doppel«. Sie wollten nicht nur die Zweitbegehung der Südsattel-Route machen, sondern sie hatten auch die Erstbesteigung des Lhotse im Auge. Danach gab es einen ständigen Strom von Expeditionen zum Everest. Ein Strom, der einem Fluss immer ähnlicher wurde, seit das Reisen günstiger und die Ausrüstung besser wurde sowie die Zahl der erfahrenen, mit den Gegebenheiten vertrauten Bergsteiger und Sherpas anwuchs. Damit wurde es sogar den Normalsterblichen (d. h. den reichen Normalsterblichen) möglich, ihre Ambitionen zu verwirklichen. Bis heute erlebte der Berg über 1300 Besteigungen durch mehr als 950 Bergsteiger. Einige Bergsteiger können Mehrfachaufstiege vorweisen: Der Sherpa Ang Rita war der Erste, der den Everest zehnmal bestiegen hat, jedes Mal ohne Flaschensauerstoff (obgleich es hartnäckige Gerüchte gibt, dass er manchmal vor seinen Gipfelbesteigungen zum Schlafen Sauerstoff benutzte – Gerüchte, die er bestreitet). Er zog sich 1999 vom Höhenbergsteigen mit der Begründung zurück, dass er mit 51 »krank und müde und alt genug für den Ruhestand sei«. Dies war in demselben Jahr, als Apa Sherpa mit zehn Besteigungen zu seinem

Rekord aufschloss und es sich abzeichnete, dass wohl mehrere Sherpas den Rekord brechen würden (Apa Sherpa ist dies im Frühjahr 2000 mit seiner elften Besteigung gelungen). Einige Sherpas haben schon fünf oder mehr Aufstiege hinter sich, und im Mai 1999 machte der Amerikaner Pete Athans seine sechste Besteigung, das ist zur Zeit der Rekord für einen Nicht-Sherpa.

Der Everest hat auch seinen Anteil zur Überfülle von Büchern beigetragen, vielleicht mehr als alle anderen Berge zusammen. Eine solche Bibliothek macht hier einen detaillierten Bericht über die zahlreichen Aufstiege überflüssig und so werden im Folgenden nur die wichtigsten beschrieben.

1960 behaupteten die Chinesen, die Nordseite des Berges auf der »Mallory«-Route über den First Step und den Second Step bestiegen zu haben. Der Second Step erwies sich als sehr schwierig, beanspruchte viele Kletterstunden und zwang den Expeditionsleiter dazu, seine Stiefel auszuziehen, um auf die Schulter eines Teamkameraden zu steigen, ohne ihm dabei zu viel Schaden zuzufügen. Drei der vier Bergsteiger gingen dann weiter zum Gipfel. Sie kletterten die Nacht hindurch und kamen in den frühen Morgenstunden des 25. Mai an. Sie behaupteten, eine Büste von Mao auf dem Gipfel zurückgelassen zu haben. Der Rest der Welt betrachtete diese Behauptungen mit Skepsis: Barfuß klettern? Den Gipfel nachts erreichen? Aber spätere Beweise – die erfrorenen Füße des schuhlosen Bergsteigers (er sollte nie wieder in der Lage sein zu klettern) und ein Foto, das mit ziemlicher Sicherheit oberhalb des Second Step aufgenommen wurde – lassen vermuten, dass Wang Fuzhou (im Westen oft Wang Fu-Chou geschrieben), Qu Yinhua (Chu Yin-hua) und der Tibeter Gongbu (Gonpa) 1960 tatsächlich den ersten Aufstieg auf der Nordroute über den Nordostgrat (Mallory-Route) unternommen haben. 1975 wiederholten die Chinesen diese Route und stellten eine Leiter an der Schlüsselstelle des Second Step auf. 1999 ignorierte der Amerikaner Conrad Anker die Leiter, um die Schwierigkeit der Kletterei zu testen und in einen formellen Schwierigkeitsgrad zu übertragen. Anker glaubt, dass er bei 5.8 liegt (entspricht etwa V+ auf der UIAA-Skala), gibt aber zu bedenken, dass 5.8 auf Meereshöhe und 5.8 in 8580 Meter Höhe nicht zu vergleichen sind. Ankers Ergebnis deutet darauf hin, dass Mallory und Irvine den Second Step nicht bestiegen haben können, und schon gar nicht in den 5 Minuten, in denen Odell sie über eine Felsstufe auf dem Grat kletternd gesehen hat (obgleich Anker nur wenige Minuten für die Stelle gebraucht hat). Aber da die Kletterschwierigkeit des Second Step vom Ausmaß der Schneeverwehungen an dieser Stelle abhängt, kann man keinen generellen Schwierigkeitsgrad angeben. Wenn der Schnee hoch genug ist, ist der Second Step vom Schwierigkeitsgrad her weniger anspruchsvoll.

1963 erreichten vier Mitglieder eines amerikanischen Teams auf der Originalroute den Gipfel. Zwei weiteren Teammitgliedern, Tom Hornbein und Willy Unsoeld, gelang sogar eine Gipfelüberschreitung: Sie folgten vom Western Cwm der Westschulter und gelangten zum Westgrat, dem sie bis zum Gipfel folgten. An

In der Kangshung-Wand bei der Erstbesteigung der britisch-amerikanischen Route

einem Punkt wurden die Gipfelstürmer in die Nordwand gezwungen, wo sie einer auffälligen Schneerinne folgten, die heute als Hornbein-Couloir bekannt ist. Hornbein und Unsoeld stiegen nach der Gipfelüberschreitung über die Originalroute ab. Die Inder bestiegen den Berg 1965, danach schloss Nepal seine Grenzen für drei Jahre. Die japanische Expedition von 1969 erforschte die Durchsteigungsmöglichkeiten der Südwestwand. 1970 und 1973 versuchten und verwarfen die Japaner diese Route – konnten aber bei beiden Gelegenheiten Gipfelbesteigungen über den Normalweg aufweisen. Der Aufstieg 1973 war die erste Nachmonsun-Besteigung. Die Südwestwand wehrte noch weitere Teams ab: ein internationales Team 1971, ein britisch-deutsches Team im Frühling 1972 und ein britisches Team im Herbst 1972. Die ersten beiden Expeditionen sind bemerkenswert, weil es Versuche internationaler Kooperationen waren, leider Versuche, die an schlechtem Wetter, schlechter Planung, persönlichen Ambitionen und, das muss gesagt werden, an einem gewissen Widerstreit zwischen den verschiedenen Nationen scheiterten.

Die erste Besteigung des Everest durch ein Frau fand 1975 statt, als die Japanerin Junko Tabei den Gipfel erklomm. Nur elf Tage später gelangte die Tibeterin Phantog (Pan Duo) bei der zweiten chinesischen Begehung des Nordgrates auf den Gipfel. Das Hauptereignis im Jahre 1975 war jedoch der Aufstieg durch

Auf dem Weg zum Südsattel, dahinter der Südostgrat und der Südgipfel

die Südwestwand durch ein britisches Team unter Leitung von Chris Bonington. Das Team überwand das Felsband, die Schlüsselstelle der Wand, an dessen linker Seite (alle anderen Teams hatten die Route auf der rechten Seite vermutet), querte dann zum Südgipfel und folgte von da aus dem Normalweg zum Hauptgipfel. Dougal Haston und Doug Scott waren die ersten Briten auf dem Gipfel, zwei Tage später folgten Peter Boardman und der Sherpa Pertemba sowie Mick Burke, der eine Solobesteigung gewagt hatte. Er verschwand in der Nähe des Gipfels. Vermutlich ist er während seines einsamen Abstiegs im Sturm durch eine Wechte gebrochen. Das erste Paar, Haston und Scott, überlebte am Südgipfel das bis dahin höchste Biwak ohne zusätzlichen Sauerstoff.

1978 waren der Südtiroler Reinhold Messner und der Österreicher Peter Habeler die ersten Menschen, die den Everest ohne künstlichen Sauerstoff bestiegen. Die beiden hatten sich einer österreichischen Expedition angeschlossen, operierten aber getrennt von den anderen. Der Soloversuch von Messner (Habeler musste wegen einer Lebensmittelvergiftung umkehren) wurde durch einen extremen Sturm verhindert. Habeler hatte nun Zweifel an diesem Projekt. Er fragte, ob er offiziell dem österreichischen Team zugehören dürfe, wurde aber abgelehnt. Wütend über diese Ablehnung, gesellte er sich wieder zu Messner. Die beiden stiegen zum Südsattel auf und folgten am nächsten Tag dem Normalweg, der bereits von den Österreichern, die den Gipfel fünf Tage vorher bestiegen hatten, gespurt war. Sie erreichten den Südgipfel in 6½ Stunden, den Hauptgipfel eine Stunde später. Habeler stieg, teilweise rutschend, in nur einer Stunde zum Südsattel ab. Messner brauchte nur etwas länger. Diese Gehzeiten riefen großes Erstaunen hervor, speziell bei den Sherpas, die nicht geglaubt hätten, dass jemand sie in dieser Höhe ausstechen könnte. Aber Messner und Habeler hatten eine sehr gute Kondition und waren sehr schnell, eine Tatsache, die sie bereits am Gasherbrum I bewiesen hatten und die Messner noch mehrmals beweisen sollte. Der Everest war Messners vierter Achttausender.

Im folgenden Jahr gelang einem jugoslawischen Team vom Lho La aus die vollständige Begehung des Westgrates (eine der schwierigsten Routen am Everest). Vier Teammitglieder (Jernej Zaplotnik, Andrej Stremfelj, Stane Belak und Stipe Bozic) und der Sherpa Ang Phu erreichten den Gipfel. Ang Phu wurde beim Abstieg getötet. Im Februar 1980 vollendeten die Polen Leszek Cichy und Krzysztof Wielicki unter Verwendung von künstlichem Sauerstoff die erste Winterbegehung. Sie folgten dem Normalweg. 1980 fand der erste nicht chinesische Aufstieg auf der Nordseite des Everest statt: Der Japaner Yasuo Kato kletterte die Mallory-Route im Alleingang, während zwei seiner Landsmänner die erste vollständige Durchsteigung der Nordwand schafften und durch das Hornbein-Couloir zum Gipfel gelangten. Zur gleichen Zeit bestieg ein polnisches Team den Südpfeiler (der die Südwestwand flankiert und direkt zum Südgipfel führt). Einer der beiden, die den Gipfel am 19. Mai 1980 erreichten, war Jerzy Kukuczka, der damit seinen zweiten Achttausender bestiegen hatte, der andere Bergsteiger war Andrzej Czok. Die beiden Polen benutzten bis zum Südgipfel zusätzlichen Sauerstoff und gingen dann ohne Sauerstoff weiter, da der Vorrat ausgegangen war. In der Monsunzeit von 1980 kehrte Reinhold Messner zum Berg zurück und machte eine Solobegehung über den Nordsattel und eine teilweise neue Route in der Nordwand. Obwohl die letzte Etappe des Berges bereits zuvor im Solo bestiegen worden war (von Burke auf der Südseite und von Kato im Norden), waren diese Bergsteiger mit kompletten Teams dort und jeder von ihnen startete zusammen mit einem Kollegen. Messner war auf dem Berg völlig alleine (diese Situation an sich wird kaum je wiederholt werden) und machte seine Leistung zu einer erstaunlichen Demonstration von Fähigkeit und Selbstbeherrschung. In seiner ersten Nacht kampierte er oberhalb des Nordsattels, querte dann zur Nordwand (am Nordostgrat lag tiefer Schnee), um auf 8200 Meter noch mal zu kampieren. Am nächsten Tag ging er unterhalb des Grates weiter und stieg dann zum Gipfel auf, den er um 15 Uhr erreichte. Er kehrte dann zu seinem Lager zurück und stieg am nächsten Tag zum Rongbuk-Gletscher ab. Dieser

Aufstieg bleibt eine der großen Leistungen in der Geschichte des Bergsteigens.

1982 bestieg ein russisches Team den Südwestpfeiler auf der linken Seite der Südwestwand, vermutlich die schwierigste Route zum Gipfel. Elf Bergsteiger erreichten auf dieser neuen Route die Spitze. Im Winter 1982/83 schlug ein französischer Versuch am Westgrat fehl, aber ein belgischer Bergsteiger, der am 7. Januar 1983 verschwunden war, tauchte am 14. Januar in Katmandu wieder auf. Er war die tibetische Seite des Lho La hinuntergerutscht und ist über den Rongbuk-Gletscher hinausgelaufen (in einem tibetischen Dorf auf der Strecke wurde er versehentlich für einen Yeti gehalten) – ein bemerkenswertes Ent-

Müll auf dem Südsattel. Dahinter liegt der Südostgrat, der zum Südgipfel hinaufführt.

kommen. Später im selben Jahr machte ein amerikanisches Team den ersten Aufstieg durch die Ostwand über den Zentralpfeiler direkt zum Südgipfel. Sechs Teammitglieder erreichten auf dieser oft unterschätzten Route an dieser furchterregenden Wand den Gipfel. 1984 durchstiegen die Australier Tim McCartney-Snape und Greg Mortimer die Nordwand durch das Norton-Couloir. Später kehrte McCartney-Snape zu dem Berg zurück: Er legte die gesamte Strecke vom Golf von Bengalen bis zum Berg zu Fuß zurück und stieg dann auf den Gipfel, der erste »vollständige« Aufstieg. Das wurde 1996 dann noch übertroffen, als Göran Kropp mit dem Fahrrad von seiner Heimat in Schweden bis nach Nepal fuhr, den Gipfel ohne zusätzlichen Sauerstoff bestieg und anschließend wieder mit dem Fahrrad nach Hause fuhr.

Im Dezember 1987 wurde der Sherpa Ang Rita die erste Person, die den Everest im Winter ohne zusätzlichen Sauerstoff bestieg, als er den Gipfel im Rahmen einer südkoreanischen Expedition erreichte. Es war seine vierte Everestbesteigung. Im Frühling des folgenden Jahres wurde der Gipfel von einem chinesisch-japanisch-nepalesischen Team überschritten. Es trafen sich Bergsteiger von der Mallory-Route und von der Originalroute auf dem Gipfel, und einige stiegen auf der jeweils anderen Route wieder ab, so dass die Überschreitung in beide Richtungen vollendet wurde. Ebenfalls in diesem Frühling erreichte Stephen Venables als einziger einer amerikanischen Dreier-Gipfelseilschaft über eine neue Route durch die Ostwand den Südsattel und ging weiter über den Normalweg zum Gipfel. In der Nachmonsunzeit von 1988 bestieg der Franzose Marc Batard den Normalweg vom Basislager zum Gipfel in 22½ Stunden im Alleingang (die Route war von vorherigen Bergsteigern bereits gespurt) und die Neuseeländerin Lydia Bradey unternahm die erste Frauenbesteigung ohne künstlichen Sauerstoff, wobei ihr Aufstieg von einigen Experten in Frage gestellt wird, die ihre Angaben mit den Zeiten anderer Bergsteiger auf der letzten Kletter-

Die winzige Gestalt eines Bergsteigers auf dem Rongbuk-Gletscher (unten rechts) erscheint zwergenhaft im Angesicht der Everest-Nordwand.

Everest 59

Bergsteiger auf dem Weg zum Südgipfel in etwa 8500 Meter Höhe auf dem Südostgrat, im Hintergrund der Shartse (7444 Meter) und der Makalu

etappe am selben Tag verglichen. (Die erste unangefochtene Frauenbesteigung ohne zusätzlichen Sauerstoff wurde 1995 von der Britin Alison Hargreaves über die Mallory-Route auf der tibetischen Seite unternommen.) Ebenfalls 1988 durchstieg ein tschechisches Vier-Mann-Team im Alpinstil ohne zusätzlichen Sauerstoff die Südwestwand auf der britischen Route. Nur ein Mann erreichte den Gipfel, obwohl mindestens drei den Südgipfel schafften. Tragischerweise starben alle vier beim Abstieg. 1988 gab es auch den schnellsten Abstieg vom Gipfel: Der Franzose Jean-Marc Boivin flog mit dem Gleitschirm in nur 11 Minuten vom Gipfel ins Lager II (auf etwa 6700 Meter Höhe).

Ab 1990 stieg mit den ersten kommerziellen Expeditionen (die eigentlich erste kommerzielle Expedition fand 1985 statt, als der Amerikaner Dick Bass von David Breashers zum Gipfel geführt wurde) die Rate der erfolgreichen Besteigungen an. Es wurden einige Varianten zu bereits bestehenden Routen begangen und es gab noch immer bedeutende Leistungen. 1993 durchstiegen die Japaner die Südwestwand im Winter, Fernando Garrido scheiterte jedoch bei dem Versuch eines Wintersolos auf 7750 Meter Höhe. Die Japaner legten über 3,6 Kilometer Fixseile bei Temperaturen von –36 °C und sechs Männer erreichten aufgeteilt in drei Teams zwischen dem 18. und 22. Dezember den Gipfel.

1995 vollendete eine japanische Expedition den kompletten Nordostgrat. Dieser Grat war schon verschiedene Male versucht worden und hat das Leben der britischen Bergsteiger Peter Boardman und Joe Tasker gekostet. Er wurde 1986 von dem Briten Harry Taylor und dem Neuseeländer Russell Brice bis zu dem Punkt bestiegen, wo er mit dem Nordgrat zusammentrifft, aber schlechtes Wetter hielt sie davon, bis zum Gipfel weiterzugehen. Ebenfalls 1995 bestieg der Sherpa Babu Chhire (oder Tshering) im Rahmen einer kommerziellen Expedition den Gipfel zweimal innerhalb von 12 Tagen auf der Mallory-Route. Zwischen den beiden Aufstiegen von Babu bestieg der Südtiroler Reinhard Patscheider dieselbe Route vom Nordsattel zum Gipfel in 21 Stunden. Am selben Tag vollendete George Mallory, der Enkel des britischen Everest-Pioniers, die Route, auf der sein

Großvater 51 Jahre zuvor verschwunden war. 1996 wurde Patscheiders Begehungszeit auf der klassischen Nordwandroute von einem anderen Südtiroler, Hans Kammerlander, mit 16 3/4 Stunden unterboten. Kammerlander hatte eine Abfahrt mit Ski durch das Norton-Couloir geplant, da es aber zu vereist war, fuhr er stattdessen seine Aufstiegsroute ab, wo er einen Weg fand, den Second Step zu umgehen. Da der Wind viel Schnee aus der Nordwand herausgeblasen hatte, war er gezwungen, kurze Abschnitte abzuklettern, aber er konnte eine fast vollständige Skiabfahrt nachweisen.

Dougal Haston auf dem Gipfel, fotografiert von Doug Scott nach der ersten Durchsteigung der Südwestwand

Die Nordwand vom Rongbuk-Gletscher aus

Aber gerade als die Besteigung des Everest Routine geworden zu sein schien – seit 1993 gab es kein Jahr mehr ohne erfolgreiche Besteigungen – und oft zehn Bergsteiger an einem Tag auf dem Gipfel waren, wurde offensichtlich, wie zerbrechlich die Existenz eines Menschen auf dem Gipfel ist, als am 10. Mai 1996 ein plötzlich aufkommender Sturm die Mitglieder von zwei kommerziellen Expeditionen auf ihrem Abstieg erfasste, viele von ihnen tötete, einschließlich der beiden Expeditionsleiter Rob Hall und Scott Fischer, und einen anderen durch Erfrierungen verstümmelte. Dies war eine grausame Warnung, dass die Achttausender nicht zu unterschätzen sind, aber in der Geschichte des Everest war es nur ein winziger Abschnitt. Am 16. Oktober 1998 bestieg der Sherpa Kaji die Originalroute auf der Südseite in 20 Stunden und 24 Minuten. Es war sein fünfter Aufstieg. Er wäre schneller gewesen, hätte er nicht wegen starkem Wind eine Stunde an der Lhotse-Flanke verloren und eine weitere in der Nähe des Südgipfels, da er darauf warten musste, bis ihm assistierende Sherpas das Fixseil gelegt hatten. Er hat außerdem eine Pause von 30 Minuten eingelegt. Es war eine beeindruckende Leistung, obgleich Japaner, die zur gleichen Zeit auf dem Gipfel waren, in Frage stellten, ob er wirklich den Gipfel bezwang. Eine weiterer, seltsamer Zeitrekord wurde 1999 aufgestellt, als der Sherpa Babu Chhire (oder Tshering) auf dem Gipfel kampierte und sich dort für 21 1/2 Stunden aufhielt. Er kam am 6. Mai um 9 Uhr mit zwei weiteren Sherpas an und brach am 7. Mai frühmorgens zu seiner Rückkehr zum Südsattel auf. Vierzehn Tage später vollendete Apa Sherpa seine zehnte Besteigung (alle mit künstlichem Sauerstoff) von der Nordseite her. Am selben Tag bestieg Sergio Martini den Everest und hätte sich damit dem »Club der 14 Achttausender« anschließen können, wenn nicht seine Lhotse-Besteigung zusammen mit seinem Partner Fausto De Stefani in Frage gestellt würde.

Inzwischen wurde der Everest etwa 1300-mal bestiegen, aber es ist sein Los, dass vieles davon Mehrfachbesteigungen waren: Weniger als 1000 Bergsteiger haben ihren Namen im Gipfelregister stehen. Er wurde von 63-Jährigen und von 17-Jährigen bestiegen und 1998 fand der erste Aufstieg von einem behinderten Bergsteiger statt, von dem Amerikaner Tom Whittaker, der einen Fuß bei einem Autounfall verloren hatte. Er wurde von Jeff Rhoads und Sherpa Tashi Tshering bis zum Gipfel begleitet. Bei seinem ersten Versuch musste er den Rückzug antreten, die anderen beiden erreichten die Spitze. Eine Woche später versuchte Whittaker es noch einmal und schaffte es. Seine Mitkletterer erreichten auf diese Weise den Gipfel zweimal innerhalb von sieben Tagen.

Da das 50. Jubiläum der Erstbesteigung immer näher rückt, könnte man glauben, dass es nur noch wenige Kapitel in der Geschichte des Everest zu schreiben gibt, doch dies ist ein voreiliger Schluss. Die Anziehungskraft des höchsten Berges der Welt wird weiterhin bestehen bleiben und seine Rekorde werden immer wieder gebrochen werden.

Nanga Parbat 8125 m

»Ich konnte nicht länger aufrecht stehen; ich war das Wrack eines menschlichen Wesens. Also kroch ich langsam auf allen Vieren vorwärts, kaum wahrnehmbar dem Felssporn näherkommend, zu dem ich mich mit solch unerbittlichen Zweifeln quälte.«

HERMANN BUHL auf den letzten Schritten zum Gipfel

Nanga Parbat

Im Winter 1840/41 verursachte ein Erdbeben einen gewaltigen Felsrutsch am nördlichen Gebirgsmassiv des Nanga Parbat, der das Tal des Indus blockierte und einen riesigen See entstehen ließ, der sich fast bis zum über 60 Kilometer entfernten Gilgit erstreckte. Der natürliche Damm brach schließlich im Sommer 1841. Die dadurch entstandene Welle verursachte enormen Schaden und kostete vielen Menschen das Leben. Es wird behauptet, dass eine Armee von Sikhs, die im unteren Tal lagerte, völlig ausgelöscht wurde.

Der Name des Berges wird von Nanga Parvata abgeleitet, was im Sanskrit »Nackter Berg« bedeutet und wahrscheinlich von seiner isolierten Lage herrührt. Der im Kaschmir verwendete Name Diamir, der »König der Berge« bedeutet, wurde allgemein von der Sanskrit-Version übernommen, obwohl er sich auf die westliche Flanke des Gipfels bezieht. Viele glauben, dass dieser Berg der schönste von allen großen Gipfeln sei, was Diamir zu einem pas-

Der Nanga Parbat ist der westlichste Achttausender. Das ungeheure Bergmassiv befindet sich etwa 125 Kilometer nördlich von Srinagar, der Hauptstadt Kaschmirs. Obgleich er geografisch dicht bei den Gipfeln des Karakorum liegt, ist er eigentlich die westliche Bastion des Himalaja, den Indus überragend, der die westliche Grenze der Gebirgskette bildet.

senden Namen machen würde, obwohl die ältere Version eher passt. Die Lyrik des Namens spiegelt das prachtvolle Aussehen des Berges wider, jedoch nicht seine brutale Geschichte.

Erforschung

Wahrscheinlich wurde der Gipfel von westlichen Augen das erste Mal durch den britischen Forscher und Künstler G. T. Vigne erblickt, der 1835 Kaschmir erforschte und diesen »fantastischen Gipfel« von einem Pass nördlich von Srinagar aus gesehen hat. Er wurde 1856 von den drei deutschen Brüdern von Schlagintweit besucht und dann 1887 von dem Arzt und Missionar Dr. Arthur Neve. Neve war wahrscheinlich der erste westliche Mensch, der die Rupal-Wand gesehen hatte, die höchste Bergwand der Erde. Über die nächsten Jahre wurde der Gipfel einige Male skizziert und fotografiert. Seine Abgeschiedenheit von anderen Hauptgipfeln bedeutete, dass man sich seinem Fuß relativ leicht von allen Seiten nähern

Der Mazeno-Grat, eines der letzten großen Probleme am Nanga Parbat

Die Diamir-Flanke des Nanga Parbat vom Diamir-Tal aus

konnte. Es ist sehr wahrscheinlich, dass die Fotografien von E. F. Knight, die 1891 aufgenommen wurden, und Conways Sicht auf den Gipfel vom nahe gelegenen Gilgit vor seiner Baltoro-Expedition das Interesse mitbegründeten, das drei der besten britischen Alpinisten 1895 für den Gipfel zeigten.

Albert Mummery war wohl der beste Bergsteiger dieser Zeit. Er wurde 1855 geboren und war wegen eines angeborenen Wirbelsäulendefekts leicht buckelig und darüber hinaus sehr kurzsichtig. Das machte ihn nicht gerade zum geborenen Bergsteiger. Aber zunächst in Begleitung des Bergführers Alexander Burgener (mit dem ihm die erste Besteigung des Matterhorns über den Zmuttgrat gelang), dann ohne Bergführer kletternd (vor allem auf den Grépon), sicherte er sich den Ruf als Ersteiger von kühnen und schwierigen Routen. 1895 reiste Mummery zusammen mit Geoffrey Hastings und J. Norman Collie zum Nanga Parbat, mit der Absicht ihn gründlich zu erforschen und, falls möglich, zu besteigen.

Die Briten inspizierten zuerst die gigantische Rupal-Wand, die sie für nicht durchsteigbar hielten, und überquerten dann den Mazeno-Pass, um die Diamir-Flanke in Augenschein zu nehmen, die vielversprechender aussah. Zu diesen Dreien stießen nun der junge Major Charles Bruce, der später als General Bruce Expeditionen zum Everest anführte, sowie zwei seiner Gurkhas, Ragobir und Goman Singh. Bruce verließ jedoch bald darauf die Expedition. Mumps und das bevorstehende Ende seines Urlaubs erzwangen seinen Rückzug.

Obwohl Mummerys Begeisterung für das Bergsteigen während der ganzen Reise hoch war, stellt der Expeditionsbericht klar, dass die Briten wenig davon ahnten, auf was sie sich da eingelassen hatten (zumindest anfangs – Collie kommentierte später reuevoll die unterschiedlichen Dimensionen zwischen den Gipfeln des Himalaja und der Alpen). Die Gruppe hatte oft nur wenig Nahrungsmittel bei sich – was in den Alpen durch die hohe Dichte von Almen und Dörfern kaum ein Problem darstellt –, und Mummery glaubte fest daran, dass nur ein einziger Tag benötigt werden würde, um den Gipfel aus einer Höhe von

Nanga Parbat: Aufstiegsrouten

Oben: Nordostwand
1 *Route der Erstbesteiger, Buhl-Route* (1953)
2 *Japaner-Route (1995)*

Oben: Rupal-Wand
1 *Deutsche Route, Schell-Route (1976)*
2 *Deutsch-italienische Route (1970)*
3 *Polen-Mexikaner-Route (1985)*

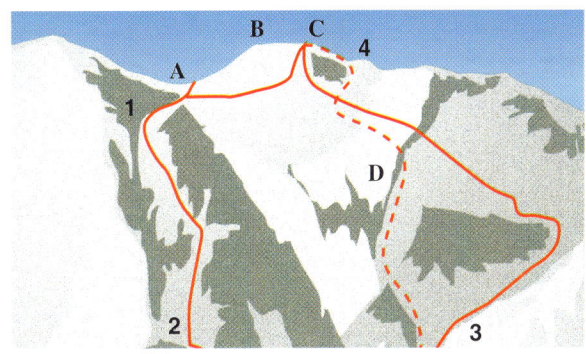

Oben: Diamir-Flanke
A *Bazhin-Scharte*
B *Schulter*
C *Hauptgipfel*
D *Mummery-Rippe*
1 *Eine deutsche Expedition (1962) stieg zur Bazhin-Scharte und folgte Buhls Route (1953) zum Gipfel. Heute quert man unterhalb der Gipfelpyramide und folgt einer direkten Linie zum Gipfel.*
2 *Deutsche Route (1962), Kinshofer-Route*
3 *Messners Alleingang (1978); die gepunktete Linie ist der Abstiegsweg*
4 *Schell-Route, sie folgt dem oberen Teil des Grates (siehe oben)*

Die Rakhiot-Flanke des Nanga Parbat

6100 Meter zu erreichen. Hastings war unterwegs, um Vorräte zu besorgen, und so versuchte sich Mummery zusammen mit Collie, den zwei Gurkhas und einem einheimischen Jäger namens Lor Khan an der heute so genannten Mummery-Rippe, ein Komplex von Felsspornen, die durch die Diamir-Flanke hinauf zum Hauptgipfel führen. Nach einem anfänglichen Rückzug probierte es Mummery, nur von Ragobir begleitet, erneut. Auf einer Höhe von etwa 6100 Meter wurden sie gezwungen umzukehren, da Ragobir, der nur auf Befehl zu essen schien, krank wurde.

Nachdem Mummery die Diamir-Flanke verworfen hatte, entschied er, als nächstes die nördliche Seite des Gipfels zu erforschen. Unbeeindruckt von Hastings und Collies Vorschlag, die lange Route über den Nordwestgrat zu nehmen, machten sich Mummery und die zwei Gurkhas auf, um den Diama-Pass zu überqueren. Auf der anderen Seite des Grates warteten Hastings und Collie vergeblich: Mummery, Ragobir und Goman Singh kamen nicht zurück. Sie starben wahrscheinlich in einer Lawine auf der Diamir-Seite des Passes.

Erst 1930 zogen Bergsteiger eine Rückkehr zum Nanga Parbat in Erwägung. Und wieder war es einer der führenden Alpinisten dieser Zeit, der diesen Traum hatte. Wilhelm (Willo) Welzenbach wurde 1900 in München geboren, absolvierte ein Inge-

Buhls klassisches Foto vom Gipfel mit Blick zurück auf die Aufstiegsroute

Hermann Buhl schaut zum Gipfelgrat

nieurstudium an der Universität und arbeitete als Architekt für die Stadt München. Er war ein guter Felskletterer, aber berühmt wurde er als fortschrittlicher Eiskletterer. Seine Anstiege durch die Nordwände des Großen Wiesbachhorns, des Grand Charmoz und einiger Wände im Berner Oberland stellten die schwierigsten Anstiege in den späten zwanziger und frühen dreißiger Jahren dar. Welzenbach, der Anführer der neuen Entwicklungen, kletterte meistens mit anderen Bergsteigern aus München. Die »Münchner Schule« brachte Bergsteiger hervor, die einige der großen Nordwände einschließlich des Matterhorns sowie des Eiger durchstiegen. Ihre augenscheinliche »Tod-oder-Ruhm«-Einstellung beim Bergsteigen sprach die neue deutsche Führung an. Den Nazis gefiel die im Glanz erstrahlende stattliche, blonde Jugend, die den Tod in Kauf nahm, um ruhmvolle Siege für das

Nanga Parbat

Vaterland zu erringen, eine Tatsache, die nur dazu diente, die Polarisierung zwischen den alten und neuen Schulen zu steigern. Heute steht fest, dass die Bayern nur die Leistungsstandards des Sports voranbrachten, aber in der damaligen Zeit wurde die Bewegung mit einem unheilvollen Unterton betrachtet. Zweifellos lehnten einige der jungen deutschen Bergsteiger den Ruhm, den ihre Heldentaten brachten, nicht ab – aber das ist heutzutage nicht anders.

Es gibt keine Anzeichen dafür, dass Welzenbachs Wunsch, seinen Kletterhorizont über die Alpen hinaus zu erweitern, durch irgendetwas anderes motiviert war als durch das Interesse an der nächsten Herausforderung. 1928 gingen Bergsteiger der »Münchner Schule« in den Kaukasus und in den Pamir, und 1929 führte Paul Bauer eine Expedition zum Kangchendzönga. Krankheit hielt Welzenbach davon ab, zum Pamir zu gehen, und geschäftliche Verpflichtungen verhinderten seine Teilnahme an Bauers Expedition. 1930 beantragte er die Genehmigung für den Nanga Parbat, aber obwohl die Briten ihn gehen lassen wollten, wollten es die Deutschen nicht, da sie einen weiteren Versuch am Kangchendzönga mit staatlichen Mitteln förderten. Als dieser fehlschlug, versuchte Welzenbach es 1931 erneut mit dem Nanga Parbat – aber Bauer, mit dem Welzenbach sich überworfen hatte, überzeugte die Behörden, ihn erneut für den Kangchendzönga zu unterstützen. Dies taten sie. Als die Expedition jedoch wieder scheiterte, gaben sie Welzenbach für 1932 die Erlaubnis. Aber in diesem Jahr lehnte der Münchner Stadtrat Welzenbachs Urlaubsantrag ab, und so führte sein Partner von der Grand-Charmoz-Tour, Willy Merkl, die Expedition an.

Merkls Expedition, an der der Amerikaner Rand Herron, Fritz Wiessner (der später die amerikanische Staatsbürgerschaft erhielt und der 1939 fast den K2 bestiegen hätte) und der Österreicher Peter Aschenbrenner teilnahmen, nahm keine Bergsteiger auf, die mit Bauer unterwegs gewesen waren (ein deutliches Anzeichen für den tiefen Stachel zwischen Welzenbach und Bauer) und niemanden, der die Landessprache sprach. Wegen möglicher Probleme mit einem einheimischen Stamm wurde von den Deutschen verlangt, dass sie vom Süden her anreisen sollten, wobei sie zahlreiche hohe und stark verschneite Pässe überqueren mussten, um die von ihnen bevorzugte Nordostwand zu erreichen. Alle Aufstiege auf den Nanga Parbat beginnen an einem wunderschönen Zeltplatz am Fuß des Berges, den Merkl »Märchenwiese« nannte, also weit unten und folglich in schöner Umgebung. Jerzy Kukuczka meinte, dies sei der einzige Berg, auf dem man durch alle Jahreszeiten steigt: von richtigem Sommer bis –40 °C. Das Team nahm sich eine lange Route durch die Rakhiot-Flanke zum Rakhiot Peak vor, mit dem Ziel, den Silbersattel und das Silberplateau zu überqueren und den Nordgrat des Gipfels zu erreichen. Das Wetter und die reine Unerfahrenheit stoppten sie im Lager VII, das auf dem Ostgrat hinter dem Rakhiot Peak auf einer Höhe von 7000 Meter aufgestellt war. Als Erkundungsfahrt war diese Expedition ein Erfolg, trotzdem fiel auf dem Rückweg ein Schatten auf sie: Bei einer Zwischensta-

Der Berg vom Rupal-Tal aus

tion in Kairo bestieg Rand Herron die Pyramiden in Gizeh. Als er von der zweiten abstieg, stolperte er und stürzte tödlich ab.

1934 kamen die Deutschen wieder, nun mit voller Unterstützung durch das Nazi-Regime, welches sicherstellte, dass die beste Ausrüstung und die besten Sherpas zur Verfügung standen. Welzenbach war auch dabei, aber wieder wurde die Expedition von Willy Merkl geleitet – trotz der Bedenken vieler, die in dem Team von 1932 gewesen waren. Sie kamen an der 1932 vorbereiteten Route gut voran, bis einer der Bergsteiger, Alfred Drexel, ziemlich plötzlich starb, wahrscheinlich an einem Lungenödem. Der sich daraus ergebende Rückzug zur Märchenwiese verlangte der Expedition 17 Tage ab, ein Zeitverlust, der den Sieg kostete und eine Tragödie verursachte.

Die Route wurde schließlich wieder vorangetrieben: Sie querte die Flanke am Rakhiot Peak und führte zum Ostgrat und zu einer Felssäule, die von den Deutschen Mohrenkopf genannt wurde. Von dort aus fällt der Grat 120 Meter ab und steigt dann zum Silbersattel auf. Die Deutschen bauten Lager VII hinter der Senke auf. Von dort aus machten sich am 6. Juli fünf Bergsteiger und elf Sherpas an den Aufstieg.

Die Österreicher Aschenbrenner und Erwin Schneider erreichten den Sattel um 10.30 Uhr. Sie warteten bis zum Mittag, bis die anderen ankamen und gingen dann über das weite, flache

Silberplateau in Richtung Gipfel. Etwa um 14 Uhr kamen sie unterhalb des Vorgipfels auf einer Höhe von 7830 Meter an. Sie befanden sich nur 300 Meter unterhalb des Gipfels, aber dennoch horizontal 1½ Kilometer von ihm entfernt. Sie fanden einen geeigneten Zeltplatz, aber als die drei Deutschen und die Sherpas noch immer nicht auftauchten, ging Schneider zurück, um zu sehen, was der Grund für die Verspätung war. 1½ Stunden später folgte Aschenbrenner ihm nach. Merkl, Welzenbach und Uli Wieland hatten auf dem Sattel Halt gemacht. Sie beschlossen dort zu kampieren, trotz der Versuche von Schneider, sie davon zu überzeugen, das Plateau zu überqueren. An sich erschien dieser Punkt als belanglos, da das Team es als sicher ansah, am folgenden Tag den Gipfel zu erreichen.

Die Expeditionsgruppe war nun aber gefährlich weit auseinandergezogen. 16 Männer waren im Lager VIII, aber keiner zwischen ihnen und Lager IV, über 1500 Meter darunter und etwa 4 Kilometer entfernt. Schlimmer noch, das schlechte Wetter bei Lager IV – völlig anders als der Sonnenschein auf dem Plateau – verhinderte, dass die Vorräte höher transportiert werden konnten. Wäre das Wetter gut geblieben, hätten diese Details keine Rolle gespielt, aber in der Nacht des 6. Juli brach ein gewaltiger Sturm aus.

Der Sturm von Anfang Juli 1934 hielt viele Tage an, und am Morgen des 8. Juli war die Situation für die 16 Männer auf dem Plateau äußerst schlecht. Gebrochene Zeltstangen ließen die Zelte teilweise zusammenfallen, Schnee wurde so in die Zelte geblasen, durchweichte alles und kühlte die Männer aus. Mit dem Tageslicht kam die Entscheidung, trotz des anhaltenden Sturms den Rückzug anzutreten: Es war eine krasse Wahl – bleiben und sterben oder absteigen und wahrscheinlich auch sterben. Aschenbrenner und Schneider, noch immer die mit der besten Kondition, gingen mit drei Sherpas los, um einen Weg zu bahnen, aber durch den baldigen Sturz eines Sherpas gingen die Schlafsäcke der Österreicher verloren. Wissend, dass es Ersatz nur im Lager V gab, machten sich die Österreicher von den Seilen und den Sherpas los und bahnten sich ihren Weg bergab durch den Sturm. Um 19 Uhr brachen die beiden erschöpft im Lager IV zusammen. Sie nahmen an, dass die anderen ihrer Spur folgen und bald nachkommen würden.

Die drei Deutschen und die übrigen Sherpas, erschöpft durch den Sturm sowie das Fehlen von Nahrung und Flüssigkeit und durch die Höhe angegriffen, erreichten am 8. Juli noch nicht einmal Lager VII und verbrachten eine Nacht im Freien. Ein Sherpa starb. Am nächsten Tag stiegen die restlichen Bergsteiger ab, aber Wieland starb nur wenige Meter vor dem Lager. In den folgenden fünf Tagen spielte sich auf dem Bergkamm eine immer

In der »Kinshofer-Wand« (Diamir-Flanke)

fürchterlichere Tragödie ab. Welzenbach starb im Lager VII, Merkl am 14. oder 15. Juli nahe dem Mohrenkopf. Von den Sherpas starben fünf weitere: einer bei einem Biwak oberhalb von Lager VII, drei zwischen Lager V und IV und einer, Gaylay, der bei Merkl geblieben war.

Nach der Rückkehr dieser Expedition wurden Aschenbrenner und Schneider vor ein »Ehrengericht« der Münchner Bergsteiger zitiert und für unehrenhaft erklärt, da sie die drei Sherpas sich selbst überlassen hatten (und damit – was nicht ausgesprochen wurde – auch die Deutschen). Legt man den verzweifelten Kampf um

Auf dem Weg zur »Kinshofer-Wand« auf der Kinshofer-Route (Diamir-Flanke)

Blick vom Gipfel ins Diamir-Tal

das Leben am Berg zugrunde, so ist diese Entscheidung, in warmer und behaglicher Umgebung getroffen, sehr hart, obgleich die Beweggründe der Österreicher, sich von den Sherpas abzuseilen, nach wie vor umstritten sind.

Die Tragödie war ein Schlag gegen den deutschen Nationalstolz, einer, der nach sofortiger Richtigstellung verlangte. Paul Bauer erhielt staatliche Hilfe, um die Deutsche Himalaja-Stiftung zu gründen, war jedoch bis 1936 nicht in der Lage ein Team zusammenzustellen. Und statt zum Nanga Parbat ging er nach Sikkim: Er gab als Grund dafür an, dass »1934 alles zerstört hat und wir von Neuem beginnen müssen«. Vielleicht auch ein Überbleibsel der alten Feindschaft mit Welzenbach?

Im Jahre 1936 starben Angerer, Hinterstoisser, Kurz und Rainer in der Eiger-Nordwand, glorreiche Tode vielleicht, spielte sich doch die ganze Tragödie in aller Öffentlichkeit ab, aber gleichzeitig ein weiterer Rückschlag für den nationalen Stolz. Die Forderung, das tragische Schicksal von 1934 am Nanga Parbat wieder gutzumachen, konnte nicht mehr länger aufgeschoben werden: 1937 kehrten die Deutschen zu dem Berg zurück, jedoch, bezeichnenderweise, unter der Führung von Karl Wien (der bei der Sikkim Expedition 1936 dabei war) und nicht von Paul Bauer.

Die Deutschen folgten der Route von 1934 und errichteten Lager IV, ein vorgerücktes Basislager, unterhalb des Rakhiot Peak. Am 14. Juli wurde es von sieben Deutschen und neun Sherpas bezogen. Das war das gesamte deutsche Bergsteigerteam, nur der Mannschaftsarzt und der Kartograf wurden weiter unten am Berg gelassen. Kurz nach Mitternacht brach weit oben am Grat über dem Lager ein Eissturm zusammen und verursachte einen Lawinenabgang, der das Lager verschüttete. Alle 16 Männer wurden unter Tonnen von Eis begraben und starben auf der Stelle.

Nun hatte Paul Bauer keine andere Wahl mehr und führte die vierte deutsche Expedition im Jahre 1938 selbst an. Bezeichnend für den Glauben der Deutschen, einen Besitzanspruch auf den Nanga Parbat zu haben, weil sie dafür mit Blut bezahlt hatten (elf Deutsche lagen nun zusammen mit 15 Sherpas tot auf seinen Flanken – wie auch Mummery und seine zwei Gurkhas), ist die Reaktion auf den Vorschlag der Briten Smythe und Shipton, dass sie den Gipfel in Angriff nehmen wollten: Sie erhielten viele empörte Briefe von Deutschen, die behaupteten, dass es von den Briten unlauter sei, sich am »deutschen Berg« zu versuchen. Bauers Team folgte dem Normalweg, entdeckte die Leichen von Merkl und Gaylay in der Nähe des Mohrenkopfs (auf Merkls Leiche lag eine ergreifende Notiz von Welzenbach, in der er um Hilfe bat), wurde aber durch schlechtes Wetter zurückgeschlagen, noch bevor der Silbersattel erreicht wurde.

Im Jahre 1939, als sich über Europa dunkle Kriegswolken zusammenzogen, kehrten die Deutschen zurück. Dieses Mal mit einem vierköpfigen Aufklärungsteam, um zu prüfen, ob die lange und lawinengefährdete Route am Rakhiot Peak vorbei tatsächlich die beste Strecke sei. Die vier Männer erforschten die Diamir-Flanke – fanden Überbleibsel von Mummerys Versuch von 1895 – und entschieden, dass dort eine Route existierte. Sie schickten einen Brief mit ihren Ergebnissen nach Deutschland und trafen Vorbereitungen für einen Versuch an der Diamir-Flanke für 1940. Aber der Krieg kam dazwischen. Zurück in Britisch-Indien wurden die vier Deutschen interniert. Die Flucht nach Tibet beschreibt einer der vier, Heinrich Harrer (einer der Erstdurchsteiger der Eiger-Nordwand), in seinem Buch »Sieben Jahre in Tibet«, das vor einigen Jahren auch die Grundlage für einen erfolgreichen Film war. Es war etwas unglücklich für Harrer, dass der Film die Diskussionen um die Verflechtungen der Nazis mit den deutschen Bergsteigern der späten dreißiger Jahre und speziell um seine eigene Position im Nationalsozialismus wieder neu belebte.

Die Erstbesteigung

Im November 1950 näherten sich drei junge Briten (Crace, Marsh und Thornley) zusammen mit vier Sherpas, einschließlich Tensing, dem Nanga Parbat. Für eine Winterbesteigung nur spärlich ausgerüstet, waren sie eher auf ein Abenteuer aus als auf einen echten Gipfelangriff. Gegen den Rat von Tensing und der anderen Sherpas stiegen die drei Briten über den Rakhiot-Gletscher auf. Marsh trat bald den Rückzug an, da er an Erfrierungen litt, die anderen beiden gingen jedoch weiter. Am 1. Dezember wurden sie auf einer Höhe von etwa 5500 Meter gesehen, aber nach einem Schneesturm wurde keine Spur mehr von ihnen gefunden.

Am Südostpfeiler der Rupal-Wand

Zwei Jahre später fassten die Deutschen, die sich von den Verwüstungen des Zweiten Weltkrieges erholt hatten, eine Rückkehr zu »ihrem« Berg ins Auge. Zwischen den deutschen Himalaja-Bergsteigern und den alpinen Vereinen konnten jedoch keine gemeinsamen Ziele gefunden werden, und so entschied schließlich ein Arzt mit nur geringer Klettererfahrung seine eigene Expedition zu organisieren. Dr. Karl-Maria Herrligkoffer war der Stiefbruder von Willy Merkl und hatte 1934, als 17-Jähriger, seinen älteren Bruder verehrt. Er war fest davon überzeugt, dass seine Expedition den Nanga Parbat – zum Gedenken an Merkl – besteigen würde. Herrligkoffers eigensinnige Art und sein Konfrontationskurs waren ungewohnt und führten in Deutschland zu ernsthaften Meinungsverschiedenheiten. Große Teile der Bergsteigerverbände, und infolge ihrer Einflüsse auch die Presse, waren gegen seine Expedition. Dennoch konnte er ein starkes Team zusammenstellen. Peter Aschenbrenner, Mitglied der Expeditionen von 1932 und 1934, leitete die Bergsteigergruppe. Herrligkoffers fehlende Erfahrung hielt ihn davon ab, weit über das Basislager hinaus zu gehen. Weiter dabei waren Fritz Aumann, Albert Bitterling, Hermann Buhl, Hans Ertl (der auch der Expeditionsfotograf war), Walter Frauenberger, Otto Kempter, Hermann Köllensperger und Kuno Rainer, eine Mischung aus Österreichern und Deutschen. Von diesen allen war Buhl der Bekannteste, der wohl am besten als der deutschsprachige Rivale der großen französischen Nachkriegsbergsteiger Lachenal, Rébuffat und Terray beschrieben werden kann. Buhl war spezialisiert auf Solo- und Winterbegehungen, auf Aufstiege, die eine unglaubliche Entschlossenheit und Selbstbeherrschung erforderten, beispielsweise die erste Solodurchsteigung der Watzmann-Ostwand im Winter und bei Nacht. Er war außerdem phänomenal schnell; eine frühe Solobegehung (gleichzeitig die erste) der Nordwand des Piz Badile schaffte er in weniger als der Hälfte der besten Zeit bis heute. Kuno Rainer, ebenfalls aus Tirol, war Buhls Partner bei vielen seiner besten Klettereien, einschließlich der vierten Begehung der Nordwand des Dru, einer frühen Begehung des Walkerpfeilers an den Grandes Jorasses und der ersten Winterbesteigung der Südwestwand der Marmolada.

Vielleicht wählte Herrligkoffer die 1930er Route statt der Diamir-Flanke aus Respekt seinem Stiefbruder gegenüber. Trotzdem ging das Aufstellen der Lager nur langsam voran, da die Sherpas fehlten. Herrligkoffers Erklärung dafür war, dass das halbe Dutzend, welches angeheuert worden war, nicht nach Pakistan einreisen durfte. Aber in Buhls Tourenbericht wird angedeutet, dass sie nicht an der Grenze abgeholt und daher abgewiesen wurden. Die Deutschen nahmen deshalb Hunza-Träger, stellten aber fest,

Nanga Parbat

dass diese nicht sehr willig waren, schwere Lasten über steiles Eis zu tragen, eine Tatsache, die den Aufbau verlangsamte. Auch das Wetter war schlecht, aber am 30. Juni änderte es sich, die erste Hälfte des Juli war nahezu perfekt. Am 30. Juni befanden sich Buhl, Ertl, Frauenberger und Kempter im Lager III auf einer Höhe von 6150 Meter, unterhalb des Rakhiot Peak, und bereiteten sich auf den Vorstoß zum Silbersattel und einen Gipfelversuch vor. Das geplante Gipfelpaar hieß Buhl und Rainer, aber Rainer bekam eine Venenentzündung, und so wurde Kempter Buhls Partner. Herrligkoffers offizieller Bericht über die Expedition gibt nichts Bemerkenswertes über diesen Tag wieder, aber die vier im Lager III bestehen hartnäckig darauf, dass sie wiederholte Aufforderungen über Funk erhielten, zum Basislager zurückzukehren. Die Gründe waren vage – der Monsun wurde erwartet (obgleich das Wetter gerade fantastisch war); alle hätten Ruhe nötig gehabt (obwohl das Vorankommen derart langsam war, dass jegliche weitere Verzögerung in einer ziemlich sicheren Niederlage enden würde); und Aschenbrenner verließ die Expedition vorzeitig und das Team sollte sich zur Verabschiedung versammeln. Die vier im Lager III weigerten sich abzusteigen, und erst nach einiger Zeit gab Herrligkoffer schließlich nach.

Die vier stiegen nun zum Lager IV auf und stießen vor, um Lager V direkt hinter dem Mohrenkopf zu etablieren. Dort schlie-

Riffeleis beim Klettern am Südostpfeiler

Auf dem Mazeno-Grat

Nanga Parbat

Eine Luftaufnahme der Rakhiot-Wand mit der Diamir-Flanke auf der rechten Seite

Im Großen Couloir am Südostpfeiler (Rupal-Wand)

fen Buhl und Kempter in der Nacht des 2. Juli, bereit für einen Gipfelversuch am folgenden Tag. Im Nachhinein ist leicht zu erkennen, dass sich Lager V auf einer zu geringen Höhe befand. In 6900 Meter Höhe aufgestellt, befand es sich über 1200 Meter unterhalb des Gipfels und mit dem Abstieg in die Bazhin-Scharte eher 1400 Meter darunter. In der Horizontalen war er über 6 Kilometer entfernt. Die Gründe, warum kein weiteres Lager auf dem Silbersattel aufgestellt wurde, sind nicht klar zu erkennen. Es ist wahrscheinlich, dass die vier Bergsteiger im Lager III einfach nicht die Reserven hatten dies zu tun. Es ist aber ebenso möglich, dass die Vorstellungen von Aschenbrenner und Schneider aus dem Jahre 1934 eine Rolle spielten. Sie hatten den Fuß des Vorgipfels gegen Mittag erreicht und glaubten, sie seien nur noch etwa eine Stunde von der Spitze entfernt. In Wirklichkeit brauchte Buhl für den letzten Teil des Aufstiegs zum Hauptgipfel 10 Stunden, und dies bei schwierigster Kletterei.

Da Buhl nicht schlafen konnte, zog er sich gegen 1 Uhr an und verließ das Zelt gegen 2.30 Uhr mit der Absicht eine Spur zu legen, damit Kempter, der etwa 30 Minuten später folgte, ihn leicht einholen konnte. Ohne zusätzlichen Sauerstoff kletternd erreichte Buhl den Silbersattel gegen 7 Uhr und begann das Plateau dahinter in einer Hitze zu überqueren, die »gnadenlos meinen Körper austrocknete«. Er ließ seinen Rucksack auf dem Plateau, überzeugt dass er bei Einbruch der Nacht zurückkommen würde, und nahm nur mit, was er in seinen Taschen unterbringen konnte. Als er sich dem Vorgipfel näherte (den er nicht bestieg, sondern etwa 40 Meter unterhalb querte), sah er, dass Kempter aufgegeben hatte. Buhl erreichte die Bazhin-Scharte um 14 Uhr, völlig erschöpft und geplagt von Hunger und Durst.

In der Scharte nahm Buhl Pervitin ein, ein Stimulans, das von der Luftwaffe entwickelt wurde, um Erschöpfung beim Flugpersonal zu bekämpfen, und stieg höher zur Schulter, der letzten Erhebung auf dem Grat vor dem Hauptgipfel. Das Klettern gestaltete sich nun sehr schwierig mit steilen, vereisten und losen Felsen, gefährlichen Wechten und einem nicht gerade einladenden Tiefblick in die Rupal-Wand hinab. Buhl hatte geglaubt, dass der Aufstieg von der Bazhin-Scharte nur eine Stunde dauern würde: Er dauerte fünf. Erst um 19 Uhr erreichte er den Gipfel – er ist 16½ Stunden geklettert. Buhl blieb für 30 Minuten auf dem Gipfel – einer hochgezogenen Kuppel, auf der sich mehrere Bergsteiger hätten versammeln können. Er machte einige Fotos, dann stieg er ab, da es schnell dunkel wurde.

Buhl hinterließ auf dem Gipfel seinen Pickel, die pakistanische Flagge daran befestigt. Kurz nachdem er mit dem Abstieg begonnen hatte, verlor er einen Riemen an seinem linken Steigeisen. Mit nur einem Steigeisen und zwei Skistöcken verlangsamte sich sein Vorankommen – er hatte gehofft, dass er die Bazhin-Scharte vor Einbruch der Dunkelheit erreichen würde, war aber jetzt gezwungen auf einem Felsvorsprung stehend zu biwakieren. Mit einer Hand hielt er die Skistöcke, mit der anderen hielt er sich selbst fest. Völlig erschöpft nickte er ab und zu ein, konnte aber auf wundersame Weise dennoch sein Gleichgewicht halten. Ebenso erstaunlich war, dass die Nacht ruhig blieb und er, obwohl die Temperatur sank, nicht durch den Wind ausgekühlt wurde. Er hoffte, bei Mondschein weitergehen zu können, aber sein Standplatz lag im Mondschatten, und so war er gezwungen, bis zur Morgendämmerung zu warten. Der Tag war wunderschön, die Sonne wärmte ihn auf – dann aber wurde sein dehydrierter Körper gebraten.

Auf dem letzten Stück des Abstiegs zur Bazhin-Scharte und dem Aufstieg zum Vorgipfel und zum Silbersattel fing Buhl an zu halluzinieren. Er führte Gespräche mit einem imaginären Gefährten und hörte deutlich Stimmen, die ihn riefen. Als er seinen Rucksack wiederfand, war sein Mund so trocken, dass er die Glukosetabletten nicht schlucken konnte und so gezwungen war, Schnee zu essen. Als ihm auf dem Plateau bewusst wurde, dass die Nacht bald einbrechen würde und mit dem Wissen, dass er ein zweites Biwak kaum überleben würde, nahm er mehr von dem Pervitin – er hatte außerdem Padutin, ein Mittel gegen Erfrierungen genommen – und erreichte so den Silbersattel. Es war 17.30 Uhr. Die Sicht hinunter auf die Zelte und die anderen Expeditionsmitglieder hielt ihn nun aufrecht, als er Richtung Lager abstieg. Er erreichte es gegen 19 Uhr, 40 ½ Stunden nachdem er es verlassen hatte. Seine ersten Worte waren: »Gestern war der schönste Tag in meinem Leben.« Es war keine Untertreibung. Buhls Aufstieg zählt zu den größten Leistungen in der Geschichte des Bergsteigens.

Beim Rückzug vom Berg gab es Vorfälle, die später zu bösen Streitereien in Deutschland führten. Herrligkoffer behauptet, dass es nach Buhls Rückkehr zum Basislager Feiern gab (der offizielle Expeditionsbericht beinhaltet ein Foto, das von eindeutigem Jubel zeugt), aber Buhl erinnert sich nur an einen kühlen, freudlosen Empfang. Herrligkoffer behauptet, dass die Behandlung der Erfrierungen bei Buhl zwecklos gewesen wäre, da die Verletzung bereits zu weit fortgeschritten war. Buhl gibt an, dass die medizinischen Vorräte der Expedition bereits aus dem Lager geschafft und auf dem Weg nach Deutschland gewesen seien, als er ankam. Er bemerkt weiterhin, dass es unter seinen Teamkollegen keinen Dr. Oudot gab, ein bitterer Hinweis auf die Behandlung von Lachenal und Herzog nach ihrer Erstbesteigung der Annapurna. Buhl war offensichtlich noch mehr verärgert, aber er hatte damals schon etwas begriffen, was andere erst später tun würden, dass Herrligkoffer beides war: prozesssüchtig und hartnäckig, wenn man ihm in die Quere kam. Tatsächlich verlor Buhl die Kuppen von zwei Zehen an seinem rechten Fuß, eine Verletzung, die ihm für den Rest seines Bergsteigerlebens Schmerzen bereitete.

Spätere Besteigungen

Im Jahre 1961 organisierte Karl-Maria Herrligkoffer ein weiteres Team und kehrte zum Nanga Parbat zurück, um sich die Diamir-Flanke anzusehen. Sie nahmen eine Route zwischen der Mummery-Rippe und der Linie, die von der 1938 durchgeführten Aufklärungstour vorgeschlagen worden war. Sein Team hoffte so die Bazhin-Scharte zu erreichen, von wo aus sie Buhls Route zum Gipfel folgen würden. Schlechtes Wetter zwang sie zum Rückzug aus einer Höhe von etwa 7100 Meter, aber Herrligkoffer kehrte im folgenden Jahr zurück. Das Team, das einen Gipfelversuch startete, wurde am 22. Juni von fünf auf drei – Toni Kinshofer, Anderl Mannhardt (der bei der ersten Winterbegehung der Eiger-Nordwand dabei war) und Siegi Löw – reduziert, weil zwei infolge Erschöpfung aufgaben. Bei schlechtem Wetter brauchten

Im oberen Bereich des Südostpfeilers (Rupal-Wand)

die drei 7 Stunden, um von der Bazhin-Scharte zum Gipfel zu klettern (Buhl hat 5 Stunden gebraucht). Sie erreichten den Gipfel um 17 Uhr. Auf der Spitze fanden sie einen kleinen Steinhügel, den Hermann Buhl 1953 aufgebaut hatte. Die drei biwakierten nur 70 Meter unterhalb des Gipfels – alle erlitten in der extremen Kälte Erfrierungen – und setzten ihren Abstieg unangeseilt am folgenden Tag fort. Löw hatte eine hohe Dosis Pervitin genommen und war durch die Erfrierungen und die Medikamente schwer gezeichnet. Er stürzte beim Abstieg in die Scharte und starb an seinen Verletzungen. Kinshofer (der bei Löw blieb, bis er gestorben war, und damit zwei Nächte oberhalb des letzten Lagers ohne Schlafsack und Zelt verbrachte) und Mannhardt konnten absteigen. Wegen der schweren Erfrierungen mussten beide anschließend Amputationen über sich ergehen lassen.

Nach dem Erfolg an der Diamir-Flanke wandte Herrligkoffer seine Aufmerksamkeit der Rupal-Wand zu, der höchsten Bergwand der Welt. Mit Abschnitten fast so steil wie an der Südwand der Annapurna, wenn auch nicht so anhaltend wie dort, war die Rupal-Wand eine gewaltige Herausforderung. Die Deutschen kundschafteten die Route im Juni 1963 aus. Toni Kinshofer, der sich von seinen Erfrierungen erholt hatte, bevorzugte eine Linie entlang der linken Kante der Wand (diese wurde später von einem Team unter Hanns Schell bestiegen), aber die anderen meinten, dass eine direkte Linie machbar sei. Es war die letztere Linie, die bei der ersten Expedition im Januar 1964 versucht wurde. Der Versuch einer neuen Route durch eine große, steile Wand im Winter war sehr ehrgeizig. Aber Herrligkoffers Gründe lagen nicht im Pioniergeist – er hatte für den Herbst 1964 eine Antarktistour geplant und konnte daher nicht im Sommer gehen. Bevor die Deutschen den Fuß in die Wand setzten, kennzeichnete Herrligkoffer verschiedene Bereiche mit Namen. Wielands Namen verknüpfte er mit dem Fuß des Berges, Welzenbach charakterisierte den mittleren Teil und Merkls Name stand für den Gipfelbereich. Im Jahre 1964 stieg das Team allerdings kaum über »Wieland« hinaus, bevor ihnen durch Schwierigkeiten mit ihrem pakistanischen Verbindungsoffizier ihre Genehmigung entzogen wurde.

Politische Probleme hielten Herrligkoffer bis 1968 davon ab, zur Rupal-Wand zurückzukehren. Dann brachte er ein Team, das um drei von den vier Deutschen zusammengestellt war, die die John-Harlin-Route an der Eiger-Nordwand vollendet hatten. Das Team erreichte den Anfang des »Merkl«-Bereiches – auf etwa 7100 Meter Höhe –, als Günther Strobel einen komplizierten Beinbruch erlitt. Strobels Bergung aus der Wand brachte Feindseligkeiten zwischen den Bergsteigern und Herrligkoffer an die Oberfläche und die Expedition wurde abgebrochen.

Herrligkoffer kam 1970 wieder zurück. Nur einer aus dem 1964er-Team war dabei, aber dennoch hatte er wieder eine starke Mannschaft, einschließlich des jungen Südtirolers Reinhold Messner. 1968 hatte Messner die erste Solobegehung der Philipp-Flamm-Route an der Civetta und die der Nordwand der Droites gemacht und besaß den Ruf eines brillanten und schnellen Kletterers. Auch Reinholds Bruder Günther war im Team. Sechs Wochen war das Team damit beschäftigt, die Route einzurichten und etablierte schließlich Lager V auf der Höhe von 7350 Meter am Fuß der Merkl-Rinne. Es gab kein Funkgerät in Lager V, aber man hatte vorher vereinbart, dass vom Basislager aus am 26. Juni ein Leuchtfeuer abgeschossen werden würde, um den Insassen im Lager V (die Messner-Brüder und Gerhard Baur) mitzuteilen, wie die Wettervorhersage für den 27. sein wird. Ein rotes Leuchtfeuer bedeutete schlechtes Wetter, ein blaues gutes Wetter. Bei dem augenscheinlich beständigen Wetter war man im Lager V überrascht, ein rotes Leuchtfeuer zu sehen. Die Ereignisse, die dem Leuchtfeuer folgten, endeten –

Der Rakhiot Peak vom Südostpfeiler aus

Eine wundervolle Wolkenformation über einem Wolkenmeer verdunkelt die Sonne (vom Südostpfeiler aus)

wie bei so vielen Unternehmungen von Herrligkoffer – in deutschen Gerichtssälen mit hässlichen Anschuldigungen von allen Seiten. Tatsache war, dass Reinhold Messner früh am 27. Juni Lager V verließ und alleine aufstieg, später gefolgt von Günther Messner und Baur, die Fixseile in der Merkl-Rinne befestigen sollten. Das Anbringen der Seile verlief nicht gut und Baur, der von einem Höhenhusten geplagt wurde, kehrte zum Lager zurück. Günther stieg auf, um seinen Bruder einzuholen, was ihm, da er dessen Spur benützen konnte, auch gelang. Die beiden gingen weiter zum Gipfel, den sie gegen 17 Uhr erreichten. Reinhold gab an, dass sein Bruder unter der Höhenkrankheit litt und halluzinierte und nicht in der Lage war, alleine über die schwierige Aufstiegsroute abzusteigen. Daher traten die beiden über den Südwestgrat (Mazeno-Grat) den Rückzug an und biwakierten in einer Mulde (der Merkl-Schlucht) unterhalb der südlichen Schulter des Berges.

Früh am 28. Juni starteten Felix Kuen und Peter Scholz vom Lager V aus. Etwa gegen 6 Uhr hörten sie Schreie – offensichtlich Hilferufe –, wie auch Gerd Mändl in dem Lager darunter. Etwa gegen 10 Uhr erreichten sie einen Punkt, der etwa 80 Meter vom Grat entfernt war und hatten eine lautstarke Unterhaltung mit Reinhold Messner. Messner behauptet, dass er während dieses Gespräches nach einem Seil gefragt hätte, da Günther ohne Seil nicht absteigen konnte, und dass er Kuen und Scholz gesagt hätte, dass sie zu ihm hinaufqueren sollten, da die Route von seinem Punkt aus zum Gipfel einfacher sei als über die Wand. Kuen und Scholz behaupten, dass Messner nicht nach einem Seil gefragt habe, dass er abgestritten habe nach Hilfe gerufen zu

Auf dem Mazeno-Grat

haben und gesagt hätte, dass alles in Ordnung sei. Die beiden sagen, dass sie Günther Messner nicht gesehen hätten und dass Reinhold sich am Ende der Unterhaltung nach unten gebeugt habe, um etwas aufzuheben, das eindeutig schwer war: Sie nahmen an, dass es ein Rucksack war. Es hatte aber keiner von den Messner-Brüdern einen Rucksack mitgenommen.

Kuen und Scholz gingen weiter zum Gipfel. Beim Abstieg biwakierten sie in der Nähe der südlichen Schulter. Bei ihrer Rückkehr zum Lager V stellten sie fest, dass die Messner-Brüder nicht angekommen waren. Tatsächlich stiegen die Messners über die leichtere Diamir-Flanke ab, biwakierten am 28. Juni und setzten ihren Abstieg am nächsten Tag fort. Reinhold kletterte schneller als Günther, und zu irgendeinem Zeitpunkt am 29. Juni verschwand Günther, wahrscheinlich wurde er durch eine Lawine getötet. Reinhold verbrachte den 30. Juni damit seinen Bruder zu suchen, ging dann alleine weiter und stieß mit Hilfe der pakistanischen Armee wieder auf die überraschte Expedition. Messner verlor anschließend infolge Erfrierungen sechs Zehen und mehrere Fingerglieder.

Zurück in Deutschland, erhob Messner eine Anzahl von Anschuldigungen gegen Herrligkoffer, hauptsächlich wegen der roten und blauen Leuchtfeuer, was zu Gerichtsprozessen führte, die zu Gunsten des Expeditionsleiters entschieden wurden. Es gab auch die unschöne Anschuldigung, dass das, wonach Messner sich am Ende der Unterhaltung mit Kuen und Scholz hinunterbeugte um es aufzuheben, sein Bruder gewesen sei. Dies stritt er heftig ab. Die Gerichtsprozesse brachten die Parteien zum Schweigen (zumindest in der Öffentlichkeit), klärten aber nicht die Fragen, die sich aus den Vorfällen vom 26. bis 28. Juni ergaben. Warum wurde ein rotes Leuchtfeuer abgeschossen? Der Leiter behauptete, dass alle »blauen« Leuchtfeuer aus Versehen tatsächlich rot gewesen seien – wie konnte das sein? Und wie konnte das festgestellt werden, ohne sie abzufeuern? Was waren das für Schreie (nach Hilfe), die am frühen 28. Juni gehört wurden? Was wurde genau gesagt bei dem Austausch zwischen Reinhold Messner, Kuen und Scholz? Warum stieg Reinhold nicht einfach zur Südschulter ab, um die anderen beiden zu treffen und auf diese Weise Hilfe für seinen Bruder zu bekommen? Wonach, wenn überhaupt nach etwas, bückte sich Reinhold, um es aufzuheben? Es ist jetzt unwahrscheinlich, dass es eine befriedigende Antwort auf diese Fragen geben wird, und bei Spekulationen riskiert man ein Gerichtsverfahren. Die einzigen Themen, die wohl nicht zur Diskus-

Kinshofer-Route (Diamir-Flanke)

Nanga Parbat

Blick vom Gipfelbereich (Kinshofer-Route) zum Mazeno-Grat

sion stehen, sind, dass die erste Begehung der Rupal-Wand und die erste Überschreitung eines Achttausender gelungen war und dass Reinhold Messner seinen Fuß auf die erste Sprosse einer bemerkenswerten Karriereleiter gesetzt hatte. Es ist traurig, dass die Nachwirkungen des Aufstiegs vollkommen die Leistung desselben überschatten. Obwohl weniger schwierig als die britische Südwandroute an der Annapurna, die nur wenige Wochen zuvor begangen wurde (in den folgenden Jahren war es dann eher die Annapurna-Wand als die Rupal-Wand, die die Spitzenkletterer anzog), war der Aufstieg an der Rupal-Wand ein bedeutender Meilenstein in der Geschichte der Besteigungen der großen Gipfel.

Im Jahre 1971 wiederholte ein tschechisches Team die Route von Buhl (nachdem sie 1969 bei ihrem ersten Versuch gescheitert waren) und brachte zwei Mitglieder auf den Gipfel. Dies ist bis heute die einzige Wiederholung des langen Erstbegeherweges und macht somit den Nanga Parbat zu einem von nur zwei Achttausendern, auf dem die Normalroute nicht der Weg der Erstbegeher ist: der andere ist der Gasherbrum I (obwohl hier andere Gründe vorliegen). Die Tschechen unternahmen auch die

Nanga Parbat

erste Besteigung des Vorgipfels, den Buhl unterhalb traversierte. Herrligkoffer kehrte 1975 zurück, um mit einem Team drei getrennte Routen auszuprobieren. Die Bergsteiger kamen am Süd-südwestgrat am weitesten (an der linken Kante der Rupal-Wand), scheiterten aber auf 7550 Meter. Im folgenden Jahr wurde diese Route von einem Vierer-Team bestiegen (Hanns Schell als Leiter, zusammen mit Siegi Gimpel, Robert Schauer und Hilmar Sturm). Das Team stellte drei Lager auf dem Grat auf, bevor die Männer durch einen Sturm zum Rückzug gezwungen wurden. Bei ihrer Rückkehr entdeckten sie, dass Lager II unter zwei Meter frischem Schnee vergraben war. Sie stellten ein viertes Lager auf 7450 Meter auf und starteten von da aus früh am 9. August. Sie biwakierten in der Nacht auf 7700 Meter Höhe und am 10. August auf 8020 Meter Höhe. Am 11. August erreichten sie den Gipfel nach einem einstündigen Aufstieg und stiegen zum Lager IV ab. Obgleich Schell sehr krank war, wahrscheinlich durch eine leichte Lungenembolie, erreichten die vier sicher ihr Basislager. Das Team machte nur begrenzt Gebrauch von Trägern (nur bei einem Abschnitt unten am Berg, um die Zeit einzuholen, die durch den Anmarsch verloren gegangen war) und vollbrachte die Begehung einer neuen Route fast im Alpinstil. Eine hervorragende Leistung, aber eine, die innerhalb von zwei Jahren verblassen sollte.

1977 wurden zwei Amerikaner bei einem Versuch an der Diamir-Flanke getötet, und ein polnisches Team scheiterte bei der Wiederholung der Schell-Route (oft auch Kinshofer-Route genannt, da Toni Kinshofer der erste war, der deren Durchführbarkeit hervorhob; eine Tatsache, die häufig zu Verwirrungen führt, da die »Standardroute« an der Diamir-Flanke üblicherweise auch die »Kinshofer« genannt wird). 1978 kehrte Reinhold Messner zum Nanga Parbat zurück. Er hatte schon 1971 den Fuß der Diamir-Flanke nach Spuren seines Bruder abgesucht, und war auch 1973 wiedergekommen, um einen Alleinaufstieg an der Wand zu versuchen: Er trat nach etwa einem Drittel des Weges den Rückzug an. Nun war er entschlossen, den Aufstieg zu vollenden. Von einem Biwak am Fuß der Wand aus kletterte er eine neue Route auf deren rechter Seite, biwakierte auf 6400 Meter und nochmals auf 7400 Meter. Er zog es vor, von diesem zweiten Biwak aus direkt zum Gipfel aufzusteigen und nicht über den Grat der Merkl-Schlucht (und vermied damit die Stelle, an der er mit seinem Bruder biwakiert hatte). Er erreichte den Gipfel am 9. August um 16 Uhr und kehrte dann zu seinem oberen Biwak zurück (nur wenige Wochen nach seinem Aufstieg bestieg ein österreichisches Team die linke Seite der Wand und fand die Büchse, die Messner auf dem Gipfel zurückgelassen hat). Am folgenden Tag gingen nach einem Erdbeben Lawinen ab und zerstörten seine Aufstiegsroute, was ihn zwang, zur Mummery-Rippe abzusteigen: Messners Aufstieg war die siebte Besteigung des Nanga Parbat, nachdem er bereits die dritte Besteigung geschafft hatte. Dieser Aufstieg bestätigte ihn als den wahrscheinlich besten Höhenbergsteiger der Welt. In der Tat lässt es sich wohl nicht verleugnen, dass Messner einer der Größten ist. Alle großen Neuerungen an den Achttausendern sind von ihm – der erste Aufstieg im eigentlichen Alpinstil (Gasherbrum I), der erste Soloaufstieg vom Basislager aus (hier auf den Nanga Parbat), der erste Aufstieg auf den Everest ohne künstlichen Sauerstoff, der erste Soloaufstieg auf den Everest (ebenfalls ohne künstlichen Sauerstoff) und er war der erste Mann, der alle 14 Achttausender bestiegen hat. Es ist ein phänomenaler Rekord: Man wird gezwungen sich Gedanken zu machen, in welchem Maße diese Leistungen durch das Trauma des Todes seines Bruders 1970 beeinflusst worden sind.

Ebenfalls im August 1978 durchstieg ein österreichisches Sechs-Mann-Team die Diamir-Flanke über die Kinshofer-Route; fünf der sechs erreichten den Gipfel. (Obwohl üblicherweise die »Kinshofer« genannt, weicht die heutige Normalroute von der von Kinshofer, Löw und Mannhardt ab. Sie führt jetzt im oberen Wandteil direkt zum Gipfel und nicht zur Bazhin-Scharte.) Es gab dann keine weiteren erfolgreichen Aufstiege bis 1981, als ein italienisches Team eine Variante der Kinshofer-Route (an der Diamir-Flanke) kletterte und ein niederländisches Team eine Variante der Schell-Route beging. Die vier niederländischen Bergsteiger, Ger Friele, Bas Gresnigt, Ronald Naar und Gerard van

Sonnenuntergang beim Lager II der Kinshofer-Route (Diamir-Flanke)

Nanga Parbat

Linker Teil der Diamir-Flanke. Die Kinshofer-Route verläuft durch die Felsen.

Strang, erreichten den Südwestgrat (Mazeno-Grat) und entschieden sich, die Diamir-Flanke zu queren, um den Gipfel zu erreichen. Sie biwakierten am 3. August auf dem Grat auf 7516 Meter. Am nächsten Tag kamen drei von ihnen aber nur 35 Meter in der Wand voran (Gresnigt stieg erschöpft ab). Sie nahmen mehrere Male den falschen Weg. Sie biwakierten wieder auf 7550 Meter. Friele war nun zu krank, um weiterzumachen, die beiden anderen gingen weiter auf 7800 Meter, wo van Strang dann gezwungen war abzubrechen. Naar ging alleine bis zum Gipfel weiter. Nach dem Aufstieg verlor Friele zwei Glieder an jedem seiner Finger.

1982 kehrte Herrligkoffer zurück. Er beabsichtigte den Südostpfeiler zu besteigen, rechts der deutschen Rupal-Wand-Route. Auf Fotografien – von der Buhl-Route aus aufgenommen – erkennt man, wie steil dieser Anstieg ist: durchschnittlich 65–70 Grad. Er hat aber den Vorteil, relativ lawinensicher zu sein. Im Mai 1982 hat ein starkes Team unter Yannick Seigneur diese Route versucht, hat aber aufgegeben, nachdem ein Träger von einem Fixseil in den Tod gerutscht ist und Seigneur von einer Lawine überrollt wurde und Glück hatte, nur mit gebrochenen Rippen und einem angeknacksten Becken entkommen zu können – fast eine Ironie, wenn man die angenommene Lawinensicherheit der Route bedenkt. Das Team hatte etwa 7100 Meter erreicht. Herrligkoffers Team kam im Juli an und hatte bis Mitte August Lager V auf 7500 Meter aufgebaut. Von da aus machten sich vier Bergsteiger am 16. August auf den Weg, den fast senkrechten Pfeiler zu besteigen. Drei traten den Rückzug an, aber der Schweizer Ueli Bühler machte alleine weiter. Er biwakierte ohne Ausrüstung und erreichte am Mittag des 17. August den Südgipfel (8042 Meter). Er war aber nicht mehr in der Lage bis zum Hauptgipfel weiterzugehen und stieg zum Lager V ab. Seine Gefährten brachen einen Gipfelversuch ab, um ihn hinunter zu bringen – er hatte Glück, dass er diesen Abstieg überlebte. Bühler verlor später das letzte Glied an mehreren Fingern, und die Hälfte seiner Zehen war erfroren. Im Jahre 1985 vollendete ein überwiegend polnisches Team die Route. Der Hauptgipfel wurde von Jerzy Kukuczka und Carlos Carsolio (die beide später zum »Club der 14 Achttausender« gehören sollten) erreicht, zusammen mit Zygmunt Heinrich und Slavomir Lobodzinski. Die Gipfelbesteigung dauerte zwei Tage, und das ohne Nahrung oder Wasser. Während dieser Expedition stellten die Bergsteiger fest, dass eines ihrer unteren Lager von der Druckwelle einer riesigen Lawine, die über einen Kilometer entfernt hinunter donnerte, weggeblasen worden war. Während eines heftigen Sturms bemerkte Kukuczka Funken, die zwischen dem Kletterhaken, an dem er gesichert war, und dem Felsen hin und her sprangen. Es mag kaum bessere Gründe geben, von einem solchen Ort zu verschwinden, aber er war gezwungen zu bleiben, für 30 lange Minuten.

Im Oktober 1984 kehrte Tsuneo Hasegawa zurück, um den ersten Winteraufstieg und den ersten Alleingang zu versuchen. Er war Mitglied einer japanischen Expedition gewesen, die im Sommer an der Schell-Route gescheitert war. Er wählte die Rupal-Wand für seinen wagemutigen Plan, wurde aber gezwungen, diesen zu verwerfen. Im Sommer 1984 waren Liliane und Maurice Barrard auf dem Gipfel. Sie waren Teil eines vierköpfigen Teams ohne Träger und erreichten an der Diamir-Flanke die erste französische, die erste Frauen- und die erste Ehepaarbegehung. Jeglicher Aufstieg von Ehepaaren mag als eine einzigartige Leistung angesehen werden, aber der Nanga Parbat wurde mehrere Male von Ehepaaren bestiegen. Ein Jahr nach Liliane Barrards Aufstieg wiederholten drei Polinnen einer Frauenexpedition den Aufstieg.

1988 schaffte der Deutsche Sigi Hupfauer seine siebente Besteigung eines Achttausenders über die nun als Normalweg geltende Route durch die Diamir-Flanke. Es war ein Aufstieg, bei dem die Kälte, der Wind und ein dramatischer Abstieg bei schlechter werdendem Wetter bemerkenswert waren, aber Hupfauers Bericht tut dies nur als »kleinere« Probleme ab. Er bemerkt in lakonischer, aber deutlich verletzter Weise, dass »wir schwierige Beziehungen zu den pakistanischen Behörden hatten. Wir fanden auch die Chilas betrügerisch«.

1992 führten die Briten Mark Miller und Jon Tinker ein halbkommerzielles Team an, das eine neue Route versuchte. Das Ziel war, den Rakhiot Peak von Osten her zu besteigen und dann der Buhl-Route zum Gipfel zu folgen. Der Versuch wurde schon unten am Berg wegen schwerer Schneefälle verworfen. Später in dem Jahr scheiterte das französische Paar Eric Monier und Monique Loos bei einem Versuch im Winter an der Schell-Route. 1992

Die Rupal-Wand des Nanga Parbat

gab es außerdem den ersten von vielen Versuchen am Mazeno-Grat durch den britischen Bergsteiger Doug Scott. Der Grat ist vom Mazeno-Pass aus etwa 15 Kilometer lang, der längste Grat an einem Achttausender. Ein französisches Team versuchte sich an ihm bereits 1979. Sie verbrachten 30 Tage bei schlechtem Wetter auf ihm, bevor sie den Rückzug antraten. Scotts Team (britische und russische Bergsteiger mit Unterstützung von Sherpas) nutzte die Schell-Route, um Vorräte auf eine Höhe von etwa 7000 Meter zu bringen, aber in dieser Phase wurden mehrere Bergsteiger durch Steinschlag verletzt. Die übriggebliebenen Mitglieder kletterten dann vom Pass aus und erreichten Punkt 6970; gerade mal die Hälfte des Weges auf dem Grat. Scott versuchte es 1993 noch einmal zusammen mit Wojciech Kurtyka und Richard Cowper. Obwohl sie den Mazeno-Turm bestiegen (wahrscheinlich die erste Besteigung), waren sie auf dem Grat weniger erfolgreich als 1992. Eine Lawine schwemmte Scott fast 400 Meter den Berg hinunter – er hatte Glück, nur mit einem verletzten Knöchel entkommen zu können – und der Aufstieg wurde abgebrochen. Bei einem weiteren Versuch 1995 (von Scott, Kurtyka, Rick Allen und Andrew Lock) wurden 7000 Meter erreicht, etwa zwei Drittel des Grates, und das obwohl Scott krank und zum Rückzug gezwungen war. Kurtyka und Erhard Loretan versuchten es 1997 erneut und scheiterten nach etwa einem Drittel der Distanz.

Ein japanisches Team eröffnete 1995 eine neue Route auf der Nordseite des Berges. Sie nahmen eine direkte Route zum Silbersattel, wo sie auf 7350 Meter Höhe ein Lager aufstellten. Der erste Versuch am Gipfel wurde verworfen, wegen der Kälte und weil ein Bergsteiger Schmerzen im Brustkorb hatte, aber ein zweiter Versuch wurde am 23. Juli unternommen. Nachdem sie in der Nacht Sauerstoff aus der Flasche geatmet hatten, starteten sie um 3 Uhr morgens. Yukio Yabe, Takeshi Akiyama und Hiroshi Saito folgten Buhls Route zum Gipfel und erreichten ihn um 17 Uhr. Sie verließen den Gipfel nach einer Stunde, schafften es aber nicht, die Bazhin-Scharte vor Einbruch der Nacht zu erreichen und biwakierten auf 7700 Meter. Sie erreichten schließlich das Lager auf dem Silbersattel am 24. August, 39 Stunden nachdem sie es verlassen hatten. Diese Begehung war wieder einmal eine Demonstration der phänomenalen Leistung von Hermann Buhl. Ein Jahr später bestieg Krzysztof Wielicki die Diamir-Flanke (Kinshofer-Route) im Alleingang und wurde im Alter von 46 Jahren der fünfte im »Club der 14 Achttausender«. Er kam nach einer erfolgreichen Besteigung des K2 im Basislager an, stellte aber fest, dass das Team, dem er sich anschließen wollte, bereits losgegangen war. Daher entschied er sich, den Berg allein zu besteigen. Ein Aufstieg, den er wegen eines Abszesses in seinem Gesicht noch um 24 Stunden verschieben musste. Die Zeit oben am Berg verbrachte er in einem von einer früheren Expedition zurückgelassenen Zelt, das er zufällig vorfand. Er litt wegen des Antibiotikums, das er einnahm um den Abszess zu bekämpfen, an Halluzinationen. Schließlich erreichte er am 1. September 1996 den Gipfel. Wielickis Tourenbuch enthält die erste Winterbegehung des Everest (1980), des Kangchendzönga (1986) und des Lhotse (teilweise allein, 1988), den ersten Soloaufstieg zum Broad Peak (1984), neue Routen am Manaslu (1984), am Dhaulagiri (1990 – die neue Route an der Ostwand erreicht den Normalweg und Wielicki ging nicht weiter zum Gipfel, da er ihn bereits über den Normalweg bezwungen hatte) und am Shisha Pangma (Solo, 1993). Nur während der ersten Winterbegehung des Everest benutzte Wielicki zusätzlichen Sauerstoff.

Versuche einer Wintererstbegehung Ende 1996 und Anfang 1997 schlugen wieder fehl. Im Februar 1997 erreichten zwei Polen einen Punkt nur 250 Meter vom Gipfel entfernt, traten aber mit schweren Erfrierungen den Rückzug an. Ihre Expedition erzielte allerdings ein unerwünschtes »erstes Mal« – die erste Rettung per Hubschrauber vom Diamir-Basislager. Im Februar 1998 kehrte ein anderes polnisches Team zurück, fest entschlossen, den ersten Winteraufstieg am Nanga Parbat zu vollenden. Nachdem sie gegen Wind mit einer Geschwindigkeit von 140 Stundenkilometer gekämpft hatten, musste das Team den Aufstieg abbrechen, als ein Mitglied stürzte und sich ein Bein brach. Bis heute gibt es keine Winterbegehung des Nanga Parbat, und der lange Mazeno-Grat bleibt eines der hervorragenden Probleme der großen Gipfel.

Etwa 170 Aufstiege sind bis heute am Nanga Parbat bekannt. Die Lage des Berges bedeutet, dass Gipfelstürmer gewöhnlich mit extremer Kälte rechnen müssen. Dies verlangsamt das Vorwärtskommen, und eine große Anzahl von Gipfelbezwingern war gezwungen, beim Abstieg zu biwakieren. Mit seiner hohen Zahl an verheerenden Unfällen – es starben mehr Bergsteiger an diesem Berg als an irgendeinem anderen Achttausender, außer natürlich dem Everest, der eine höhere Verkehrsdichte aufweist – hat der Nanga Parbat schon lange den Ruf, ein »Killer-Berg« zu sein. Aber die Unfälle aus den dreißiger Jahren haben die Statistiken verzerrt, bei denen der Nanga Parbat in der Relation von Todesfällen und erfolgreichen Aufstiegen hinter der Annapurna den zweiten Platz einnimmt. Heute kann jeder Gipfelstürmer einen Abstieg vom Nanga Parbat ebenso überleben wie von jedem anderen Achttausender auch, abgesehen von den »gefährlichen fünf« – K2, Annapurna, Makalu, Kangchendzönga und Everest. Trotz dieser beruhigenden Fakten bleibt der Nanga Parbat ein sehr ernstes Unterfangen. Die Bergsteiger, angezogen von der Romantik seines Namens und seiner Geschichte, müssen eine über dem Durchschnitt liegende Anzahl an Erfrierungen in Kauf nehmen, und trotz verbesserter Ausrüstung stellen die intensive Kälte und die meistens langen Gipfeltage am Nanga Parbat sicher, dass diese unerbittliche Statistik gültig bleibt.

Blick vom Südostpfeiler in nordöstliche Richtung zum Rakhiot Peak

K2 8611 m

» Es war eines von jenen Erlebnissen, die einen Mann für immer beeindrucken und die eine ständige Wirkung in seinen Gedanken hinterlassen, ein bleibendes Gefühl von der Größe und der Erhabenheit der Werke der Natur, die er nie verlieren und vergessen kann. «

FRANCIS YOUNGHUSBAND, während er den K2 von Norden betrachtete

K2

Im Jahr 1861 wurde das Gebiet durch Col. H. H. Godwin-Austen und seine Mitarbeiter erforscht und neu vermessen. Sie fanden heraus, dass der zweite Gipfel aus Montgomerys Liste, der K2, der höchste in diesem Gebiet ist. Godwin-Austens Leute erstellten die erste Landkarte von diesem Gebiet und beschrieben auch die Route zum Gipfel. Später, als man herausgefunden hatte, dass der K2 der zweithöchste Berg der Welt ist, versuchten die Briten ihn als Mount Godwin-Austen zu benennen, ein Name, den man immer noch in sehr alten Büchern über den Karakorum oder über das Bergsteigen finden kann. Die indische Regierung wehrte sich gegen die Namensgebung für solche Gipfel nach berühmten Leuten der herrschenden Klassen und erhob heftigen Einspruch. In der Tat, die indischen Proteste verhinderten in fast allen Fällen die Errichtung derartiger Namensdenkmäler, ausgenommen beim höchsten Berg der Welt. Godwin-Austen hätte einen ungleich größeren Anspruch als Namensgeber für den K2 gehabt als Sir George Everest für den höchsten Gipfel. Aber die Proteste waren heftig und der Name wurde still unter den Teppich gekehrt. Später, als man die offizielle Nummerierung der Karakorum-Gipfel durchführte, wurde die Entscheidung getroffen, sie so zu nummerieren, wie es der letzten Übereinkunft entsprach (von Ost nach West, wie im Himalaja). K2 wurde K13, ein Name, der in einer offiziellen Publikation von 1879 auftauchte. Aber die ältere Bezeichnung war so gebräuchlich, dass die neue bald wieder verschwand. Im Hinblick auf das Ansehen, welches sich der Gipfel erworben hat, ist es wahrscheinlich ein glücklicher Umstand, dass die abergläubische Nummer 13 keinen Gefallen gefunden hat.

> 1856 hatte Captain T. G. Montgomery, ein Vermessungsoffizier der britischen Armee, der in einer Gegend arbeitete, die heute zu Nordpakistan und damals zu Britisch-Indien gehörte, eine Reihe von Berggipfeln aus einer Entfernung von ungefähr 200 Kilometer in der Baltoro-Region im Karakorum vermessen. Er katalogisierte die Gipfel, die er vermessen hatte, indem er sie durchnummerierte und jedem das Präfix »K« für Karakorum gab.

Lager II auf dem Abruzzi-Grat. Der Masherbrum dominiert das Panorama im Südwesten.

Die spätere Suche nach einem ortsgebundenen Namen für den Gipfel war erfolglos, da keiner existierte. Die pakistanische Regierung versuchte den Gipfel umzubenennen, indem sie Namen suchte, die angeblich bei der lokalen Bevölkerung im Umlauf waren. Der Name Dapsang erfuhr einige Anerkennung und ist gelegentlich noch zu hören. Aber er scheint sich von einem Plateau herzuleiten, welches in einiger Entfernung zum Gipfel liegt, und ist bei den Hunzas nicht bekannt. Mount Akbar, was »großer Berg« heißt, wurde ebenfalls in Erwägung gezogen, doch schien dieser Name nationalistische Töne zu haben und wurde ignoriert. Auch Lamba Pahar, die kaschmirische Bezeichnung für »großer Berg«, war in der Bevölkerung nicht geläufig, zudem wäre diese Bezeichnung mit den Grenzstreitigkeiten zwischen Indien und Pakistan über Kaschmir in Verbindung gebracht worden. In Baltistan tauchte der Name Chogori als Gipfelbezeichnung auf (was ebenfalls »großer Berg« heißt). Wahrscheinlich wäre dieser Name akzeptiert worden, wenn nicht der Gipfel schon als K2 bekannt gewesen wäre, Jahrzehnte bevor Chogori ans Licht kam. Chogori ist ein sehr hübscher Name (und ist wahrscheinlich der Grund für den chinesischen Versuch eines Namenswechsels zu Mount Qogir, ein Versuch, der Gott sei Dank fehlschlug), aber die knappe und unpersönliche Natur der Bezeichnung K2 scheint geradezu angemessen für einen Berg, dessen Ruf bezüglich Schwierigkeit und Gefahr jeden anderen Achttausender übertrifft.

Erforschung

1892 wurde der Fuß des Berges das erste Mal von dem britischen Bergsteiger Martin Conway erreicht. Conway erforschte den Baltoro und nannte ihn Concordia. Entweder nach dem Konkordiaplatz, einem Gletscherzusammenfluss auf dem Aletschgletscher in der Schweiz, oder nach dem Place de la Concorde in Paris. Obwohl die erste Erklärung wahrscheinlicher ist, gibt es in Desios Buch über die Erstbesteigung einen Beleg für die letztgenannte Erklärung. Conway entdeckte auch den Godwin-Austen- und den Vigne-Gletscher und benannte ebenso den Broad Peak und den Hidden Peak (Gasherbrum I). Conways Team versuchte auch einen Gipfel zu besteigen, den er »Goldener Thron« (Baltoro Kangri) nannte, sie erreichten aber nur einen Vorgipfel. Obgleich Conways Expedition kaum Bergsteigen im eigentlichen Sinne betrieb, war sie als Forschungsunternehmen ein großer Erfolg. Zehn Jahre nach der Reise von Conway kam unter der Leitung von Oscar Eckenstein eine kleine Gruppe britischer und österreichischer Bergsteiger sowie ein Schweizer Arzt, um den K2 zu besteigen. Alfred Mummery hatte 1895 den Nanga Parbat versucht, aber eigentlich hatte niemand eine Ahnung von den Schwierigkeiten der Besteigung eines Achttausender-Gipfels. Eckenstein hatte Conway auf den frühen Etappen seiner Reise begleitet, doch er verließ ihn nach einer Meinungsverschiedenheit, möglicherweise wegen Differenzen über die Ziele der Expedition (Bergsteigen oder Forschen), aber wahrscheinlich eher wegen persönlicher Unstimmigkeiten. Eckenstein war ein Radi-

K2: Aufstiegsrouten

Nordwand
1 *Nordostgrat. Die Amerikaner (1978) waren dem unteren Teil gefolgt, bevor sie durch die Ostwand zum Abruzzi-Grat querten.*
2 *Japaner-Route (1982)*
3 *Japaner-Route (1990)*
4 *Béghin/Profit (1991), Anstieg vom Nordwestgrat*

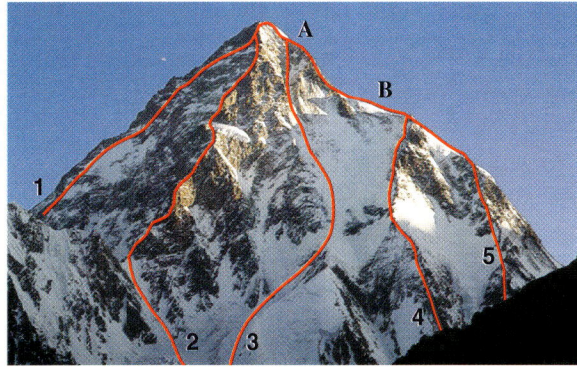

Unten: Südwand und Westwand
A *»Flaschenhals«*
B *Schulter*
1 *Westgrat/Westwand, Japaner-Route (1981); Variante der Japaner-Route (1997)*
2 *Südsüdwestgrat, Polen-Route (1986)*
3 *Kukuczka/Pietrowski (1986)*
4 *Südsüdostsporn, Basken-Route (1994); der untere Teil wurde früher von einem internationalen Team (1983) und von Cesen (1986) begangen*
5 *Abruzzi-Grat (und Ostsüdostgrat), Italiener-Route (1953); Normalweg*

kaler, Conway hingegen ein Mann des Establishments. Eckenstein glaubte fest daran, dass der K2 nur eine etwas größere Version der Berge in den Alpen war. Aber die beiden Österreicher, Heinrich Pfannl und V. Wessely, die zu den besten Bergsteigern Europas gehörten, schienen schnell zu der Schlussfolgerung zu kommen, dass der K2 ein zu großer Berg für einen Besteigungsversuch durch ein so kleines Team war. Sie regten an, den Versuch zu Gunsten der Besteigung des Skyang Kangri aufzugeben. Wenn sie dessen Gipfel erreicht hätten, wären sie möglicherweise sehr erfolgreich gewesen, sie hätten einen Höhenrekord aufgestellt, der noch jahrzehntelang gehalten hätte – der Skyang Kangri ist 7545 Meter hoch – und hätten dabei eine der größten Heldentaten der Bergsteigerei vollbracht. Doch trotz ihrer War-

Kletterei am House-Kamin auf dem Abruzzi-Grat

nungen weigerte Eckenstein sich verbissen, von seinem Plan abzurücken, mit dem Ergebnis, dass das Team nicht höher als 6600 Meter kam und sich dann hastig zurückziehen musste, nachdem Pfannl sich ein Lungenödem zugezogen hatte. Dass er dies überlebte, war nur der Anwesenheit des Schweizers Dr. Jacot-Guillarmod zu verdanken, der die Symptome der Krankheit erkannte und ihn nach weiter unten verbrachte. (Die Alpen sind hoch genug, um bei so manchem Bergsteiger die körperlichen Auswirkungen eines zu schnellen Aufstiegs zu erkennen.) Die Expedition war ebenfalls bemerkenswert, weil sie Edward Alexander (Aleister) Crowley einschloss, der sich selbst als das »Große Tier 666« ausgerufen hatte. Seine Fähigkeiten als Bergsteiger wurden vollständig überschattet von denen als Selbstdarsteller, obwohl sie weit größer schienen, als seine Fähigkeiten, den Teufel zu beschwören.

Im Jahr 1909 versuchte ein italienisches Team den K2, geleitet von Luigi Amedeo di Savoia, dem Herzog der Abruzzen, der den Südostgrat als den direktesten Weg zum Gipfel auswies – nun oft Abruzzi-Grat oder -Sporn genannt. Im Team des Herzogs war Vittorio Sella, bewiesenermaßen der größte Bergfotograf aller Zeiten, dessen Aufnahmen immer wieder neue Generationen von Bergsteigern anregen. Ironischerweise wurden aber die meisten der bei dieser Expedition gemachten, berühmten Aufnahmen – vom K2 von Windy Gap (Skyang La) nach Nordosten hin – zwar Sella zugeschrieben, aber in Wirklichkeit vom Herzog der Abruzzen gemacht. Abruzzis Team kam nicht sehr hoch – nur ungefähr 6000 Meter. Aber aus ihrer Sicht war dadurch eine italienische »Eigentümerschaft« auf den Gipfel entstanden. Dieser Anspruch wurde noch einmal durch eine andere italienische Expedition bekräftigt, die 1929 in dieses Gebiet kam. Diese Reise, unter der Leitung des Herzogs von Spoleto, diente wissenschaftlichen und Erkundungszwecken. Die Gruppe versuchte nicht, den Gipfel zu besteigen. Ein Mitglied dieser Gruppe war der Geologe Ardito Desio.

Heute, fast ein Jahrhundert nach den ersten Gehversuchen an diesem Gipfel und ein halbes Jahrhundert nach der Erstbesteigung, scheint die Idee, der K2 sei ein italienischer Berg, lächerlich zu sein. Aber zur damaligen Zeit war der Nationalstolz, der von den Expeditionen hervorgerufen wurde und große Erwartungshaltungen ausdrückte, sehr real. Der britische Einfluss in Tibet hatte zur Folge, dass alle frühen Versuche auf den Everest von britischen Teams unternommen wurden. In den frühen Fünfzigern, als Nepal seine Grenzen öffnete, galt der Everest als britisches Gebirge. Die Erteilung einer Einreisegenehmigung für die Schweizer 1952 traf auf eine Mischung aus Beleidigung und Angst: Die Briten waren am Everest gestorben – welches Recht hatten diese Neulinge ihren Berg zu besteigen. Nach derselben Logik »besaßen« die Deutschen den Nanga Parbat, ein Gipfel, an dessen Flanke elf Deutsche (gemeinsam mit 15 Einheimischen) begraben liegen. Die Italiener waren deshalb verletzt, als sie entdeckten, dass eine

Gary Ball während des Abseilens im House-Kamin

amerikanische Expedition im Frühsommer 1938 zum K2 anrückte. (Schon 1937 hatte ein kleines britisches Team unter Eric Shipton das Shaksgam-Tal besucht und die Nordflanke des K2 fotografiert.)

Die Amerikaner unter Charles Houston lösten die Probleme im unteren Abschnitt des Abruzzi-Grates, indem Bill House den Kamin durchstieg, der heute seinen Namen trägt. Dies war wahrscheinlich die härteste Seillänge, die zu der Zeit im Himalaja oder Karakorum geklettert wurde. Die Amerikaner richteten sieben Lager entlang des Grates ein, und vom obersten kletterten Houston und Paul Petzold hoch zur Schulter. Dort hielt der erschöpfte Houston an, während Petzold bis auf ungefähr 7925 Meter weitermachte. Der Gipfel sah so nah aus, aber Petzold konnte nicht weitergehen.

Im folgenden Jahr, während Europa durch das Vorspiel zum Weltkrieg abgelenkt war, versuchten es die Amerikaner erneut, diesmal mit einem Team, das von dem in Deutschland geborenen und in Amerika eingebürgerten Fritz Wiessner geleitet wurde. Wiessner war ein brillanter Felskletterer, doch sein Team hatte nicht die gleiche Klasse. Ihm gehörte ein Stellvertreter mit wenig Erfahrung an sowie ein Teilnehmer, Dudley Wolfe, der offensichtlich mitgenommen wurde, weil er reich genug war, diese Reise kaufen zu können, obwohl er keinerlei Erfahrung hatte. Wiessner stieg die ganze Zeit vor und nahm dabei Wolfe mit sich (der Ehrgeiz des jungen Mannes schien Wiessners alpine Urteilskraft überdeckt zu haben). Mit Wiessner richtete das Team acht Lager ein. Das Lager VIII befand sich direkt unterhalb einer markanten Stelle am Grat, die heute als Schulter bekannt ist. Hier wurde Wolfe schließlich von Erschöpfung überwältigt. Aber Wiessner und Sherpa Pasang Dawa Lama machten weiter und errichteten ein weiteres Lager auf ungefähr 8000 Meter. Von hier aus machten sie sich zum Gipfel auf. Aber der Felskletterer Wiessner wollte die Gipfelwand lieber oberhalb der Schulter klettern und nicht über die heute gebräuchliche Route, den »Flaschenhals«. Die beiden erreichten nach kurzer und schwieriger Kletterei in ungefähr 8370 Meter Höhe wieder leichteres Gelände. Wiessner wollte weiter, aber Pasang Dawa Lama weigerte sich weiterzugehen. Einige vermuteten, dass er Angst vor den Berggöttern hatte, die sie umbringen würden, entweder sobald sie den – fast sicheren – Gipfel erreichten oder beim Herabsteigen in der Abenddämmerung. Andere glaubten, der Sherpa habe gespürt, dass entweder beide die Nacht draußen nicht überstehen oder, falls doch, sie an den Schwierigkeiten des Abstiegs in der Gipfelwand scheitern würden. Widerstrebend gab Wiessner nach, plante aber, es am folgenden Tag noch einmal zu versuchen. Auf dem Abstieg gingen die Steigeisen der beiden aus Pasangs Rucksack verloren. Nach einem Ruhetag (heute weiß man, dass es so etwas über 8000 Meter nicht gibt, in dieser Höhe baut der Körper permanent ab) gingen sie wieder nach oben. Diesmal versuchten sie es über den »Flaschenhals«. Aber ohne Steigeisen war das Stufenschlagen zu mühsam und sie mussten sich zurückziehen.

Wiessner plante nun zum Lager VIII abzusteigen, um Steigeisen zu holen sowie Vorräte und jemanden, der den erschöpften Pasang Dawa Lama ersetzen sollte. Dort angekommen, stellte er fest, dass niemand heraufgestiegen war, um das Lager wieder auszurüsten oder Dudley Wolfe zu helfen. So musste er weiter absteigen und nahm dabei Wolfe bis zum Lager VII mit. Auf dem Weg ereignete sich ein Unfall, durch den Wolfe seinen Schlafsack verlor, so dass sich jetzt drei Leute einen Schlafsack teilen mussten, denn Wiessner hatte seinen im Lager VIII zurückgelassen. Wolfe war nach einer fürchterlichen Nacht zu sehr erschöpft um weiterzugehen. Deswegen setzten Wiessner und Pasang den Abstieg allein fort. Zu ihrem Entsetzen fanden sie den Berg geräumt vor – auf wessen Anordnung war Anlass für jahrelange Debatten. Wiessner und Pasang brachten eine weitere Nacht ohne Schlafsack in Lager II zu und stiegen dann zum Basislager ab. Wiessner war ebensowenig wie die anderen Amerikaner fit genug, um Dudley Wolfes Rettung zu versuchen, aber vier Sherpas gingen los. Sie fanden ihn im Lager VII in einem erbärmlichen Zustand. Er hatte nicht mehr die Kraft gehabt, das Zelt zu verlassen, er konnte sich nicht mehr selbst helfen und hatte weder zu essen noch zu trinken. Die Sherpas versuchten ihn ins Lager VI herunterzubringen, aber er war zu kraftlos. Die Sherpas gingen zurück, aber drei von ihnen – Pasang Kikuli,

Querung im »Flaschenhals«

Pasang Kitar und Phinsoo – brachen am folgenden Tag wieder in Richtung Lager VI auf. Weder sie noch Dudley Wolfe wurden wiedergesehen. Der K2 hatte seine ersten Blutopfer eingefordert.

In Amerika wurde versucht, Wiessner die Schuld für die Tragödie zu geben, was durch den Umstand erleichtert wurde,

Compagnoni und Lacedelli auf dem Gipfel nach der Erstbegehung

dass er in Deutschland geboren war. Die Geschichte hat ihn größtenteils rehabilitiert. Der amerikanische Alpenverein, aus dem er aus Protest gegen seine Behandlung ausgetreten war, machte ihn am Ende zum Ehrenmitglied. Wiessner mag kein guter Teamchef gewesen sein und scheint einen blinden Fleck in Bezug auf Wolfes Fähigkeiten gehabt zu haben. Aber die widerwärtige Art einiger Angriffe auf seine Persönlichkeit sind ein Schandfleck in der Geschichte des Bergsteigens.

Der Krieg verhinderte weitere Gipfelversuche für viele Jahre, sowohl durch die Amerikaner, die nun ebenfalls den K2 als ihren Berg ansahen, als auch durch die Italiener. 1953 bekamen die Amerikaner die Erlaubnis, es nochmals zu versuchen, 1954 die Italiener. Eingedenk der Tatsache, dass dies die letzte Gelegenheit für sie sein könnte, hatten die Amerikaner ein acht Mann starkes Team unter der Leitung von Charles Houston vorbereitet. Aber ein Sturm, der zehn Tage dauerte, zerstörte alle Hoffnungen auf Erfolg und brachte die Männer, die alle acht in einem Lager kurz unter der Schulter gefangen waren, in Gefahr. Art Gilkey litt an einer Thrombose und konnte nicht absteigen, als das Wetter schließlich aufklarte. Die anderen brachten ihn auf einer Trage hinunter – ein bemerkenswertes Kunststück. Aber während der Querung einer vereisten Passage in Richtung eines früheren Lagers rutschte ein Mann aus, wobei er seinen Seilkameraden mitschleifte und eine weitere Seilschaft umriss. Die vier stürzenden Männer verfingen sich in der Trage von Gilkey, mit der ein weiterer Bergsteiger verbunden war, und plötzlich befanden sich sechs Männer im Fallen. Pete Schoening, der später im ersten Team sein sollte, das den Gasherbrum I bestieg, verhinderte, dass alle sechs in den Tod stürzten. Der Unfall erschöpfte die Männer, und so wurde Gilkeys Trage mit Kletterhaken befestigt, während die anderen sich zum Lager zurückzogen. Während sie ihre Zelte aufschlugen, konnten sie Gilkeys gedämpfte Rufe über den Abhang hinweg hören, Rufe, die ihnen nach Ermutigung klangen. Als sie zu ihm zurückkehrten, war der Abhang durch eine Lawine leer gefegt: Gilkey konnte zur Warnung gerufen haben, ein schrecklicher Gedanke, der auch harte Männer zum Weinen brachte.

Den Amerikanern war nicht gestattet worden, Sherpas nach Pakistan mitzubringen. Dadurch wurde es notwendig, alle Lasten selbst zu tragen. Sie hatten die Schulter erreicht und sich dann selbst unter schrecklichen Bedingungen

Der K2 in der Morgensonne vom Concordia-Platz aus

Der K2 vom Concordia-Platz aus. Der klassische Blick vom Zusammenfluss des Baltoro- und Godwin-Austen Gletschers, mit dem Broad Peak rechts und dem Marble Peak links

von einem der gefährlichsten Berge der Welt heruntergebracht. Ja, Art Gilkey war gestorben. Aber für Bergsteiger in aller Welt galt die Expedition als herausragend.

Die Erstbesteigung

Die Italiener kamen 1954 zum K2 zurück, und es war ihnen klar, dass sie Erfolg haben mussten, weil sie wussten, dass auch die Amerikaner zurückkommen würden. Die Expedition wurde gemeinsam vom Nationalen Italienischen Forschungsrat, einer wissenschaftlichen Einrichtung, und dem Italienischen Alpenverein gesponsert und hatte zweierlei Absichten: Nicht nur der K2 sollte bestiegen werden, sondern eine ganze Reihe von geografischen, geologischen und naturhistorischen Untersuchungen sollte durchgeführt werden. Der Nationale Forschungsrat, unterstützt durch Regierungsgelder, war der Hauptsponsor und Professor Ardito Desio (der schon 1929 mit dem Herzog von Spoleto unterwegs war) hatte die Gesamtleitung. Der Italienische Alpenverein schlug Ricardo Cassin, Italiens größten Bergsteiger, als Leiter des Teams vor. Als die beiden Männer 1953 auf eine Vorerkundung gingen, wurden die vorhandenen Unterschiede nicht nur in Bezug auf das Finanzierungskapital, sondern auch in Bezug auf den gesellschaftlichen Stand offensichtlich. Desio reiste in Pakistan mit dem Flugzeug herum, Cassin fuhr mit der Bahn – endlose, erschöpfende Zugfahrten. Desio ging zu schicken Empfängen, Cassin tat dies nicht. Zurück in Italien leitete Desio Cassins Verzicht auf die Expedition in die Wege. Um dieser Ungerechtigkeit noch eine weitere hinzuzufügen, wurde später vom Expeditionskomitee, dem Desio vorstand, behauptet, Cassin sei nicht tauglich für die Härten dieser Unternehmung. Eine Entscheidung, die ihn verständlicherweise verbitterte.

Nun hatte Desio freies Spiel und organisierte eine Reihe von Medizintests und ein Trainingslager, bei dem aus einer Liste von 23 Kandidaten ein endgültiges Team ausgesondert wurde. Dieses bestand aus Enrico Abram, Ugo Angelino, Walter Bonatti, Achille Compagnoni, Cirillo Floreanini, Pino Gallotti, Lino Lacedelli, Mario Puchoz, Ubaldo Rey, Gino Soldà und Sergio Viotto. Dr. Guido Pagani war der Teamarzt. Außerdem nahmen vier Wissenschaftler teil – Paolo Graziosi, Antonio Marussi, Bruno Zanettin und Francesco Lombardi – sowie Mario Fantin, der dabei war, um einen Film von der Besteigung zu drehen. Der »Beobachter« Pakistans war Ata Ullah, und es gab noch ein Team von zehn Hunza-Hochgebirgsträgern. Desio veröffentliche außerdem einen Plan für die Expedition. Zum Teil durchaus sinnvoll: beschrieb er doch die Bedeutung der Akklimatisation in aller Genauigkeit und die Notwendigkeit, den Aufenthalt über 7500 Meter zeitlich möglichst kurz zu halten. Auf der anderen

Der Marble Peak vom Concordia-Platz aus, rechts der K2

Seite verlangte er von allen Mitgliedern »sie sollen einverstanden sein mit einer Diät und Hygieneregeln, die darauf abzielen, sie in einem Zustand äußerster physischer Leistungsfähigkeit zu erhalten. Eine Verpflichtung, die alles betrifft... die Unpässlichkeit eines oder mehrerer Mitglieder... durch Überfressen oder Trinken würde das ganze Unternehmen gefährden«. Der 57-jährige Desio glaubte offenbar, die jungen Bergsteiger müssten wie Schuljungen behandelt werden. Desio gab außerdem einen Vier-Phasen-Plan für die Besteigung heraus, der lapidar lautete: das Gebirge erreichen; Aufsteigen und Lager einrichten; den Gipfel gewinnen; nach Hause gehen. Wiewohl unbestreitbar korrekt, war der Plan doch gänzlich unbrauchbar. Desio fügte den Phasen noch einen Zeitplan hinzu, und, was nicht verwunderlich war, er erwies sich als falsch.

Rob Hall am Fixseil unterhalb des House-Kamins

Beim Anmarsch, während eines sogenannten Reiterkampfes zwischen Bonatti und Lacedelli, zweier jüngerer Teammitglieder, rollte Bonatti einen Hang hinunter, wobei er Prellungen erlitt und üble Quetschungen. Ängstlich, weil der schulmeisterliche Desio über diesen Zwischenfall nichts erfahren sollte, verbrachte Bonatti mehrere Tage in seinem Zelt mit »Magenbeschwerden«. Ein Umstand, der die Teamauswahl später beeinflusst haben mag. Die Italiener machten gute Fortschritte auf dem Abruzzi-Grat, zum Teil mit Hilfe der genauen Routenbeschreibungen von Charles Houston. Er hatte ihnen die Lagerplätze beschrieben und auch aufgelistet, mit welchen Lebensmitteln die Italiener dort rechnen konnten. Eine typisch großzügige Geste der Amerikaner. Sogar die Menge der Marmelade, die die Amerikaner zurückgelassen hatten, wurde detailliert aufgeführt. Die Italiener benutzten im unteren Bereich eine Winde, um die Lasten den Berg hochzubringen; eine weitere setzten sie zum selben Zweck im House-Kamin ein. (Compagnoni war von den Schwierigkeiten im Kamin weniger beeindruckt als spätere Bergsteiger.) Der Vormarsch stoppte, als Mario Puchoz starb. Sein plötzlicher Tod wurde einer Lungenentzündung zugeschrieben, aber es war wohl eher ein Lungenödem. In seinem Expeditionsbericht vermerkte Desio über seinen Tod: »nach einem sehr kurzen Todeskampf«. Nachdem sie den Leichnam zum Begräbnis hinabgebracht hatten, begann das Klettern erneut. Aber nun wurden sie durch schlechtes Wetter gebremst. Desio, dessen Alter und mangelnde Erfahrung ihn unten am Berge hielt, schickte regelmäßig nummerierte Botschaften mit Ermahnungen zu den Bergsteigern, viele in ein nationalistisches Pathos gekleidet, das uns heute die Stirn runzeln lässt. In einer wies er auf die »moralische Verantwortung« der Bergsteiger erfolgreich zu sein hin und schrieb, dass der Erfolg ihnen dazu verhelfen werde, in der ganzen Welt als die »Sieger eurer Rasse« begrüßt zu werden und dass »euer Ruhm euer ganzes Leben währen wird und noch lange nachdem ihr tot seid«. Er fügte hinzu: »Wenn ihr nichts anderes Bemer-

kenswertes erreicht habt, werdet ihr dennoch sagen können, ihr habt nicht vergeblich gelebt.«

Entgegen Desios Plan bestimmte das schlechte Wetter den Verlauf, und es war bereits später Juli, als man das Lager VIII einrichtete (auf 7820 Meter, auf der Kante der Schulter). Die Italiener waren in einer schlechten Verfassung für einen Gipfelgang. Sie hatten entschieden, Sauerstoffflaschen von ihrem obersten Lager (Lager IX) an zu verwenden, aber der geringe Nachschub hatte nur Lager VII erreicht. Lediglich sechs Bergsteiger waren noch fähig zum Aufstieg und nun fiel Bonatti, der Stärkste, wie behauptet wurde, tatsächlich wegen einem verdorbenen Magen aus. Desio gab Compagnoni, dem zweitältesten Teammitglied und dem ihm wohl angenehmsten, den Auftrag für den Gipfelversuch. Es scheint, dass die letzterwähnte Krankheit Bonattis zusammen mit der (nicht existierenden) früheren Compagnonis Auswahl für das Gipfelteam bestimmte. Aber was auch immer der Grund war, Compagnoni wählte Lacedelli aus, ihn auf den Gipfel zu begleiten. Es bedurfte jedoch der übermenschlichen Leistung aller, um einen Gipfelerfolg zu ermöglichen. Während das Gipfelteam aufstieg, um das Lager IX aufzubauen, stiegen

Unterwegs am »Flaschenhals«

Bonatti und die anderen von Lager VIII zu Lager VII ab, um den Sauerstoff und die andere Ausrüstung einzusammeln und sie auf den Weg zu Lager IX zu bringen, sicherlich ein Plan, der die letzte Chance darstellte. Was als nächstes geschah, war jahrelang Thema von Auseinandersetzungen und beschäftigte sogar die Gerichte.

Nachdem der Sauerstoff bis zu Lager VIII gebracht worden war, hatten nur Bonatti und der Hunza Mahdi die Kraft weiterzugehen. Inzwischen war der Nachmittag bereits fortgeschritten. Bonatti machte geltend, Compagnoni hätte entschieden, das Lager IX 100 Meter tiefer aufzubauen, um das Heraufschaffen der Ausrüstung zu erleichtern; Compagnoni behauptete, seine Absicht sei es gewesen, das Lager so hoch wie möglich aufzu-

Joe Tasker am Westgrat, im Hintergrund der Masherbrum

Sonnenaufgang über den Gasherbrum-Gipfeln und dem Broad Peak, Blick vom Abruzzi-Grat

bauen. Es wurde Nacht, bevor Bonatti und Mahdi das Lager erreichen konnten. Bonatti erklärte später, dass seine Hilferufe nicht beachtet wurden und das einzige Interesse des Gipfelteams, während man sich schreiend verständigte, sei gewesen, ob der Sauerstoff heraufgebracht werden könnte. Compagnoni wollte, dass die beiden den Sauerstoff abladen und dann ins Lager VIII zurückkehren sollten, als klar wurde, dass sie Lager IX nicht mehr erreichen konnten. Unfähig in der Dunkelheit abzusteigen, mussten Bonatti und Mahdi eine Nacht auf 8000 Meter im Freien zubringen. Bonatti überlebte unversehrt, doch Mahdi, dessen Schuhe von schlechter Qualität waren, verlor Zehen und Finger durch Erfrierungen.

Am 30. Juli mussten Compagnoni und Lacedelli zuerst absteigen, um die Sauerstoffausrüstung zu holen (was Bonattis Ansicht unterstützt, dass das Lager weiter unten hätte angelegt werden müssen), danach machten sie sich zum Gipfel auf. Der

und eine, die besonders für Compagnoni böse Folgen hatte: Auf dem Abstieg zu Lager VIII stürzte er dreimal. Der letzte war ein 16-Meter-Sturz, den er glücklicherweise unverletzt überlebte. Am nächsten Tag fiel er beim Abstieg von Lager VIII erneut, rutschte 200 Meter den Berg hinab und kam erst in allerletzter Sekunde in einer Schneeverwehung zum Stillstand.

Als der Expeditionsbericht veröffentlicht wurde, war Bonatti entsetzt über die Art, wie sein und Mahdis Biwak heruntergespielt wurde. Er schrieb seine eigene Version und versuchte jahrelang eine Entschuldigung des Italienischen Alpenvereins zu erwirken. Als er sie bekam, zum 40. Jahrestag der Besteigung, war Compagnoni, mittlerweile 80 Jahre alt, erbost, obgleich niemand geneigt war, ihm zuzuhören, weil er den Respekt seiner Teamkameraden verloren hatte: Er hatte den Alpenverein verklagt, um einen Anteil an den Filmeinnahmen zu erhalten, mit der Begründung, er habe beim Filmen auf dem Gipfel mehrere Finger durch Erfrierungen verloren.

Bonatti verklagte erfolgreich eine Zeitung, welche geschrieben hatte, hinter seinen Manövern auf dem Berg hätte die Absicht gestanden, den Gipfel als erster zu erreichen. Eine wahrlich lächerliche Ansicht, obgleich kaum ein Zweifel besteht, dass er sich um den Gipfel betrogen fühlte. Er sagte dazu, Compagnoni habe ihm unterstellt, dass er als Stärkster entweder Compagnonis oder Lacedellis Stelle hätte einnehmen wollen, um so ganz sicher das Lager IX erreichen zu können. Aber nach dem Biwak war Überleben wichtiger als Ehrgeiz. Dass Bonatti sich betrogen fühlte, wurde offenkundig durch die Tatsache, dass er im Jahr 1955 Sponsoren für eine Alleinbegehung dieser Tour suchte. Dabei wollte er einen 25 Kilogramm schweren Rucksack schleppen, eine Woche auf der Route verbringen und die Ausrüstung, die 1954 zurückgelassen worden war, benützen. Sein Versuch, das Geld aufzubringen, schlug fehl, doch es ist interessant zu überlegen, was geschehen wäre, wenn er zum K2 zurückgekehrt wäre. Nach der Expedition am K2 wurde Bonatti der größte Alpinist seiner Tage, mit einer Reihe bemerkenswerter Touren, die nicht nur seine großen Fähigkeiten zeigten, sondern auch seine außergewöhnliche Willenskraft. Vielleicht hätte er am K2 Erfolg gehabt. Dann hätte die Geschichte des Höhenbergsteigens neu geschrieben werden müssen. Aber tatsächlich kehrte Bonatti nur einmal zu den hohen Bergen zurück, als er den ersten Aufstieg auf den Gasherbrum IV 1958 mit einer italienischen Expedition machte.

Spätere Besteigungen

Nach der Erstbesteigung wurde der K2 für viele Jahre in Ruhe gelassen, genau wie dies bei den anderen Achttausendern geschah. Im Falle der Karakorum-Gipfel war dies weniger eine Folge des Mangels an Interesse als vielmehr eine Folge des eingeschränkten Zugangs in die Region. Spannungen an der Grenze zwischen Pakistan und Indien wegen Kaschmir und Grenzdiskussionen zwischen Pakistan und China veranlassten die pakistanische Regierung, die Grenzen zu schließen. Die Spannungen

Schnee im »Flaschenhals« war schlecht, so dass sie über die Felsen an der linken Seite kletterten (aber nicht so weit links wie Wiessner 1939). Compagnoni stieg ein kurzes Stück ab. Dann überquerten sie unterhalb ein Band aus Eisklippen. Ihr Sauerstoff wurde knapp, doch sie gingen weiter – mit den über 20 Kilogramm schweren Sauerstoffgeräten – und erreichten schließlich um 18 Uhr den Gipfel des schönsten und schwierigsten Achttausenders der Erde. Es war eine schöne, anspruchsvolle Kletterei

hielten an, manchmal in gemäßigter, aber in den letzten Jahren eher wieder in verschärfter Form. Die Nordseite des K2 wurde chinesisches Territorium. Zwei Grate definieren die Grenze zwischen den beiden Ländern, ein Gipfelbezwinger steht jeweils mit einem Fuß in China und in Pakistan. Bis 1975 wurde keine Genehmigung für eine große Expedition ausgestellt (obwohl 1960 eine deutsch-amerikanische Expedition auf der Erstbegehungsroute ungefähr 7250 Meter erreichte). Jim Whittaker – der erste Amerikaner, der den Gipfel des Mount Everest erreicht hatte – leitete die amerikanische Expedition von 1975, die eine neue Route über den Nordwestgrat versuchte. Aber die Spannungen zwischen Splittergruppen im Team spiegelten in kleinerem Maßstab die Situation in Kaschmir wieder und die Besteigung wurde bei 6700 Meter aufgegeben. Die verschiedenen Streitereien wurden in Galen Rowells Buch »Im Thronsaal der Berggötter« bekannt gemacht. Er berichtete über Differenzen, die in anderen Expeditionsbüchern verschwiegen oder beiseite geschoben wurden. Dieses Buch war völlig anders als die bisherigen und setzte einen neuen Trend für die nachfolgenden. 1975 machte ein starkes polnisches Team ebenfalls einen Versuch den Nordostgrat zu besteigen, den Eckensteins Team 1902 erkundet hatte. Es waren 19 polnische Bergsteiger, eine auf den ersten Blick große Anzahl, doch man muss daran erinnern, dass die Polen aus Geldmangel keine Hochgebirgsträger beschäftigen konnten und ihre Lasten selbst trugen. Sie befestigten ein Fixseil am Grat und richteten schließlich Lager VI bei ungefähr 8000 Meter ein. Cichy und Holnicki, die oberhalb des Lagers künstlichen Sauerstoff benützten, gaben im Gipfelbereich bei 8250 Meter auf, während Chrobak und Wröz am nächsten Tag auf 8400 Meter kamen. Dann ging ihnen der Sauerstoff aus und sie zogen sich notgedrungen zurück. Krankheiten im Team verhinderten weitere Versuche.

Während die Polen am Nordostgrat waren, kundschaftete ein japanisches Team den Abruzzi-Grat für einen großangelegten Versuch 1977 aus. Die 1977er Expedition war enorm: 50 Japaner und 1500 Träger. Wenn solche Mittel zur Verfügung stehen, ist der Erfolg nicht verwunderlich. Am 8. August schafften Shoji Nakamura, Tsuneo Shigehiro und Takayoshi Takatsuka die zweite Begehung des K2 und folgten dabei der italienischen Route. Am nächsten Tag wiederholten drei Japaner und der Pakistani Ashraf Aman den Aufstieg.

Im darauffolgenden Jahr erteilte Pakistan zwei Expeditionen eine Genehmigung, aber dem britischen Team unter Chris

Lager I auf dem Abruzzi-Grat; weit unten ist der Godwin-Austen-Gletscher zu sehen.

Der K2 vom Baltoro-Gletscher, rechts der Abruzzi-Grat

Bonington die Erstauswahl von Route und Aufstieg. Die Briten versuchten den Westgrat, erreichten aber nur ungefähr 6700 Meter, als Nick Estcourt von einer Lawine mitgerissen und getötet wurde. Der Versuch wurde daraufhin aufgegeben. Das zweite Team, wieder Amerikaner unter Jim Whittaker, wollte ebenfalls einen Versuch am Westgrat machen, musste aber stattdessen den Nordostgrat versuchen. Einige aus dem Team von 1975 kehrten zurück, und wieder bildeten sich Grüppchen. Trotzdem machten die Amerikaner stetige Fortschritte auf der Polen-Route von 1976. Aber bei dem Aufbau eines Lagers unterhalb der letzten, schwierigen Gipfelwand wurde Whittaker klar, dass er weder die Zeit noch eine an-

Broad Peak (links) und K2 von Gasherbrum I aus

gemessene Nachschublinie hatte, um den Aufstieg zu vollenden. Lou Reichardt und Jim Wickwire querten deshalb die Ostwand zur Schulter oberhalb des Abruzzi-Grates und gingen auf der Originalroute weiter zum Gipfel, den sie am 6. September spät erreichten. Die beiden trugen Sauerstoffausrüstung, hatten aber vor, sie erst oben beim Klettern zu verwenden. Als Reichardt sie ausprobieren wollte, stellte er fest, dass seine Ausrüstung mangelhaft war. Er machte ohne diese weiter und wurde so der erste Mensch, der den K2 ohne zusätzlichen Sauerstoff bestiegen hat. Wickwire blieb 40 Minuten auf dem Gipfel, geriet beim Abstieg zwangsläufig in die Dunkelheit und musste biwakieren. Rick Ridgeway und John Roskelley fanden ihn. Er hatte die Nacht jedoch in einem Zustand überlebt, der es ihm ermöglichte, ohne Begleitung abzusteigen, während die anderen zur Spitze weiterstiegen. Keiner von dem zweiten Paar benutzte künstlichen Sauerstoff.

1979 leitete Reinhold Messner ein Team von sechs Bergsteigern, um den Südsüdwestgrat zu versuchen (dem er den Spitznamen »Magic Line« gegeben hat). Er musste schnell erkennen, dass diese magische Linie zu gefährlich für die Träger des Teams und mit einer solch kleinen Gruppe nicht zu bezwingen war. Gegen den Willen zahlreicher Mitglieder (insbesondere Renato Casarotto) wechselte Messner deswegen zur Originalroute und erreichte den Gipfel zusammen mit Michl Dacher. Es war Messners fünfter Achttausender. Nachdem sich Messners Team vom Südsüdwestgrat zurückgezogen hatte, hat ihn ein großes französisches Team versucht (mit Pierre Béghin und Yannick Seigneur) und eine Höhe von 8400 Meter erreicht, bevor schlechtes Wetter den Rückzug erzwang. Während dieser Expedition stellte Jean-Marc Boivin einen Weltrekord für Paraglider auf. Er flog vom Lager IV auf 7600 Meter bis ins Basislager hinunter. Im folgenden Jahr kam ein britisches Vier-Mann-Team zum Westgrat zurück (Peter Boardman, Dick Renshaw, Doug Scott und Joe Tasker), aber bei ungefähr 7000 Meter führten Zeitdruck und interne Querelen dazu, dass Scott das Team verließ. Die anderen drei versuchten einen Aufstieg im Alpinstil auf der Originalroute. Ihr Gipfelsturmlager auf 8100 Meter wurde aber durch Lawinen zerstört. Sie waren froh, dies und den anschließenden alptraumartigen Abstieg überlebt zu haben.

Früh in der Saison 1981 erlaubte die pakistanische Genehmigungsbehörde einem französisch-deutschen Vier-Mann-Team die Südwand zu versuchen, bevor ein großes japanisches Team eintraf, um den Westgrat anzugehen. Unter der Leitung von Yannick Seigneur kam es bis 7400 Meter. Die Japaner folgten der Briten-Route von 1980, immer am Grat entlang, um schließlich 8200 Meter zu erreichen. Von dort folgten sie einem Schneeband quer über die Westwand zur Spitze des Südwestgrates. Die Route, die mit 5500 Meter Seil fixiert war, nahm 52 Tage Kletterei in Anspruch. Am 6. August stiegen Eiho Otani, Matsushi Yamashita und Nazir Sabir an den Fixseilen zum Südwestgrat auf und griffen von dort den Gipfel an. Die drei Bergsteiger hatten die letzten Seile am 5. August angebracht, unter Zuhilfenahme von künstlichem Sauerstoff. Aber nun auf 8300 Meter waren ihre Sauerstoffgeräte angesichts des extrem schwierigen Kletterns zu schwer und hinderlich geworden. Gegen 18 Uhr waren sie auf ungefähr 8470 Meter und entschieden sich, ohne jede Ausrüstung oder Nahrung zu biwakieren, wobei sie eine Kerze zum Wärmen einer hastig gegrabenen Schneehöhle benutzten. Am nächsten Morgen kletterten sie wieder 100 Meter und waren gerade mal 50 Meter unterhalb des Gipfels. Hier sprachen Otani und Yamashita per Funk mit dem Teamleiter und dieser sagte

Eine Lawine in der Südwand, vom Basislager aus gesehen

Lasten zum Gebirge schleppen sollten. Die vorausgehenden Bergsteiger folgten dem 45 Grad steilen Nordgrat, bauten Lager auf und fixierten Seile, kamen aber vom Grat in Richtung Gipfel ab, als sie über ein Schneefeld zur Linken kletterten. Hoch oben trafen sie ein polnisches Team, das den Nordwestgrat von Pakistan aus versucht hatte, aber durch die Schwierigkeiten der Route nach China eingedrungen war. Die Begegnung führte zu einem Protest auf höchster Ebene durch die Chinesen: Die Polen erreichten den Gipfel nicht, was vielleicht ganz gut war. Die Japaner machten den Gipfel. Naoé Sakashita, Yuihiro Yanagisawa und Hiroshi Yoshino erreichten ihn am 14. August, und vier weitere Japaner folgten ihnen am nächsten Tag nach. Alle Japaner kletterten solo und ohne Sauerstoffflaschen. Alle sieben mussten auf ihrem Abstieg biwakieren. Der arme Yanagisawa, der ohne Daunenjacke oder Schlafsack biwakieren musste, stürzte und kam ums Leben.

Die japanische Nordgratroute wurde 1983 von einem italienischen Team wiederholt. Ihre Besteigung war der einzige Erfolg dieses Jahres, obwohl ein internationales Team, geleitet von Doug Scott, den Südsüdostsporn bestieg (links vom Abruzzi-Grat) und immerhin eine Höhe nur wenige Meter von der Schulter entfernt erreichte. 1984 gab es keine Erfolge. 1985 waren es elf, die alle den Normalweg kletterten: einer von ihnen starb beim Abstieg. Dann kam 1986, das Jahr, über das viel geschrieben wurde (einiges nicht ganz einwandfrei, einiges wahrscheinlich aus Sensationshascherei). Tatsache ist, dass neun Expeditionen eine Erlaubnis für den K2 erhielten, einige für den Normalweg und einige für andere Routen, mit der Möglichkeit zu wechseln, wenn ihnen die geplante Kletterei zu schwierig wurde. Zwei Amerikaner, Alan Pennington und John Smolich, wurden am 21. Juni durch eine Lawine getötet. Zwei Tage später erreichten jedoch sechs Leute den Gipfel. Wanda Rutkiewicz gelang die erste Frauenbegehung, kurz darauf gefolgt von Liliane Barrard mit der zweiten. Liliane kletterte zusammen mit ihrem Ehemann Maurice, aber beide wurden beim Abstieg getötet. Am 5. Juli bestiegen weitere acht Kletterer den Gipfel, alle auf dem Normalweg. Bei diesen war Benoît Chamoux, der die Route in 23 Stunden schaffte, und auch Josef Rakoncaj, der den K2 das zweite Mal bestieg. Bis heute ist er der einzige, der den Gipfel mehr als einmal erreichte. Beim legendären Ruf des Berges ist es wahrscheinlich, dass diejenigen,

ihnen, dass sie hinuntersteigen sollten, da sie zu müde wären, um weitermachen zu können. Sabir, ein Hunza-Hochgebirgsträger, selbst ein führender Bergsteiger geworden und ehrgeizig genug, den K2 zu besteigen, sah sein Ziel gefährdet. Nach 45 Minuten zeitweise hitziger Erörterung waren sie schließlich mit dem Leiter einig, das Unternehmen fortzusetzen. Yamashita war inzwischen zu erschöpft, aber Otani und Sabir kletterten weiter und erreichten den Gipfel eine Stunde später. Trotz eines schauerlichen Abstiegs erreichten die drei müde und extrem dehydriert das Basislager.

Eine weitere japanische Expedition versuchte den K2 1982 und wählte für den Versuch den Nordgrat auf der chinesischen Seite des Gebirges, nachdem sie die Route im Vorjahr ausgekundschaftet hatten. Der Anmarsch war grandios. Der letzte Platz, den Kamele (!) erreichen konnten, lag nur 15 Kilometer vom Gipfel entfernt. Wegen des Fehlens einer ortsansässigen Bevölkerung wollten die Japaner zwei Teams einsetzen, eines mit Hochgebirgskletterern, das andere mit Hilfskletterern, die die

Die Gasherbrum-Gipfel und der Broad Peak vom oberen Teil des Abruzzi-Grates aus

die mehrere Gipfelerfolge aufweisen können, eine elitäre Gruppe bleiben werden.

Am 8. Juli bezwangen Jerzy Kukuczka und Tadeusz Piotrowski den Gipfel, nachdem sie eine erstaunliche Kletterei über die Südwand vollbracht hatten. Die beiden Polen waren Mitglieder der internationalen Expedition von Dr. Karl-Maria Herrligkoffer. Die anderen Mitglieder (ausgenommen der Deutsche Toni Freudig) hatten entschieden, dass die Wand zu schwer und zu gefährlich wäre und kletterten den Normalweg. Zwei Schweizer aus dem Team erreichten den Gipfel am 5. Juli. Es war die Expedition, die zu Kukuczkas berühmten Vergleich von westlichen und polnischen Expeditionen führte. Er behauptete, sie seien ihren Autos ähnlich: Die westlichen Fahrzeuge sind besser auf guten Straßen, aber die alten polnischen Modelle fahren auch noch, wenn die Straße holperig ist.

Mit der Hilfe von Freudig kletterten die Polen in der Wand bis unterhalb einer Sérac-Barriere. Hier waren vorhergehende Expeditionen und auch die eigenen Teamkameraden abgeschreckt worden. Dann richteten sie ohne Freudig auf 7000 Meter ein Ausrüstungsdepot ein. Nach einer Verzögerung von zehn Tagen wegen schlechten Wetters kamen Kukuczka und Piotrowski zurück zu der Wand. Sie brauchten zwei Tage, um ihr Depot, und zwei weitere, um die Gipfelwand zu erreichen. Für diese brauchten sie wiederum zwei Tage. Am ersten kletterte Kukuczka im Vorstieg nur 30 Meter, was er später als die härteste Kletterei beschrieb, die er je in solcher Höhe gemacht hätte. Bei ihrem letzten Biwak verloren die Polen ihre letzte Gaskartusche, verwendeten aber eine Kerze, um in einem Becher Schnee zu schmelzen. Am nächsten Tag erreichten sie den Gipfel und stiegen in Richtung Schulter ab, mussten aber erneut biwakieren. Sie stiegen nun in Richtung der Lager auf der Originalroute ab, in schrecklichem Wetter und schlimm dehydriert. Piotrowski verlor seine Steigeisen und stürzte ab. Kukuczka kam sicher runter. Der K2 wurde sein elfter Achttausender und hatte ihn am dichtesten an seine Leistungsgrenze geführt.

Ein paar Tage nachdem die Polen ihre Besteigung abgeschlossen hatten, fiel der Italiener Renato Casarotto beim Abstieg nach einem Soloversuch auf der »Magic Line« in eine Felsspalte und starb. Die Zahl der Todesfälle auf dem Gipfel stieg von 12 auf 18 an, aber das Jahr 1986 war noch nicht vorbei. Wenige Wochen danach versammelte sich eine Gruppe von Bergsteigern in Lager IV auf der Schulter. Am 1. August kamen drei Österreicher, Willy Bauer, Alfred Imitzer und Hannes Wieser zu dem Lager und machten am 2. August einen Gipfelversuch, mussten sich aber bei 8400 Meter zurückziehen. Auf dem Rückweg zum Lager trafen sie drei Koreaner (Chang Bong-Wan, Chang Byong-Ho und Kim Chang-Sun), den Österreicher Kurt Diemberger und die Britin Julie Tullis (von einer italienischen Expedition), Alan Rouse (übriggebliebenes Mitglied einer anderen Expedition) und die Polin Dobroslawa Wolf, bekannt als Mrówka (die »Ameise«), von einem Team, das einen Aufstieg über den Südsüdwestgrat (»Magic Line«) versuchte. Die zehn Bergsteiger teilten sich drei Zelte, die gerade mal sieben beherbergen konnten. Am 3. August stiegen die drei Koreaner zum Gipfel, zwei kehrten zum Lager IV zurück, einer musste am »Flaschenhals« biwakieren. Die anderen im Lager IV entschieden sich auszuruhen, eine zweifelhafte Entscheidung seit bekannt ist, dass oberhalb von 8000 Meter Ruhepausen den körperlichen Verfall nicht ausgleichen können. Um die Angelegenheit noch zu verschlimmern, kamen zu den neun noch zwei andere Bergsteiger hinzu.

Am 3. August schafften die Polen Przemyslaw Piasecki und Wojciech Wróz sowie der Tscheche Peter Bozik die »Magic Line«, eine unterbewertete Kletterei, die von der nachfolgenden Tragödie überschattet wurde. Wróz kam zu Tode als die drei auf dem

Die chinesische (Nord-) Seite des K2

Nick Escourt führt zwei andere Teammitglieder auf dem Westgrat während der britischen Expedition von 1978.

Durch tiefen Schnee am Westgrat

Normalweg abstiegen. Mit den beiden Überlebenden ergab sich eine Gesamtzahl von elf Menschen im Lager IV, das schon mit zehn überbelegt war. Am 4. August stiegen die beiden Polen und die drei Koreaner ab, während Bauer, Imitzer, Diemberger, Tullis, Rouse und Wolf (Mrówka) zum Gipfel gingen. Wieser, der nicht kräftig genug war für einen weiteren Gipfelversuch, schlug einen Abstieg mit den Polen aus, weil er auf seine Teamkameraden warten wollte. Alle sechs außer Mrówka erreichten den Gipfel, doch Diemberger und Tullis, die Glück hatten, dass sie einen weiten Sturz beim Abstieg überlebten, mussten oberhalb von Lager IV biwakieren. Nun hielt ein Sturm die sieben Bergsteiger fünf Tage lang im Lager IV eingeschlossen, währenddessen starb Julie Tullis. Weil sie wussten, das ein weiterer Aufenthalt tödlich wäre, machten sich fünf Bergsteiger am 10. August auf, um während einer Wetterberuhigung abzusteigen. Der bereits sterbende Rouse wurde im Lager IV zurückgelassen. Auf dem Abstieg hielten Imitzer und Wieser an und starben in der Nähe von Lager IV, Mrówka starb bei den Fixseilen etwas tiefer. Nur Bauer und Diemberger schafften es mit Erfrierungen bis zum Basislager. Die donnergrollenden Anklagen und Gegenklagen über diese Tragödie halten bis heute an. (Zu Diembergers Rechenschaft sei auf sein Buch »K2 – Traum und Schicksal« verwiesen).

Ebenso wie der polnische Aufstieg auf der »Magic Line« wurde auch der versuchte Soloaufstieg von Tomo Cesen über den Südsüdostsporn durch diese Tragödie überschattet. Cesen kletterte die Route zur Schulter, erreichte sie am 4. August, machte aber keinen Versuch, den Gipfel oder das Lager IV zu erreichen, sondern stieg über den Abruzzi-Grat ab. Über dieses Unternehmen wurde diskutiert, weil Cesen eine neue Route beansprucht hatte, obwohl praktisch (tatsächlich?) diese Route komplett von Scotts Team 1983 geklettert worden war. Viele bezweifelten seinen Anspruch.

Während der nächsten vier Jahre gab es keine weiteren Begehungen des K2, aber einige Fehlschläge. Ein schweizerisch-polnisches Team hatte keinen Erfolg an der Westwand, zwei Teams scheiterten an der Ostwand und ein polnisches Team bei einem Winterversuch auf dem Normalweg. Dann kletterte 1990 ein japanisches Team auf einer neuen Route an der Nordseite, während ein australisch-amerikanisches Team drei Mann über die japanische Nordgrat-Route von 1982 auf den Gipfel brachte – ein schöner Erfolg. Im nächsten Jahr vollendeten Pierre Béghin und Christophe Profit die polnische Nordwestgrat-Nordwestwand-Nordgrat-Route in einem heroischen 40-Tage-Aufstieg. Die beiden erreichten am 15. August den Gipfel bei Anbruch der Nacht. Das Blitzlicht ihrer obligatorischen Gipfelfotos wurde von Trekkern vom Concordia-Platz aus gesehen.

1992 und 1993 waren erfolgreichere Jahre. Sieben Bergsteiger folgten 1992 dem Normalweg zum Gipfel, 1993 vierzehn; insgesamt waren 1993 sechzehn Bergsteiger erfolgreich. Der Brite Jonathan Pratt und der Amerikaner Dan Mazur folgten der japanischen Westgratroute in einer langen Kletterei: Der Gipfelauf- und abstieg dauerte 32 Stunden von ihrem obersten Camp aus. 1994 machte ein baskisches Team die Südsüdostsporn-Route zum Gipfel, aber sie benutzten Fixseile, wo Scott und wahrscheinlich auch Cesen ohne solche geklettert waren. Auch am Normalweg und am Nordgrat gab es Erfolge, aber drei Ukrainer verunglückten auf dem Normalweg. Zwei Wochen nach ihrem Gipfelversuch wurden die Überreste des einen unterhalb des »Flaschenhalses« gefunden und die anderen beiden tot in einem Biwak auf 8400 Meter. Es wird vermutet, dass sie beim Abstieg waren – es gibt kaum Biwaks beim Aufstieg –, aber hatten sie den Gipfel erreicht?

Eine weitere Tragödie folgte 1995. Nach erfolgreichem Aufstieg im Juli erreichten sechs Bergsteiger spät am 13. August den Gipfel, ihren Aufstieg per Funk verkündend. Beim Abstieg fegte ein orkanartiger Sturm über den Gipfel und blies, so wird vermutet, die Spanier Javier Escartin, Javier Olivar und Lorenzo Ortiz, die Britin Alison Hargreaves, den Amerikaner Rob Slater und den Neuseeländer Bruce Grant in den Tod. Im selben Jahr scheiterte eine kommerzielle deutsche Expedition beim Besteigen des Nordgrates.

1996 schaffte der Japaner Masafumi Todaka den Normalweg im Alleingang (obgleich mehrere Teams zur selben Zeit auf dieser Route unterwegs und am selben Tag auf dem Gipfel waren), nachdem er auf der 1986er-Route von Kukuczka und Piotrowski im Solo gescheitert war. Ein japanisches Team wiederholte die Basken-Route von 1994 auf den Südsüdostsporn. Zwölf Japaner erreichten die Spitze, nachdem sie 4 Kilometer Seile befestigt hatten. Die Japaner erreichten den Gipfel in zwei Gruppen von je sechs jeweils am 12. und 14. August. Ein Team aus vier Chilenen, die diese Route ebenfalls geklettert waren, erreichte den Gipfel am 13. August. Die Japaner kamen 1997 zurück, fixierten 3 Kilometer Seil und richteten damit eine Variante zur Westwandroute ein. Sieben Japaner und vier Sherpas erreichten den Gipfel, oberhalb von 7500 Meter aus Sicherheitsgründen Sauerstoff benützend. Es war das erste Mal seit 1939, dass Sherpas im Karakorum kletterten, und es war ihnen nur in Pakistan erlaubt, denn sie waren bei der japanischen Genehmigung als Bergsteiger aufgeführt. Es war gleichzeitig der letzte Aufstieg des Jahrhunderts. 1998 und 1999 wies der K2 jeden zurück, der den langen Weg am Baltoro genommen hatte, obgleich es 1999 einen beeindruckenden Versuch durch Hans Kammerlander gab. Er erreichte ungefähr 8400 Meter auf der Basken-Route. Seine Absicht war, mit Ski vom Gipfel abzufahren. Er versprach wieder zu kommen.

Am Ende des Jahrhunderts war die Zahl der erfolgreichen Gipfelbezwinger am K2 bei annähernd 200 angelangt, eine bemerkenswerte Anzahl für einen derartig schwierigen und gefährlichen Berg und Ausdruck für die einzigartige Anziehungskraft dieses wunderschönen Gipfels. Aber die Statistiken sagen weiter, dass die Chancen, beim Abstieg vom Gipfel umzukommen, 1 zu 7 stehen, ein erschreckendes Verhältnis, aber eines, das zukünftige Bergsteiger wahrscheinlich nicht abhalten wird.

Der Gipfel des K2 mit Blick nach Nordosten

Cho Oyu 8201m

» In der roten Glut der untergehenden Sonne erreichte ich den Gipfel. Ein wunderbares Gefühl erfüllte mich, da mich ein Schritt in eine vollkommen andere Welt führte. Die steilen Wände und die messerscharfen Grate verschwanden langsam, und es war, als wäre ich aus einem dunklen und gefährlichen Canyon auf eine in purpurrotes Licht getauchte Hochebene herausgetreten. «

Jerzy Kukuczka

Cho Oyu

Sein Name ist mit »Göttin des Türkis« festgelegt, der Gipfel leuchtet türkis, wenn man ihn im Nachmittagslicht von Tibet aus sieht und, wie jeder Besucher Tibets bald feststellt, der Türkis ist ein Lieblingsstein der Tibeter. Das tibetische »chomo« bedeutet Göttin und »yo« bedeutet türkis, so erscheint die Verbindung von chomo yo zu Cho Oyu schlüssig, aber die Richtigkeit dieser Ableitung ist nicht belegt. Ein Lama aus Namche Bazar erzählte Herbert Tichy, dass der Name »Gewaltiger Kopf« bedeute, und Heinrich Harrer behauptet, dass der richtige Name cho-i-u ist, was soviel heißt wie »Gottes Kopf«. Harrers Vermutung ist interessant, da in vielen früheren Büchern der Name des Gipfels mit Cho Uyu angegeben wurde, was eine gute phonetische Annäherung an die drei tibetischen Silben wäre. Der von Harrer genannte Name liegt außerdem nahe an der alternativen tibetischen Übersetzung des Namens mit »Kahler Gott«. In tibetischen Legenden hat Cho Oyu, der kahle Gott, Chomolungma, der Göttinmutter, seinen Rücken zugekehrt, da sie sich geweigert hat, ihn zu heiraten.

Trotz seines riesigen Ausmaßes – er ist der sechsthöchste Berg der Welt – gab die Indische Landvermessung dem Cho Oyu keine Gipfelnummer. Obwohl ihm schließlich T 45 zugewiesen wurde (was man später in M 1 änderte), muss er ursprünglich den Anschein eines kleineren Gipfels gemacht haben zwischen den Giganten, die am nepalesischen Horizont verteilt sind – vom Makalu bis zum Dhaulagiri.

Erforschung

Vor 1921 wurde von dem Berg nur wenig Notiz genommen. In diesem Jahr erreichte Howard-Burys Everest-Erkundungsreise den Nangpa

Oben: Der Cho Oyu vom Tibetischen Plateau nahe Tingri aus gesehen. Rechts: Lager II auf dem Normalweg.

Cho Oyu: Aufstiegsrouten

Oben: von Westen
A *Punkt 7570*
1 *Route der Erstbesteiger/Normalweg (1954)*
2 *Südwestgrat, erste Besteigung (teilweise) von den Polen (1986), vollständige Besteigung durch ein internationales Team (1993)*

Unten: von Norden
1 *Jugoslawen-Route (1988)*
2 *Kotov/Pierson (1997)*
3 *Spanier-Route (1996)*

Oben: von Süden 1 *Polen-Route (Winter 1985)* 2 *Ostgrat (die Linie rechts vom Gipfel), sowjetische Expedition (1991)*

Unten: Südwestwand
A *Gipfel* B *Gyabrag-Lho-Gletscher*
C *Punkt 7570* 1 *Route der Erstbesteiger/Normalweg (1954)* 2 *Südwestgrat, Polen-Route (1986), internationales Team (1993)* 3 *Alleinbesteigung Yamanoi (1994)* 4 *Kurtyka/Loretan/Troillet (1990)*

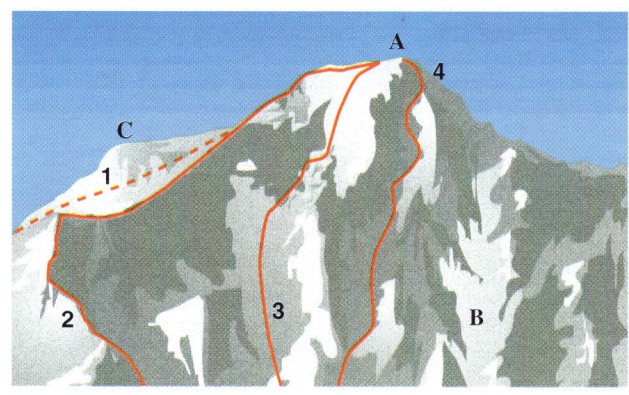

La westlich des Gipfels und brachte viele gute Fotos von ihm mit, sowohl von Westen als auch von Nordwesten. Er wurde auch auf Houstons Everest-Flug von 1933 fotografiert. Da jedoch Nepal seine Grenzen für Ausländer geschlossen hatte, wurden erst ab 1951 die Zugangswege zum Berg erforscht. Das Hauptziel der britischen Forschungsreise von 1951 unter Eric Shipton war die Erkundung der nepalesischen Seite des Everest als Auftakt zu einer geplanten britischen Expedition 1952. In Shiptons Team waren einige, die an der britischen Expedition 1953 teilnehmen sollten – einschließlich Edmund Hillary. Das Team versuchte den Nup La im Osten des Cho Oyu zu erreichen, schaffte es aber nur bis in die Nähe und konnte von dort aus keine leichte Route auf den Gipfel entdecken.

1952 kehrte Shipton mit einem stärkeren Team zurück, um die Erforschung des Cho Oyu (die Schweizer waren auf dem Everest) voranzutreiben und – wenn möglich – ihn zu besteigen. Die Hauptaufgabe der Expedition bestand jedoch

Pasang Dawa Lama auf dem Gipfel bei der Erstbesteigung

darin, den Sauerstoff, die Ausrüstung und die Mannschaft für den für 1953 geplanten Everest-Besteigungsversuch zu testen. Dieses Mal wurde der Nup La bestiegen, aber die Sicht auf den Cho Oyu bestätigte den Eindruck von 1951. Die Expedition ging dann zur Westseite des Gipfels und bestieg den Nangpa La. Von hier aus stand es fest, dass eine Route von Nordwesten existierte. Aber auf dieser Seite des Berges gab es eine undefinierte Grenze zwischen Nepal und Tibet.

Die Chinesen hatten Tibet besetzt und waren – wie Gerüchte behaupteten – nicht weit entfernt im Norden. Wenn das Team von chinesischen Soldaten in einer umstrittenen Grenzregion entdeckt werden würde, könnten die Nepalesen – so befürchtete Shipton – den Briten die Genehmigung für den Everest für 1953 wieder entziehen. Hillary dagegen war der Meinung, dass die Bergsteiger gar nicht entdeckt werden könnten, da sie sich die ganze Zeit über 5700 Meter aufhalten würden. Schließlich unternahmen Hillary und George Lowe (der 1953 ebenfalls am Everest dabei war) einen Versuch und erreichten eine Höhe von 6800 Meter, wo sie von einer Eisbarriere gestoppt wurden. Sie realisierten, dass größere Ressourcen nötig waren als ihnen zur Verfügung standen, um den Eisfall zu überwinden und Fixseile zu befestigen, damit die Sherpas die Lasten hindurchtragen könnten – und zogen sich zurück.

Der Cho Oyu von Norden

Die frühe Morgensonne beleuchtet die südlichen Flanken des Cho Oyu; Blick über den Gokyo Tsho neben dem Ngozumpa-Gletscher

Die Erstbesteigung

Herbert Tichy wurde 1912 geboren, studierte Geologie und schrieb seine Doktorarbeit zu einem Thema über Geologie im Himalaja. Die praktische Arbeit dazu führte er 1936 in Tibet aus. Im Winter 1953/54 ging er auf eine private Expedition ins westliche Nepal, begleitet von den Sherpas Pasang Dawa Lama (der 1939 mit Wiessner fast den K2 bestiegen hatte), Adjiba und Gyalsen. Die vier bestiegen verschiedene Sechstausender und planten, ein größeres Projekt anzugehen. Nach seiner Rückkehr nach Österreich im Januar 1954 beantragte Tichy die Genehmigung für einen Versuch am Cho Oyu. Diese wurde im April erteilt.

Mit zwei Freunden, Sepp Jöchler, ein brillanter Bergsteiger, der Hermann Buhl in der Eiger-Nordwand begleitet hatte, und Helmut Heuberger, ein Geograf von der Universität Innsbruck, kehrte Tichy im späten August nach Nepal zurück. Dieses Drei-Mann-Team, das keinen Expeditionsleiter hatte, wurde von sieben Sherpas begleitet – Tichys drei Kameraden aus Westnepal plus vier weitere, mit Pasang Dawa Lama als Sirdar. Das Team nahm zwei Sauerstoffflaschen für den Notfall und nur eine bescheidene medizinische Ausrüstung mit. Obwohl Tichy und Heuberger einen Doktortitel hatten, war keiner von ihnen Mediziner. In seinem Buch über die Expedition schrieb Tichy von einem Ratschlag, den ihm ein Chirurg vor der Reise für die Anwendung des Skalpells bei Amputationen von erfrorenen Fingern oder Zehen gegeben hatte: »Drücke fest zu und mach dann so sauber wie möglich einen Schnitt.«

Obwohl Tichy Geologe war, hatte er für kurze Zeit als Journalist gearbeitet, und ungeachtet seiner Selbstkritik über seine literarischen Fähigkeiten ist sein Expeditionsbericht wunderbar zu lesen. Während spätere Bücher sich mehr auf die stumpfsinnige Plackerei bei der Anreise konzentrierten, empfand Tichy den Anmarsch zum Berg als Vergnügen. In der Tat ist der Aufstiegsbericht nur der mittlere, fast nebensächliche Teil eines Buches, das Ostnepal erkundet. Es gibt tiefschürfende Einblicke – der Unterschied zwischen Trägern und Sherpas ist, dass die Ersten länger, die Letzteren stolzer leben – und hat eine unerwartete Komik – das Team kaufte ein Schaf, welches wie ein Hund an der Leine mitgeführt wurde. Die Sherpas stritten um das Privileg, es an der Leine zu führen und die besten Futterplätze zu finden – bis zuletzt aus dem Kameraden ein Abendessen wurde.

Wie Shipton war auch Tichy besorgt darüber, Tibet vom Nangpa La aus unbefugt zu betreten, aber er vertrat die Ansicht, dass eine Entdeckung unwahrscheinlich wäre. Vom Basislager in etwa 5500 Meter Höhe stieg das Team schnell zu der Eisbarriere hoch, die Hillary und Lowe gestoppt hatte. Tichy machte die

Auf dem Weg zum Lager II

meiste Arbeit, da Jöchler sich nur langsam akklimatisierte und Heuberger damit zufrieden zu sein schien, eine unterstützende Rolle zu spielen. Zu Tichys Erstaunen stiegen er, Pasang und Adjiba in einer Stunde durch den Eisfall, durch den sie anschließend ein Fixseil legten. Am nächsten Tag stiegen Tichy und fünf Sherpas auf und errichteten Lager IV auf etwa 6930 Meter Höhe. Tichy und drei der Sherpas blieben dort, um am folgenden Tag den Gipfel in Angriff zu nehmen.

Am folgenden Morgen war es wolkenlos, aber beißend kalt, und ein heftiger Wind drohte Zelte und Bergsteiger vom Berg zu fegen. Die vier Bergsteiger zogen sich an und verließen die Zelte, die sofort vom Wind plattgedrückt wurden. Die Sherpas waren davon überzeugt, dass sie alle sterben würden, und Pasang wiederholte seine Befürchtung wieder und wieder. Dann, als der Wind drohte ein Zelt wegzuwehen, schmiss Tichy sich darauf und grub seine Hände wie Anker in den Schnee. Er hatte keine Handschuhe an und innerhalb von Sekunden waren seine Finger erfroren. Er steckte seine Hände zwischen die Oberschenkel von Pasang und Adjiba, aber der Schmerz war so schlimm, dass er kaum klar denken konnte. Zum Glück brachte der Unfall die Sherpas in Bewegung, die die Zelte einpackten und einen abenteuerlichen Abstieg begannen. Tichy wurde am Eisfall hinabgelassen und das Team erreichte erfolgreich Lager III, wo Sepp Jöchler, nun völlig fit, sie erwartete. Das Team stieg zum Basislager ab und schickte Pasang nach Namche Bazar, um die Vorräte aufzustocken.

Als sie sich im Basislager erholten, näherten sich zwei Gestalten. Tichy vermutete nervös, dass es sich um chinesische Soldaten handeln könnte. Es waren jedoch die Französin Claude Kogan und der Schweizer Raymond Lambert. Die Österreicher hatten das Schweizer Team, das von Lambert geleitet wurde, bereits in Katmandu getroffen. Die Schweizer hatten beabsichtigt, den Gaurishankar zu besteigen, empfanden diesen aber als zu schwer und beschlossen stattdessen den Cho Oyu zu besteigen. Tichy war entsetzt und wies darauf hin, dass er und nicht sie die Genehmigung für den Berg bekommen hatte. Während dieser Diskussion, die immer erbitterter wurde, weigerten sich die

Lager II unterhalb des Normalweges am Cho Oyu

Cho Oyu

Schweizer ihren Plan aufzugeben, und die Österreicher weigerten sich, sich mit ihnen zusammen zu tun. Sepp Jöchler war besonders hartnäckig: Sie waren als kleines Team gekommen, um den Gipfel zu besteigen, und er wäre lieber gescheitert als einen Kompromiss einzugehen. Tichy schlug vor, dass zuerst die Österreicher und anschließend die Schweizer einen Versuch machen sollten, aber Lambert lehnte ab: Es war spät im Herbst, die Winterstürme sollten bald beginnen und Verzögerungen kamen nicht in Frage. Schließlich wurde eine unbefriedigende Vereinbarung getroffen: Die Österreicher sollten ein paar Tage Vorsprung bekommen. Das rettete Tichy die Chance auf eine Erstbegehung, aber er hatte die Schweizer im Nacken.

Ohne Zeit, um die Erfrierungen an seinen Händen auszuheilen und ohne die Zeit, auf die Rückkehr von Pasang mit den Vorräten warten zu können, starteten die Österreicher erneut. Sie stiegen zu ihrem alten Lager III unterhalb der Eisfalls auf und gruben eine Schneehöhle für den Fall, dass der Wind wieder heftiger werden würde. In der Höhle verabreichte Heuberger Tichy einige Injektionen, in der Hoffnung, den durch die Erfrierungen verursachten Schaden zu mindern, während Jöchler und die Sherpas das Lager IV wieder aufbauten. Bei ihrer Rückkehr stellten sie fest, dass die Schweizer ein eigenes Fixseil im Eisfall befestigt hatten. Nun nahm der Wettlauf ernste Züge an. Am nächsten Tag erreichte Pasang die Höhle, grau von der Anstrengung eines langen, schnellen Aufstiegs. Das Team kletterte nun in Richtung Lager IV. Auch Tichy war dabei, obwohl er seine Hände nicht benützen konnte. Zu ihrer Erleichterung hatte der starke Wind den losen Schnee vom Berg gefegt und eine feste Schneegrundlage hinterlassen, die die Benützung von Steigeisen erleichterte. Sie versetzten Lager IV etwas nach oben – auf etwa 6980 Meter –, aber da sie eine Änderung des Wetters befürchteten und weil die Schweizer nicht weit hinter ihnen sein konnten, entschieden sie, einen langen Aufstieg zum Gipfel zu versuchen anstatt ein weiteres Lager aufzubauen. Der Plan war, dass Jöchler und Pasang den Versuch unternehmen sollten, aber am späten Abend entschied Tichy, sich ihnen anzuschließen. Die drei verließen das Lager um 6 Uhr morgens, der Schnee war noch immer perfekt für ein schnelles Vorankommen. Obwohl sie etwa 1200 Meter vom Gipfel entfernt waren, kamen sie um 15 Uhr direkt darunter an. Pasang Dawa Lama, der zu dieser Zeit führte, hielt an und die drei liefen Arm in Arm zum oberen Teil der Schneekuppel hinauf, die der Höhepunkt des riesigen Gipfelplateaus war. Es war der erste Aufstieg in der Nachmonsunzeit auf einen Achttausender und der erste von so einem kleinen Team.

Pasang Dawa Lamas Leistung ist bemerkenswert: Innerhalb von drei Tagen war er von 4250 Meter bis auf den Gipfel gestiegen. Auf dem Abstieg wurde klar warum: Pasang war in Lukla ein Tauschgeschäft um eine Braut eingegangen, in dem er mit ihrem Vater übereinkam, dass er für sie keinen Preis bezahlen müsse (in Nepal bezahlt der Bräutigam an den Vater eine Entschädigung dafür, dass dieser seine Tochter verliert), wenn er den Cho Oyu

Hoch oben auf dem Normalweg

besteigen könnte. Sollte er jedoch scheitern, müsste er 1000 Rupien zahlen, eine riesige Summe. Das letzte Kapitel in Tichys Buch handelt von Pasangs Hochzeit. Tichy hielt später fest, dass das ganze Team, die Österreicher wie die Sherpas, nach der Rückkehr vom Gipfel für mehrere Wochen »entweder beschwipst oder völlig betrunken« gewesen ist. Diese anhaltende »Re-hydration« war auch gut gegen seine Erfrierungen, die weniger ernst waren als er befürchtet hatte. Ironischerweise scheiterten diejenigen, die den Wettlauf heraufbeschworen hatten: Lambert und Kogan mussten sich auf einer Höhe von etwa 7500 Meter wegen des Sturms geschlagen geben.

Spätere Besteigungen

1958 bestieg Pasang Dawa Lama den Cho Oyu erneut, dieses Mal als Sirdar einer indischen Expedition. Er stand zusammen mit Sonam Gyatso auf dem Gipfel. Bei dieser Expedition gab es den ersten Toten am Cho Oyu: Maj. N. D. Jayal, der Direktor des Himalayan Mountaineering Institute in Darjeeling, starb an einem Lungenödem. Das Institut war eine Organisation, die Tensings Ruhm nach seiner Everest-Besteigung vermarkten sollte. Tensing begehrte den Direktorenstuhl, wurde aber nur zum Chefausbilder ernannt, was er ablehnte.

1959 versuchte eine internationale Frauenexpedition (es waren Frauen aus Frankreich, England, Belgien, Schweiz sowie Sherpas aus Nepal beteiligt) unter der Leitung von Claude Kogan den Normalweg zu wiederholen. Die Französin Kogan, die belgische Bergsteigerin Claudine van der Stratten und der Sherpa Ang Norbu errichteten Lager IV auf 7100 Meter, wurden dann aber von einem Sturm festgehalten. Bei dem Versuch sie zu erreichen, wurden zwei Sherpas (Wangdi und Chhowang) von einer Lawine verschüttet. Wangdi konnte sich selbst ausgraben, war aber nicht in der Lage, seinen Kollegen zu retten. Anschließend zerstörte eine weitere Lawine Lager IV und tötete die drei Insassen. Fünf Jahre später gab es weitere Todesfälle bei einer Expedition, die einen viel diskutierten Anspruch auf die dritte Besteigung des Cho Oyu stellt. Der deutsche Fritz Stammberger behauptet, den Gipfel am 25. April 1964 allein erreicht zu haben, aber der Sherpa Phu Dorje gibt an, bei ihm gewesen zu sein. Die »Gipfel«-Fotos sind zum einen ziemlich sicher nicht auf der Spitze aufgenommen worden, zum anderen auch nicht zu dem Zeitpunkt, an dem Stammberger angeblich am Gipfel war. Zwei andere Teammitglieder erreichten nach einem misslungenen Gipfelversuch erschöpft das oberste Lager und waren unfähig, weiter abzusteigen. Bei einem späteren Rettungsversuch wurde der eine tot aufgefunden, der andere starb auf dem Abstieg.

Mehr als zehn Jahre lang blieb der Cho Oyu ungestört, aber dann, 1978, bereisten die beiden Österreicher Furtner und Kobl-

Vom Wind aufgewirbelter Schnee verdeckt die Sicht auf den Normalweg

müller nur mit einer Trekking-Genehmigung die Gegend und behaupteten, eine neue Route an der Südostwand bestiegen zu haben. Dieser nicht genehmigte Aufstieg wurde von vielen nicht gewertet. Die Nepalesen reagierten mit einer Sperrung der beiden für einige Jahre. Erst 1981, 17 Jahre nach der umstrittenen Drittbesteigung, erhielt wieder ein Team die Genehmigung für diesen Gipfel: ein nepalesisch-japanisches Team, dessen Versuche zunächst an der Ostwand, anschließend am Südgrat scheiterten. Im folgenden Jahr versuchte Reinhard Karl (einer der besten Bergsteiger Deutschlands und der erste Deutsche auf dem Everest), eine genehmigte Durchsteigung der Südostwand, doch er wurde von einer Lawine getötet.

Nachdem er im Dezember 1982 bei der Winterbegehung der Südostwand gescheitert war, vollendete Reinhold Messner 1983 erfolgreich eine teilweise neue Route an der Südwestflanke und

Blick von etwa 7600 Meter nach Südwesten auf den benachbarten Grenzgipfel Cho Aui (7352 Meter)

erreichte den Gipfel mit Hans Kammerlander und Michl Dacher. Das Trio bestieg den Gipfel im Alpinstil und erreichte die Spitze am 5. Mai nach drei Biwaks. Am 7. Mai kehrten sie ins Basislager zurück, fünf Tage nachdem sie es verlassen hatten. Der Cho Oyu war Messners 10. Achttausender. Messners Route wurde 1984 von der Amerikanerin Vera Komarkova und der Tschechin Margita Sterbova wiederholt, die damit die erste Frauenbegehung machten. Ebenfalls 1984 scheiterte ein halbkommerzielles Team am Ostgrat. Bei einer Expedition in der Nachmonsunzeit erreichte ein jugoslawisches Team am Südostpfeiler eine Höhe von 7600 Meter. Auf dieser Route mussten an dem Pfeiler 1400 Meter mit einer durchschnittlichen Steilheit von 60 Grad geklettert werden. Das Team überwand alle Schwierigkeiten, scheiterte dann aber am Wind, der mit Geschwindigkeiten bis zu 130 Stundenkilometer wehte. Die Route wurde im Februar 1985 von einem polnischen Team vollendet, das damit die erste Winterbegehung des Cho Oyu schaffte (und das, obwohl das Team noch nie zuvor eine Winterbegehung gemacht hatte). Der Gipfel wurde von Maciej Berbeka und Maciej Pawlikowski erreicht, dann von Zygmunt Heinrich und Jerzy Kukuczka. Kukuczka bestieg damit erfolgreich seinen achten Achttausender und gab schließlich zu, dass er mit Messner in einem Wettlauf stehe, welcher von beiden als erster alle 14 Gipfel erreicht. Kukuczka hatte kein Interesse daran, dieses Ziel auf dem leichtesten Weg zu erreichen: Er wollte die Gipfel entweder auf neuen Routen oder durch Wintererstbegehungen erreichen. Dieser Anspruch und die Tatsache, dass Messner dieses Unterfangen fast zehn Jahre früher begonnen hatte und bereits zwei Gipfel voraus war, bedeutete, dass Kukuczkas Herausforderung nie sehr realistisch war (obgleich er zu einem bestimmten Zeitpunkt elf Gipfel bestiegen hatte und Messner zwölf).

1985 gab es weitere Aufstiege: Ein chinesisches Team folgte dem Normalweg und wiederholte damit auf dem umgekehrten Weg Tichys unbefugtes Betreten, indem es die Grenze zu Nepal überschritt. Im Dezember 1985 machten zwei Tschechen (Jaromir Stejskal und Dusan Becik) im Alpinstil die zweite Winterbegehung. Sie gehörten einem amerikanisch-kanadisch-tschechischen Team an. 1986 eröffnete ein polnisches Team eine neue Route: Sie bestiegen den unteren Abschnitt des Südwestgrates und trafen auf etwa 7750 Meter auf den Normalweg. Ein internationales Team bestieg bald danach eine Variante dieser Route: Peter Habeler und Marcel Ruedi waren die ersten von sieben Bergsteigern dieses Teams, die den Gipfel erreichten.

In den folgenden Jahren wurde der Cho Oyu bei Bergsteigern, die Erfahrung in großen Höhen sammeln wollten, immer beliebter, da er den Ruf hatte, der »leichteste« Achttausender zu sein. Er war auch ein früher Kandidat für rein kommerzielle Expeditionen. Eine davon wurde von dem Österreicher Marcus Schmuck geleitet, der 1987 eine teilweise neue Route von der tibetischen Seite aus bestieg. Jedoch nicht alle Gefahren, denen die Bergsteiger ausgesetzt waren, wurden durch das Wetter oder den Berg selbst verursacht. Einige Mitglieder amerikanischer und chilenischer Teams, die dem Normalweg folgten und somit Tibet kreuzten, mussten mit der Konfiszierung ihrer Ausrüstung, der Pässe und der Genehmigungen leben.

Im Februar 1988 bestieg Fernando Garrido die Originalroute im Alleingang, die erste Wintersolobegehung an einem Achttausender. Obwohl der Berg (relativ) leicht ist, war Garridos Aufstieg dennoch eine bemerkenswerte Leistung. Der Spanier trotzte den starken Winden und Temperaturen, die bis auf −40 °C hinuntergingen und war gezwungen, beim Abstieg zu biwakieren. Ähnlich bemerkenswert war der Aufstieg des Franzosen Marc Batard mit dem Sherpa Sundare Anfang September 1988. Die beiden erreichten den Gipfel in 18 Stunden vom Basislager aus, trotz einiger Pausen während des Aufstieges. Auf derselben Expedition fuhren Bruno Gouvy auf dem Snowboard, Véronique Périllat mit einem Monoski sowie Michel Vincent und Eric Decamp mit Ski vom Gipfel zum Basislager ab. Zur gleichen Zeit flog Bruno Cormier mit dem Gleitschirm hinunter, der erste Flug aus dieser Höhe ohne die Hilfe anderer. Als nächstes hatte Cormier geplant, mit dem Fallschirm auf dem Everest zu landen und mit dem Snowboard ins Basislager abzufahren. Er wurde getötet, bevor er dieses ehrgeizige, um nicht zu sagen unwahrscheinliche Vorhaben ausführen konnte.

Bald nach diesen Skiabfahrten durchstieg ein jugoslawisches Team auf einer neuen, sehr schwieri-

Bergsteiger auf etwa 7500 Meter am Normalweg

gen Route die Nordwand, während sieben Teams auf dem Normalweg erfolgreich waren. Auf der letzten Etappe teilten sich die Jugoslawen in zwei Teams auf, das eine nahm die direkte Route, das andere querte zum Normalweg. Iztok Tomazin, der über die direkte Route aufgestiegen war, stieg über den Normalweg ab und machte auf diese Weise die erste Überschreitung. Ein weiteres, eher zweifelhaftes »erstes Mal« gab es im Winter 89/90, als zwei Teams, die beide die Genehmigung für die Südostwand hatten, sich darum schlugen, wer die Route zuerst begehen dürfte.

Nach dem Monsun 1990 gelang den Schweizern Erhard Loretan und Jean Troillet zusammen mit dem Polen Wojciech Kurtyka die Erstdurchsteigung der Südwestwand. Um 18 Uhr startend, kletterten sie die ganze Nacht und erreichten in der folgenden Nacht eine Stelle 100 Meter unterhalb des Gipfels. Sie biwakierten, gingen beim ersten Morgengrauen zum Gipfel weiter und stiegen über den Normalweg ab – ein Meisterstück ausdauernden Kletterns. Im folgenden Jahr, ebenfalls nach dem Monsun, war ein russisch-ukrainisches Team am Ostgrat erfolgreich. Der Grat war das »letzte große Problem« am Cho Oyu gewesen und hatte schon mehreren Besteigungsversuchen widerstanden. Fünf Mitglieder einer 20 Mann starken Gruppe erreichten den Gipfel am 20. Oktober 1991, das sechste Mitglied des Gipfelteams hielt an, weil er sich Sorgen um die Erfrierungen an seinen Fingern machte. Nachdem seine Kollegen wieder zu ihm gestoßen waren, wurde er unglücklicherweise durch Steinschlag getötet.

Im Februar 1993 wurde der Gipfel von einem spanischen Team bestiegen, an dem ein Argentinier und die Schweizerin Marianne Chapuisat beteiligt waren. Das Team nahm weder Sherpas noch Sauerstoffflaschen mit. Chapuisat beanspruchte für sich die erste Winter-Frauenbesteigung eines Achttausenders. Ebenfalls 1993 wurde der Südwestgrat, der 1986 das erste Mal versucht und teilweise bestiegen worden war, von einem italienisch-polnisch-portugiesischen Team, das von Norden her gekommen war, vollständig begangen. Die Route war leichter als sie angenommen hatten. Das Team, zu dem auch Krzysztof Wielicki gehörte, reiste anschließend zum Shisha Pangma weiter.

Der Cho Oyu im Abendlicht von Norden

Ein Zeichen der Zeit war im Januar 1994 die Winterbesteigung auf dem Normalweg durch ein Team, das über Anzeigen in den Bergsteigermagazinen zusammengestellt worden war. Zwei erreichten den Gipfel, aber die Gruppe hatte auch zwei Todesfälle zu verzeichnen. Später im selben Jahr, als die meisten Bergsteiger den Normalweg versuchten, gab es zwei großartige Aufstiege in der Südwestwand. Zwei Japanerinnen, Taeko Nagao und Yuka Endo, kletterten die Loretan-Kurtyka-Troillet-Route von 1990 innerhalb von vier Tagen im Alpinstil, während zur gleichen Zeit Yasushi Yamanoi eine Route links davon im Alleingang in nur zwei Tagen bestieg. Weniger Glück hatten zwei serbische Bergsteiger, die den Nangpa La nach Tibet überquerten, um den Westgrat zu besteigen. Die Chinesen versuchten sie zu verhaften, aber sie kletterten schnell nach oben. Die Serben erreichten den Gipfel jedoch nicht und wurden verhaftet, als sie abstiegen. Die übliche Praxis am Cho Oyu war nun, sich eine nepalesische Genehmigung zu kaufen, von Katmandu anzureisen, was praktisch eine Anfahrt bis ins Basislager bedeutete, und dann die Grenze nach Tibet zu überschreiten, um die leichteste Route zu klettern. Aber im Juni 1994 stationierten die Chinesen einen Beamten am Nangpa La und kassierten von jedem Bergsteiger 2000 US-Dollar für den Grenzübertritt. Die ersten Teams, die ankamen, weigerten sich zu zahlen, aber viele der späteren Bergsteiger taten es.

1995 bestieg Ang Rita den Gipfel zum vierten Mal (zu dieser Zeit hatte er den Everest bereits neunmal – nun zehnmal –, den Dhaulagiri viermal und den Kangchendzönga einmal bestiegen). Im gleichen Jahr wurde der neuseeländische Bergführer Guy Cotter in Lhasa verhaftet, nachdem er ein Fax verschickt hatte, in dem er schrieb, dass er gehört hatte, wie eine Bombe explodiert sei und dass anschließend Armeefahrzeuge vorbeigerast seien. Er wurde für einige Tage im Gefängnis festgehalten, dann wurde er gezwungen sein »Verbrechen« einzugestehen und anschließend hat man ihn nach Nepal deportiert. Dies mag der wohl spektakulärste Aspekt einer Cho-Oyu-Expedition in dem Jahr gewesen sein, aber der absolute Höhepunkt war der Aufstieg des Briten

Norman Croucher. Er verlor als Teenager bei einem Unfall beide Beine vom Knie abwärts. Croucher klettert mit Prothesen. Sein Aufstieg war die erste Achttausender-Besteigung von einem behinderten Bergsteiger. Beim Abstieg war er gezwungen zu biwakieren, da er durch seine Behinderung verständlicherweise langsamer vorankommt.

Der Neuseeländer Russell Brice erreichte 1996 den Gipfel vom Basislager aus in 11 Stunden. Innerhalb von 24 Stunden war er wieder im Basislager zurück. Dann, in der Nachmonsunzeit desselben Jahres, bestieg ein spanisch-österreichisches Team vom Palung La aus eine neue Route am Nordgrat. Der Spanier Oscar Cadiach und der Österreicher Sebastian Ruchsteiner kletterten im Alpinstil und erreichten den Gipfel am 28. September. Eine weitere neue Route wurde 1997 bestiegen, als der Russe Georgi Kotov und der Amerikaner Bill Pierson, Kunde einer kommerziellen Expedition, eine Route nahe der von Cadiach und Ruchsteiner kletterten.

Bei den Kunden kommerzieller Expeditionen, die einen Achttausender in ihr Tourenbuch eintragen wollen, ist der Cho Oyu nun einer der beliebtesten Berge. Nur der Everest kann mehr Besteigungen aufweisen, aber interessanterweise haben am Cho Oyu mehr Bergsteiger den Gipfel erreicht. Die Mehrfachbesteigungen vieler Bergsteiger am Everest verzerren das wahre Bild. Es wäre interessant darüber zu spekulieren, wie viele dieser Bergsteiger nur bis an den Rand des riesigen Gipfelplateaus gegangen sind und dann umdrehten, da sie sich nicht die Zeit nehmen wollten, um den tatsächlichen Gipfel zu erreichen, der nur ein paar Meter höher liegt. Es kursiert das Gerücht, dass es unter den Aspiranten für den »Club der 14 Achttausender« einige gibt, die genau das getan haben.

Letztes Licht auf den obersten Hängen des Cho Oyu. Der Normalweg führt in der Mitte der Wand hoch bis zum weiten Gipfelplateau.

Makalu 8463 m

» Der zerklüftete Granit bot viele Griffe, und es gab, zweifellos wegen der Kraft und der Beständigkeit des Windes, erstaunlich wenig Schnee oder Eis. «

LIONEL TERRAY

Makalu

Einige haben angenommen, dass Makalu von Kama Lung abgeleitet wurde, indem beim Wort Kama die Silben vertauscht wurden. Das klingt nicht sehr überzeugend. Es ist viel wahrscheinlicher, dass der Name aus dem Sanskrit von Maha Kala abgeleitet wurde, was »großes Wetter« bedeutet, und sich auf die isolierte und dominante Lage des Berges in einer Gegend bezieht, die für ihre Winde berühmt ist. Der hinduistische Gott Shiva, der Zerstörer, wird mit extremen Wetterverhältnissen in Zusammenhang gebracht und der Berg könnte aus Respekt ihm gegenüber so benannt worden sein. Interessanterweise bedeutet Maha Kala im Tibetischen (wo es fast genauso ausgesprochen wird wie im Sanskrit) der »große Schwarze«, was eine ausgezeichnete Beschreibung der riesigen Felspyramide ist, wenn der Wind sie vom Schnee freigefegt hat.

Die Indische Landvermessung schlug 1884 vor, dem Makalu oder Gipfel XIII den Namen Khamba Lung zu geben. Dies scheint von der Gegend abgeleitet worden zu sein, die Khamba heißt, obwohl das Tal nördlich des Berges Kama Lung (das Tal des Flusses Kama) genannt wurde.

Erforschung

Der Gipfel wurde während Howard-Burys Everest-Erkundung von 1921 gesehen und fotografiert. Diese erforschte das Kama-Tal und den Kangshung-Gletscher in südlicher Richtung von Kharta in Tibet aus. Um nach Nepal sehen zu können, stieg Howard-Bury vom Kangshung-Gletscher auf den Grat unterhalb des Pethangtse, wobei er eine Höhe erreichte, die er auf 6550 Meter schätzte. Da der Pethangtse nur wenig über 6700 Meter hoch ist, erscheint dies unwahrscheinlich. Neuere Untersuchungen ergaben, dass Howard-Bury wahrscheinlich nicht ganz 6000 Meter erreichte. Nichtsdestotrotz hatte er eine gute Sicht auf die Nordwand des Makalu und warf einen Blick auf die Westwand. 1933 konnten während Houstons Flug gute Fotografien von der Südwand und von der Westwand gemacht werden. Die Westwand wurde auch 1951 und 1952 während Eric Shiptons Everest-Erkundungsfahrt und bei den Cho-Oyu-Expeditionen fotografiert. 1952 folgten Shipton, Hillary, Lowe und Evans dem Barum-Gletscher zum Fuß des Pethangtse und erhielten eine Nahansicht der Westwand.

Schon 1934 verhandelten die Franzosen über eine Genehmigung aus Tibet für einen Versuch am Makalu, aber die Tibeter änderten ihre Meinung noch bevor eine konkrete Planung begonnen hatte. Als die Briten 1953 den Everest bestiegen, wendeten die Franzosen, die für den Everest erst für 1954 eine Genehmigung hatten, ihre Aufmerksamkeit wieder dem Makalu zu. Zu ihrer Überraschung und ihrem Verdruss stellten sie fest, dass Nepal bereits Genehmigungen an zwei andere Gruppen erteilt hatte, eine an ein amerikanisches und die andere an ein neuseeländisches Team unter Ed (seit der Everest-Besteigung: Sir Edmund) Hillary. Daher beantragten die Franzosen für 1955 eine Genehmigung, akzeptierten aber auch das Angebot, den Gipfel in der Nachmonsunzeit 1954 zu erkunden.

Lager III der California-Sierra-Club-Expedition 1954 am Südostgrat. Im Hintergrund der Baruntse (7220 Meter).

Die Amerikaner, ein Zehn-Mann-Team vom California Sierra Club unter der Leitung von Dr. William Siri, kamen Anfang April am Barun-Gletscher an. Zu ihnen gehörte auch Dr. William Unsoeld, der später den Everest über den Westgrat bestieg und eine Gipfelüberschreitung machte. Sie erkundeten den Südostgrat und den Nordwestgrat, favorisierten den ersten und errichteten dort mehrere Lager. Aber schlechtes Wetter hinderte sie daran, über 7150 Meter hinaus zu gelangen. Das neuseeländische Team kam später an, aber ohne Hillary, der sich bei der Rettung eines anderen Teammitgliedes aus einer Gletscherspalte mehrere Rippen gebrochen hatte. Das Team erforschte den nördlichen Barun-Gletscher Richtung Pethangtse und bestieg auch den Makalu La (den Pass zwischen dem Hauptgipfel und dem Makalu II – auch als Kangchungtse bekannt). Bei diesem Aufstieg wurde Hillary, der inzwischen zu seinem Team gestoßen war, plötzlich ernsthaft krank, und das ganze Team wurde aufgeboten, um seinen Abtransport zu organisieren.

Als die Franzosen im September ankamen, war daher der Makalu nur unwesentlich besser erforscht als er es vor dem Krieg gewesen war. Die Franzosen erreichten den Makalu La und bestiegen den Kangchungtse (7640 Meter) sowie den Chomo Lonzo, die ihnen beide eine gute Sicht auf die Nordwand boten. Die Erstbesteigung des Chomo Lonzo, ein 7790 Meter hoher Gipfel, war eine bemerkenswerte Leistung, besonders da während eines Sturmes bei Temperaturen bis –35 °C geklettert wurde. In seiner Autobiographie behauptet Lionel Terray, der den Aufstieg zusammen mit Jean Couzy unternommen hat, dass dies einer seiner härtesten, intensivsten, dennoch erinnerungswürdigsten und wunderschönsten Tage gewesen sei und vermittelt damit sicherlich den Eindruck, dass der Chomo Lonzo eher aus Spaß an der Sache bestiegen wurde und nicht, weil er einen Aussichtspunkt zum Makalu darstellte. Nichtsdestotrotz wurde bei dieser Expedition die Route festgelegt, die bei der Erstbesteigung des Makalu genommen werden sollte.

Makalu: Aufstiegsrouten

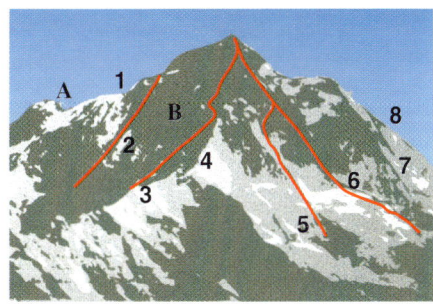

Von Westen

Von Westen
A *Makalu La*
B *Westwand*
1 *Nordwestgrat, Alleinbesteigung Kukuczka (1981)*
2 *Polnisch-brasilianische Route (1982)*
3 *Russen-Route (1997)*
4 *Westgrat/Westpfeiler, Franzosen-Route (1971)*
5 *Jugoslawen-Route (1975)*
6 *Béghin (1989)*
7 *Südpfeiler, Tschechen-Route (1976)*
8 *Südostgrat, Japaner-Route (1970)*

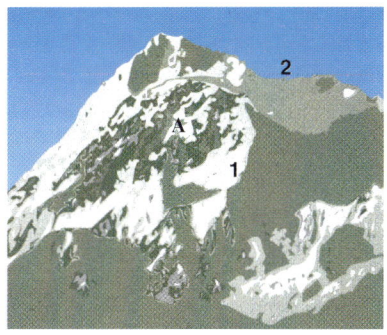

Von Südost

Von Südost
A *Südwand*
1 *Südostgrat, Japaner-Route (1970)*
2 *Ostgrat, Japaner-Route (1995)*

Westwand
1 *Polnisch-brasilianische Route (1982)*
2 *Russen-Route (1997)*
3 *Westpfeiler, Franzosen-Route (1971)*
4 *Nordwestgrat, Alleinbesteigung Kukuczka (1981)*

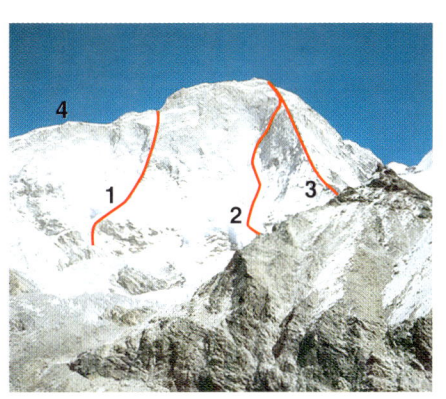

Westwand

Von Süden
1 *Jugoslawen-Route (1975)*
2 *Béghin (1989)*
3 *Südpfeiler, Tschechen-Route (1976)*
4 *Südostgrat, Japaner-Route (1970)*

Vom Makalu La
1 *Route der Erstbesteiger/Normalweg, Franzosen-Route (1955)*
2 *Nordwestgrat, Alleinbesteigung Kukuczka (1981)*

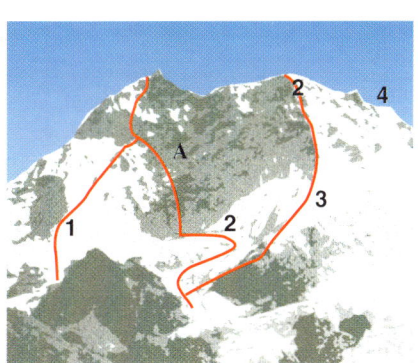

Von Süden

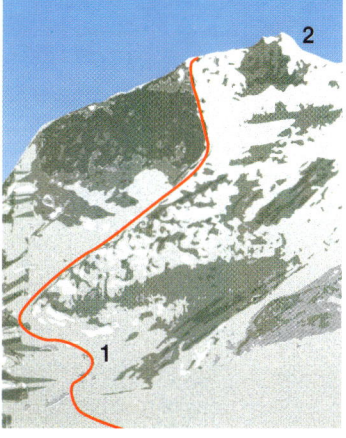

Vom Makalu La

Makalu

Jean Couzy auf dem Gipfel, fotografiert von Lionel Terray

Die Erstbesteigung

Wie das Nachmonsun-Team im Jahre 1954 wurde auch das französische Team im Frühling 1955 von Jean Franco geleitet. Außer Jean Couzy und Lionel Terray, beide waren bereits an der Annapurna und auf der Makalu-Expedition des Vorjahres dabei, gehörten noch Jean Bouvier, Serge Coupé und Pierre Leroux, Guido Magnone und André Vialatte zur Mannschaft. Magnone hatte zusammen mit Terray 1952 den Fitz Roy in Patagonien bestiegen und war außerdem in dem Team gewesen, das die Westwand des Dru bestiegen hat. André Lapras war der Teamarzt, und außerdem begleiteten noch zwei Geologen, Pierre Bordet und Michel Latreille, die Expedition. Sie hatten nicht weniger als 23 Sherpas unter der Leitung von Sirdar Gyaltsen sowie einen Gurkha-Soldaten, Kindjock Tsering, der als Träger in großen Höhen fungieren sollte. Bei der Ausrüstung gab es eine leichte Veränderung im Gegensatz zu vorhergehenden Expeditionen an die großen Berge. Obwohl die unteren Schichten noch aus Jersey waren und nicht aus künstlichem Gewebe, so waren doch die einteiligen Anzüge (die nur 800 Gramm wogen) den modernen Anzügen sehr ähnlich, wenngleich sie mit einer windundurchlässigen Nylonhülle überzogen werden mussten. Die Franzosen hatten außerdem eine verbesserte Sauerstoffausrüstung, die zwar auf der britischen Konstruktion basierte, die beim Everest verwendet wurde, aber leichter war. Die riesige Anzahl der Sauerstoffflaschen, die sie mitnahmen, gestattete ihnen, den künstlichen Sauerstoff bereits ganz unten am Berg und sogar während des Schlafens zu nutzen, was zweifelsohne für den Erfolg nicht unwesentlich war. Das Wetter trug ebenfalls seinen Teil dazu bei. Obgleich anfangs mittelmäßig, war es an den Gipfeltagen nahezu perfekt, wolkenlos und fast windstill. Die Schneeverhältnisse waren ähnlich gut: Statt tiefen, mühsam zu spurenden Schnee oder blankes Eis fanden sie harten, mit Steigeisen gut zu begehenden Schnee vor.

Die Route zum Makalu La wurde zum Sattel hin ziemlich schwierig, weshalb die Franzosen auf dem gesamten Weg Fixseile anbrachten (z. T. unter Einbeziehung der Fixseile, die bereits 1954 befestigt wurden). Auf dem Sattel errichteten sie Lager V. Die Seile halfen den Sherpas, Material zum Fuß des Nordwestgrates zu tragen, wo ein gut ausgestattetes Lager aufgebaut werden sollte. Aber nicht der Nordwestgrat war das Ziel, sondern sie querten ansteigend zur Nordwand hinüber, wo das letzte Lager (Lager VI) auf 7800 Meter errichtet wurde. Von da aus starteten Terray und Couzy am 15. Mai um 7 Uhr morgens. Sie gelangten ohne große Schwierigkeiten an den Fuß eines Sporns, der zum Ostgrat hinaufführt. Der Vorsprung, der aus der Ferne furchterregend aussah, führte die beiden auf direktem Weg zum Gipfel, den sie gegen 11 Uhr vormittags erreichten. Sie hatten für die letzten 660 Meter nur 4 Stunden benötigt. Der Makalu hat einen erstaunlichen Gipfel: Drei fast symmetrische Grate (Ostgrat, Südgrat und Nordwestgrat) treffen an einem spitzen Punkt zusammen, der mit der Handfläche eines Bergsteigers abgedeckt werden kann und auf dem ein Mann sitzen, aber kaum stehen kann. (Nebenbei bemerkt: In Francos Buch über die Expedition ist der Berggipfel in der Karte mit den Gipfeln, den Graten und der Route an einem falschen Platz eingetragen, nämlich am Ostende eines kurzen Grates, der in Nord-Süd-Richtung verläuft. Tatsächlich befindet er sich am westlichen Ende des Ostgrates.)

Am folgenden Tag (16. Mai) wiederholten Franco, Magnone und Sirdar Gyaltsen Norbu den Aufstieg und am darauffolgenden Tag (17. Mai) erreichten Bouvier, Coupé, Leroux und Vialatte den Gipfel, sie alle kamen ebenfalls vormittags an. Es war das erste Mal, dass sämtliche Bergsteiger eines Expeditionsteams den Gipfel eines Achttausenders erreichten.

Nach der Besteigung vermerkten sowohl Terray als auch Franco die Enttäuschung, die sie bei diesem Erfolg verspürten. Terray war der Meinung, dass »ein Sieg mit dem Preis von Leiden und Anstrengung bezahlt werden müsse, und das milde Wetter, kombiniert mit dem technischen Fortschritt, hat uns diesen Sieg zu billig verkauft, um ihn mit seinem wahren Wert einschätzen zu können«. Franco dachte ähnlich: »In unserem Innersten fühlten wir uns ein wenig enttäuscht. In Anbetracht unserer perfekten Ausrüstung und des fortwährenden Glücks hätte man sich sogar einen etwas härteren Widersacher wünschen können.« Es ist wahr, die Franzosen hatten großes Glück mit dem Wetter – kein Wind bei dem schwierigen Aufstieg zum Makalu La und perfekte Bedingungen bei allen drei Gipfelbesteigungen. Franco glaubte, dass der messerscharfe Gipfelgrat eine viel größere Herausforderung gewesen wäre, wenn er mit einem halben Meter Neuschnee oder mit einer ausgeprägten Wechte bedeckt gewesen wäre. Sie hatten eine gute Ausrüstung und genügend Sherpas. Und die Mitglieder des Teams hatten (teilweise bedingt durch den reichlichen Gebrauch von künstlichem Sauerstoff) kaum Krankheiten. Aber sie waren auch ein starkes Team und hatten eine ausgezeichnete Organisation, was es ihnen möglich machte, praktisch bei ihrem ersten Versuch den fünfthöchsten Berg der Welt zu besteigen.

Spätere Besteigungen

1961 kehrte Ed Hillary zum Makalu im Rahmen einer Expedition zurück, die bereits im Sommer 1960 begonnen hatte und sich folgende Ziele gesetzt hatte: eine gründliche Erforschung der Mingbo-Region, die Suche nach dem Yeti und einen Aufstieg ohne künstlichen Sauerstoff auf den fünfthöchsten Gipfel der Welt. Im März 1961 bestieg die Expedition die Ama Dablam. Ihre Genehmigung für den Makalu wurde daraufhin sofort zurückgezogen, da die Nepalesen behaupteten, dass der Aufstieg illegal war. Hillary verbrachte einige Zeit in Katmandu, um die Sache (erfolgreich) zu klären. Als er nach seiner Rückkehr zum Lager III aufstieg, bekam er einen Schlaganfall und musste abtransportiert werden. Die Expedition machte weiter, erreichte den Makalu La und errichtete ein Lager auf 8100 Meter. Von hier aus starteten Peter Mulgrew, Dr. Tom Nevison und der Sherpa Annullu einen Gipfelversuch. Nur 110 Meter unterhalb des Gipfels trat bei

Der Südostgrat des Makalu

Mulgrew eine Lungenembolie auf, die einen sofortigen Abstieg erzwang. Weiter unten am Berg mussten Nevison und Mulgrew biwakieren, Annullu wurde losgeschickt, um Hilfe zu holen. Als Nevison eine Schneehöhle grub, bekam er ein Lungenödem. Michael Ward, der zweite Arzt der Expedition, war auf dem Weg, den beiden Hilfe zu leisten, stürzte aber und zog sich zusätzlich zu seinen Verletzungen auch noch eine Lungenentzündung zu. Die Expedition endete in einer großen Niederlage, Mulgrew wurde schließlich nach Katmandu ausgeflogen. Er verlor beide Füße und diverse Finger durch die Erfrierungen und es gab noch andere ernsthafte Komplikationen. Seine Verletzungen waren so

Die Nordostwand des Makalu oberhalb des Sakyetang-Gletschers auf tibetischer Seite

schwer, dass sein Name in Neuseeland fast ein geflügeltes Wort für Leiden geworden ist. In seinem Buch über die Expedition erinnert sich Mulgrew an einen Fremden, der nicht wusste wer er war, aber mit seinen Verletzungen mitfühlte und zu ihm sagte: »... es könnte schlimmer sein – schau was für harte Zeiten dieser Mulgrew hatte«.

Ein Bergsteiger am Chamlang schaut Richtung Nordosten zum Makalu

Der Berg wurde erst 1970 wieder bestiegen. In diesem Jahr eröffnete eine gewaltige japanische Expedition – 20 Bergsteiger, 32 Sherpas und über 400 Träger – eine Route über den langen Südostgrat. Die Schlüsselstelle dieser Route bildet der »Black Gendarme« auf fast 8000 Meter. Der erste Gipfelversuch scheiterte in einem Schneesturm auf etwa 8380 Meter. Die beiden Bergsteiger mussten biwakieren, kehrten aber sicher zum Lager zurück. Beim zweiten Versuch erreichten Yuichi Ozaki und Hajime Tanaka nach 17 Stunden den Gipfel. Die letzten Meter stiegen sie ohne künstlichen Sauerstoff, da ihr Vorrat ausgegangen war. Sie stiegen sicher im Mondschein ab.

Bei der nächsten Besteigung 1971 wurde wieder eine neue Route eröffnet. Ein französisches Team unter der Leitung von Robert Paragot bestieg den Westgrat, der die Westwand von der Südwand trennt. Der Grat wird wegen seines fast senkrechten Felsabschnittes zwischen 7350 und 7700 Meter üblicherweise Westpfeiler genannt. Dieser Abschnitt hat den Schwierigkeitsgrad V+/A2, was schon in Meereshöhe schwierig ist und in einer Höhe von 7500 Meter noch viel höher zu bewerten ist. Zur Schwierigkeit kam dann noch das Wetter hinzu: Der Frühling von 1971 war einer der schlimmsten des Jahrhunderts, mit starkem Schneefall, sehr niedrigen Temperaturen und Wind mit einer Geschwindigkeit von über 150 Stundenkilometer. Den Großteil der Führungsarbeit leisteten Yannick Seigneur und Bernard Mellet, und es waren auch die beiden, die (unter Verwendung von künstlichem Sauerstoff ab der Pfeilerspitze) den Gipfel erreichten, nachdem zwei andere Gipfelversuche gescheitert waren. Der Dritte aus ihrer Gruppe musste bei etwa 8300 Meter den Rückzug antreten. Dies war ein bemerkenswerter Aufstieg, einer der schwierigsten seiner Zeit, aber leider auch einer, der nicht die Anerkennung erhielt, die er verdient hätte.

Während der nächsten vier Jahre gab es eine Reihe von Fehlschlägen an der Südwand des Makalu durch starke Teams aus Österreich (diesem Team gehörte Reinhold Messner an), aus der Tschechoslowakei und aus Jugoslawien. Schließlich war nach dem Monsun 1975 ein jugoslawisches Team unter Ales Kunaver, der bereits den vorhergehenden Versuch angeführt hatte, erfolgreich. Sieben Bergsteiger erreichten Anfang Oktober innerhalb von fünf Tagen den Gipfel. Alle diese Gipfelstürmer benützten

künstlichen Sauerstoff (nur bei einem fiel das Gerät ein Stück unterhalb des Gipfels aus).

1976 kehrten auch die Tschechen zurück und vollendeten ihre Route durch die Südwand. Sie erkletterten erstmals den Südpfeiler unter dem Südostgipfel, der rechts der jugoslawischen Route lag. Zur gleichen Zeit versuchte sich ein spanisches Team am Südostgrat. Die Teams beschlossen sich zusammenzutun, über die tschechische Route auf- und über die spanische wieder hinabzusteigen. Der erste Versuch scheiterte bei furchtbarem Wetter, aber der zweite war erfolgreich. Der Spanier Jorge Camprubi schloss sich Milan Krissak, Michal Orolin und Karel Schubert an. Orolin trat den Rückzug an, als seine Sauerstoffausrüs-

Makalu

Die Luftaufnahme von Nordwesten zeigt den Kangchungtse, den Makalu La, den Nordwestgrat und die Nordwestwand. Der Chomo Lonzo auf der linken Seite (7790 Meter) gehört bereits zu Tibet.

tung ausfiel, die anderen drei bezwangen den Gipfel. Beim Abstieg wurden sie von einem Sturm erfasst. Der erschöpfte Schubert bestand darauf zu biwakieren, die anderen zwei quälten sich nach unten. Schubert wurde nie wieder gesehen.

1977 versuchte ein britisch-amerikanisch-jugoslawisches Team eine Durchsteigung der Westwand ohne Unterstützung durch Sherpas und ohne Benützung von künstlichem Sauerstoff. Die Expedition endete nach einer Reihe von Unglücken, die, da niemand ernsthaft verletzt wurde, fast schon komisch anmuteten: Es gab Krankheiten, Verletzungen durch Steinschlag, ein (unbesetztes) Lager wurde durch eine Lawine zerstört und ein anderes durch Feuer, als ein Kocher explodierte. Ohne auch nur 7000 Meter erreicht zu haben, trat das Team den Rückzug an. Eine geplante Überschreitung 1978 (Aufstieg über den Südostgrat und Abstieg über den Normalweg) schlug ebenso fehl, wobei das mehr an organisatorischen Fehlern lag als an fehlendem Glück. Aber sieben Mitglieder dieses internationalen Teams

Alpenglühen beleuchtet die Südwand und den Südostgrat.

Makalu 119

Rob Hall nähert sich dem Gipfel.

bestiegen den Gipfel. Einer von ihnen war Kurt Diemberger, der den Broad Peak und den Dhaulagiri erstbestiegen hatte. Der Sherpa Ang Cheppal, der dem Team als gleichberechtigter Teilnehmer angehörte, war der erste Mensch, der den Gipfel ohne künstlichen Sauerstoff bestieg.

Die französische Route über den Westpfeiler wurde 1980 von einem amerikanischen Vier-Mann-Team ohne künstlichen Sauerstoff im Alpinstil wiederholt. John Roskelley erreichte als einziger den Gipfel, die anderen mussten aus verschiedenen Gründen abbrechen. Im Dezember desselben Jahres scheiterte der Versuch einer Winterbesteigung über den Südostgrat. Im Herbst des folgenden Jahres gelang es Wojciech Kurtyka, Jerzy Kukuczka und Alex McIntyre nicht, die Westwand auf einer neuen Route zu durchsteigen. Kukuczka bestieg dann aber innerhalb von vier Tagen den Nordwestgrat im Alleingang und ohne künstlichen Sauerstoff. Die erste richtige Solobesteigung des Makalu (einige Bergsteiger hatten zuvor schon die letzte Etappe des Berges allein bestiegen) war gleichzeitig Kukuczkas dritte Achttausender-Besteigung. Im Mai 1982 fand ein koreanisches Team, das eine Variante der Südostgrat-Route bestieg, das kleine Holzspielzeug, das Kukuczka in einer Spalte direkt unterhalb der Spitze platziert hatte. 1982 durchstieg Andrzej Czok im Rahmen eines polnisch-brasilianischen Teams die Westwand im Alleingang und stieg das letzte Stück auf der Kukuczka-Route auf dem Nordwestgrat zum Gipfel.

1984 versuchten Jean Affanassieff, Doug Scott und Steve Sustad eine Neutour durch die Ostwand des Makalu. Sie scheiter-

Bergsteiger, die am frühen Morgen am Südostgrat des Everest unterwegs sind. Im Hintergrund ragt der Makalu auf.

ten weniger als 100 Meter unterhalb des Gipfels, wo sie die Leiche von Karel Schubert in seinem letzten Biwak fanden. Eine ernüchternde Erfahrung, die die Entscheidung beeinflusst haben mag, den Rückzug über die schwierigere Aufstiegsroute anzutreten statt weiter zum Gipfel zu gehen und über den einfacheren Normalweg abzusteigen.

1984/85 wurden wieder Versuche unternommen, die erste Winterbesteigung zu vollenden. Ein japanisches Team scheiterte in 7520 Meter Höhe, und auch Reinhold Messner und Hans Kammerlander erreichten nur einen Punkt oberhalb des Makalu La. Im September 1986 kehrten Messner und Kammerlander zusammen mit Friedl Mutschlechner zurück und bestiegen den Makalu auf dem Normalweg. Das war Messners 13. Achttausender-Besteigung und sein vierter Versuch an diesem Berg. Zwei Tage vor dem Gipfelerfolg von Messners Team erreichte Krzysztof Wielicki über eine Variante der französischen Westpfeilerroute den Gipfel. Wielicki war Mitglied einer polnischen Expedition, wurde aber von Marcel Ruedi gefragt, ob er sich ihm bei einem Zwei-Mann-Aufstieg im Alpinstil anschließen würde. Wielicki erklärte sich nur widerwillig einverstanden. Zum einen befürchtete er, dass er selbst noch nicht richtig akklimatisiert sei, zum anderen ließ Ruedis Anreise mit dem Hubschrauber von ihm dasselbe vermuten. Er forderte, dass die beiden bei den ersten Anzeichen von Schwierigkeiten absteigen sollten. Wielicki nahm Diamox und war dadurch leistungsstärker als er es je zu hoffen gewagt hätte. Er zog an Ruedi vorbei und bestieg den Gipfel alleine. Bei seinem Abstieg traf er auf Ruedi, der langsam aufstieg, aber darauf bestand, weiterzugehen, obwohl dies bedeutete, dass er auf jeden Fall biwakieren müsste. Am nächsten Tag, als Wielicki seinen Weg nach unten fortsetzte, sah er Ruedi vom Gipfel absteigen, aber später fanden Messner und seine Kollegen Ruedi im Schnee sitzend. Er war tot.

1988 bestieg Marc Batard den Westpfeiler im Alleingang und stieg über den Normalweg ab, womit er die erste Überschreitung machte. Er hatte mit zwei Sherpas bis 7750 Meter Fixseile befestigt und war dann wieder abgestiegen. Dann kletterte er am Abend des 26. April zum Gipfel und erreichte diesen am 27. April um 9.45 Uhr morgens, eine tolle Leistung. Ebenso erwähnenswert ist Pierre Béghins Besteigung im Herbst 1989. Mit drei Freunden kletterte Béghin eine neue Route in der Südwand bis zu einer Höhe von 7200 Meter. Von einem Lager in dieser Höhe aus ging Béghin alleine weiter, um zur Jugoslawen-Route zu kommen, auf der er (mit zwei Biwaks) den Gipfel erreichte. Er

Alan Hinkes auf dem Gipfel

stieg über den Normalweg ab und wurde dabei von einer Lawine mitgerissen, aus der er unweit des Lagers einer katalanischen Expedition unverletzt herauskam. Am nächsten Tag wurde er erneut von einer Lawine mitgerissen, blieb aber wiederum unverletzt und erreichte sicher das Basislager.

1990 wurde die erste Frauenbesteigung am Makalu unternommen. Die Amerikanerin Kitty Calhoun-Grissom erreichte zusammen mit John Schutt den Gipfel. Die beiden waren Mitglieder eines kleinen Teams, das eine Besteigung auf der französischen Westpfeilerroute im Alpinstil unternahm. 1994 scheiterte der Versuch des Russen Anatoli Boukreev und des Bolivianers Bernardo Guarachi, den Gipfel auf direktem Weg vom Makalu La aus zu besteigen, 30 Meter unterhalb des Gipfels. Später kletterten Boukreev und Neil Beidleman die Route in einem Stück durch: Sie starteten am 13. Mai um 18.30 Uhr und erreichten den Gipfel am 15. Mai um 4.30 Uhr morgens. Im folgenden Jahr eröffnete ein japanisches Team von Tibet aus eine neue Route auf der Nordostseite des Gipfels. Sie begingen den 10 Kilometer langen Ostgrat, der in einer Höhe von 3920 Meter beginnt (dort war auch das Basislager). Acht Japaner erreichten in zwei Vierer-Gruppen am 21. und 22. Mai den Gipfel.

Nach dem Monsun 1996 schlug der ehrgeizige Versuch des Japaners Yasushu Yamanoi fehl, eine neue Route in der Westwand zu eröffnen. Er wurde durch Steinschlag getroffen und musste aus einer Höhe von 7300 Meter den Rückzug antreten. Aber im Frühling 1997 gelang einem russischen Team eine neue Route in der Westwand. Die »wahre« Westwandroute, die Route, die in direkter Linie durch die Gipfelwand führt, verlangt extrem schwieriges Felsklettern in sehr großen Höhen, birgt aber die große Gefahr, durch Steinschlag aus der Wand gefegt zu werden. Die Russen kletterten nicht diese Route, sondern sie bevorzugten die Linie links des Westpfeilers, die einigen Schutz vor Steinschlag bot. Trotzdem war es eine sehr schwierige Route – sie zählt bis heute zu den schwierigsten Routen an den großen Bergen. Die Schwierigkeiten lassen erst nach, wenn das obere Ende der Westpfeiler-Route auf 8000 Meter erreicht ist. Oberhalb von 7300 Meter wurde der Aufstieg von einem sechsköpfigen Team im Alpinstil durchgeführt. Salavat Khabibouline, der die meiste Führungsarbeit geleistet hatte und entsprechend erschöpft war, musste zurückbleiben. Alexei Bolotov, Igor Bugatschevski, Yuri Ermatchek, Dmitri Pavlenko und Nikolai Jiline gingen weiter zum Gipfel und erreichten ihn am 21. Mai. Als sie zurückkamen, war Khabibouline gestorben. Während des Abstiegs kam Bugatschevski durch Steinschlag ums Leben.

Die direkte Westwandroute – die zwar von einigen Teams versucht wurde, von denen aber keines höher als auf 7300 Meter kam –, muss noch geklettert werden. Man kann sagen, dass sie zu den »letzten großen Problemen« an den Achttausendern zählt und ganz sicher am Anfang dieses neuen Jahrhunderts bestiegen werden wird. Der Makalu ist außerdem der einzige Achttausender in Nepal, der bisher keine Winterbesteigung aufzuweisen hat – ein weiteres Ziel für das neue Jahrhundert. Der Makalu ist ein schöner, eleganter Berg, aber er ist auch ein gefährlicher Berg. Was die Todesrate der Bergsteiger anbelangt, steht er in Nepal an zweiter Stelle nach der Annapurna (beide sind weniger gefährlich als der K2). Eine Tatsache, die das Interesse der kommerziellen Expeditionen vermutlich noch für eine Weile im Zaum halten wird.

Schwieriges Gelände am Normalweg des Makalu vom Makalu La aus

Kangchendzönga

8586 m

» Über 7000 Meter Höhe verliert der Bergsteiger schnell an Gewicht und wird schwach. Er ist wie ein kranker Mann, immer müde. Sich im Bett umzudrehen, nach einem Stiefel zu greifen oder einer Schachtel Streichhölzer hat Atemnot zur Folge; jegliche Bewegung bedeutet Anstrengung. «

CHARLES EVANS

Kangchendzönga

Der Kangchendzönga, Gipfel IX der Indischen Vermessung, ist der östlichste der Achttausender und steht auf der Grenze zwischen Nepal und Sikkim. Fast aus jeder Richtung sieht der Gipfel wie ein riesiges Zelt aus. Das Massiv setzt sich aus vier Graten zusammen, die vom Gipfel in die vier Himmelsrichtungen auslaufen.

Diese Grate (die nicht am Hauptgipfel aufeinandertreffen, der Ostgrat trifft am Südgipfel auf den Nordsüdgrat) fallen nicht gleichmäßig ab, sondern weisen eine Reihe von Zacken auf. Daher gibt es zahlreiche Vorgipfel, drei (mindestens) über 8000 Meter: der Südgipfel – gelegentlich Kangchendzönga II genannt – erhielt durch die Indische Vermessung eine eigene Kennzeichnung (Gipfel VIII). Der Mittel- (zwischen Süd- und Hauptgipfel) und der Westgipfel sind beide über 8400 Meter hoch, wobei der Westgipfel (Yalung Kang) das Hauptziel verschiedener Expeditionen war. Man hat vorgeschlagen, dass der Yalung Kang auf die Liste der Achttausender gesetzt werden sollte, aber dies ist unwahrscheinlich, denn der Gipfel ist nicht eigenständig genug, um als einzelner Berg bezeichnet zu werden.

Kangchendzöngas Name hat etwas Geheimnisvolles. Ein Sanskrit-Schüler behauptet, dass er von Kancan Jangha abgeleitet wurde, »goldener Schenkel«. Aber warum dies so sein sollte, bleibt ein Geheimnis, denn es gibt weder äußerliche Ähnlichkeiten (zu Farbe oder Körperteil, es sei denn bei ungewöhnlichem Abendlicht und einer lebhaften Fantasie) noch irgendwelche bekannten regionalen Legenden. Die meisten Fachleute stimmen nun einer tibetischen Herkunft des Namens zu, abgeleitet von Kang-chen-dzo-nga, was mehr oder weniger als Kangchendzönga ausgesprochen wird. Ein Forscher des 19. Jahrhunderts behauptete, dass der Name einem einheimischen Gott gegeben wurde, der auf einem weißen Löwen ritt und ein Banner schwenkte. Dieser Löwe sei der Gipfel und das Banner die Wolken oder Schneefahnen auf dem Gipfel. Man glaubte, dass dieser Gott auf dem Gipfel lebte, und in früheren Zeiten wurden die Bergsteiger gebeten, nicht ganz bis zur Spitze aufzusteigen, um ihn nicht zu verärgern, was ihn dazu veranlassen könnte, seine Wut an den Einheimischen auszulassen. Dies wurde von den frühen Bergsteigern gewissenhaft beachtet, aber es hat den Anschein, dass Gipfelstürmer diesen Brauch seit vielen Jahren ignorieren. Die Geschichte der Gottheit ist beides, reizend und auch einleuchtend, aber die eigentliche Bedeutung der tibetischen Worte lautet »Schnee-groß-Schatzkammer-fünf«, was aus dem Gipfel die »Fünf Schatzkammern des großen Schnees« machen würde.

Aber worauf bezieht sich die »fünf«? Man kann fünf Gipfel heraussuchen, aber ebenso leicht können mehr (oder weniger) aufgezählt werden. Manche haben vorgebracht, dass sich die »fünf« auf die Gletscher beziehen, aber es sind zehn Gletscher, die vom Kangchendzönga-Massiv ausstrahlen und es fällt schwer, einfach irgendeine Gruppe von fünf festzulegen. Der Name bleibt ein Rätsel.

Erforschung

Im Jahre 1848/49 unternahm der britische Botaniker Joseph Hooker zwei lange – und für diese Zeit bemerkenswerte – Reisen nach Sikkim. Er näherte sich dem Kangchendzönga bis auf wenige Kilometer und skizzierte ihn. Bei der Rückkehr von seiner zweiten Reise, bei der ihn ein Dr. Campbell, ein Beamter aus Darjeeling begleitete, wurden beide Männer von Sikkimesen verhaftet. Da Sikkim britisches Protektorat war, eine Folge von Sir David Ochterlonys Sieg über eine Gurkha-Armee im März 1816 im Katmandu-Tal (was den Nepalesischen Krieg beendete), waren die Briten empört. Der Vorfall beschleunigte die Annexion des südlichen Teils von Sikkim durch die Ostindische Kompanie. Nachdem eine gewisse Ordnung wiederhergestellt war, konnte man den Kangchendzönga von Süden und Osten auch wieder gut erreichen. Zwischen 1852 und dem Ende des Jahrhunderts wurden mindestens zehn Forschungsreisen im Norden von Sikkim durchgeführt und dabei

George Band während der Erstbesteigung beim Queren plattiger Felsen etwa 120 Meter unterhalb des Gipfels

Blick über die oberen Ausläufer des Kangchendzönga-Gletschers hinweg auf die Nordwestflanke des Kangchendzönga. Der Nord-Col weit links, Yalung Kang (Kangchendzönga West) und Kambachen auf der rechten Seite

Kangchendzönga

George Band während der Erstbesteigung, etwa 60 Meter unterhalb des Gipfels auf dem Westgrat. Im Hintergrund der Yalung Kang, der Westgipfel des Kangchendzönga

genaue Karten von der Gegend angefertigt. 1883 war die erste wirkliche Kletterexpedition in dieser Gegend aktiv. William Graham und seinen Schweizer Führern (Josef Imboden bei der ersten Tour, Ulrich Kaufmann und Emil Boss bei der zweiten) gelangen mehrere Erstbesteigungen, einschließlich des umstrittenen Aufstiegs auf den Kabru. Im Jahre 1899 machten dann Douglas Freshfield und ein kleines Team mit dem italienischen Gebirgsfotografen Vittorio Sella eine komplette Umrundung des Kangchendzönga-Massivs. Dabei kamen sie auf einem mehrtägigen Trekking auch in das »geschlossene« östliche Nepal. Freshfields Buch (zutreffend, wenn auch nicht sehr romantisch »Rund um den Kangchendzönga« genannt), bebildert mit Sellas Fotos, inspirierte andere nicht nur, sondern enthielt auch eine ausführliche Auflistung von möglichen Routen zum Hauptgipfel.

Vielleicht durch Freshfields Buch angeregt, obwohl er dies ganz sicher nie zugegeben hätte, kam Aleister Crowley im August 1905 in Sikkim an, fest entschlossen, den Berg zu besteigen. Den Teufelsverehrer begleiteten Dr. Jacot-Guillarmod, der wie Crowley auch bei Eckensteins K2-Tour 1902 dabei gewesen war, zwei Schweizer Bergsteiger, Alexis Pache und Charles Reymond, ein italienischer Hotelier aus Darjeeling mit Namen de Righi, den das Team unterwegs aufgelesen hatte, und eine Anzahl Träger. Die Gruppe näherte sich über den Yalung-Gletscher der südwestlichen Seite des Berges und errichtete in etwa 6250 Meter Höhe ein Lager. Von da aus erkundete Pache eine Höhe von etwa 6400 Meter, vielleicht auch etwas mehr. Da die Gruppe weder erfahren genug noch groß genug für einen ernsthaften Versuch war, ein Scheitern also unvermeidlich schien,

stellte sich die Frage: Was tun? Crowley wollte frühmorgens absteigen, um die Lawinengefahr zu reduzieren. Eine sinnvolle Vorsichtsmaßnahme, aber eine, an der besonders Guillarmod Anstoß nahm. Guillarmod entschied, dass am Nachmittag vom oberen Lager abgestiegen werden sollte. Crowley war dagegen und meinte später, dass er mit seinem Pickel des Doktors Bein hätte brechen müssen, um dessen Leben zu retten. Aber Guillarmod, Pache, de Righi und drei Träger banden sich an einem Seil zusammen und brachen auf. Guillarmod führte, hinter ihm kam de Righi, dann die Träger. Der erfahrene Pache bildete das Schlusslicht. Die schlecht ausgerüsteten Träger rutschten ständig aus (sie liefen barfuß im Schnee, denn Crowley hat lieber geheime Kräfte zu ihrem Schutz beschworen als sie mit Schuhen auszustatten). Pache hielt sie, aber bei einer Querung war er schließlich nicht mehr in der Lage, einen weiteren Rutsch zu halten. Alle sechs Männer stürzten, und ihre verzweifelten Versuche den Fall zu stoppen löste eine Lawine aus, die alle außer Guillarmod und de Righi begrub. Reymond folgte ihren Hilferufen zum Unglücksort, aber Crowley lehnte es ab zu helfen. Er trank Tee und verfasste einen Zeitungsartikel und war in jedem Fall, wie er in dem Artikel schrieb – der am 11. September 1905 erschien – »unter diesen Umständen nicht übermäßig darauf aus ... Hilfe zu leisten. Ein Bergunfall dieser Art gehört zu den Dingen, wofür ich keinerlei Mitgefühl habe«. Crowley stieg am nächsten Tag auf seinem Weg zurück nach Darjeeling an der Unfallstelle vorbei ab. Es wurden zwei weitere Tage benötigt, um die vier Leichen aus dem Schnee zu befreien. Die drei Träger wurden in einer Gletscherspalte, Pache unter einem Steinhügel begraben. Diese Stelle wurde später in Landkarten eingezeichnet (Paches Grab) und ist auch in Charles Evans Buch über die Erstbesteigung in der Routenskizze aufgeführt.

Es gab sowohl vor als auch nach dem Ersten Weltkrieg weitere Besuche in dieser Gegend, aber keiner davon ist als Besteigungsversuch zu klassifizieren. Im Jahre 1921 fotografierte Alexander Kellas den Kangchendzönga vor seiner Fahrt zum Everest (auf der er starb). Erst 1929 gab es zwei Besteigungsversuche. Der Amerikaner Edgar Francis Farmer, ein junger Mann mit begrenzten Erfahrungen und grenzenloser Begeisterung, versuchte es heimlich. Nachdem er seine Träger auf dem Yalung-Gletscher zurückgelassen hatte, wurde er das letzte Mal gesehen, als er zum Talung-Sattel kletterte, einem Pass am Südgrat.

Farmer verschwand im Mai. Im August kam eine starke deutsche Expedition unter Leitung von Paul Bauer auf der anderen Seite des Berges an. Man wollte vom Zemu-Gletscher aus die östliche Seite in Angriff nehmen und nach dem Monsun aufstei-

Bergsteiger am Nordostsporn bei der Erstbegehung dieser Route 1977

gen. Nachdem der Versuch, eine Route zur Zemu-Scharte, dem tiefsten Punkt am Südsüdostgrat, hinaufzulegen misslang, konzentrierte sich das Team auf den Nordostsporn. Das Klettern war schwierig und das Wetter schlecht, aber die Deutschen verfolgten beharrlich ihre Linie. Im oberen Bereich des Sporns, wo sie keine Zelte aufschlagen konnten, benutzten sie eine Reihe von Schneehöhlen als Lager. Bis zum 3. Oktober hatten sie eine Höhe von 7400 Meter erreicht und meinten nun über die größten Schwierigkeiten hinweg zu sein. Aber ein fünf Tage andauernder Sturm hielt das Team im Lager fest. Als das Wetter sich gebessert hatte, zogen sich die Bergsteiger unbeschadet zurück, aber eine Menge Ausrüstung war verloren gegangen: unterm Schnee begraben oder von den Bergsteigern zurückgelassen, um im tiefen Schnee schneller absteigen zu können. Der Verlust der Ausrüstung zwang das Team, jeglichen weiteren Versuch zu verwerfen.

In Anbetracht der vielen Jahre, in denen dem Kangchendzönga von den Bergsteigern keine Aufmerksamkeit geschenkt wurde, war es merkwürdig, dass sich 1929 zwei Expeditionen um ein Genehmigung bemüht hatten. Weil Bauer ihm zuvorgekommen war, wurde der zweiten Expedition unter Leitung von Prof. Günter Dyhrenfurth eine Genehmigung für 1930 erteilt. Dyhrenfurth (in Deutschland geboren, aber später Schweizer Staatsbürger), führte ein internationales Team an, dem unter anderen der Deutsche Uli Wieland, der Österreicher Erwin Schneider (beide Teilnehmer der tragischen Nanga-Parbat-Expedition von 1934) sowie der Brite Frank Smythe angehörten. Vor der Reise wurde Dyhrenfurth von Francis Farmers Mutter kontaktiert, die geträumt hatte, ihr Sohn werde im Mönchskloster von Detsenroba (gelegentlich auch Dachenrol oder Decherol genannt) im Yalung-Tal gefangengehalten. Eine Vision, die offenbar von verschiedenen Hellsehern bestätigt wurde. Sie bat Dyhrenfurth das Mönchskloster zu besuchen, aber die Hoffnung ihren Sohn wiederzusehen war vergeblich – Detsenroba war zerstört.

Weil er nicht Bauers Steigeisenspuren folgen wollte, fragte Dyhrenfurth nach einer zeitlich begrenzten Einreiseerlaubnis für Nepal – und erstaunlicherweise erhielt er sie. Sein Team folgte dem Kangchendzönga-Gletscher zur nordwestlichen Gipfelseite und versuchte zuerst eine Route am Nordgrat. Diese Unternehmung wurde auf einer Höhe von 6100 Meter abgebrochen, als eine Eislawine Erwin Schneider und Chettan, einen Träger, weg-

Der Nordostsporn. Diese Route, nur von Sikkim aus möglich, wurde in den dreißiger Jahren mehrmals versucht, aber erst 1977 begangen, als ein indisches Team den zweiten Aufstieg zum Hauptgipfel unternahm.

Kangchendzönga: Aufstiegsrouten

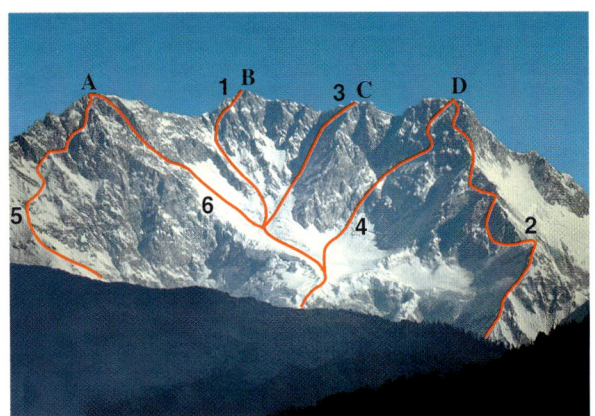

Oben: Südwestwand
A *Yalung Kang* B *Hauptgipfel* C *Mittelgipfel* D *Südgipfel* 1 *Route der Erstbesteiger/Normalweg, Briten-Route (1955)* 2 *Südgrat zum Südgipfel, Prezelj/Stremfelj (1991)* 3 *Polen-Route zum Mittelgipfel (1978)* 4 *Polen-Route zum Südgipfel (1978)* 5 *Japaner-Route zum Yalung Kang (1973)* 6 *Österreichisch-deutsche Route zum Yalung Kang (1975) Die vollständige Überschreitung des gesamten Gipfelgrates (einschließlich aller vier Gipfel) gelang einem russischen Team (1989)*

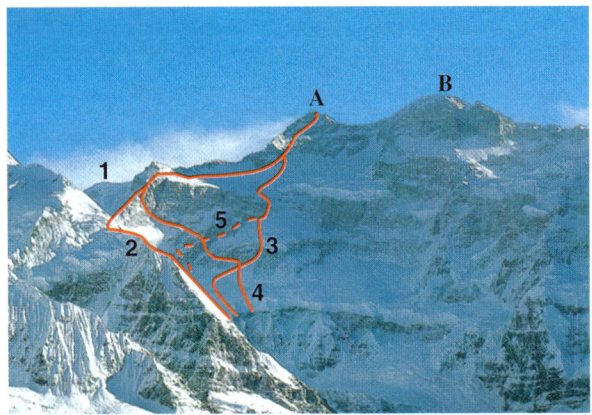

Oben: Nordwestwand
A *Hauptgipfel* B *Yalung Kang* 1 *Nordostsporn, Indische Expedition (1977)* 2 *Messner/Mutschlechner/Ang Dorje (1982)* 3 *Japaner-Route (1980)* 4 *Briten-Route (1979)* 5 *Deutsche Route (1983) nicht bis zum Gipfel Ebenso sind Varianten dieser Routen geklettert worden.*

fegte. Drei weitere Bergsteiger und elf Träger blieben wunderbarerweise unversehrt. Schneider blieb unverletzt, aber Chettan wurde getötet. Das Team wandte sich dann dem Nordwestsporn zu. Man wollte ihn jenseits des Kangbachen, dem Gipfel westlich des Yalung Kang, erreichen. Große Kletterschwierigkeiten sowie schlechte Schnee- und Eisverhältnisse begrenzten das Vorankommen, und so wurde auch dieser Versuch abgebrochen. Das Team konzentrierte sich auf niedrigere Gipfel und bestieg mehrere von ihnen, unter anderem den Jonsong.

Nach dem Monsun im Jahre 1931 kehrte Paul Bauer zurück, dieses Mal mit einem elfköpfigen Team – 1929 waren es neun –, entschlossen, den Nordostsporn zu besteigen. Das Unternehmen war überladen mit Problemen: Ein Sherpa und ein Träger wurden krank und starben; ein anderer Sherpa und einer der deutschen Bergsteiger stürzten tödlich ab; mehrere Bergsteiger, einschließlich Bauer, erkrankten so stark, dass sie sich zurückziehen mussten; und das Wetter war schlecht. Trotzdem kam das Team ein wenig über seinen höchsten Punkt im Jahre 1929 hinaus.

Bauer kam 1936 wieder in diese Gegend, aber nicht der Kangchendzönga war das Ziel seiner Mannschaft, sondern der Twins-Ostgipfel. Er liegt dort, wo sich der Nordgrat teilt. Vielleicht hielt Bauer den Nordgrat für eine mögliche Aufstiegsroute, aber schwere Monsunniederschläge zwangen das Team schon weit unten am Berg zum Rückzug. Im folgenden Jahr scheiterte ein anderes deutsches Team ebenfalls an den Twins-Gipfeln. Ein kleines britisches Team mit John Hunt (dem späteren Leiter der erfolgreichen britischen Everest-Expedition) und seiner Frau schaffte es nicht, den Übergang (Nord-Col) am Nordgrat (zwischen dem Hauptgipfel und den Twins) zu erreichen. Angesichts des Steinschlags und der Schwierigkeiten, die für eine so kleine Gruppe zu groß waren, zogen sie sich zurück. Im Jahre 1939 wurde einem neuseeländischen Team für 1940 eine Besteigungsgenehmigung erteilt: aber der Krieg brach aus und der Versuch wurde abgesagt.

Nach dem Krieg veranlasste die indische Unabhängigkeit und der Rückgang des britischen Einflusses Sikkim dazu, die Grenzen zu schließen. Es hoffte durch diese Art von Neutralität der Aufmerksamkeit der mächtigen Nachbarn im Süden und Norden entgehen zu können. Über ein Vierteljahrhundert war dieser Versuch erfolgreich, aber 1975 annektierte Indien das Land, da es zunehmend über die chinesischen Absichten und die relative Leichtigkeit, mit der der Sikkim Himalaja überschritten werden konnte, besorgt war.

Das Einreiseverbot nach Sikkim einerseits und die Grenzöffnung Nepals andererseits verlagerte das Interesse am Kangchendzönga auf dessen West- und Südseite. 1953 erforschten die Briten John Kempe und Gilmour Lewis den oberen Yalung-Gletscher und hatten einen guten Einblick in die Südwestwand. Was sie sahen, bestärkte die Briten. Sie schickten 1954 ein größeres Aufklärungsteam, bestehend aus Kempe, Lewis und vier anderen. Das Team berichtete, dass die obere Wand eindeutig zu besteigen sei und dass es für den Anmarsch zwei Möglichkeiten gäbe:

eine entlang der Route von 1905 (an Paches Grab vorbei), die andere über eine Rippe, die heute Kempe-Pfeiler genannt wird. Eine dritte Option entlang dem Talung Cwm wurde verworfen. Der Erfolg des Aufklärungsteams von 1954 überzeugte die Briten, 1955 eine schlagkräftige Mannschaft zu schicken: obwohl offiziell als Aufklärungsteam angegeben, war es von Anfang an klar, dass die Organisatoren auf größere Dinge hofften.

Die Erstbesteigung

Die britische Expedition von 1955 wurde von Charles Evans angeführt, einem Chirugen, der Hunts Stellvertreter in dem erfolgreichen Everest-Team 1953 war (als er den Südgipfel erreicht hatte). Es bestand aus George Band, der 1953 ebenfalls am Everest war, Joe Brown, dem Expeditionsarzt Dr. John Clegg, dem Neuseeländer Norman Hardie, John Jackson, Tom McKinnon, Neil Mather und Tony Streather. Das Sherpa-Team wurde von Dawa Tensing angeführt, der 1953 am Everest Evans persönlicher Sherpa gewesen war. (Als kurze Randbemerkung: Evans Buch über die Expedition – ein nüchterner, unromantischer Bericht, wie von einem Chirurgen vielleicht nicht anders zu erwarten – erwähnt einen Vorfall während des Anmarsches. Das Team frühstückte und wurde dabei von neugierigen nepalesischen Dorfbewohnern umzingelt. Darum bemüht zu verhindern, dass sie zu nahe kommen, winkten die Sherpas die Dorfbewohner weg und erklärten »Sachte, nicht zu nah, Gedränge macht sie unruhig und schwierig«, eine interessante – und erfrischende – Abweichung von der Standardbehauptung »Sahibs, die Probleme mit den Einheimischen haben«.)

Das Team ging über den Yalung-Gletscher bis zum Fuß der Südwestwand, untersuchte die Möglichkeiten am Kempe-Pfeiler und an Paches Grab und wählte letztere. Sie entschieden sich für eine Route, die zu einer Abflachung an einem markanten Felssporn (dem Westpfeiler) hinaufführte, dann durch ein im oberen Teil eisgefülltes Tal, das sich an den Yalung-Gletscher anschloss und bis zum großen Plateau reichte. Das ist ein flaches, kaum ansteigendes Schneebecken unterhalb der hufeisenförmigen Felswand, die den Gipfelaufbau des Yalung Kang und des Hauptgipfels bildet. Von diesem Becken führt ein breiter Schneehang, die Gangway, hinauf zum Westgrat. Der Grat selbst aber wies viele Zacken auf und schien recht schwierig zu sein. Man hoffte im oberen Teil der Südwestwand einen Weg zu finden, um diese Schwierigkeiten umgehen zu können.

In der Nordwestwand beim ersten Aufstieg 1979

Die Route wurde bei günstigen Wetterbedingungen vorangetrieben und wies zwar viele Spalten auf, war aber relativ lawinensicher. Zwischen Lager III im oberen Eisfall und Lager V, das auf dem Plateau aufgebaut wurde, verkehrten testweise Bergsteiger, die ein geschlossenes Sauerstoffsystem benutzten. Der Rest der Mannschaft, auch die Gipfelbergsteiger, verwendeten die offenen Systeme.

Von Lager V gingen Evans und Mather voraus. Evans fürchtete, dass die Gangway entweder zu lawinengefährlich oder das Eis zum Klettern zu schlecht sei: Aber alles war perfekt und Lager VI wurde auf halbem Weg nach oben, auf etwa 8200 Meter eingerichtet. Hier blieben Band und Brown, die dem ersten Paar gefolgt waren, mit zwei Sherpas zurück. Sie benutzten Sauerstoffflaschen beim Schlafen. Zurück im Lager V erhielt Evans einen Wetterbericht, der aussagte, dass der Monsun in fünf

Doug Scott fotografiert während der Erstbegehung der Nordwestwand Peter Boardman, der die letzten Schritte zu Joe Tasker und zum Gipfel macht.

Tagen eintreffen werde. Im Expeditionsbuch spricht Evans von Band und Brown als dem ersten Gipfelgrat-Paar, vielleicht darüber besorgt, dass die Schwierigkeiten der Gipfelwand so schlimm sein würden, dass sie nicht die Zeit hätten, den Aufstieg zu vollenden. Wegen des schnell näherkommenden Monsun muss er die Daumen recht fest gedrückt haben.

Band und Brown verließen das Lager um 8.15 Uhr und stiegen die Gangway hinauf. Von weiter unten hatte das Team eine felsige Rampe in der Gipfelwand entdeckt, die zum Westgrat führt und ihn oberhalb der Zacken erreicht. Der erste Versuch diesen zu erreichen wurde zu tief angesetzt. Sie verloren 1½ Stunden, weil sie denselben Weg zurückgehen mussten. Das zweite Mal wählten sie richtig und folgten der Rampe, die unschwer, aber ausgesetzt zum Grat führt. Dort ruhten sie sich aus und genossen die wunderbare Aussicht. Der Grat verlief ebenso einfach, bis ein Felsturm den Weg versperrte. Brown, ein ausgezeichneter Felskletterer, der die britische Felskletterei revolutioniert hatte und den obersten Schwierigkeitsgrad beherrschte, schaffte diese Risskletterei und stellte erstaunt fest, dass er sich praktisch auf dem Gipfel befand, da der Felsturm nur wenige Meter unterhalb eines Schneebuckels endete. (Die beiden hatten ihre Steigeisen auf der Rampe abgenommen und wollten über die Felsen das steile Schneefeld umgehen.) Es war 14.45 Uhr, 15 Minuten vor der selbst auferlegten Frist, in der sie den Gipfel erreichen wollten. Der Gipfel wurde zehn Tage nach dem Aufstieg der Franzosen auf den Makalu erreicht. Wie versprochen, und mit Respekt für den einheimischen Glauben, dass der Gipfel das Haus einer Gottheit sei, haben die beiden keinen Fuß auf den eigentlichen Gipfel gesetzt, eine flache Schneekuppe, auf der sich eine kleine Menschenmenge hätte versammeln können. Die fehlenden Fußabdrücke im Schnee am Gipfel brachten Charles Evans dazu, das Expeditionsbuch »Kangchendzönga: Der unberührte Gipfel« zu nennen. Und viele schlossen sich der Meinung von George Band an, dass es besser wäre, den Gipfel unberührt zu lassen. Auch spätere Besteigungen betraten den Gipfel nicht, vorerst, aber irgendwann wurde das Versprechen gebrochen und der Gipfel war nicht länger unberührt.

Etwa gegen 15 Uhr begannen Band und Brown abzusteigen und erreichten Lager VI um 19 Uhr in der Dunkelheit. Im Lager waren bereits Hardie und Streather, die am 26. Mai den Aufstieg wiederholten. Sie umgingen den Felsturm, indem sie der Schneerampe folgten, die zum Südgrat führte. Auf ihm erreichten sie den Gipfel um 12.15 Uhr. Gegen 17 Uhr waren sie zurück im Lager VI. Am Tag des zweiten Gipfelaufstiegs starb ein Sherpa, Pemi Dorje, im Basislager, wahrscheinlich an Lungenentzündung. Er war durch vorangegangenes Lastentragen am Berg sehr erschöpft und hat sich davon nicht mehr erholt. Die Expedition zog sich dann ohne weitere Zwischenfälle zurück.

Spätere Besteigungen

Im Jahre 1973 bestieg eine japanische Expedition den Yalung Kang. Sie folgte zuerst der britischen Route von 1953, zweigte dann aber ab und stieg auf dem Südwestgrat weiter. Yutaka Ageta und Takeo Matsuda erreichten den Gipfel, waren aber gezwungen beim Abstieg zu biwakieren. Am nächsten Tag stürzte Matsuda, wahrscheinlich von einem herunterfallenden Felsen getroffen. Ageta wurde von seinen Teamkameraden gerettet. Der Yalung Kang wurde 1975 von einem österreichisch-deutschen Team erneut bestiegen, das der britischen Route zum großen Plateau folgte und dann durch ein Couloir über die Südwand den Gipfel erreichte. Der Hauptgipfel wurde bis 1977 nicht mehr bestiegen. In diesem Jahr näherte sich eine indische Armee-Expedition dem Berg von Sikkim her und folgte der 1930er-Route von Paul Bauer, entlang dem Nordostsporn bis zu seinem Zusammentreffen mit dem Nordgrat. Über diesen gelangten sie dann zur Spitze. Am 31. Mai um 15 Uhr standen Major Prem Chand und der Sherpa Nima Dorje auf dem Gipfel.

Im folgenden Jahr wurde der Südgipfel (Kangchendzönga II) durch ein polni-

Tiefblick zum Nord-Col während der Erstbegehung der Nordwestwand

sches Team erreicht, das ursprünglich der Briten-Route bis zum großen Plateau folgte. Die Polen bestiegen außerdem die höchste und zweithöchste Spitze des dreiteiligen Mittelgipfels. Eine spanische Yalung-Kang-Expedition, die sich mit ihnen zusammentat, bestieg die dritte Spitze. Als Folge dieser Begehungen wurden

In der Nordwestwand während der ersten Durchsteigung

Starke Winde an den oberen Hängen während der Erstbegehung

der polnische und der spanische Expeditionsleiter in Nepal für vier Jahre gesperrt. Sie hatten jeweils Gipfel bestiegen, für die sie keine Genehmigung hatten.

1979 erlebte der Hauptgipfel wieder eine großartige Besteigung. Obgleich Messner und Habeler den Gasherbrum I 1975 im Alpinstil bestiegen hatten, dann den Everest 1978 ohne Sauerstoffflaschen, und Messner, ebenfalls 1978, den Nanga Parbat im Alleingang, war auf die drei großen Spitzen noch kein Aufstieg ohne Sauerstoff und mit leichter Ausrüstung unternommen worden. Anfang April 1979, nach mehreren Jahren des Überredens der Nepalesen, einen Versuch von Westen aus zu genehmigen, stellten die Briten Peter Boardman, Doug Scott und Joe Tasker, zusammen mit dem Franzosen Georges Bettembourg (der an dem viel diskutierten Aufstieg im Alpinstil am Broad Peak 1978 beteiligt war) ein Basislager unterhalb der Nordwestwand des Kangchendzönga auf. Die Wand, an der 1930 das Team von Dyhrenfurth gescheitert war. Sie kletterten eine schwierige Route durch die Wand hinauf zum Nord-Col; drei Lager wurden gebraucht. Ein viertes Lager wurde in einer Schneehöhle auf dem Nordgrat in einer Höhe von 7440 Meter eingerichtet. Der erste Versuch von Bettembourg, Boardman und Scott (der kranke Tasker war abgestiegen) schlug bei Wind mit Geschwindigkeiten von geschätzten 140 Stundenkilometer fehl. Beim zweiten Versuch verließen Boardman, Scott und der inzwischen wieder gesunde Tasker (Bettembourg traute dem Wetter nicht) am 15. Mai ihre Schneehöhle bei Lager IV und biwakierten in der Nacht auf dem Grat. Am 16. Mai querten sie die Nordwestwand, um den Westgrat in der Nähe der Erstbegeher-Route zu erreichen. Sie folgten dieser Route (der Hardie-Streather-Variante) bis zum Gipfel, der um 17 Uhr erreicht wurde. Das Trio kehrte zum Biwak zurück und war am 19. Mai sicher vom Berg herunten. Auch wenn es sich um keinen reinen alpinen Aufstieg handelte, war diese dritte Begehung des Kangchendzönga sicherlich eine herausragende.

1980 kletterte ein größeres japanisches Team in ähnlichem Stil wie die Briten eine Route im zentralen Bereich der Nordwestwand. Von einem hochgelegenen Lager aus wurden zwei Gipfelversuche mit leichter Ausrüstung unternommen. Der erste brachte vier Japaner und einen Sherpa auf den Gipfel, der zweite, drei Tage später, war ebenfalls erfolgreich. Zwei weitere Japaner und zwei weitere Sherpas erreichten den höchsten Punkt. Die japanischen Gipfelbesteigungen fanden am 14. und 17. Mai statt. Am 15. Mai erreichte ein deutscher Bergsteiger mit zwei Sherpas aus der Expedition, die von Dr. Herrligkoffer angeführt wurde, über die Route der Erstbegeher den Gipfel. Im folgenden Jahr bestieg ein anderes japanisches Team den Hauptgipfel und brachte fünf Bergsteiger und einen Sherpa auf den Gipfel. Während der gleichen Expedition bestiegen auch fünf Bergsteiger den Yalung Kung. Die beabsichtigte Überschreitung der beiden Gipfel wurde nicht versucht, man schätzte sie schwieriger ein als zuvor angenommen. Später im Jahr wiederholte die französische Seilschaft Jean-Jacques Ricouard und Michel Parmentier die Originalroute; die erste Begehung im Nachmonsun. Leider kam Ricouard beim Abstieg ums Leben.

1982 durchstiegen Reinhold Messner, Friedl Mutschlechner und der Sherpa Ang Dorje die Nordwestwand auf einer neuen Route. Sie erreichten den Nordgrat nahe des Nord-Col und folgten dann dem Nordgrat zum Gipfel. Es war Messners siebenter

Achttausender, aber die Besteigung verlief nicht ohne Zwischenfall. Messner hatte sich beim Anmarsch eine Amöbeninfektion geholt und war am Anfang des Aufstieges krank. Er erholte sich zwar so weit, dass er den Gipfelaufstieg machen konnte. Der Abstieg aber war ein Albtraum. Ein Blizzard zerriss ihr Zelt in Stücke, und bei Eiseskälte bekam er Schüttelfrost und fing an zu halluzinieren. Beide, Mutschlechner mit Erfrierungen und Messner ernsthaft krank, überlebten nur durch eisernen Willen. Bei Messner wurde später ein Amöbenabszess in der Leber diagnostiziert.

Im Vormonsun 1983 bestieg der Österreicher Georg Bachler den Normalweg vom obersten Lager der österreichischen Expedition im Alleingang, aber in der Nachmonsunzeit schaffte Pierre Béghin die erste echte Solobegehung auf derselben Route. Béghin kampierte auf 6250 Meter und 7700 Meter, erreichte den Gipfel am 17. Oktober und stieg am selben Tag auf 7200 Meter ab. Eine Schweizer Expedition, die kurz danach die Nordwand bestieg, fand auf dem Gipfel Béghins Höhenmesser und eine Notiz, die an einer alten Sauerstoffflasche festgemacht war (Béghin war ohne Sauerstoff unterwegs). Im Oktober 1984 wiederholte der britisch-kanadische Bergsteiger Roger Marshall Béghins Solo. Im selben Jahr, aber in krassem Gegensatz zu diesen Soloaufstiegen, versuchte eine riesige japanische Expedition (22 Bergsteiger und 31 Sherpas) die Überquerung aller vier Gipfel des Massivs. Der Süd-, Mittel- und Hauptgipfel wurden erreicht, der Hauptgipfel von zwei Gruppen, der Yalung Kang wurde aber nicht bestiegen.

Die Nordwestflanke des Kangchendzönga von der Lagerstelle am Pangpema

Der Kangchendzönga von Khesewa Bhanjyang im Osten Nepals

Im Frühling 1985 gelang einem jugoslawischen Team die erste Begehung der Nordwand des Yalung Kang (das Gipfelteam hieß Borut Bergant und Tomo Cesen, der später den Jannu im Alleingang bestieg und auch behauptet, die Lhotse-Südwand durchstiegen zu haben). 1986 wurde der Hauptgipfel das erste Mal im Winter von einem polnischen Team über den Normalweg bestiegen. Jerzy Kukuczka und Krzysztof Wielicki erreichten den Gipfel am 11. Januar. Es war Kukuczkas zehnter Achttausender und sein dritter im Winter. Auch Wielicki war auf dem besten Weg, die 14-Gipfel-Sammlung zu vollenden. Leider wurde diese ausgezeichnete Leistung durch den Tod von Andrzej Czok getrübt. Er starb an einem Ödem. Sein Tod erinnerte an den des Amerikaners Chris Chandler, der im Januar 1985 während eines Winterversuches an der Nordwand des Yalung Kang mit seiner Frau Cherie Bremer-Kemp starb.

Die indische Armee kehrte 1987 mit einem riesigen Team (insgesamt 62 Männer) zurück und wiederholte zehn Jahre nach der Erstbesteigung des Nordostsporns ihren Aufstieg. Die drei Gipfelstürmer – 1977 waren es zwei – starben dieses Mal jedoch beim Abstieg. Das zweite Gipfelteam fand eine Gebetsfahne, die sie auf dem Gipfel zurückgelassen hatten. Bei diesem zweiten Versuch am 31. Mai, dem zehnten Jahrestag ihres ersten Aufstiegs, erreichten drei weitere Mitglieder den Gipfel: Auch von ihnen starb einer beim Abstieg. Nur die indische Armee besaß die Möglichkeit, Besteigungen von Sikkim aus zu machen, eine Tatsache, die dadurch bewiesen wurde, dass ein ziviles indisches Team 1988 gezwungen wurde, von Nepal aus aufzusteigen. Ihr Versuch an der Nordwestwand scheiterte, aber der Österreicher Peter Habeler, ehemals Messners Kletterpartner, hatte in einer Variante der britischen Nordgrat-Route Erfolg. Er kletterte im Alpinstil mit dem Amerikaner Carlos Buhler und mit Martin Zabeleta aus Spanien. Im folgenden Jahr war ein riesiges sowjetisches Team (32 Bergsteiger plus 17 Sherpas) bei der Überquerung aller vier Gipfel (Yalung Kang, Haupt-, Mittel- und Südgipfel) erfolgreich. Tatsächlich unternahmen getrennte Teams die Überschreitung in beide Richtungen und begingen neue, äußerst schwierige Routen zum Haupt- und Südgipfel. Nimmt man die vier Gipfel und die 49 Bergsteiger, so war eine Summe von fast 200 Einzelbesteigungen der Gipfel möglich. Fast die Hälfte dieser Zahl wurde tatsächlich erzielt, ein bemerkenswerter Rekord.

Die Ostseite des Kangchendzönga vom Goecha La in Sikkim

Bis 1991 gab es an diesem Berg keine Frauenbegehung, und auch der lange Südgrat – die Grenze zwischen Nepal und Sikkim – war noch nicht bestiegen worden: eines der »letzten großen Probleme« der Achttausender. Bei beiden Herausforderungen lagen in diesem Jahr Tragik und Erfolg eng beisammen. Ein gemischtes slowenisch-polnisches Team wiederholte den Normalweg, zwei Bergsteiger erreichten den Gipfel mit Sauerstoffflaschen. Bei einem anschließenden Versuch kamen Joze Rozman und Marija Frantar, mit nur einer Sauerstoffflasche für beide, bis etwa 150 Meter unterhalb des Gipfels. Es war 16 Uhr und in einem Funkspruch zur Basis sagten sie, dass ihnen kalt sei, aber dass sie weitergehen wollen, obwohl Marija Frantar teilweise schneeblind war. Sie ignorierten den Rat zum Abstieg und gingen auf Marija Frantars Wunsch hin und trotz der Bedenken von Rozman weiter. Aber um 19 Uhr, es war inzwischen dunkel, meldeten die beiden, dass sie sich hoffnungslos verirrt hätten. Ihre Leichen wurden später am Fuß der Gipfelwand gefunden. Im Gegensatz dazu

Die Südwestflanke des Kangchendzönga über dem tiefen Tal des Yalung-Gletschers. Der Hauptgipfel wird vom Yalung Kang und vom Kangchendzönga-Südgipfel flankiert.

gelang einer slowenischen Seilschaft der gleichen Expedition, Marko Prezelj und Andrej Stremfelj, die erfolgreiche Begehung des Südgrates. Die beiden kletterten im Schwierigkeitsgrad VI/A2 im Fels und 65–90 Grad im Eis bis zu einem Biwak in 6200 Meter Höhe, dann über leichteres Gelände bis zu einem zweiten Biwak auf 7900 Meter. Sie wurden dann in die Südwestwand gezwungen, widerstanden aber der Versuchung, zum großen Plateau zu queren und kletterten weiter zu einem dritten Biwak in 7600 Meter Höhe. Am nächsten Tag schafften sie nur 300 Meter, biwakierten erneut (7900 Meter), bevor sie durch tiefen Schnee aufstiegen, um bei 8100 Meter auf die sowjetische Route zu stoßen. Um schneller voranzukommen, nutzten sie dann die sowjetischen Fixseile und erreichten den Südgipfel. Die beiden stiegen über die Polen-Route zum großen Plateau ab, wo sich das übrige slowenische Team am Normalweg versuchte. Viele Beobachter glauben, dass dies die bisher beste Besteigung eines Achttausenders im Alpinstil war und haben sie sogar mit der Kurtyka-Schauer-Route an der Westwand des Gasherbrum IV verglichen. Obwohl schon 1985 gemacht, gilt diese Besteigung für viele bis heute als bester Anstieg im Alpinstil in diesen Höhen.

Das restliche polnisch-slowenische Team erreichte erfolgreich den Haupt- und den Mittelgipfel.

1992 versuchte Wanda Rutkiewicz, mit acht Achttausendern auf ihrem Konto die wohl führende Höhenbergsteigerin ihrer Zeit, erneut den Kangchendzönga, nachdem ihr der Gipfelaufstieg 1991 nicht gelungen war. Am 12. Mai erreichte ihr Kamerad Carlos Carsolio, der schneller kletterte, den Gipfel und traf sie, noch immer aufsteigend, in einer Höhe von 8250 Meter wieder. Er versuchte sie zu überzeugen abzusteigen, aber sie sagte, dass sie biwakieren und am nächsten Tag zum Gipfel weitergehen werde. In der Nacht brach ein Sturm aus, und sie wurde nie mehr gesehen.

1995 gab es eine weitere Tragödie am Kangchendzönga, eine Tragödie, die wahrscheinlich durch das Wettrennen beschleunigt wurde, der dritte Mensch zu sein, der alle 14 Achttausender bestiegen hat. In der Saison nach dem Monsun trafen der Schweizer Erhard Loretan, der die anderen 13 Achttausender bestiegen hatte und der Franzose Benoît Chamoux, der zwölf Achttausender sowie den Mittelgipfel des Shisha Pangma bestiegen hatte, am Fuss des Berges ein. (Chamoux beanspruchte Letzteren als seinen 13. Achttausender; sein Aufstieg auf den Cho Oyu ist aber ebenso umstritten, da er und seine Gefährten nur die Kante des Gipfelplateaus erreicht hatten.) Loretan und sein üblicher Partner Jean Troillet, der Italiener Sergio Martini (der zehn Achttausender bestiegen hatte), Chamoux, Pierre Royer (der den vierzehnten Aufstieg von Chamoux filmte) und drei Sherpas (die Royers Filmausrüstung und weitere Ausrüstungsgegenstände trugen) starteten zusammen auf dem Normalweg. Aber die Schweizer und Martini setzten sich schnell von den Franzosen und deren Sherpas ab. Während einer Rastpause kam einer der Sherpas aus dem Gleichgewicht und stürzte tödlich ab. Die anderen beiden Sherpas stiegen zu ihm hinab, aber Chamoux

Sonnenaufgang über dem Kangchendzönga. Blick von Süd-südwesten vom Tiger Hill, Darjeeling

und Royer lehnten es ab zu helfen. Statt dessen gingen sie langsam weiter, Royer trug nun seine Filmausrüstung selbst, und führten regelmäßige Funkgespräche mit einer französischen Medienstation am Fuß des Berges.

Die Schweizer ignorierten die britische Route oberhalb des großen Plateaus und gingen weiter über die Gangway hoch zu dem Pass zwischen Yalung Kang und dem Hauptgipfel. Sergio Martini, der davon überzeugt war, dass der Grat vom Pass aus zu schwierig war, wartete auf ihre Rückkehr. Als sie nicht zurückkehrten, stieg er ab. Loretan und Troillet erreichten den Gipfel um 14.35 Uhr am 5. Oktober und trafen bei ihrem Abstieg um 16 Uhr auf Chamoux und Royer. Um 16.30 Uhr funkte Royer zur Basis, er sei zu müde um weiterzumachen und werde absteigen, dass aber Chamoux alleine weitergehen würde. Chamoux erreichte den Pass und biwakierte. Er funkte am 6. Oktober um 8 Uhr, dass er weiter aufsteigen würde. Man hörte nichts mehr von ihm, und weder er noch Royer wurden je wieder gesehen. Ein unschönes Nachspiel war die Tatsache, dass die Sherpas sich weigerten nach den Bergsteigern zu suchen, da diese sich geweigert hatten, ihrem gestürzten Kameraden zu helfen. Einige sahen Chamoux' Tod als seine eigene Schuld an, da er sich – vor lauter Hast, Loretan zuvorzukommen – schlecht akklimatisiert hatte. Diese Ereignisse trübten die Würdigung von Loretans Leistungen: Er war mit 36 Jahren der jüngste von den dreien, die alle 14 Achttausender bestiegen hatten.

Erst 1998 wurde der Kangchendzönga von einer Frau bestiegen (natürlich in der Annahme, dass es Wanda Rutkiewicz nicht gelungen ist, den Gipfel zu bezwingen, was höchstwahrscheinlich zu sein scheint). Der Britin Ginette Harrison, Mitglied eines Teams, das von ihrem amerikanischen Ehemann Gary Pfisterer geleitet wurde, gelang in diesem Jahr eine Variante der britischen Route an der Nordwestwand (die von einem deutschen Team 1989 vorbereitet wurde). Harrison benutzte keine Sauerstoffflasche. Zusätzlich zur ersten Frauenbegehung setzte Harrison einen weiteren Schlusspunkt für weibliche Bergsteiger. Der Kangchendzönga war der einzige Achttausender gewesen, der noch keine Frauenbegehung hatte. Mit dem britisch-amerikanischen Team war auch gleichzeitig ein japanisches Team am Berg. Fünf Bergsteiger erreichten den Gipfel, aber zwei starben auf dem Abstieg und die anderen drei erlitten schwere Erfrierungen. Ebenfalls 1998 bestieg der Italiener Fausto De Stefani den Kangchendzönga über den Normalweg und behauptete, der sechste Bergsteiger mit der 14-Gipfel-Sammlung zu sein. Allerdings bleibt De Stefanis Lhotse-Besteigung umstritten. Er gab zu, den Gipfel wegen starker Winde nicht erreicht zu haben. Er und sein Partner (Sergio Martini) liefen Gefahr, von der Gipfelwechte heruntergeblasen zu werden. Aber ein Südkoreaner, der kurz danach auf dem Lhotse war, gab an, dass die italienischen Spuren mindestens 150 Meter vor dem Gipfel endeten.

Die Südostwand des Kangchendzönga (Südgipfel) über den oberen Ausläufern des Talung-Gletschers in Sikkim. Der Südgrat, links, wurde von den Slowenen 1991 begangen.

Von allen 14 Achttausendern haben nur die Annapurna und der Lhotse weniger Besteigungen als der Kangchendzönga; man erkennt die Achtung vor seiner außergewöhnlichen Mächtigkeit und Schwierigkeit. Er ist außerdem ein gefährlicher Berg. Einer von 20, die den Gipfel erreichen, stirbt auf dem Abstieg; und der Berg fordert ein Opfer auf vier erfolgreiche Begehungen. Aber wie auch beim K2, trotz dieser grimmigen Statistiken wird die Verlockung des dritthöchsten Berges und seiner riesigen Wände weiterhin die besten Bergsteiger dieser Welt anziehen. Und wenn irgendwann wieder Reisen nach Sikkim möglich sind, dann ist es auch sehr wahrscheinlich, dass bald Teams auf dem Weg zur Ost- und zur Südostwand sein werden.

Manaslu 8163 m

»Hatte ich den Weg verloren? … Es war ja alles verweht, kaum 10 Meter Sicht. Ich konnte mich auch nicht mehr an irgendwelchen Felsen oder Eistürmen orientieren. Panik erfasste mich. Ich war einfach ›gerade‹ abgestiegen. War ich dabei im Kreis gegangen?«

REINHOLD MESSNER

Manaslu

Der Name hängt vermutlich mit dem tibetischen as tang zusammen, womit eine flache Gegend bezeichnet wird. Dies könnte sich auf das flache Gipfelplateau beziehen, das charakteristisch für den Berg ist, wenn man sich ihm vom Larkya La aus nähert, einem hohen Pass nach Norden, der von tibetischen Händlern benützt wurde, um das Dudh-Khola-Tal zu erreichen. Der Name Manaslu wurde aus dem Sanskrit von mansana abgeleitet, was Geist oder Seele bedeutet: Manaslu ist der Berg des Geistes. Die Einwohner von Sama, einem nepalesischen Dorf am Nordostfuß des Berges, sprechen im Zusammenhang mit ihm von Kambung,

Der Manaslu – die Betonung liegt auf der zweiten Silbe – war Gipfel XXX der Indischen Landvermessung und wurde zuerst Kutang I genannt. Dieser Name rührte daher, dass er der höchste Gipfel der Region Kutang war.

das ist der Name einer örtlichen Gottheit, von der man glaubt, dass sie auf der Bergspitze wohnt – ein Glaube, der ernste Konsequenzen für eine frühe japanische Expedition hatte.

Erforschung

1950, während die Franzosen an der Annapurna waren, errichtete eine kleine Gruppe unter dem britischen Forscher und Bergsteiger Bill Tilman ein Lager bei Thonje, einem Dorf, das sich dort befindet, wo das Dudh-Khola-Tal mit dem Fluss Marshandi zusammentrifft. Von dort aus erforschte das Team das obere Dudh-Khola-Tal und fotografierte dabei die West- und die Nordseite des Manaslu.

Der Hauptgipfel und der Ostgipfel (7895 Meter) des Manaslu von Nordosten

Manaslu: Aufstiegsrouten

Oben: Südwand
1 Österreicher-Route (1972)

Unten: von Nordosten
A Ostgrat
B Ostgipfel
C Hauptgipfel
1 Hajzer/Kukuczka (1986)
2 Route der Erstbesteiger/Normalweg, Japaner-Route (1956)

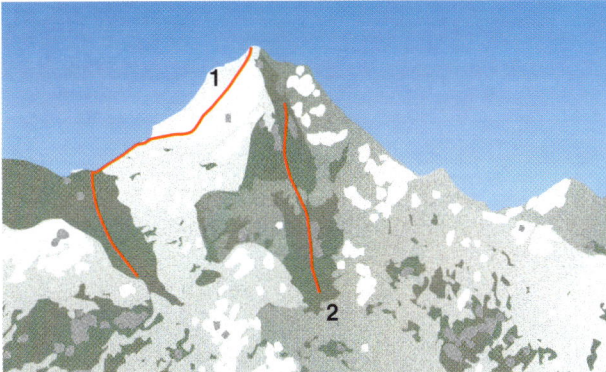

Oben: von Südosten
1 Polen-Route (1984)
2 Kasachischer Versuch (1990)

Unten: von Norden
1 Japaner-Route (1971)
2 Franzosen-Route (1981)

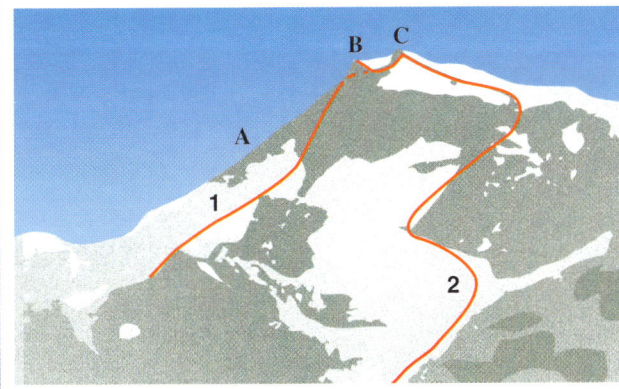

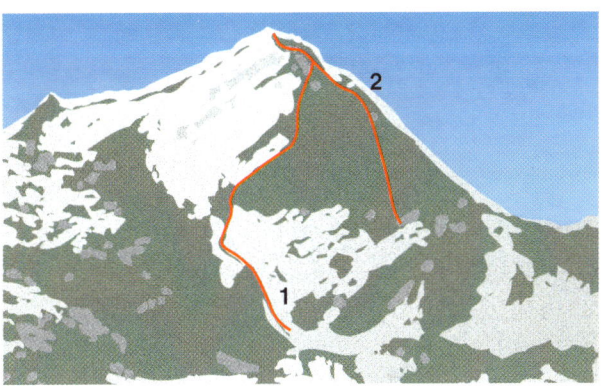

Tilman wusste, dass sein Team nicht stark genug für einen ernsthaften Besteigungsversuch war und er erkannte, dass ihm die beiden Seiten, die er erkundet hatte, kaum eine Chance auf Erfolg einräumten. So richtete er seine Aufmerksamkeit gen Westen und versuchte, den Gipfel der Annapurna IV zu besteigen. Nachdem sein Versuch weniger als 200 Meter vom Gipfel entfernt fehlschlug, erforschte sein Team noch die Südseite des Manaslu und des Himalchuli, der Berg südöstlich des Manaslu.

Zwei Jahre später kam eine kleine japanische Gruppe an, um alle Seiten des Berges für eine größer angelegte Expedition zu erforschen, die für 1953 geplant war. Die Japaner überquerten den Larkya La und erkundeten die Ost- und die Westseite des Gipfels. Von Sama aus stießen sie auf dem Ostgrat bis zu einer Höhe von ungefähr 5250 Meter vor. Vom Grat und später vom Larkya La aus entdeckten sie eine machbare Route am Manaslu-Gletscher entlang zum Nordsattel und von dort auf das Gipfelplateau. Als sie den Gipfel vom Dudh-Khola-Tal aus betrachteten, stimmten sie mit Tilmans Einschätzung überein, dass die Westseite des Gipfels eine gewaltige Herausforderung ist.

1953 kamen die Japaner mit einem kompletten Team zurück (13 Bergsteiger und zwei Wissenschaftler) und beabsichtigten, den Gipfel zu besteigen. Von Sama aus stiegen sie an den Rand des Manaslu-Gletschers auf, dann errichteten sie an einer Route über den Naike-Sattel und den Nordsattel eine Reihe von Lagern, die alle nicht weit voneinander entfernt waren (der Naike-Sattel liegt nordöstlich des Nordsattels zwischen dem Manaslu-Gletscher und dem Larkya-Gletscher). Vom Nordsattellager (Lager VIII) – das über eine Telefonleitung, die über die gesamte Strecke verlegt worden war, mit dem Basislager verbunden war – wurde ein Angriff auf den Gipfel gestartet, der aber wegen schlechten Wetters abgebrochen werden musste. Das Wetter verhinderte jeden weiteren Versuch innerhalb der nächsten zwei Wochen. Dann wurde ein neues Lager (Lager IX) auf 7500 Meter errichtet und ein weiterer Aufstieg versucht. Dieser wurde bei ungefähr 7750 Meter abgebrochen, da den Bergsteigern bewusst wurde, wie weit sie noch vom Gipfel entfernt waren. Heutige Bergsteiger würden weitergehen, doch 1953 lag die Aussicht auf eine Gipfelankunft am Abend mit einem nächtlichen Abstieg oder einem Biwak jenseits jeglichen Vorstellungsvermögens bei den meisten Bergsteigern, besonders ohne künstlichen Sauerstoff und ohne die heutige moderne Ausrüstung – auch wenn Hermann Buhl genau so eine Besteigung erst im Jahr zuvor alleine am Nanga Parbat gemacht hatte.

Im Frühjahr 1954 wollten die Japaner wieder an den Berg zurückkehren, doch dieses Mal standen sie einer Bedrohung gegenüber, die schwieriger zu meistern war als schlechtes Wetter und technisch schwieriges Bergsteigen. Bei Sama trafen sie

Gyaltsen auf dem Gipfel, 9. Mai 1956

auf eine zornige Menschenmenge, die ihnen vorwarf, dass der Aufstieg vom Vorjahr den Gott verärgert habe, der auf dem Berg lebt. Er zeigte seinen Zorn in Form von entsetzlichem Wetter. Eine Lawine von bis dahin noch nie dagewesenen Ausmaßen hatte die Gompa (Mönchskloster) zerstört, die 300 Jahre dort gestanden hatte. Drei Mönche waren dabei umgekommen. Es hatte außerdem Pockenepedemien und andere Erkrankungen gegeben. Die Dorfbewohner waren nicht bereit, noch mehr Leid zu ertragen, nur damit die Fremden sich auf dem Berg amüsierten und sie waren willens, wenn nötig, körperliche Gewalt anzuwenden, wenn ihr ärgerliches Schimpfen nicht genügen würde, um die Japaner aufzuhalten. Um dem Ganzen Nachdruck zu verleihen, bewaffneten sie sich mit Knüppeln, Steinen und Messern. Die Japaner lenkten wohlweislich ein und begnügten sich dann mit einem fehlgeschlagenen Versuch am Ganesh Himal und mit der Erkundung der Ostseite des Himalchuli.

Bei ihrer Rückkehr nach Katmandu ersuchten die Japaner um eine Versicherung der nepalesischen Regierung, damit sie bei einer späteren Expedition zum Manaslu nicht mit weiteren Einschüchterungen konfrontiert würden. Als sie diese erhalten hatten, beantragten sie eine Genehmigung für 1955. Unglücklicherweise wurde die nepalesische Genehmigung auf dem Seeweg und nicht per Luftpost versandt und erreichte Japan erst Ende Februar 1955, viel zu spät, um eine Frühjahrsexpedition zu organisieren. Die Japaner schickten nun ihrerseits eine Delegation nach Katmandu, um eine Genehmigung für den Herbst 1955 und das Frühjahr 1956 auszuhandeln. Sie erhielten weitere Versicherungen, dass es in Sama keine Probleme geben würde. Daraufhin reisten im Herbst 1955 drei Männer in die Region, um die Zuverlässigkeit der Aussagen zu prüfen. In Sama gab es keine Probleme. Die drei stiegen bis zur Stelle, wo das Basislager von 1953 gestanden hatte, und erkundeten von dort aus alternative Besteigungsmöglichkeiten. Obwohl das Team so klein war, erreichten sie den Rand des Gipfelplateaus in etwa 7500 Meter Höhe.

Die Erstbesteigung

Am 11. März 1956 verließ eine weitere japanische Expedition Katmandu in Richtung Manaslu. Sie wurde von Yuko Maki geleitet, einem 62-jährigen Mann, der früher Präsident des japanischen Alpenvereins gewesen war. Durch seine Erstbesteigung des Mittellegi-Grates von 1921 am Eiger gemeinsam mit Fritz Amatter, Samuel Brawand und Fritz Steuri war er auch unter den europäischen Bergsteigern bekannt. Sein Team bestand aus Sonosuke Chitani, Minoru Higeta, Toshio Imanishi, Kiichiro Kato, Yuichi Matsuda, Junjiro Muraki, Katsuro Ohara, Hiroyoshi Otsuka, Dr. Hirokichi Tatsunuma, Dr. Atsushi Tokunaga, der offizielle Expeditionsarzt, und Takayoshi Yoda, der Expeditionsfotograf. Das Team wurde von 20 Sherpas unter Sirdar Gyaltsen Norbu unterstützt. Einige Mitglieder des Teams waren schon bei den Expeditionen 1953 und 1954 dabei. Die Japaner benutzten Zelte mit Bambusgestell, eine weitaus ver-

Imanishi und Gyaltsen kommen vom Gipfel zurück; Muraki und Pemba Sundar gehen ihnen entgegen.

Der Gipfel des Manaslu vom Lager II aus

Nordsattels verlief. Ende April errichtete das Team östlich des Sattels Lager IV und benutzte es als vorgeschobenes Basislager. Das Gipfelplateau wurde dann über ein weites Schneefeld erreicht, an dessen Fuß Lager V platziert wurde. Lager VI befand sich in 7800 Meter Höhe am Rand des Plateaus genau im Westen des Ostgipfels, dieser Spitze aus dunklem Fels, die nordöstlich des Hauptgipfels liegt. In Imanishis Besteigungsbericht kann man lesen, dass während dieser Phase die Unterhaltungen mit den unteren Lagern über Funk hitzig wurden und dass »harte Worte ausgetauscht wurden«. Er führt dies nicht genauer aus, aber der deutliche Unterschied zwischen diesem Kommentar und dem Rest des Berichts, der in einem überaus höflichen Ton verfasst ist, deutet auf eine wirkliche Konfrontation hin. Vermutlich machten sich die führenden Bergsteiger über den mangelnden Fortschritt an der Route Sorgen, weil sie befürchteten, dass das gute Wetter nur von kurzer Dauer sein könnte. Lager VI wurde am 8. Mai errichtet, und am nächsten Tag machten sich Imanishi und Gyaltsen Norbu morgens um 8 Uhr an einem wunderschönen, praktisch windstillen, wenngleich kalten Tag in Richtung Gipfel auf. Sie kamen auf dem verhältnismäßig flachen Plateau gut voran. Das Paar erreichte den höchsten Schneepunkt nach weniger als 4 Stunden Aufstieg. An diesem Punkt entdeckten sie jedoch, dass der wirkliche Gipfel ein Turm aus Geröll ist, der noch ein kurzes Stück entfernt war. Sie stiegen weiter und erreichten den wirklichen Gipfel um 12.30 Uhr. Es könnten zwar drei oder

Der Nordgipfel des Manaslu von Lager V aus gesehen

nünftigere Alternative zu Metall als man zuerst gedacht hätte. Bambus ist leichter als Stahl (allerdings spröder als die Aluminium-Legierungen oder Karbonfasern der modernen Zelte). Sie verwendeten offene Sauerstoffsysteme, aber zum Schlafen benutzten sie sogenannte »Sauerstoff-Kerzen«. Bei diesem Gerät entsteht in einer exothermischen Reaktion als Nebenprodukt Sauerstoff. Die Kerzen wogen 3½ Kilogramm, allerdings produzierten sie 4–5 Liter Sauerstoff pro Minute für 1½ Stunden. Die gleichzeitig entstehende Hitze konnte dazu genutzt werden, Wasser zu kochen. Das Problem der Kerzen war, dass ein Zelt kein abgeschlossener Raum ist und deswegen der entstandene Sauerstoff nach draußen entweicht. Im letzten Lager benutzten deswegen beide Gruppen, die einen Gipfelversuch starten wollten, vor ihrem Aufstieg Sauerstoffflaschen zum Schlafen.

In Sama gab es trotz der Versicherungen der Regierung einige Feindseligkeiten, aber ein nepalesisches Regierungsmitglied beruhigte die Lage schnell und die Japaner durften die Expedition fortführen. Sie planten die Besteigung auf der Route von 1953, aber sie errichteten weniger Lager als damals und näherten sich dem Gipfelplateau auf einer Route, die südlich des vier Männer auf dem Gipfel stehen, aber zum Fotografieren war nicht genug Platz. Das Gipfelfoto von Gyaltsen entstand deswegen von einer nahen Schneespitze aus. Nachdem er mit den Franzosen 1955 bereits den Makalu bestiegen hatte, war Gyaltsen Norbu der erste Mensch, der zwei Achttausender-Besteigungen aufweisen konnte. Die beiden blieben 1½ Stunden auf dem Gipfel, stiegen dann am Lager VI vorbei ab und übernachteten in Lager V.

Am nächsten Tag stiegen Higeta und Kato zum Lager VI und machten am 11. Mai, einem weiteren wunderschönen und windstillen Tag, die Zweitbegehung. Weil sie die Stufen benützen konnten, die das erste Team beim Abstieg geschlagen hatte, erreichten sie den Gipfel in nur 3 Stunden. Sie filmten den Gipfel mit einer 16-Millimeter-Kamera, aber unglücklicherweise fiel sie mitsamt dem Film die

Der Manaslu mit seiner Südwestwand genau von Westen nahe Chame in der Marsyandi-Schlucht gesehen

Südwand hinunter. Innerhalb von sechs Tagen nach der zweiten Gipfelbesteigung hatte die Expedition den Berg geräumt.

Spätere Besteigungen

1964 bestieg eine kleine holländische Expedition den Nordgipfel (7157 Meter) des Manaslu, der zwischen dem Nord- und dem Naike-Sattel aufragt. Aber der Hauptgipfel wurde erst 1971 wieder versucht, als zwei Teams dort eintrafen. Eine japanische Expedition versuchte eine Route von der Nordwestseite – das ist die Seite, von der Tilman und die frühere japanische Erkundungsexpedition meinten, dass es von dort wohl keine erfolgversprechende Route geben würde –, während eine koreanische Gruppe die Route der Erstbegeher wiederholen wollte. Die Koreaner waren erfolglos. Sie gaben auf, nachdem Kim Ki Sup, der Bruder des Expeditionsleiters Kim Ho Sup, durch den Sturz in eine Gletscherspalte auf 7600 Meter Höhe zu Tode gekommen war. Aber die Japaner konnten mit einer sehr schwierigen Route durch die Nordwestwand einen großen Erfolg für sich verbuchen. Das Team, das von Akira Takahashi geleitet wurde, eröffnete bei entsetzlichem Wetter (1971 war in Nepals Geschichte eines der Jahre mit dem schlechtesten Wetter) eine Route durch die Wand hinauf zum Nordwestgrat, wo sie sich einer 250 Meter hohen Felsstufe gegenüberfanden, die sie Kasa-Iwa nannten, den Regenschirm. Dieser teilweise überhängende Felsen in 7000 Meter Höhe erforderte vier Wochen Kletterei, einschließlich einiger sehr schwieriger Stellen, die frei und einige, die technisch zu klettern waren. Um das Lager V, das über dieser Felsstufe lag, versorgen zu können, bauten die Japaner eine »Materialseilbahn«, weil die Stufe für beladene Kletterer zu schwer zu überwinden war. Die Japaner entdeckten dann, dass

Lager V unterhalb des Gipfelplateaus und der Ostgipfel während der ersten erfolgreichen Expedition

auf dem Grat eine schwierige überhängende Felsstufe der anderen folgte. Es war nun Anfang Mai. Ängstlich darauf bedacht, keine Zeit zu verlieren, verließ das Team den Grat und trieb eine Route durch ein schwieriges Eisfeld voran, eine Route, die noch mehr technische Kletterei verlangte. Schließlich wurde das Lager V am Rand des Hochplateaus errichtet. Von hier aus starteten am 5. Mai Kazuharu Kohara und Motoyoshi Tanaka um 5 Uhr morgens. Der Gipfel war 2½ Kilometer entfernt und ungefähr 800 Meter oberhalb, und das Plateau war mit einer einen Meter tiefen, weichen Schneeschicht bedeckt. Trotzdem erreichten sie die Spitze um 12.15 Uhr – eine phänomenale Leistung. Kurz unterhalb des letzten Felsturms schlugen die beiden einen Haken heraus, den Toshio Imanishi gesetzt hatte, um ihn nach ihrer Rückkehr nach Tokio dem damaligen Expeditionsleiter Yuko Maki zu überreichen. Die Route durch die Nordwestwand stellte eine große Steigerung des Schwierigkeitsgrades im Achttausender-Bergsteigen dar. Sie wurde nur ein Jahr nach der Durchsteigung der Annapurna-Südwand durch die Briten geschafft. Allerdings hat sie nie die internationale Anerkennung erfahren, die sie verdiente hätte. Das lag zum Teil vielleicht daran, dass es kein englischsprachiges Buch über die Besteigung gab, wodurch nie ein so großes internationales Publikum erreicht werden konnte wie bei der britischen Route.

1972 kehrten die Koreaner zum Manaslu zurück, und sie wollten noch einmal den Normalweg versuchen. Kim Ho Sup war wieder der Expeditionsleiter. Das Team errichtete Lager I A auf ungefähr 6500 Meter Höhe. In der Nacht vom 10. auf den 11. April hielten sich fünf Koreaner, ein Japaner und 12 Sherpas darin auf. Irgendwann während der Nacht wurde das Lager von einer Lawine verschüttet; vier Koreaner, der Japaner und zehn Sherpas wurden getötet. Der übriggebliebene Koreaner, Kim Ye Sup, ein weiterer Bruder des Expeditionsleiters, und zwei Sherpas blieben an der Oberfläche der Lawine und wurden über 750 Meter weit mit hinuntergerissen. Als diese Überlebenden versuchten sich zu retten, erfasste sie erneut eine Lawine und riss sie weitere 300 Meter mit. Auf wundersame Weise haben diese drei überlebt, wenn auch schwer verletzt. Die 15 Toten wurden das Opfer eines der schlimmsten Unfälle, den es je im Himalaja gegeben hat.

Der Sturm, der die Lawinen auf der Nordseite des Berges verursacht hatte, bereitete auch einer österreichischen Expedition an der Südseite große Schwierigkeiten. Die Österreicher, geführt von Wolfgang Nairz, waren gerade an der Südwand des Manaslu unterwegs – eine riesige Wand, die auf halber Höhe von einem Tal geteilt wird, das die Bergsteiger Schmetterlingstal nennen. Die Kletterei an dem 600 Meter hohen Felspfeiler im unteren Wandteil war so schwierig, dass Fixseile gelegt und Leitern aufgestellt werden mussten, um den Materialtransport in die oberen Lager zu ermöglichen. Oberhalb des Pfeilers führt die Route ins Schmetterlingstal und über den Grat an dessen Ende auf das flache Gipfelplateau. Unterhalb des Plateaus wurde Lager IV aufgeschlagen, von dem aus Franz Jäger und der Südti-

Eine Nahaufnahme der gewaltigen Südwestwand des Manaslu, erstmals von einem österreichischen Team 1972 durchstiegen

roler Reinhold Messner am 25. April zum Gipfel starteten. Die beiden mussten ungefähr 2½ Kilometer und 750 Höhenmeter zurücklegen, um den Gipfel zu erreichen. Ihre körperliche Verfassung war ausgezeichnet. Nach einigen Stunden entschied sich Jäger jedoch, zum Lager zurückzukehren, weil er überzeugt war, dass sie sonst biwakieren müssten. Messner, der keinen künstlichen Sauerstoff benützte, ging alleine weiter und erreichte den Gipfel um 14 Uhr. Der Manaslu, der damit zum dritten Mal bestiegen worden war, war sein zweiter Achttausender.

Während Messners Abstieg kam ein Sturm auf, und er war bald in einen Kampf auf Leben und Tod gegen Wind und Kälte verwickelt. Bei einer Sichtweite, die weniger als 10 Meter betrug, hatte er sich verirrt und suchte verzweifelt das Zelt. Er konnte gelegentliche Rufe von Jäger hören, der, so dachte er, ihm die Richtung weisen wollte. Als er unterkühlt und erschöpft schließlich doch noch das Zelt fand, stellte er fest, dass Jäger nicht dort war, aber zwei andere Kameraden, Horst Fankhauser und Andi Schlick. Fankhauser und Schlick gingen hinaus, um nach Jäger zu suchen, dessen Rufe weiterhin gehört werden konnten. Sie verloren die Orientierung und gruben sich eine Schneehöhle, weil sie das Zelt nicht wieder finden konnten. Während der Nacht verließ Schlick die Höhle, ob um nach Jäger zu suchen oder das Zelt, wird man nie erfahren. Fankhauser hat ihn nicht wieder gesehen. Die Morgen brach strahlend an, aber das Plateau war mit einer zwei Meter dicken Neuschneeschicht bedeckt. Obwohl Fankhauser und Messner stundenlang suchten, konnten sie weder von Jäger noch von Schlick auch nur die geringste Spur finden.

Der Normalweg wurde 1973 von einer kleinen deutschen Expedition wiederholt, während ein japanisches Team zur selben Zeit den Ostgrat erforschte. Im darauffolgenden Jahr wiederholte auch eine japanische Frauenexpedition den Normalweg. Am 4. Mai erreichten Mieko Mori, Naoko Nakaseko und Masako Uchida zusammen mit dem Sherpa Jangbu den Gipfel. Es war die erste Frauenbesteigung und zugleich die erste Besteigung eines Achttausenders durch eine reine Frauenmannschaft. Unglücklicherweise starb Teiko Susuki während des zweiten Gipfelversuchs, der erfolglos verlief. 1975 wiederholte ein spanisches Team den Normalweg und fand die Leichen von Jäger und Schlick auf dem Gipfelplateau. Im Jahr darauf versuchten die Koreaner es erneut. Das Team wurde von Kim Jung Sup geleitet, ein weiterer Bruder von Kim Ho Sup. Der Expeditionsleiter und ein weiterer Bergsteiger wurden durch Eisschlag schwer verletzt und mussten nach Katmandu ausgeflogen werden. Ein Gipfelversuch scheiterte bei ungefähr 7850 Meter. Die Koreaner und besonders die Kim-Familie wurden das Gefühl nicht los, dass der Manaslu sie verflucht habe. Schließlich schaffte 1980 ein koreanisches Team die Besteigung auf dem Normalweg.

Im Frühjahr 1981 war eine kommerzielle Expedition unter der Leitung von Hans von Kaenel von Erfolg gekrönt. 15 Männer (Deutsche, Österreicher und Schweizer) standen auf dem Gipfel. Zwei Österreicher, Josef Millinger und Peter Wörgötter, fuhren von einem Punkt ungefähr 30 Meter unterhalb des Gipfels mit Ski bis zum Lager I ab. Im Herbst des gleichen Jahres eröffnete eine französische Vier-Mann-Expedition eine sehr schwere Variante in der Westwand. Die Wand ist 3000 Meter hoch, wovon 1000 Meter aus 70 Grad steilem Eis oder aus mit Eis überzogenem Fels bestehen. Diese Variante mündet in die Messner-Route. Die Gipfelstürmer Pierre Béghin und Bernard Muller biwakierten am Rand des Plateaus und setzten den Anstieg am nächsten Tag, dem 7. Oktober, fort und kehrten dann zu ihrem Biwak zurück. Sie waren die ersten, die den Gipfel in der Nachmonsunzeit bestiegen. Wenige Tage nach den Franzosen erreichten drei Männer eines japanischen Teams den Gipfel auf dem Normalweg.

Im Herbst 1983 bezwang ein Koreaner namens Huh Young-Ho den Gipfel im Alleingang ab einer Höhe von 7200 Meter (bis dahin hatte ihn ein Sherpa begleitet). Seine Anwesenheit auf dem höchsten Punkt wurde von einem deutschen Team bestätigt, das den Gipfel über die Österreicher-Route in der Südwand erreicht hatte. Die Deutschen mussten zuvor einen Versuch am Südgrat abbrechen. Ein österreichischer Besteigungsversuch am Ostgrat schlug ebenso fehl. Im Winter 1983/84 hatte ein polnisches Team mit der Wiederholung der Österreicher-Route in der Südwand Erfolg, womit sie die erste Winterbesteigung des Manaslu durchführten. Der Gipfel wurde am 12. Januar 1984 von

Der Ostgipfel des Manaslu in der Abenddämmerung, Blick nach Südwesten vom Burui-Gandaki-Tal in der Nähe von Sama Gompa

Maciej Berbeka und Ryszard Gajewski erreicht, die ohne künstlichen Sauerstoff geklettert waren. Im Frühjahr 1984 durchstieg ein kleines jugoslawisches Team die Südwand, und im Herbst desselben Jahres stieg ein polnisches Team über den Südgrat und die Südostwand auf den Gipfel und eröffnete damit eine neue Route auf der Südseite. Das Team stieg zuerst zum Pungen La auf (zwischen Manaslu und Gipfel XXIX) und kletterte dann auf der linken Seite des Grates. Sie mussten in die Südostwand ausweichen, gewannen dann aber den Grat wieder, der bis zur Spitze führt. Auf diesem Weg erreichten Ende Oktober Aleksander Lwow und Krzysztof Wielicki den Gipfel.

Im Dezember 1985 machte ein japanisches Team auf dem Normalweg die zweite Winterbegehung. Auf dem Gipfel fanden sie (was bisher nicht widerlegt wurde) eine Zigarettenschachtel und ein Feuerzeug, vermutlich von den Erstbegehern zurückgelassen. Im darauffolgenden Jahr versuchte ein Vier-Mann-Team – die Polen Artur Hajzer, Jerzy Kukuczka und Wojciech Kurtyka sowie der Mexikaner Carlos Carsolio – den Aufstieg über den Ostgrat, aber wegen schlechten Wetters und gefährlichen Verhältnissen mussten sie aufgeben. Es war Anfang November und Kurtyka reiste ab, doch die drei anderen kletterten eine neue Route in der Nordostwand. Nachdem die drei den Ostgipfel erstbestiegen hatten, musste Carsolio wegen Erfrierungen umkehren. Aber Hajzer und Kukuczka setzten ihren Weg zum Gipfel fort. Der Manaslu war der zwölfte Achttausender von Kukuczka, und noch während er am Berg war, hörte er über Funk, dass Messner am Makalu und nur zwanzig Tage später am Lhotse erfolgreich und damit der erste Mensch war, der alle 14 Achttausender bestiegen hatte. Aus seinen eigenen Berichten geht hervor, dass Kukuczka enttäuscht war, dass er das Rennen verloren hatte – obgleich er sowieso nie eine wirkliche Chance hatte es zu gewinnen, wenn er seinen eigenen sehr strikten Regeln (neue Route oder Wintererstbegehung) folgen wollte. Nach Messners Erfolg am Makalu hatte er geäußert, dass Messner, da er »die Achttausender in der Regel über den Normalweg besteigt und ein ausgezeichneter Alpinist ist ... schon großes Pech haben müsste, um sein Ziel nicht zu erreichen«. Messners Erfolg am Lhotse gab ihm recht. Nach Kukuczkas Vollendung der 14-Gipfel-Sammlung sandte Messner ihm folgende Nachricht: »Du bist nicht der Zweite. Du bist großartig.« Ein Zyniker könnte sagen, dass es keinen besseren Weg gibt, jemanden daran zu erinnern, dass er nur zweiter ist, als ihm zu sagen, dass er es nicht ist. Aber Kukuczka war zumindest so beeindruckt, dass er diese Aussage in seinem eigenen Buch als »Vorwort« benützte.

Die Geschwindigkeit bei der Entdeckung weiterer neuer Routen am Manaslu nahm nun ab, obwohl es noch ein paar »letzte große Probleme« gab. Ein kasachisches Team gab einen Versuch in der Ostwand im Herbst 1990 auf, nachdem drei im Höhenbergsteigen sehr erfahrene Kletterer bei einem Absturz umkamen. Und auch der Versuch einer Winteralleinbegehung in der Südwand von dem Franzosen Eric Monier schlug fehl, als er realisierte, dass die von ihm wahrgenommene Kletterbegleitung

Die Nordwand des Manaslu vom nahen Larkya La aus

(eine 100.000 Jahre alte Frau) vermutlich eine Halluzination war und der Rückzug deshalb angeraten erschien. Natürlich würde eine Begleitung, egal welchen Alters oder Geschlechts, eine Solobesteigung für ungültig erklären.

Nachdem die Kasachen 1990 in der Ostwand gescheitert waren, war sie 1991 wiederum das Ziel eines ukrainischen Teams. Dieses scheiterte ebenfalls, aber drei Mitglieder konnten erfolgreich die Südwand im Alpinstil durchsteigen. Dann stieg das Trio über den Normalweg ab und machte damit die erste vollständige Gipfelüberschreitung. 1995 wurde die dritte Winterbegehung gemacht. Am 12. Mai 1996 wurde der Mexikaner Carlos Carsolio der Vierte (und mit 33 Jahren der Jüngste), der die Gipfel aller 14 Achttausender bestiegen hatte. Er erreichte nun endlich den Gipfel des Manaslu, dem er bereits 1986 zusammen mit Jerzy Kukuczka und Artur Hajzer so nah gewesen war.

1997 scheiterte der Südkoreaner Park Young-Seok, der bereits fünf Achttausender in den vorangegangenen sechs Monaten bestiegen hatte, an einer Winterbesteigung des Manaslu. Auch 1998 gab es einen Fehlschlag, als das japanische Ehepaar Yasushi Yamanoi und Teako Nagao sich im Herbst an der Nordwestwand versuchte. Trotz dieser Fehlschläge ist der Manaslu einer der meistbestiegenen Achttausender in Nepal: nur am Everest, am Cho Oyu und am Dhaulagiri gibt es mehr Besteigungen. Dabei ist er vergleichsweise gefährlich: Über 50 Bergsteiger starben bei Besteigungsversuchen. Trotz der offensichtlichen Verzerrung der Statistik durch die 15 Toten bei dem furchtbaren Unglück von 1972 bewahrt der Manaslu weiter sein Ansehen als gefährlicher Berg. Das riesige Gipfelplateau ist kein Platz, an dem man sich aufhalten sollte, wenn schlechtes Wetter den Gipfel verhüllt.

Lhotse 8516 m

» Das Firnfeld war hart wie reines Eis, und wir waren fest entschlossen, in dieser exponierten Lage kein einziges Risiko einzugehen. Ich schlug eine Reihe von Stufen, wozu Hunderte von Schlägen mit meinem Pickel nötig waren. Unterhalb des Grates hackte ich einen großen Standplatz in den Schnee und lehnte meinen Kopf gegen den Berg, um mich von meinen Anstrengungen zu erholen. «

ERNST REISS

Lhotse

Der Lhotse wurde bei der Indischen Landvermessung E1 genannt und schien keinen lokalen Namen zu haben, weder in Tibet noch in Nepal, als Charles Howard-Burys Everest-Erkundungsteam im August 1921 durch das Kama-Tal und über den Nordrand des Kangshung-Gletschers kam.

Weil jegliche Alternativen fehlten, taufte Howard-Bury ihn Lho-tse, was im Tibetischen Südgipfel heißt, da er südlich des Everest liegt, durch den Südsattel von ihm getrennt. Wegen seiner tibetischen Herkunft konnte der Name sich durchsetzen.

Erforschung

Obwohl er der vierthöchste Berg der Welt ist, führte die Nähe des Lhotse zu seinem gewaltigen Nachbarn dazu, dass er von den ersten Bergsteigern ignoriert wurde. Aber auch die Sicht von der Kangshung-Seite aus hätte wohl sowieso jeden Bergsteiger davon abgehalten, sich an ihm zu versuchen: Die Ostnordostwand ist furchterregend, während der Ostgrat wie ein Hahnenkamm aussieht, eine lange Reihe eisüberzogener Felstürme. Im Gratverlauf befinden sich einige untergeordnete Gipfel. Am östlichen Ende, einen Kilometer vom Hauptgipfel entfernt, befindet sich der 8398 Meter hohe Lhotse Shar (shar = Osten). Zwischen dem Shar und dem Hauptgipfel gibt es zwei Mittelgipfel, einer etwa 25 Meter niedriger, der andere etwa 25 Meter höher als der Shar. Wie beim Yalung Kang (dem Westgipfel des Kangchendzönga) wurde auch hier vorgeschlagen, dass der Lhotse Shar als eigenständiger Gipfel angesehen wird, aber auch hier liegt der tiefste Punkt am Ostgrat kaum 200 Meter unterhalb des Hauptgipfels, was in den Augen der meisten nicht ausreicht, um ihn als eigenständigen Gipfel zu klassifizieren. Allerdings tut das der Anziehungskraft des Lhotse Shar auf Bergsteiger keinen Abbruch.

Die Besteigungsversuche am Lhotse wurden meist als Vorspiel für die Expeditionen zum Everest angesehen. Dies trifft allerdings nicht auf die Südwand zu, obwohl diese von Tilman zusammen mit Charles Houston und seinem Team im Jahre 1950 während einer Erkundungsreise durch die Solo-Khumbu-Gegend in Augenschein genommen wurde, und noch einmal 1951 bei Shiptons Erkundungsreise. Die

Fritz Luchsinger auf dem Gipfel bei der Erstbesteigung 1955

Die Westwand des Lhotse, rechts davon der Lhotse-Naptse-Grat, auf der rechten Seite des Hauptgipfels der Lhotse Shar

Schweizer und die britischen Expeditionen von 1952 und 1953 stellten fest, dass die Westwand des Lhotse durch ein enges Couloir zu besteigen sein müsste, das die felsige Wand bis zu einem Punkt am Gipfelgrat durchschneidet, der nahe des Gipfels liegt. Der Nordgrat, der sich vom Südsattel erhebt, war offensichtlich viel schwieriger zu besteigen, da er von einer Reihe steiler Felstürme blockiert wird, die umgangen werden müssen. Dasselbe trifft für den Westgrat zu.

Es ist daher nicht überraschend, dass 1955 der erste Versuch an diesem Gipfel über den Khumbu-Eisbruch, den Western Cwm und die Westwand unternommen wurde. Die Expedition wurde von dem Amerikaner Norman Dyhrenfurth geleitet – dem Sohn von Prof. Günter Dyhrenfurth – und ihr gehörten sowohl Schweizer als auch Amerikaner an sowie der Österreicher Erwin Schneider, ein Mitglied der Nanga-

Parbat-Expedition von 1934. Das Team kletterte in der Nachmonsunzeit und errichtete Lager am Eisfall, im Western Cwm und hinauf bis zur Westwand, das letzte (Lager V) in einer Höhe von 7600 Meter. (Nur als Randbemerkung: Während dieser Expedition fuhren Schneider und Bruno Spirig den Khumbu-Eisbruch mit Ski ab, ein Ereignis, das dem berühmten japanischen Erfolg 16 Jahre vorausging.) Am 16. Oktober stiegen Ernst Senn, Arthur Spöhel und zwei Sherpas von Lager V Richtung Gipfel auf. Spöhel und die Sherpas brachen nach etwa 3 Stunden ab. Aber Senn ging weiter und erreichte auf etwa 8100 Meter den Beginn des Couloirs, das die Wand teilt, bevor seine Sauerstoffflasche leer war. Er stieg zum Lager V ab, war aber nicht mehr in der Lage, den anderen zum Lager IV hinunter zu folgen. Ein Sturm hielt Senn fünf Tage lang im Lager V fest, aber er überlebte diese Situation unbeschadet. Ein zweiter Versuch, der nicht höher als bis zum Lager V führte, wurde durch einen weiteren heftigen Sturm vereitelt.

Die Erstbesteigung

1956 kehrten die Schweizer mit der Absicht nach Nepal zurück, die Zweitbesteigung des Everest zu machen, sie hatten aber auch die Genehmigung für einen Versuch am Lhotse. Das Team bestand aus dem Expeditionsleiter Albert Eggler sowie Wolfgang Diehl, Hans Grimm, Hansrudolf von Gunten, Dr. Eduard Leuthold (der Expeditionsarzt), Fritz Luchsinger, Jürg Marmet, Fritz Müller, Ernst Reiß (der auf der Schweizer Everest-Expedition im Herbst 1952 dabei war), Adolf Reist und Ernst Schmied. Sie wurden von einem Team von 22 Sherpas unter Sirdar Pasang Dawa Lama (der mit Jöchler und Tichy den Cho Oyu bestiegen hatte) unterstützt. Als Pasang im Basislager krank wurde, übernahm Dawa Tensing die Aufgabe des Sirdar.

Während weiter im Westen die Japaner ihre Route am Manaslu vorantrieben, folgten die Schweizer der mittlerweile wohlbekannten Route durch den Khumbu-Eisbruch und am Western Cwm entlang.

Lhotse (links), Lhotse Shar (Mitte, erscheint höher als der Hauptgipfel) und Everest (rechts, hinter der Gratlinie) vom Barun-Gletscher gesehen

Das Wetter war gut, und Anfang Mai waren sie höher gekommen als die Briten drei Jahre vorher zur selben Zeit. Sie entschieden, dass ein Angriff auf beide Gipfel möglich wäre – obwohl sie die Genehmigung für beide Gipfel hatten, trafen sie die endgültige Entscheidung erst am Berg – und dass das stärkste Paar an dem Tag, an dem Lager VI in der Nähe des Südsattels aufgeschlagen werden sollte, einen Versuch am Lhotse unternehmen sollte. Der Rest des Teams würde sich weiter für die Versuche am Everest vorbereiten. Aber nun wurde das Wetter schlecht und hielt das Team für mehrere Tage fest. Als es aufklarte, wurde trotz der Verzögerung derselbe Plan durchgeführt.

Lager VI wurde nahe der Spitze des Genfer Sporns in 8000 Meter Höhe aufgeschlagen, und eine Seilwinde wurde installiert, um die Vorräte hochzuziehen. Am 17. Mai bezogen Fritz Luchsinger (der sich von einer ernsthaften Krankheit zu Beginn der Tour bemerkenswert gut erholt hatte) und Ernst Reiß das Lager. Sie verließen es am nächsten Morgen um 9 Uhr, verlo-

Die riesige Südwand des Lhotse überragt den kleinen Island Peak direkt unterhalb; vom Amphu-Lapcha-Pass aus gesehen

ren aber eine Stunde, da die Sauerstoffmaske von Luchsinger eingefroren war. Glücklicherweise hatten sie eine Ersatzmaske. Sie ersetzten die defekte und stiegen weiter auf. Es dauerte dann eine Stunde, bis sie den Fuß des Couloirs erreichten. Dieses war zwischen 40 und 50 Grad steil, aber der feste Schnee ermöglichte ein stetiges Vorankommen. Das Couloir war etwa 5 Meter breit und von glatten Felsrippen begrenzt. Etwa auf halber Höhe wurde das Couloir durch einen Felsabsatz fast abgesperrt, aber eine enge, 60 Grad steile Eisrinne machte es möglich, diesen zu umgehen. Schließlich endete das Couloir am rasiermesserscharfen Gipfelgrat. Felstürme ragten an beiden Seiten auf, die auf der linken Seite waren etwas höher. Die beiden überkletterten einen stark überwechteten Grat, dann einen senkrechten Felspfeiler, um zum scharfen Gipfelgrat zu gelangen, der zu schmal war, um darauf zu stehen. Es war 14.45 Uhr am 18. Mai 1956, neun Tage nach der Besteigung des Manaslu durch die Japaner. Die beiden blieben 45 Minuten auf dem Gipfel und warfen ihre leere Sauerstoffausrüstung weg, bevor sie abstiegen. Der Abstieg verlangte große Vorsicht, aber sie kamen um 18.15 Uhr ins Lager VI zurück und brauchten damit weniger als 3 Stunden vom Gipfel aus.

Fünf Tage nach der Lhotse-Besteigung standen zwei Männer der Schweizer Expedition auf dem Gipfel des Everest, weitere zwei am nächsten Tag. Das Team zog sich ohne jegliche Zwischenfälle vom Berg zurück. Die Doppelbesteigung war eine hervorragende Leistung.

Kurz vor dem Gipfel

Die Südwand vom Imja-Khola-Tal aus

Spätere Besteigungen

Mit der Besteigung des Hauptgipfels ging das Interesse am Lhotse Shar kurze Zeit verloren. 1965 versuchte ein japanisches Team eine Route am Südostgrat (der Grat, der hinter einem hohen Pass zum Island Peak aufsteigt, einer der beliebtesten Trekking-Gipfel in Nepal). Die Japaner bauten an dem lawinenfreien, aber sehr schwierigen Grat eine Reihe von Lagern auf. Ein Expeditionsmitglied wurde bei einem Sturz ernsthaft verletzt, und sein Abtransport vom Berg nahm viel Zeit und Kraft in Anspruch. Über ein Monat verging, bis das letzte Lager (Lager V in 7300 Meter Höhe) bezogen wurde. Das Lager lag definitiv zu niedrig, aber ein Zwei-Mann-Team startete einen Gipfelversuch und scheiterte knapp oberhalb 8000 Meter, als klar wurde, dass sie nicht ausreichend Zeit hatten, um die technischen Schwierigkeiten am Grat überwinden zu können. 1970 versuchte ein österreichisches Team unter Siegfried Aeberli diesen Grat. Derselben Route wie die Japaner folgend, errichteten sie Lager IV auf 7620 Meter Höhe, von dem Sepp Mayerl und Rolf Walter am 12. Mai aufbrachen. Sie kletterten mit Sauerstoffausrüstung, zunächst jedoch ohne sie zu benützen, und erreichten den höchsten Punkt der Japaner recht schnell. Für den letzten schwierigen Abschnitt drehten sie ihre Sauerstoffflaschen auf und erreichten den Gipfel kurz nach Mittag. Die Spitze war noch scharfkantiger als der Hauptgipfel. Die Männer mussten rittlings darauf sitzen, da es zum Stehen zu unsicher war. Eine zweite Besteigung am nächsten Tag schlug fehl, da die Sauerstoffausrüstung von einem der beiden Bergsteiger nicht mehr funktionierte.

Nachdem nun die wichtigsten Gipfel bestiegen waren und die Überschreitung vom Lhotse Shar zum Hauptgipfel zu futuristisch schien, wurde die Aufmerksamkeit auf die fantastische Südwand verlegt, eine 3300 Meter hohe Wand aus steilem Fels und Eis (manchmal senkrecht, sogar überhängend, und durchschnittlich etwa 55 Grad steil). Der erste Versuch wurde 1973 von einem japanischen Team unter der Leitung von Ryochei Uchida unternommen. Das Team machte wenig Fortschritte am Südgrat (an der linken Seite der Wand), bevor die Lawinengefahr sie dazu zwang, zum Westgrat zu wechseln. An diesem erreichten sie eine Höhe von 7300 Meter und brachen dann den Versuch ab. Im darauffolgenden Jahr versuchte ein polnisches Team eine Winterbesteigung des Hauptgipfels über die Route der Erstbegeher und erreichte eine Höhe von 8230 Meter, bevor die Kälte sie zwang abzubrechen. Ein Teammitglied erfror. Noch bevor ein weiterer Versuch unternommen werden konnte, stellten

Der Normalweg durch die Lhotse-Westwand vom Western Cwm aus

Ed Viesturs auf dem Normalweg durch die Westwand

Lhotse: Aufstiegsrouten

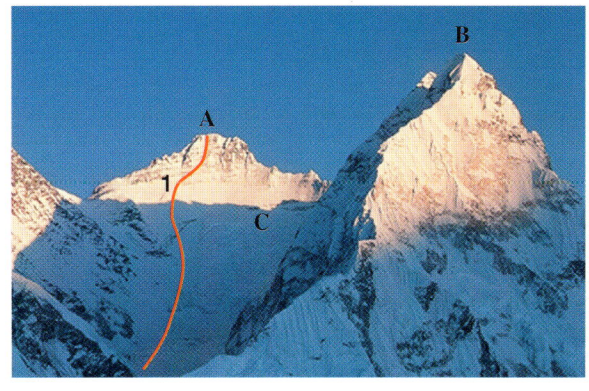

Oben: Westwand
A *Lhotse*
B *Nuptse*
C *Lhotse-Westwand*

1 *Route der Erstbegeher/Normalweg, Schweizer Route (1956)*

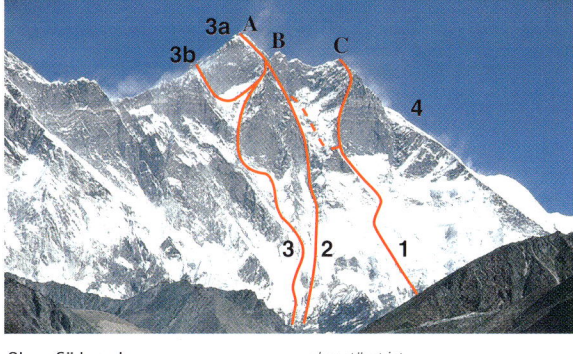

Oben: Südwand
A *Hauptgipfel*
B *Mittelgipfel*
C *Lhotse Shar*
1 *Tschechische Route zum Lhotse Shar (1989). Die gepunktete Linie zeigt die Route, die Kukuczka und Pawlowski zum Gipfelgrat des Hauptgipfels genommen haben, wo Kukuczka abgestürzt ist*
2 *Sowjetische Route (1990)*
3 *Jugoslawen-Route (1981), aber nicht zum Gipfel, weder auf 3a noch auf 3b*
3a *Cesen (1990), im unteren Wandteil einer Variante der Jugoslawen-Route folgend*
4 *Südostgrat des Lhotse Shar, Österreicher-Route (1970)*

die Polen fest, dass ihre Genehmigung mit dem 31. Dezember ablief und mussten sich zurückziehen.

1975 kam eine italienische Expedition unter der Leitung von Ricardo Cassin. Es war ein sehr starkes Team, dem Alessandro Gogna, Ignazio Piussi und Reinhold Messner angehörten. Auch dieses Team schätzte die direkte Route durch die Wand als zu gefährlich ein und versuchte eine Traverse nach links zum Lhotse-Nuptse-Grat. Die Italiener hatten eine Höhe von etwa 7400 Meter erreicht, als sowohl das Basislager als auch das oberste Lager durch Lawinen zerstört wurden, wobei vier Männer, wenn auch nicht ernsthaft, verletzt wurden. Der Versuch wurde dann abgebrochen. Ein japanisches Team versuchte dieselbe Route 1976, kam etwas höher, wurde dann aber auch durch die Lawinengefahr gezwungen abzubrechen.

Als 1977 schließlich der Hauptgipfel des Lhotse nach 21 Jahren wieder erreicht wurde, geschah dies auf der Route der Erstbegeher durch ein österreichisch-deutsches Team unter der Leitung von Dr. Gerhard Schmatz. Die Zweitbesteigung wurde am 8. Mai von Hans von Kaenel, Hermann Warth und dem Sherpa Urkien unternommen. Zwei weitere Teams erreichten den Gipfel – insgesamt waren es zehn Gipfelstürmer bei drei Besteigungen. Michl Dacher vollendete die erste Besteigung ohne künstlichen Sauerstoff. Traurigerweise kam bei der dritten Besteigung Max Lutz beim Abstieg ums Leben. Der Normalweg wurde 1979 zweimal wiederholt: Ein österreichisches Team beging die Route im Frühling und ein polnisches Team unternahm im Oktober die erste Gipfelbesteigung in der Nachmonsunzeit. Einer der Polen war Jerzy Kukuczka, für den der Lhotse der erste Achttausender war.

1980 kam der Franzose Nicholas Jaeger zusammen mit Nicholas Bérardini und Georges Bettembourg am Fuß der Südwand an und hatte scheinbar den verwegenen Plan, nicht nur die Südwand im Solo zu durchsteigen, sondern bis zum Südsattel weiterzugehen, um dann den Everest zu besteigen. Sein Versuch in der Wand wurde bald wegen der Lawinengefahr verworfen, und so entschied er sich, den Lhotse Shar im Alleingang zu besteigen und dann dem Ostgrat zum Hauptgipfel zu folgen. Er wurde das letzte Mal auf dem Südostgrat in einer Höhe von etwa 8000 Meter gesehen. Sechs Tage schlechten Wetters verhüllten den Berg. Jaegers letztes Biwak wurde 1983 während eines gescheiterten Versuchs am Lhotse Shar gefunden.

1981 nahm ein jugoslawisches Team die Herausforderung der Südwand an. Das erste Lager des Teams war eine Schneehöhle, da über die ganze Gegend ständig Lawinen herunterdonnerten und Zelte dadurch zerstört worden wären. Das Wetter war grauenhaft, jeden Tag schneite es ab Mittag. Absteigende Teams wurden unweigerlich von Pulverschneelawinen erfasst. Lager III befand sich unter einem 300-Meter-Überhang, aus dem einmal ein gewaltiger Steinschlag herunterpolterte. Gott sei Dank wurde niemand verletzt. Auch der weitere Weg erforderte schwieriges und gefährliches Klettern. Unterhalb der Gipfelwand errichteten die Jugoslawen auf dem U-förmigen Schneefeld Lager V. Dieses Lager war aber so lawinengefährdet, dass es schließlich weiter nach oben auf den Sporn im Osten verlegt wurde. Die letzte Entscheidung, das Lager zu verschieben, fiel nach einem Zwischenfall, bei dem ein Zelt so mit Schnee überhäuft wurde, dass es luftdicht abgeschlossen wurde. Als die Bergsteiger zu kochen begannen, verbrauchte die Flamme den Sauerstoff und ein Mann wurde bewusstlos. Die ganze Strecke zu dem neuen Lager war mit Fixseilen ausgestattet. Es wurden zwei Versuche von diesem Lager aus unternommen, die Gipfelwand zu besteigen, aber beide scheiterten an dem schlechten Wetter. Beim dritten Versuch wurde das Schneefeld gequert und zum Westgrat hinaufgestiegen. Fortgesetzte Schwierigkeiten zwangen die beiden Männer – Francek Kenez und Vanja Matijevic – schließlich, den Versuch abzubrechen, obwohl sie den Grat erreicht hatten. Die beiden kamen 25 Stunden nachdem sie aufgebrochen waren zum Lager IV zurück. Es wird angenommen, dass der höchste erreichte Punkt etwa bei 8300 Meter lag, nicht mehr als 200 Meter unterhalb des Gipfels. Es war ein bemerkenswerter, sensationeller Versuch: Die Südwand wurde durchstiegen, obgleich nach den strengen Regeln des Himalaja-Bergsteigens der Erfolg nicht gezählt werden konnte, da der Gipfel nicht erreicht wurde.

Im Frühling 1984 durchstieg ein tschechisches Team die Südwand auf einer Route rechts der Jugoslawen-Route und erreichte den Gipfel des Lhotse Shar. Die Linie folgte einem ausgeprägten Felspfeiler, der sehr schwieriges Klettern verlangte, aber relativ lawinenfrei war. Wie bei der Jugoslawen-Route waren wegen des schlechten Wetters und der verlängerten Aufstiegszeit Fixseile erforderlich (die Tschechen brauchten 51 Tage

für ihre Besteigung und die Jugoslawen über 60 Tage). Am 20. Mai verließen vier Männer das oberste Lager. Drei gaben wegen Wetter und Kälte auf, aber Zoltan Demján ging weiter zum Gipfel. Am nächsten Tag standen drei weitere Männer des Teams auf dem Gipfel des Lhotse Shar. Im Herbst 1985 versuchte ein polnisches Team der tschechischen Route zu folgen, mit der Absicht, sich dann nach Westen zu orientieren und den Hauptgipfel zu erreichen. Sie gaben auf, als ein Bergsteiger zu Tode stürzte.

Im Herbst 1986, nur ungefähr eine Woche nach ihrer Besteigung des Makalu, kamen Reinhold Messner und Hans Kammerlander zusammen mit Friedl Mutschlechner in das Basislager des Everest, um den Lhotse zu besteigen. Messner hatte bereits zweimal versucht, den Gipfel zu besteigen: 1975 im Rahmen der italienischen Südwand-Expedition sowie 1980 zusammen mit einem Sherpa. Dieses Mal schloss sich sein Team einer kommer-

Lager an der Lhotse-Wand – die Route zum Südsattel. Das Foto wurde während der kanadischen Everest-Expedition von 1992 aufgenommen.

ziellen Everest-Expedition an und benutzte deren Ausrüstung, um die Lhotse-Wand zu erreichen. Mutschlechner trat wegen Zahnschmerzen den Rückzug an. Messner und Kammerlander folgten dem Normalweg zum Gipfel, den sie am 16. Oktober erreichten. Es war Messners letzte Besteigung eines Achttausenders: Er hatte nicht nur alle 14 bestiegen, sondern vier von ihnen sogar zweimal und alle ohne künstlichen Sauerstoff – ein Meilenstein in der Geschichte des Himalaja-Bergsteigens. Obwohl mehrere seiner Besteigungen den Normalwegen folgten – während Jerzy Kukuczka, der zweite Mann, der die 14-Gipfel-Sammlung vollendete, auf allen Gipfeln bis auf einen neue Routen beging oder Wintererstbegehungen machte –, darf Messners Leistung nicht unterbewertet werden. Seine Besteigung des Gasherbrum I zusammen mit Peter Habeler hatte eine neue Ära im Große-Gipfel-Bergsteigen eröffnet, und auch die Besteigung des Everest, bei der die beiden keinen künstlichen Sauerstoff verwendet hatten, stellte einen Meilenstein dar. Zusammen mit dem ersten Alleingang an einem Achttausender und seiner Alleinbesteigung des Everest, als sich keine anderen Bergsteiger am Berg befanden, repräsentieren diese Besteigungen eine phänomenale Bergsteigerkarriere.

In den Jahren, die Messners Vollendung der Gipfelsammlung folgten, blieb die Südwand ein schwer fassbares Ziel. Ein internationales Team durchstieg die Wand im Herbst 1987 bis zum Gipfelgrat, aber auf den letzten 200 Metern erging es ihnen genauso wie den Jugoslawen. Eines der Teammitglieder wurde durch eine Lawine getötet. Im Jahr darauf machte Krzysztof Wielicki am 31. Dezember über den Normalweg in der Westwand die erste Winterbegehung, ab etwa 7300 Meter im Alleingang. Wegen einer schweren Rückenverletzung, die er sich bei einem Sturz in diesem Jahr zugezogen hatte, musste er ein Korsett tragen. Die Verletzung hatte ihn einen Zentimeter kleiner gemacht und ließ ihm den Abstieg zur Qual werden. Es war kein echter Soloaufstieg, da der Berg bis zum obersten Lager durch eine belgische Everest-Lhotse-Winterexpedition vorbereitet gewesen war. Dennoch war es eine bemerkenswerte Leistung, denn Wielicki kletterte die letzten 1200 Meter in nur 9½ Stunden. Im folgenden Jahr planten Jerzy Kukuczka und Ryszard Pawlowski, Mitglieder eines internationalen Teams, die polnische Route durch die Südwand zu vollenden. Sie biwakierten auf 8300 Meter, kurz unterhalb des Gipfelgrates. Am 24. Oktober stieg Kukuczka zum Gipfelgrat hinauf und stürzte ab, vermutlich war eine Wechte durchgebrochen. Er hatte eine Sicherung gelegt, die auch hielt, aber das 6-Millimeter-Seil, das er billig in Katmandu gekauft hatte, riss und er stürzte 3000 Meter tief bis zum Fuß der Wand. Der schockierte Pawlowski schaffte seinen Weg sicher nach unten. Kukuczka war ein bemerkenswerter Bergsteiger, scheinbar immun gegen Leiden und mit einem unstillbaren Hunger auf das Höhenbergsteigen. Er hatte alle 14 Achttausender entweder über neue Routen oder im Winter bestiegen, alle außer einem – dem Lhotse. Mit einer erfolgreichen Durchsteigung der Südwand im Winter hätte er die Serie nach seiner sich selbst gesetzten Regel vervollständigt.

In der Südwand

Der Everest ragt über der Lhotse-Südwand auf, Blick vom Nordgrat der Ama Dablam

1989 scheiterten die französischen Bergsteiger Marc Batard und Christophe Profit, beide bei dem Versuch einer Wintersolobesteigung durch die Südwand. Aber im folgenden Jahr durchstieg der Slowene Tomo Cesen die Wand auf einer Variante zur jugoslawischen Route, wobei er im obersten Teil der Gipfelwand eine direkte Route wählte. Cesen war ein Phänomen. Im Winter 1986 hatte er den Eiger, die Grandes Jorasses und die Matterhorn-Nordwand innerhalb von einer Woche im Alleingang bestiegen und er unternahm andere extreme Alleinbesteigungen, darunter einige sehr schnelle Solos auf sehr schwierigen Routen. Im Himalaja kam er 1985 bei der Erstbesteigung der Yalung-Kang-Nordwand auf den Gipfel und im April 1989 schaffte er im Alleingang die Nordwand des Jannu, eine 2800 Meter hohe Wand, die er in 23 Stunden durchstieg. Am Lhotse startete er am 22. April 1990 um 5 Uhr morgens, um eine Route links der Jugoslawen-Route von 1981 zu begehen. Er biwakierte auf 7500 Meter, als die Sonne voll in die Wand schien, um so dem Steinschlag auszuweichen. Seine zweite Biwakstelle war auf 8200 Meter Höhe, und von da aus erreichte er den Gipfel am 24. April um 14.20 Uhr. Das letzte Stück der Gipfelwand war sehr hart, es gab einen 60 Meter hohen Abschnitt, für den Cesen 3 Stunden brauchte, weil er viele Haken schlagen musste. Cesen ging bis etwa 7800 Meter dieselbe Strecke zurück und benutzte dann die Haken der Jugoslawen-Route, um schneller abseilen zu können. Er biwakierte auf 7300 Meter und erreichte das Basislager am 25. April.

Am 13. Mai 1990 bestiegen Wally Berg und Scott Fischer den Lhotse auf dem Normalweg und kamen zu dem Schluss, dass Cesen auf dem Gipfel war. Seine Beschreibung des Gipfels stimmte mit dem überein, was sie sahen, und sie sahen auch die orangefarbene Sauerstoffflasche, die er beschrieben hatte. Sie hielten es für möglich, dass er die letzten 8 Meter bis zur Spitze nicht bestiegen hatte, da diese aus einem instabilen Schneekegel besteht, auf dem sie sich sehr unsicher fühlten, obwohl sie angeseilt waren.

Im Herbst 1990 kletterte ein sowjetisches Team unter Anwendung der »altmodischen« Belagerungstaktik eine Direttissima in der Südwand und beanspruchte für sich die Erstdurchsteigung. Cesens Alleingang erkannten sie nicht an und schürten damit die Gerüchteküche über die slowenische Route weiter an, die vor allem in Frankreich entstanden war. Cesen hatte keine Fotografien, um seine Gipfelbesteigung zu beweisen, und die Kletterwelt war in zwei Lager gespalten, obwohl einige, die sich an der Wand versucht hatten, zu ihm hielten. Später modifizierten die Sowjets ihre Aussagen (sie behaupteten, dass sie falsch zitiert wurden) und sagten, dass es wegen der Schwierigkeiten am letzten Grat unwahrscheinlich sei, dass Cesen den Hauptgipfel erreicht habe, aber dass er wahrscheinlich die Wand durchstiegen und die Spitze eines niedrigeren Gipfels erreicht habe. Die Debatte lenkte die Aufmerksamkeit von dem sowjetischen

Aufstieg ab, der die außerordentliche Leistung eines Teams war, das aus überwiegend jungen, unerfahrenen – aber sehr guten – Bergsteigern bestand. Der Gipfel wurde am 16. Oktober von Sergei Bershov und Vladimir Karatajev erreicht. Es wurde zwar zusätzlicher Sauerstoff benützt, aber die beiden erreichten den Gipfel um 19 Uhr, lange nachdem der Sauerstoff ausgegangen war. Karatajev verlor später als Folge seiner Erfrierungen fast alle seine Finger und Zehen. Es ist bedauerlich, dass die Auseinandersetzung über Cesens Aufstieg eine angemessene Anerkennung des sowjetischen Aufstiegs verhindert hat. Viele sind der Meinung, dass dies die schwierigste Route auf den Gipfel eines Achttausenders ist.

Am 13. Mai 1994 bestieg Carlos Carsolio den Gipfel auf dem Normalweg in weniger als 24 Stunden. Am 25. April hatte er bereits den Cho Oyu bestiegen. Er heizte die Cesen-Kontroverse nochmals an, indem er schrieb, dass ein Teil des Western Cwm vom Gipfel aus sichtbar gewesen sei: Cesen hatte behauptet, den Cwm gesehen zu haben, ein Punkt, den seine Gegner als Beweis gegen ihn vorgebracht hatten, da andere, die definitiv den Gipfel erreicht hatten, behaupteten, dass der Cwm nicht sichtbar gewesen sei. 1996 wurde weiteres Öl in das »Cesen-Feuer« gegossen, als Bergsteiger, die den Gipfel in diesem Jahr bestiegen hatten, Fotos vom Ostgrat veröffentlichten. Cesen hatte behauptete, den Grat auf seiner Südseite bestiegen zu haben, da diese Seite viel einfacher wäre, aber die Fotos schienen zu zeigen, dass die nördliche Seite viel unkomplizierter ist. Es wird außerdem behauptet, dass Reinhold Messner, der zunächst auf Cesens Seite stand, nun seine Meinung über die Besteigung geändert haben soll. Die Debatte geht weiter und wird wohl nie zufriedenstellend beendet werden. Das liegt in der Natur der Dinge bei Alleinbesteigungen, die nicht durch Fotos oder andere Tatsachen bewiesen werden können.

Unglücklicherweise rückt diese Debatte einige sehr gute Besteigungen des Lhotse in den Hintergrund. 1994 begingen Erhard Loretan und Jean Troillet den Normalweg. Ihre Absicht, eine Überschreitung zum Lhotse Shar zu machen, wurde durch schlechtes Wetter vereitelt. Am 10. Mai 1996 bestieg Chantal Mauduit den Gipfel, die erste Frauenbesteigung. Aber sogar diese Besteigung erwies sich als kontrovers: Ein Sherpa, der sie 1995 nahe des Everest-Gipfels gerettet hat, als sie eine Besteigung ohne künstlichen Sauerstoff versucht hatte, soll nach ihrer Lhotse-Besteigung zu ihr gegangen sein und ihr einfach nur gesagt haben: »Du lügst.«

1997 gab es weitere Auseinandersetzungen, die durch die Besteigung der Italiener Sergio Martini und Fausto De Stefani hervorgerufen wurden. Jeder von ihnen hatte gute Gründe, den Lhotse besteigen zu wollen: Martini brauchte dann nur noch den Everest, um die 14-Gipfel-Sammlung zu vollenden (den Everest bestieg er dann 1999) und De Stefani nur noch den Kangchendzönga (welchen er 1998 bestieg). Die beiden waren insofern ehrlich, dass sie zugaben, den eigentlichen Gipfel nicht erreicht zu haben. Sie behaupteten, dass der starke Wind am Gipfel das Besteigen des letzten Grates mit seinen Wechten aus Faulschnee zu gefährlich machte. Da es bekannt ist, dass der wirkliche Gipfel des Lhotse bei schlechtem Wetter schwer zu lokalisieren ist, hat die Bergsteigerwelt die Besteigung anerkannt. Später erreichte jedoch ein südkoreanischer Bergsteiger, Park Young-Seok (der fünf Achttausender in sechs Monaten bestiegen hatte) den richtigen Gipfel und behauptete, dass die Spuren der Italiener ganze 150 Meter vor dem Gipfel endeten, was zu weit ist, um noch als kleiner Irrtum durchzugehen. Da De Stefani und Martini beide beanspruchen, zum »Club der 14 Achttausender« zu gehören, wird auch diese Debatte weitergehen.

Die gute Nachricht 1998 – der Berg scheint nicht nur Schlechtes an sich zu haben – war eine verbürgte Besteigung, eine versuchte Überschreitung vom Lhotse Shar zum Hauptgipfel in der Nachmonsunzeit. Ein russisches Team bestieg den Shar, konnte aber nicht weitermachen, da das Wetter und die Schneebedingungen zu schlecht waren. Diese Überschreitung, die eine Besteigung des Lhotse-Mittelgipfels beinhalten würde, des höchsten unbestiegenen »Gipfels« der Welt, bleibt eines der letzten großen Probleme des Berges. Obwohl der Lhotse fast der am seltensten bestiegene Achttausender ist (nur die Annapurna hat weniger Besteigungen aufzuweisen als der Lhotse), werden die Südwand, der Westgrat und die Shar-Hauptgipfel-Überschreitung sicherstellen, dass er weiterhin die Aufmerksamkeit der besten Bergsteiger der Welt auf sich ziehen wird.

Nahansicht der gewaltigen Lhotse-Südwand

Gasherbrum II 8035 m

» Er begann zu klettern, während ich ihn – nur an zwei Eisschrauben hängend – sicherte. Stufenweise bewegte er sich nach oben. Ich hörte ihn fluchen. Es gab nichts, wo man einen Haken einschlagen konnte. Ich beobachtete, wie er kämpfte, wie er es einmal versuchte, zweimal, wie seine Waden vor Anstrengung zitterten ... «

JERZY KUKUCZKA beobachtet WOJCIECH KURTYKA am Südostsporn

Gasherbrum II

Nordwestlich von diesen Doppelgipfeln trennt ein weiterer hoher Pass sie von dem trapezförmigen Gasherbrum IV. Südlich davon befinden sich die Gipfel V und VI, jeder durch Gratsättel getrennt. Bei der ursprünglichen Einordnung der Karakorumgipfel war Gasherbrum I K5 und Gasherbrum II K4. Der Name ist von rgasha brum aus dem Balti (ein tibetischer Dialekt) abgeleitet und bedeutet »schöner Berg« (obgleich Dyhrenfurth behauptet, dass ihm einst gesagt wurde, der Name bedeute »leuchtende Wand«). Weniger zweifelhaft als die Ableitung des Namens scheint, dass er ursprünglich für den Gasherbrum IV verwandt wurde, dem sichtbarsten der Gipfel. Ob nun »schöner Berg« oder »leuchtende Wand«, der Name passt und wird sowohl der eleganten Form als auch dem sonneheischenden hellen Kalkstein des Gasherbrum IV gerecht.

> Die Gasherbrum-Gruppe besteht aus einer Reihe von Gipfeln in einem gigantischen hufeisenförmigen Gebirgskamm, der den Südlichen Gasherbrum-Gletscher mit einschließt. Auf der östlichen Seite des Gletschers befindet sich der Gasherbrum I, durch den Gasherbrum La von den pyramidenartigen Gipfeln des Gasherbrum II und III getrennt.

Erforschung

Die Gasherbrum-Gruppe liegt am oberen Ende des Baltoro-Gletschers, nahe genug am K2, um bei früheren Erforschungen des höheren Gipfels beachtet zu werden. Auf Conways Reise 1892 wurde der Gasherbrum I gesehen – und erhielt von ihm bei dieser Gelegenheit seinen Namen –, während 1909 die Expedition des Herzogs der Abruzzen vom heute so genannten Sella-Pass aus den Gasherbrum I, II und III gesehen und fotografiert hat.

1934 erreichte die Internationale Himalaja-Expedition unter Günter Dyhrenfurth den Zusammenfluss des Abruzzi-Gletschers und des Südlichen Gasherbrum-Gletschers und folgte dem Letzteren bis zum Fuß des Gasherbrum II. Von hier aus konnte Dyhrenfurth zwei klare Linien für den Aufstieg zu dem terrassenförmigen Schneefeld am Fuß der letzten Gipfelpyramide erkennen und war so davon überzeugt, dass er von dort durch einfaches Klettern die Spitze erreichen würde, dass er geneigt war, dies zu versuchen. Nur die Bedenken hinsichtlich der Fähigkeiten seiner Balti-Träger, die notwendigen Lager zu errichten und zu betreiben, hinderten ihn daran, dies zu tun.

Die Erstbesteigung

Im Jahre 1956 organisierte die Österreichische Himalaja-Gesellschaft eine Expedition zum Karakorum unter Leitung von Fritz Moravec, mit der Absicht, den Gasherbrum II auszukundschaften und, wenn möglich, zu besteigen. Neben Moravec waren an dieser Expedition auch Dr. Erich Gattinger, ein Geologe, Sepp Larch, Hans Ratay, Richard Reinagl, Heinrich Roiss, Dr. Georg Weiler, der Teamarzt, und Hans Willenpart beteiligt. Unterstützt wurden sie von Captain Qasim Ali Shah, Hayat Ali Sha und einem Team von Balti-Trägern. Die Expedition baute das Basislager an der Kreuzung zwischen dem Abruzzi- und dem Südlichen Gasherbrum-Gletscher auf und das Lager I am Fuß des Südwestsporns. Nach Dyhrenfurths Erkundungen von 1934 schien der östlichere der beiden Sporne (der Südsporn), der zu dem terrassenförmigen Schneefeld führt, der erfolgversprechendere zu sein. Die Österreicher aber bevorzugten den anderen. An seinem Fuß fanden sie einen sicheren Zeltplatz, aber nachdem sie durch einen zehn Tage dauernden Sturm zum Rückzug ins Basislager gezwungen worden waren, entdeckten die Österreicher, dass ihr sicherer Lagerplatz unter einer riesigen Lawine verschwunden war. Trotz zweitägigen Grabens durch 10 Meter tiefes Geröll wurden sie schließlich gezwungen zu akzeptie-

Larch, Moravec und Willenpart nach ihrer Gipfelbesteigung

Bergsteiger schleppen sich den Anfangsabschnitt des langen Südwestgrates hinauf. Der Gipfel, noch immer 1500 Meter höher, ist rechts zu sehen.

ren, dass ihre ganze Ausrüstung verloren war. Moravec wurde nun zu einer quälenden Entscheidung gezwungen – sollte er die Expedition abbrechen oder einen schnellen Aufstieg mit einem Minimum an Lagern und Unterstützung versuchen. Er entschied sich für Letzteres.

Ratay und Roiss bestiegen den Eisgrat an der Kante des Sporns und errichteten Lager II in einer Höhe von 6700 Meter. Larch und Reinagl stiegen dann weiter hoch zu einer Schulter am Sporn, wo sie Lager III in einer Höhe von 7150 Meter aufstellten. Moravec hoffte nun, auf dem terrassenförmigen Schneefeld das letzte Lager aufstellen zu können, aber die Balti-Träger waren nicht in der Lage, die Lasten den Sporn hoch zu schaffen. Folglich verließen am 6. Juli (gerade vier Tage nachdem sie das Graben im Lager I aufgegeben hatten) Moravec, Larch und Willenpart das Lager III mit großen Lasten, aber ohne Sauerstoffflaschen. Auf gefährlichem, instabilem Schnee kletterten sie unangeseilt, da ein Rutscher von einem von ihnen von den anderen nicht hätte gehalten werden können. Bei Einbruch der Dunkelheit erreichten sie die Terrasse. Sie fanden unterhalb der Gipfelfelsen der Südostwand eine geschützte Stelle für ein Biwak. Sie schätzten ihre Höhe auf 7500 Meter. Nach einer bitterkalten Nacht und einem kärglichen Frühstück folgten die drei der ansteigenden Terrasse, immer dicht am Fuß der Südostwand bleibend. Um 9 Uhr morgens gelangten sie zum Ostgrat und konnten auf ihm weitersteigen. Trotz tiefen Schnees und einem kurzen Felsband am Ende verlief der Grat relativ unkompliziert, und am 7. Juli vormittags um 11.30 Uhr erreichten die drei den Gipfel, wo sie auf einer Schneekuppe zwei mannshohe Steinhügel errichteten. Das Wetter war perfekt, es war so warm, dass die Gipfelstürmer ihre Anoraks ausziehen und sich sonnen konnten. Sie bauten ein Steinmännchen, in dem Moravec eine Filmdose mit Details über ihren Aufstieg in deutscher und englischer Sprache sowie eine österreichische Flagge hinterließ. Spätere Gipfelgänger haben weder den Steinmann noch die mannshohen Hügel erwähnt. Nach einer Stunde stiegen die Österreicher ab. Der Abstieg verlief ohne Zwischenfälle. Vielleicht weil der Gasherbrum II heute als einer der leichtesten Achttausender gilt, wird diese Erstbesteigung in der Bergsteigerliteratur vernachlässigt. Dennoch stellt dieser Aufstieg eine Weiterentwicklung im Höhenbergsteigen dar: Nie zuvor wurde ein Achttausender durch ein Team bestiegen, welches bewusst ein Biwak während des Aufstiegs wählte. Diese Taktik zeigte den Weg in die Zukunft, es vergingen jedoch fast drei Jahrzehnte, bis diese Technik üblich wurde.

Spätere Besteigungen

1975, 19 Jahre nach dem ersten Aufstieg, traf eine französische Expedition am Fuß des Gasherbrum II ein. Die Franzosen stiegen über den Südsporn – wie von Dyhrenfurth vorgeschlagen – in Richtung des terrassenförmigen Schneefeldes und folgten dann, wie vorher die Österreicher, dem Ostgrat zum Gipfel. Die Franzosen beabsichtigten Lager III oben auf dem Sporn einzurichten, aber die beiden Spitzenkletterer Marc Batard und Yannick Seigneur stiegen weiter hoch, an der geplanten Stelle vorbei, weil sie merkten, dass der Grat einfach zu klettern war. Sie stellten ein kleines Zelt weiter oben auf, von wo sie gegen 9 Uhr morgens am folgenden Tag den Gipfel erreichten. Die zweite Gipfelbesteigung war gelungen. Beim Abstieg trafen sie eine zweite Seilschaft, Louis Audobert und Bernard Villaret, in der Nähe des Zeltplatzes. Aufgrund ihrer Erfahrung rieten Batard und Seigneur zu einer Übernachtung im Zelt und zu einem frühen Aufbruch am nächsten Tag. Audobert und Villaret folgten dem Rat, blieben im Zelt und starteten um 3 Uhr morgens am nächsten Tag zum Gipfel. Inzwischen hatte sich das Wetter verschlechtert und Villaret brach wegen der beißenden Kälte und der starken Winde seinen Aufstieg ab. Audobert ging weiter, bis auch er, nur etwa 50 Meter vom Gipfel entfernt, gezwungen wurde umzudrehen. Zurück im Zelt warteten die beiden einen ganzen Tag den Sturm ab. Als die Bedingungen sich nicht verbesserten, entschied sich Audobert zum Abstieg, konnte Villaret aber nicht dazu überreden, ihn zu begleiten. Nach vielen Stunden, bei geschätzten Minusgraden von 40 °C und mehr, wütendem Sturm und tiefem Schnee, erreichte Audobert völlig erschöpft Lager II. Villaret wurde nie wieder gesehen.

Einen Tag nachdem Batard und Seigneur den Gipfel erreichten, kamen zwei polnische Mannschaften am Fuß des Gasherbrum II an. Eines, ein Frauenteam, wurde von Wanda Rutkiewicz geleitet und beabsichtigte den Gasherbrum III zu besteigen, das andere, ein Männerteam, wollte auf den Gasherbrum II. Aber zum Zeitpunkt der Ankunft der Polen hatten die Männer ihre Besteigungsgenehmigung für den höheren Gipfel noch nicht erhalten, und so schlossen sich die beiden Teams zu einem Versuch am Gasherbrum III zusammen.

Hochlager auf der Südostschulter des Gasherbrum II, dahinter die Nordwestflanke des Gasherbrum I

Unterwegs am Normalweg des Gasherbrum II

Die Polen folgten der österreichischen (Erstbegeher-)Route über den Südwestsporn und richteten Lager III auf 7350 Meter ein. Jetzt, verspätet, traf die Genehmigung für einen Versuch am Gasherbrum II ein. Am 1. August bestiegen drei Männer und zwei Frauen den Pass zwischen II und III. Die drei Männer hatten das Gefühl, dass der Westgrat des Gasherbrum II zu brüchig für einen Versuch wäre, querten daher in die Nordwestwand und kletterten über sie zum Gipfel. Sie schafften damit die dritte Begehung und legten die dritte Route zum Gipfel fest. Die Frauen scheiterten beim Versuch, den Gasherbrum III zu besteigen, aber zwei Tage später gelang einem gemischten Team, zwei Männer und zwei Frauen, der Aufstieg. Zu dieser Zeit war der Gasherbrum III der höchste noch unbezwungene Berg in der Welt – außerdem der höchste Gipfel, der von einer Frau erstbestiegen wurde. Halina Krüger-Syrokomska und Anna Okopinska wiederholten dann die Originalroute auf den Gasherbrum II. Ihr Aufstieg war die erste Frauenbegehung und gleichzeitig der erste Frauenaufstieg auf einen Achttausender ohne zusätzlichen Sauerstoff.

Blick vom Basislager zum Gasherbrum II, links der Gasherbrum III

In den folgenden Jahren wurde der Gasherbrum II viele Male entlang der Route der Erstbegeher bestiegen. 1981 kletterten die französischen Bergsteiger Eric Beaud, Phillippe Grenier und Christine Janin sowie der Pakistani Sher Khan die Route im Alpinstil innerhalb von fünf Tagen. Im nächsten Jahr bestieg Sher Khan den Gipfel erneut, dieses Mal in Begleitung von Nazir Sabir und Reinhold Messner, der seinen achten Achttausender machte. Im selben Jahr erreichte das französische Ehepaar Maurice und Liliane Barrard den Gipfel. Der Grund, warum an diesem Berg so viel los war, war der, dass der Gasherbrum II schnell den Ruf erlangte, der einfachste der Achttausender zu sein. Das französische Team, dem Christine Janin angehörte, verfügte nur über sehr begrenzte Erfahrungen: Keiner der Männer war je über die Höhe des Mont Blanc hinausgekommen, und Janin hatte fast gar keine Bergsteigererfahrung, obwohl sie später die Seven Summits vollendete. Andere

Gasherbrum II : Aufstiegsrouten

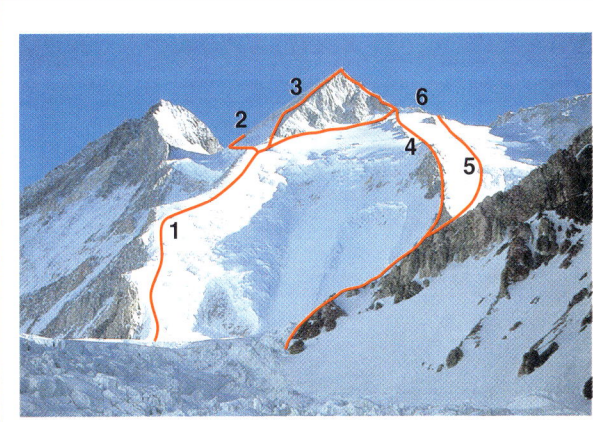

Oben: Südostwand
1 *Route der Erstbegeher/Normalweg (1956)*
2 *Nordwestwand, Polen-Route (1975)*
3 *Westsüdwestwand, Carsolio (1995)*
4 *Franzosen-Route (1975)*
5 *Holländer-Route (1988)*
6 *Ostgrat, Kukuczka/Kurtyka (1983)*

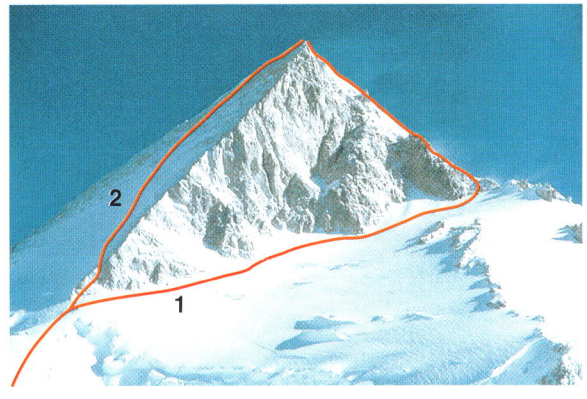

Oben: Südostwand
1 *Route der Erstbegeher/Normalweg (1956)*
2 *Westsüdwestwand, Carsolio (1995)*

Am Grat öffnet sich die Aussicht auf die hohen Berge des Karakorums

Aufstiege – im Alpinstil innerhalb von drei Tagen oder ein Beinahe-Alleingang des Österreichers Joseph (Pepo) Trattner – und Gerüchte über illegale Aufstiege lockten eine ganze Anzahl von Teams zu diesem Berg. Aber die Gefahren des Höhenbergsteigens sollten nie unterschätzt werden: 1982 forderte der Gasherbrum II drei weitere Opfer. Die Leiche von einem von ihnen, dem Österreicher Norbert Wolf, wurde von Messner, Khan und Sabir gefunden, die versuchten, ihn zu begraben. Es gab anschließend Proteste gegen Messners Bereitschaft, bei seiner Jagd auf die Gipfel der Achttausender über »Leichen zu steigen«. Diese Kommentare waren beides: ein Zeichen der Zeit und das Ergebnis der neidvollen Betrachtung von Messners Leistungen durch einige Bergsteiger. In späteren Jahren wurde es üblich, am Südsattel des Everest zwischen Leichen zu kampieren, und auch die Schwierigkeit (manche würden Unmöglichkeit sagen), Leichen aus großen Höhen zu bergen, konnte besser verstanden werden. Messner selbst berichtet, dass er Wolfs Leiche noch immer sichtbar vorfand, als er 1984 erneut den Gasherbrum II bestieg; und mindestens ein Dutzend anderer Teams sind in den dazwischen liegenden Jahren daran vorbeigestiegen. Ein erfreulicheres Ereignis ist die Gipfelbesteigung durch Maurice und Liliane Barrard 1982, dem ersten Ehepaar – und in deren Begleitung Lilianes Bruder. Die bis heute einzige Achttausender-Besteigung durch einen Bruder und eine Schwester.

1983 gelang den Polen Jerzy Kukuczka und Wojciech Kurtyka (die beiden bezeichneten sich selbst als die Alex-McIntyre-Erinne-

In tiefem Schatten auf dem Normalweg unterwegs

Gasherbrum II

Ein großes Bergsteigerteam quert im unteren Teil des Normalweges

rungsexpedition) in drei Tagen die Begehung des langen, welligen Ostgrates im Alpinstil. Die beiden stiegen über den Normalweg ab und vollendeten auf diese Weise die erste Überschreitung. Der Gasherbrum II war Kukuczkas fünfter Achttausender. Die beiden Polen bestiegen anschließend den Gasherbrum I. 1984 vollbrachten Hans Kammerlander und Reinhold Messner eine ähnlich bemerkenswerte Überschreitung. Sie erreichten den Gasherbrum II über den Normalweg, kletterten nach Südosten ab und stiegen weiter zum Gasherbrum I.

Im folgenden Jahr wurde der Berg fast zum Rummelplatz. Der Franzose Pierre Gévaux sprang mit einem speziell entworfenen Fallschirm vom Gipfel, und Jean-Marc Boivin, ein anderer Franzose, mit seinem Gleitschirm. Boivin schleppte schon am 8. Juli seinen 17 Kilogramm schweren Gleitschirm auf den Gipfel – aber es war zu windig, um fliegen zu können, also stieg er wieder ab. Dann, am 14. Juli, bestieg er den Gipfel erneut, in 16 Stunden vom Basislager aus, brachte 4 Stunden damit zu, den Gleitschirm aus dem Schnee auszugraben und flog in 20 Minuten zurück zum Basislager. Beide, Gévaux und Boivin, stellten Höhenrekorde auf. Im gleichen Jahr bestieg die fran-

Ein Bergsteiger verlässt Lager II (Normalweg)

zösische Seilschaft Thierry Renard und Pierre Mure-Ravaud den Gipfel und plante eine Skiabfahrt durch Renard. Mure-Ravaud ging es nicht gut und er stieg mit anderen Gipfelbesteigern ab, aber Michel Metzger begleitete Renard. Renard bezeichnete den Abstieg als eine »extreme Skiabfahrt im Alleingang«. Metzger reagierte auf diesen Anspruch mit Verachtung: zwei Männer sind kein Alleingang und die Skifahrt ist kaum extrem zu nennen.

1986 brachte eine der ersten kommerziellen Expeditionen drei Mitglieder auf den Gipfel. Diverse andere Teams waren ebenfalls erfolgreich, mit einem von ihnen unternahm Sher Khan seinen dritten Aufstieg zum Gipfel. Aber die Gefahren auch eines leichten Achttausenders wurden wieder

Bei Sonnenaufgang nähert sich der Schatten des Gasherbrum II der sonnenbeschienenen Spitze des Masherbrum.

deutlich, als ein Spanier an einem Lungenödem in einem Hochlager starb. Im folgenden Jahr behaupteten Jeff Little und Lydia Brady, dass sie – vor ihrer erfolgreichen Gipfelbesteigung – in 7800 Meter den Höhenrekord im Sex aufgestellt haben. Es mag gute Gründe geben, warum andere Teams eine Verbesserung in dieser speziellen Art von Höhenrekord nicht veröffentlicht haben. 1988 besteigen Henri Albet und Pascal Hittinger zusammen mit Michel Buscail und zwei Balti-Trägern den Normalweg zum Gipfel, von wo aus Albet mit dem Snowboard und Hittinger mit einem Monoski von einem Punkt 10 Meter unterhalb der Spitze abfuhren. Am zweiten Tag des Abstiegs stürzte Albet und wurde getötet. Hittinger gab sofort seinen Versuch auf. Einen Tag nachdem Albet und Hittinger den höchsten Punkt erreicht hatten, kletterten vier Männer eines kleinen holländischen Teams die Variante der französischen Route von 1975.

Die Zunahme der kommerziellen Unternehmungen am Berg und der erkennbare Mangel an vorhandenen Routen hielt viele der Spitzenkletterer davon ab, den Gipfel anzugehen. Dennoch wird es immer Bergsteiger geben, die hierher kommen, die einen, weil sie die Absicht haben, alle Achttausender zu besteigen, die anderen, weil sie eine Herausforderung im Karakorum suchen. Im Jahre 1995 prüfte Carlos Carsolio die »Es-gibt-keine-neue-Routen«-Regel. Er wich vom Normalweg ab, kletterte diagonal über die Westsüdwestwand hoch, gelangte zum Westgrat und folgte ihm zum Gipfel. Im Folgejahr wurde die Herausforderung von dem Franzosen Jean-Christophe Lafaille angenommen. Lafaille bestieg den Gasherbrum II und anschließend den Gasherbrum I innerhalb von vier Tagen im Alleingang. 1997 gelangte der Russe Anatoli Boukreev, bekannt durch seine Beteiligung an der Everest-Tragödie 1996, in 12 Stunden auf den Gipfel; allerdings wurde sein Aufstieg durch Fixseile von kommerziellen Expeditionen unterstützt. Ein Höhensturm verhinderte im darauffolgenden Jahr einen Besteigungsversuch des Gasherbrum II von der chinesischen Seite aus. Ein Aufstieg von dieser Seite bleibt das herausragende Problem des Gipfels.

Der Gasherbrum II hat sich fest als der leichteste der Achttausender des Karakorums etabliert und einer der leichtesten überhaupt. Für manche ist der Weg entlang dem Baltoro-Gletscher, mit seiner Sicht auf den K2, ein zusätzlicher Genuss, der die Anziehungskraft des Berges verstärkt. Für andere, die nur beabsichtigen einen Achttausender zu erklimmen, wurde der Cho Oyu wegen seines viel leichteren Anmarschweges zum bevorzugten Gipfel (und – seit kommerzielle Touren nach Tibet selbstverständlich geworden sind – auch der Shisha Pangma). Nur der Cho Oyu (und natürlich der Everest) hat mehr Begehungen zu verzeichnen als der Gasherbrum II, eine Situation, die sich schwerlich ändern wird, es sei denn, die Politik greift ein.

Die chinesische Ostflanke des Gasherbrum II konnten bisher nur wenige westliche Bergsteiger sehen.

Gasherbrum II

Blick nach Nordwesten vom oberen Teil des Gasherbrum I. Von links nach rechts: Gasherbrum IV, Gasherbrum III, Gasherbrum II

Broad Peak 8047 m

» Wir hakten uns unter. Er verstand sofort, was ich meinte ... Schließlich waren wir oben ... Alles, was ich sagen konnte, war ›Fritz – fantastisch‹. «

MARCUS SCHMUCK zu FRITZ WINTERSTELLER beim Erreichen des Gipfels während der Erstbesteigung

Broad Peak

Nachdem er Sicht auf das Massiv erlangte, welches die Ostseite des Tales des Godwin-Austen-Gletschers bestimmt und den Zwischenraum zwischen Sella-Pass und der Palchan La/Gasherbrum-Gruppe ausfüllt, notierte Conway »eine schöne großzügige Bergpracht... ein riesiges Breithorn, das den Zwischenraum zwischen dem K2 und dem Gasherbrum dominiert«. Conway gab so dem Gipfel nicht nur den Namen, sondern er war auch der Erste, der die Ähnlichkeit des dreigipfligen Massivs mit dem Alpengipfel im hinteren Zermatt-Tal zur Sprache brachte. Seit dieser Zeit haben dankbare Schreiber häufig vom Broad Peak als dem »Breithorn des Karakorum« gesprochen.

Obgleich Broad Peak heute sowohl in Pakistan als auch international anerkannt ist, wurden Anstrengungen unternommen, einen früheren lokalen Namen zu finden. Da kein glaubwürdiger Kandidat vorhanden war, wurde ein Name erfunden, indem man Broad Peak ins Balti, den örtlichen tibetischen Dialekt übersetzte. Das Resultat war der Name P'alchan Ri oder P'alchan Kangri. Etwa zur Zeit der Erstbegehung haben die pakistanischen Behörden behauptet, dass P'alchan Ri in der Tat ein unter der lokalen Bevölkerung bekannter Name sei: zum Beispiel wurde er in dem Buch von Ardito Desio über die Erstbesteigung des K2 benützt (obwohl interessanterweise die Bergsteiger, wenn sie in diesem Buch zitiert werden, den Namen Broad Peak verwenden). War diese Entdeckung nun politisch motiviert, das Resultat eines halben Jahrhunderts Übersetzungsversuche von Conways Namen oder ein echter Name? Was auch immer die Wahrheit sein mag, es ist wohl unwahrscheinlich, dass der Berg nun anders als Broad Peak genannt wird; ein Name, der nicht nur das Massiv beschreibt, sondern auch die Gipfelstruktur des Haupt- und des Mittelgipfels.

Der Mittelgipfel erhebt sich über die 8000-Meter-Linie, hat aber im Gegensatz zum Yalung Kang und Lhotse Shar wenig Fürsprecher, um als eigenständiger Gipfel anerkannt zu werden. Obwohl mehr Gründe für ihn als für die beiden anderen sprechen würden – gerechtfertigt wäre es kaum.

> Dem Broad Peak ist während der ursprünglichen Karakorum-Vermessung keine Gipfelnummer zugeteilt worden, da er den Landvermessern nicht ins Blickfeld geriet. Er wurde von Martin Conway während dessen Expedition 1892 benannt.

Drei der vier Gipfel des Broad Peak – Nord-, Mittel- und Hauptgipfel – im Abendlicht von Nordwesten

Marcus Schmuck auf dem Gipfel nach der Erstbesteigung. Im Hintergrund der K2 und der lange Grat, der vom Vorgipfel nach links wegführt

Broad Peak: Aufstiegsrouten

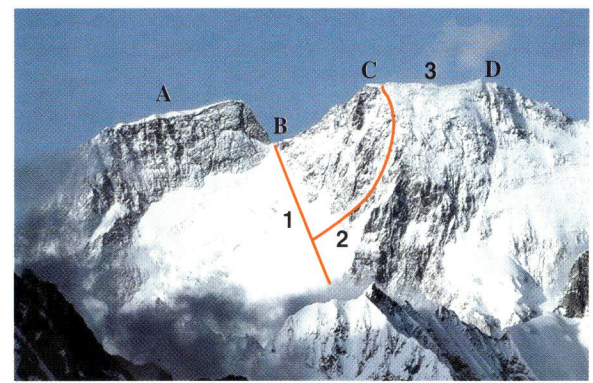

Oben: von Westen
A *Broad-Peak-Mittelgipfel*
B *Sattel*
C *Vorgipfel*
D *Hauptgipfel*
1 *Normalweg*
2 *Carsolio (1994)*
3 *Langer Gipfelgrat. Die Länge des Grates erklärt, warum einige Bergsteiger, wenn sie den Vorgipfel erreicht haben, glauben am Hauptgipfel zu sein oder entscheiden, gar nicht erst bis zum Hauptgipfel weiterzugehen. Der Kukuczka-Kurtyka-Aufstieg (1984) folgt dem Grat von links. Die Polen-Route (1975) zum Broad-Peak-Mittelgipfel folgt dem Normalweg zum Sattel, dann dem Grat.*

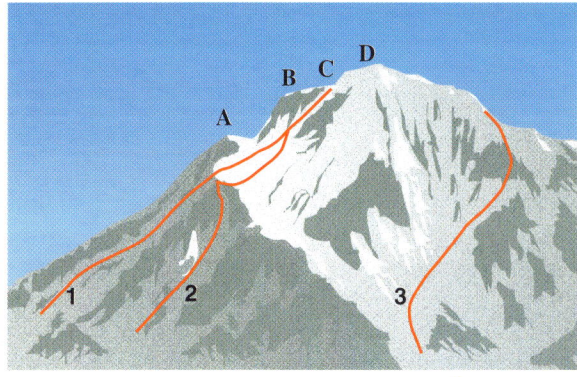

Oben: von Südwesten
A *Broad-Peak-Nordgipfel*
B *Broad-Peak-Mittelgipfel*
C *Sattel*
D *Hauptgipfel*
1 *Normalweg*
2 *Carsolio (1994)*
3 *Versuche über den Südsüdostsporn/Südgrat (1997)*

Erforschung

Nachdem Conway dem Berg einen Namen gegeben hatte, sorgte die Position des Berges – am Anmarschweg vom Concordia-Platz zum K2 gelegen – dafür, dass der Broad Peak während Erkundungsfahrten – zum Beispiel von Eckenstein oder dem Herzog der Abruzzen – sowie durch die frühen Expeditionen zu den höheren Gipfeln ausführlich begutachtet wurde. Auch die Internationale Himalaja-Expedition 1934 zum Gasherbrum I von Günter Dyhrenfurth studierte den Broad Peak. Obwohl er so früh ins Visier genommen wurde, dauerte es doch bis 1954, dass eine Expedition organisiert wurde – und auch da nur als zweite Wahl. Dr. Karl-Maria Herrligkoffer hatte vor, sich mit seiner österreichisch-deutschen Expedition am K2 zu versuchen. Als er aber herausfand, dass die Italiener bereits eine Genehmigung erhalten hatten, änderte er die Zielsetzung. Der Gasherbrum I sollte über einen kühnen Anmarschweg über den Siachen-Gletscher angegangen werden. Geschäftliche Verpflichtungen hielten Herrligkoffer in Deutschland auf, aber er wollte nicht, dass die Expedition ohne ihn beginnt, und er wollte das Ganze nicht auf 1955 verschieben. Als er schließlich gegen Ende September in Askole ankam, plante er einen Herbstaufstieg. Zu dieser Zeit erhielt er die Genehmigung für den Broad Peak. Er wählte nun lieber die bekannte Concordia-Route auf einen zugänglicheren Berg, um den Schwierigkeiten mit den Trägern auf dem Anmarsch über den Siachen-Gletscher aus dem Weg zu gehen. Herrligkoffer war der Ansicht, dass die nächstliegende Aufstiegsroute, nämlich über den Westsporn zu einem Schneefeld nahe dem Sattel zwischen Haupt- und Mittelgipfel, für die Balti-Träger zu schwierig wäre. Diese Route war von Dyhrenfurth während der Gasherbrum-Erkundung vorgeschlagen worden. Er wählte daraufhin eine längere, weniger steile Route auf der Ostseite des Südwestgrates. Dyhrenfurth hatte diese Route als zu lawinengefährlich verworfen. Und dies zu Recht: ein 300 Meter langes Couloir erhielt von den Bergsteigern den Spitznamen »Kanonenrohr«. Trotz Lawinengefahr und Unfällen erreichte das Team etwa eine

Höhe von 6900 Meter, bevor die ersten Winterstürme sie zwangen, den Aufstieg abzubrechen. Drei Mitglieder kamen bei größeren Zwischenfällen mit kleineren Verletzungen davon.

Die Erstbesteigung

1957 entschied sich Hermann Buhl, der einsame Held des Nanga Parbat, in den Karakorum zurückzukehren und zu versuchen, einen Achttausender mit einer kleinen, leicht ausgerüsteten Expedition zu besteigen. Wie auf dem Nanga Parbat wollte er auf künstlichen Sauerstoff verzichten. Als seine ursprünglichen

Hermann Buhl unterhalb des Vorgipfels bei der Erstbesteigung, links der eigentliche Gipfel

Teammitglieder ausfielen, lud er Marcus Schmuck ein, ihn zu begleiten. Schmuck wollte seinen üblichen Partner Fritz Wintersteller mitnehmen und zwei Seilschaften bilden. Hermann Buhl lud den jungen Kurt Diemberger ein, nachdem er von dessen Aufstieg über die »Riesenschaumrolle« auf die Königsspitze gehört hatte. Schmuck überredete den Österreichischen Alpenverein, dessen Mitglied er war, das Unternehmen finanziell zu unterstützen. Das Geld stand aber nur zur Verfügung, wenn er der offizielle Leiter dieses Teams wurde. So gesehen war Schmuck der formale, Buhl der bergsteigerische Leiter. In der Praxis waren die vier gleichberechtigte Partner.

Buhl hatte die Idee, auf Träger zu verzichten, nachdem das Basislager (auf etwa 5000 Meter) eingerichtet war. Er wollte den Lastentransport zwischen den Lagern als Möglichkeit der Akklimatisation nutzen. Das Team kam im Mai am Concordia-Platz an und begann am 13. mit der Arbeit am Westsporn; der von Dyhrenfurth vorgeschlagenen Route. Bis zum 21. Mai hatten sie zwei Lager aufgeschlagen und ausgestattet, das erste in 5800 Meter, das zweite in 6400 Meter Höhe. Sie beabsichtigten, die vom Herrligkoffer-Team 1954 zurückgelassenen Seile zu benützen, die sie aus dem Schnee ausgruben, und wollten auch eigene Fixseile anbringen, um Lager III aufzubauen. Bei dieser Arbeit stießen sie auf eine Dose Speck, die die Deutschen in einem verlassenen italienischen Lager am K2 gefunden hatten, sowie etwas Salami und Eierlikör. Fleisch und Getränk waren noch immer genießbar, trotz der kuriosen Reise zum Broad Peak und der dreijährigen Höhenkühlung.

Fünf Tage mit schlechtem Wetter fesselte das Team an das Basislager, und vor dem 28. Mai konnten sie das Lager III (6950 Meter) nicht aufbauen. Dies befand sich am Rand des Schneefeldes unterhalb des Sattels zwischen Haupt- und Mittelgipfel. Die vier verwarfen den Plan ein viertes Lager aufzuschlagen und kletterten am 29. Mai in Richtung Sattel. Tiefer Schnee hielt sie auf, und so war es schon Mitte des Nachmittags, als sie den Sattel in 7800 Meter Höhe erreichten. Da sie glaubten, dass der Gipfel der höchste Punkt des Grates sei, stiegen sie trotz der späten Stunde weiter nach oben.

Um 6 Uhr abends erreichten Diemberger und Wintersteller, die Buhl und Schmuck vorausgeklettert waren, die Spitze des Grates. Jetzt konnten sie sehen, dass der eigentliche Gipfel, obwohl nur 15 bis 20 Meter höher, noch mindestens eine Stunde entfernt war. Der Grat senkte sich erst etwas und stieg zum Schluss hin wieder an. Da es zu spät für den Gipfel war, kehrten die Vier widerwillig zum Lager III zurück, welches sie um 21.30 Uhr erreichten. Am nächsten Tag stiegen sie zum Basislager ab, um sich für ihren nächsten Versuch zu erholen.

Hermann Buhl auf dem Gipfel bei der Erstbesteigung

Am 8. Juni kehrten sie zum Lager III zurück und brachen um 3.30 Uhr am nächsten Morgen wieder zum Sattel auf. Das Wetter war gut, aber es war sehr kalt. Buhl und Diemberger nahmen einen anderen Weg als Schmuck und Wintersteller. Dieser hielt sie länger im Schatten, und sie wurden durch stechende Schmerzen in Buhls rechtem Fuß aufgehalten. Buhl hatte bei seinem Nanga-Parbat-Aufstieg zwei Zehenglieder verloren. Infolgedessen erreichten die beiden den Sattel erst, als Schmuck und Wintersteller ihn bereits wieder verließen. Sie mussten dann eine Stunde warten, bis Buhl sich erholt hatte. Nicht vor 14.30 Uhr brachen Buhl und Diemberger zum Gipfelgrat auf. Schließlich war Buhl, erschöpft von den Schmerzen in seinem Fuß, gezwungen anzuhalten, erlaubte aber Diemberger großzügig allein weiterzuklettern. Schmuck und Wintersteller erreichten den richtigen Gipfel um 17.05 Uhr. Diemberger traf auf sie, als sie dabei waren, den Gipfel zu verlassen. Der Gipfel war ein dreieckiger Schneehang mit einer riesigen Wechte im Hintergrund. Schmuck und Wintersteller waren ihr ausgewichen, aber Diemberger kletterte auf sie, um bessere Fotos machen zu können. Ein kühnes, wenngleich riskantes Unternehmen.

Die erste britische Frau auf einem Achttausender: Julie Tullis auf dem Broad Peak, 1984.

Bei ihrem Abstieg trafen Schmuck und Wintersteller Buhl auf der Spitze des Grates, dem Vorgipfel, zu dem er mit Schwierigkeiten hinaufgeklettert war. Sie sagten ihm, dass er noch mindestens eine Stunde brauche, um den Gipfel zu erreichen, und eilten nach unten. Zu dem Zeitpunkt hatte Diemberger den Boden der Senke zwischen den beiden Spitzen erreicht und konnte Buhl sehen, wie er über den Grat vorwärtskletterte. Diemberger behauptet, dass ihr Zusammentreffen wortlos gewesen sei. Buhl hätte nicht angehalten, sondern sei langsam weiter in Richtung Gipfel geklettert, eine weitere enorme Demonstration seiner Willenskraft. Diemberger drehte um und folgte ihm, beide erreichten die Spitze gegen 19 Uhr. Hermann Buhl war der zweite Mensch, der zwei Achttausender bestiegen hatte (nach dem Sherpa Gyaltsen Norbu), und wenn man die geringfügige Zeitspanne zwischen den anderen drei und ihm selbst ignoriert, war er der Erste, der an zwei Erstbegehungen beteiligt war. Gyaltsen Norbu war bei der Erstbegehung des Manaslu dabei, aber bestieg den Makalu einen Tag nach der Erstbesteigung. Buhl teilt mit Diemberger (der später den Dhaulagiri bestieg) den Rekord über zwei Achttausender-Erstbesteigungen. Nachdem sie beobachtet hatten, wie der Sonnenuntergang die umliegenden Gipfel beleuchtete, verließen Buhl und Diemberger den Gipfel und stiegen in der Dunkelheit zum Lager III ab.

Die vier Männer kamen sicher im Basislager an. Aber die Expedition sollte kein glückliches Ende nehmen: 18 Tage später mussten Buhl und Diemberger ihren Gipfelversuch an der Chogolisa wegen schlechten Wetters abbrechen und bei äußerst schlechter Sicht vom Gipfelgrat absteigen. Hermann Buhl kam zu nah an die Kante einer Wechte, sie brach zusammen, und der größte Bergsteiger dieser Ära – einer der Größten aller Zeiten – stürzte zu Tode.

Spätere Besteigungen

Im Jahr 1975 bestieg ein sechsköpfiges polnisches Team den Mittelgipfel des Broad Peak. Das Team brach am 28. Juli zum Gipfel auf. Die Route führte, wie bei dem Aufstieg 1957 zum Sattel zwischen den Spitzen und dann weiter über den Gipfelgrat zum höchsten Punkt. Der Sattel wurde am späten Nachmittag erreicht, und einer der sechs trat von dort den Rückzug zum Lager an. Die anderen fünf kletterten weiter, überwanden zwei großen Hindernisse und erreichten eine letzte Felsstufe. Hier blieben drei der Männer zurück, während Kazimierz Glazek und Janusz Kulis weiterstiegen und den Gipfel um 7.30 Uhr abends erreichten. Beim Abstieg verschlechterte sich das Wetter, was die Bergsteiger nötigte in die Nordostwand hinüberzuqueren, um einem gewaltigen Schneesturm auszuweichen. Dort wurde Bohdan Nowaczyk, der sich als letzter abseilte, getötet, als die Abseilvorrichtung ausbrach. Ohne ein Seil waren die vier Überlebenden gezwungen im Freien zu übernachten. Am nächsten Morgen suchten sie vergebens nach ihrem Gefährten oder dem Seil. Sie knoteten daher Schlingen zusammen, um ein behelfsmäßiges Seil herzustellen. Wegen des entsetzlichen Wetters kamen sie nur furchtbar langsam nach unten, und ein weiteres Biwak war unumgänglich. Bei der Suche nach einem passenden Platz rutschte Andrzej Sikorski aus, wobei er Marek Kesicki und den Gipfelbezwinger Kulis umstieß. Nur Kulis überlebte den Sturz. Er und Glazek schafften es schließlich zum Lager. Beide hatten Erfrierungen, Kulis verlor schließlich fast alle Zehen.

1976 versuchte ein kleines französisches Team, geführt von Yannick Seigneur, die Originalroute zum Gipfel zu wiederholen und scheiterte. Erst 1977, zwanzig Jahre nach der Erstbesteigung, wurde der Broad Peak wieder bestiegen, von einem großen japanischen Team, welches dem Normalweg folgte. Am 8. August erreichten Kazuhisa Noro, Takashi Ozaki und Yoshiyuki Tsuji den Gipfel. 1978 kehrte Yannick Seigneur zurück, kletterte zusammen mit Georges Bettembourg, und behauptete den Normalweg im Alpinstil wiederholt zu haben. Nachdem Bettembourg angehalten hatte, habe er den Gipfel allein erreicht. Bettembourg allerdings sagt aus, dass Seigneur nur den Vorgipfel erreicht hätte, nicht den eigentlichen Gipfel. Diese Behauptung bestritt Seigneur heftig, obwohl er in einem Artikel über diesen Aufstieg zugegeben hatte, dass er nur den Sattel zwischen dem Vor- und dem Hauptgipfel erreicht hätte.

Von da an führten alle nicht angezweifelten Aufstiege – mit kleinen Abweichungen – über den Normalweg, einschließlich der von Sher Khan, Reinhold Messner und Nazir Sabir 1982. Der Broad Peak war der neunte Achttausender von Messner (und sein dritter Achttausender im Jahr 1982), und der Gipfel wurde neun Tage nachdem das Trio den Gasherbrum II bestiegen hatte, erreicht. Auf dem Weg nach oben traf Messners Team, welches den Gipfel im Alpinstil in vier Tagen bestieg, Jerzy Kukuczka und Wojciech Kurtyka auf deren Weg nach unten. Die Polen hatten einen ähnlichen Aufstieg im Alpinstil auf den Broad Peak einen Tag zuvor abgeschlossen. Aber sie waren daran interessiert, diese Begehung geheimzuhalten, da sie illegal aufgestiegen waren. Die beiden waren Teilnehmer einer K2-Expedition mit der Genehmigung, sich auf benachbarten Gipfeln zu akklimatisieren. Sie vermuteten, dass die pakistanischen Behörden mit dieser Erlaubnis keinen Aufstieg auf den Broad Peak akzeptieren würden – zu Recht, wie spätere Ereignisse zeigten. Auch im Jahr nach Messner und

Auf dem Südgrat bei einem gescheiterten Versuch im Jahre 1997

Kukuczka hielt der Trend zu Besteigungen im Alpinstil auf den Broad Peak an. Zwei polnische Frauen, Anna Czerwinska und Krystyna Palmowska, unternahmen den ersten Frauenaufstieg – und leisteten einen wichtigen Beitrag zur Geschichte des Himalaja-Bergsteigens: die erste vollständige Frauenbegehung eines Achttausenders. Am 30. Juni, nach einem halbalpinen Aufstieg mit zwei Lagern, erreichte Czerwinska den Sattel zwischen Vor- und Hauptgipfel. Palmowska ging alleine weiter zum Hauptgipfel. Aufstiege im reinen Alpinstil wurden auch von Andy Parkin und Al Rouse, Jean Afanassieff und Roger Baxter-Jones, Doug Scott und Steve Sustad unternommen, obgleich der Erfolg dieser Teams durch den Tod von Pete Thexton getrübt wurde, der während eines Versuches mit Greg Child an einem Lungenödem starb.

1984 war ein erinnerungswürdiges Jahr: Kurt Diemberger kehrte zum Broad Peak zurück. Am 18. Juli, 27 Jahre und 39 Tage nachdem er mit Hermann Buhl den Gipfel erreicht hatte, stand er wieder dort, dieses Mal mit der Britin Julie Tullis. Obwohl sie bei ihrem Abstieg von Lawinen mitgerissen wurden, kamen die beiden sicher vom Berg herunter. Einen Tag vor Diembergers Rückkehr zum Gipfel waren die Polen Kukuczka und Kurtyka ebenfalls das zweite Mal hinaufgestiegen. Sie kletterten zuerst auf den Nordgipfel (7600 Meter, die dritte Spitze des Karakorum-»Breithorns«; die erste Besteigung überhaupt), dann über den Mittelgipfel (dort machten sie den zweiten Aufstieg und fanden beim Abstieg zum Sattel vor dem Hauptgipfel Beweise für den polnischen Aufstieg 1975) und weiter zum Hauptgipfel. Dieser phänomenale Aufstieg dauerte nur vier Tage. Sogar noch schneller war der Aufstieg von Krzysztof Wielicki, Mitglied eines polnischen Teams, bei der Wiederholung des Normalwegs. Er verließ das Basislager kurz nach Mitternacht am 14. Juli und erreichte bei Vollmond Lager I um 4 Uhr früh, Lager II um 8 Uhr früh und den Sattel zwischen Mittel- und Hauptgipfel um 14 Uhr. Auf der Spitze war er um 16 Uhr (eine Stunde nach drei anderen Mitgliedern derselben Expedition, die vom obersten Lager aus gestartet sind). Ein Aufstieg von 3150 Meter in 13 Stunden! Er war gegen 22.30 Uhr im Basislager zurück, eine Gesamtzeit von 22 Stunden und 10 Minuten. Erste Alleinbegehung scheint eine unzureichende Beschreibung für solch einen bemerkenswerten Aufstieg zu sein – und doch gibt es natürlich diejenigen, die daran zweifeln, dass die Bezeichnung »allein« bei einem Berg angewendet werden kann, wenn andere Seilschaften unterwegs sind; speziell in diesem Fall, weil Wielicki Pausen einlegte und in polnischen Lagern Erfrischungen zu sich nahm. Wielickis 24-Stunden-Aufstieg – die erste Besteigung eines Achttausenders in einem Tag – wurde 1986 von Benoît Chamoux wiederholt. Dann unternahm Norbert Joos 1987 einen »echten« Alleinaufstieg und erreichte den Gipfel am 29. Mai; der früheste Zeitpunkt im Jahr, an dem ein Achttausender im Karakorum bestiegen wurde.

Im März 1988 richtete ein polnisches Team sein Interesse auf den Broad Peak, nachdem der Versuch einer Wintererstbegehung am K2 gescheitert war. Maciej Berbeka und Aleksander Lwow verließen am 3. März das Basislager und kletterten im Alpinstil bei bitterer Kälte durch tiefen Schnee. Von einem Lager in 7700 Meter Höhe aus ging Berbeka alleine weiter, als Lwow erschöpft war. Er erreichte am 6. März um 18 Uhr bei entsetzlichem Wetter den, wie er glaubte, Gipfel. Beim Abstieg musste er bei etwa 7900 Meter biwakieren. Obgleich Berbeka und Lwow Erfrierungen erlitten, erreichten sie das Basislager sicher und ohne dauerhafte Verletzungen. Später, als Berbeka ein Foto von der Gipfelgegend sah, erkannte er, dass er wegen des schlechten Wetters nur den Vorgipfel erreicht hatte. Formal gesehen hat der Gipfel daher noch keine Winterbegehung.

1992 wurde der erste Aufstieg auf einen Broad-Peak-Gipfel von der chinesischen (Ost-)Seite unternommen. Ein spanisches Team (einschließlich eines Italieners und des Österreichers Kurt Diemberger) kletterte eine anspruchsvolle Route zum Broad-Peak-Mittelgipfel. 70 Grad steiles Eis und kurze senkrechte Wände im unteren Abschnitt sowie 65–70 Grad steile Couloirs im oberen Bereich waren zu bewältigen. Die Gipfelbezwinger, die Spanier Oscar Cadiach, Enric Dalmau und Lluis Ráfols und der Italiener Alberto Soncini verließen Lager III (7350 Meter), kletterten den ganzen Tag und biwakierten mit minimaler Ausrüstung nur wenige Meter von der Spitze entfernt auf 8000 Meter. Beim ersten Morgengrauen stiegen sie auf den Gipfel und kehrten sicher zum Lager zurück.

Auf seinem Weg, der vierte im »Club der 14 Achttausender« zu werden, eröffnete der Mexikaner Carlos Carsolio 1994 im Alleingang eine neue Route rechts des Normalwegs, über den Punkt 6230. Sein drittes Biwak schlug er unterhalb der Gipfelwand des Vorgipfels auf; dort, wo er wieder auf den Normalweg traf und wo normalerweise das Lager III aufgeschlagen wird. Schlechtes Wetter zwang ihn, den Rückzug anzutreten. Später kletterte er den Normalweg zum Lager III (die Route war bereits von anderen Expeditionen eingerichtet worden) und seiner früheren Biwakstelle. Hier explodierte sein Kocher, brannte sein Zelt nieder und er versengte seinen Oberlippenbart. Keineswegs entmutigt durch diese Verluste kletterte er die Gipfelwand in direkter Linie zum Vorgipfel und folgte dann der Originalroute zur Spitze. Er erreichte den Gipfel bei Einbruch der Nacht und kehrte zu Lager III zurück, wo ihm durch eine baskische Expedition geholfen wurde. Ebenfalls 1994 bestieg Hans Kammerlander den Gipfel, seinen neunten Achttausender. Wie im Falle Wielicki auf dem Shisha Pangma, hatte Kammerlander die Nase voll von Bergsteigern, die einen Vorgipfel erreichten und dann eine Gipfelbesteigung behaupteten. Daher befestigte er ein Stück rotes und violettes Seil an einem Skistock, hinterließ es auf dem Gipfel und fragte anschließend die Bergsteiger, was sie dort gesehen hätten: 1994 erreichten sieben die eigentliche Spitze und weitere sechs nur den Vorgipfel. Einer der echten Gipfelbezwinger war der Schwede Göran Kropp, der den Gipfel in 18¼ Stunden bezwang.

Im folgenden Jahr wiederholten drei Japaner die polnische Route über den Nord-, Mittel- und Hauptgipfel. Sie waren die einzigen von 28 Gipfelbezwingern, die nicht dem Normalweg gefolgt sind und benötigten sieben Tage von Basislager zu Basislager.

Heute gibt es, wenn man die Route zum Mittelgipfel von der chinesischen Seite dazurechnet, nur vier Aufstiegsrouten am Berg. Eine kleine Zahl für einen derart massiven Gipfel. (Versuche, eine fünfte Linie über den Südsüdostsporn zum Südgrat zu legen, scheiterten. Zuerst 1997 durch die baskischen Brüder Iñurrategi und dann auch durch ein Zweimann-Team, dem Briten Rick Allen und dem Australier Andrew Lock.) Man könnte annehmen, dass die Expeditionen zum Broad Peak begrenzt wären, da er einerseits im Schatten des nahen K2 steht und andererseits schwieriger ist als der etwa gleich weit entfernte Gasherbrum II. Aber da der Gipfel Hermann Buhls letzter großer Aufstieg war, bekommt er eine Ausstrahlung, die für einen beständigen Strom von Bergsteigern sorgt. Die meisten folgen ausschließlich dem Normalweg und viele entscheiden sich, nicht die Überschreitung vom Vorgipfel zum Hauptgipfel zu riskieren. Von den Achttausendern im Karakorum hat nur der Gasherbrum II mehr Gipfelbezwinger.

Sonnenaufgang auf dem Normalweg

Gasherbrum I 8068 m

» Im Sucher der Kamera konnte ich Peter kaum erkennen. Seine dunkle Gestalt verschmolz mit dem schwarzen Hintergrund des Himmels. Nur wenn er sich einige Schritte bewegte, konnte ich seine Füße im Schnee sehen. «

REINHOLD MESSNER filmt PETER HABELER, als er den Gipfel des Gasherbrum I erreicht.

Gasherbrum I

Allerdings wurde der Gipfel schon bevor Conway ihn bezeichnete mit seinem »richtigen« Namen erwähnt. Im August 1888 wird er im Alpine Journal mit Gusher-Brum erwähnt, was laut Col. Godwin-Austen soviel wie »Sonnenuntergangsgipfel« bedeutet. Wie im Kapitel über den Gasherbrum II vermerkt, nimmt man heute an, dass der Name vom Balti-Begriff rgasha brum (»schöner Berg«) abstammt. Obgleich man dazu anmerken muss, dass der ursprüngliche Namensgeber, der Gasherbrum IV, tatsächlich das Abendlicht einfängt.

Bis vor kurzem war Hidden Peak der geläufige Name für den Gipfel – der Bericht über die Erstbesteigung benützt den Namen, wie es auch Messner in seinem Buch über den zweiten Aufstieg tut. Aber mit der Tendenz, vom Gebrauch westlicher Namen für die Gipfel des Himalaja abzugehen, wird nun Gasherbrum I bevorzugt.

> Der Gasherbrum I trug die Bezeichnung K5 in der ersten Vermessung des Karakorums, aber er wurde von Conway auf seiner Expedition 1892 Hidden Peak (»Versteckter Gipfel«) genannt, da der Gipfel erst in den Sichtbereich kam, als er den Oberen Baltoro-Gletscher in Richtung Westgrat des Golden Throne (Baltoro Kangri) bestieg.

Erforschung

Die frühe Erforschung der Gasherbrum-Gipfel hängt mit der anderer Baltoro-Gipfel zusammen und wird im Kapitel über den K2 stärker berücksichtigt. Conways Expedition fotografierte und benannte den Gipfel. Erneut wurde er von Vittorio Sella auf der Erkundungsfahrt des Herzogs der Abruzzen im Jahre 1909 fotografiert. 1929 erhielt man durch die italienische Expedition des Herzogs von Spoleto weitere Fotografien und die Anfertigung einer Karte des Abruzzi-Gletschers, von dem der Gasherbrum-Gletscher nach Norden in den Kreis der Gasherbrum-Gipfel ausläuft. Einige aus dem Spoleto-Team erforschten auch den Urdok-Gletscher und besichtigten den Gasherbrum I von Osten.

1934 führte Günter Dyhrenfurths Internationale Himalaja-Expedition eine gründlichere Erforschung des Gipfels vom südlichen Gasherbrum-Gletscher aus durch. (Dies war ein eigenartiges Unternehmen, an dem Schauspieler und Schauspielerinnen ebenso wie Bergsteiger teilnahmen; die Erstgenannten drehten einen Film, der zur Finanzierung des Unternehmens beitrug.) Dyhrenfurths Team stellte fest, dass die einzige Möglichkeit den Gipfel zu besteigen im Süden lag. Entweder über den Südsporn, der vom Südostgrat herunterzieht (der Verbindung von Gasherbrum I und Urdok) oder über einen weiteren Südsporn in Richtung Osten (dieser Sporn wurde später unter dem Namen IHE-Sporn bekannt). Dyhrenfurth hielt die letztgenannte Möglichkeit für die einfachste, weil – obwohl die Route vermutlich länger war – der untere Teil des IHE-Sporns erheblich weniger steil aussah als der Südsporn und sich somit besser zum Lastentransport eignete. Beide Sporne münden in ein sanft ansteigendes Schneeplateau unterhalb des Südgrates. Von diesem Plateau aus schien der Gip-

Gasherbrum I von Westen; nahe des Basislagers am Südlichen Gasherbrum-Gletscher. Der Eisfall führt zu dem versteckten Upper Gasherbrum Cwm und zum Gasherbrum La.

felgrat (Südostgrat) relativ leicht. Zwei aus Dyhrenfurths Team, der Deutsche Hans Ertl und der Schweizer André Roch, starteten einen Angriff am IHE-Sporn, hatten aber glücklicherweise erst eine Höhe von 6200 Meter erreicht, als sie am 6. Juli von einem gewaltigen Sturm erfasst wurden. Die beiden Bergsteiger waren noch 7 oder 8 Kilometer vom Gipfel entfernt, waren aber in der Lage, sicher zurückzukehren. Am Nanga Parbat, im Süden, tötete derselbe langandauernde Sturm Merkl, Welzenbach und Wieland. Als der Sturm schließlich abflaute, hatte das Team von Dyhrenfurth weder die Zeit noch die Mittel, um einen weiteren Versuch am Berg zu unternehmen.

Zwei Jahre später wurde von einem französischen Team unter Henri de Ségogne ein ernsthafter Versuch am Gasherbrum I unternommen. Im Team waren Pierre Allain, der größte Bergsteiger Frankreichs dieser Zeit, verschiedene andere erfahrene Alpinisten sowie 35 Sherpas, die von Darjeeling mitgebracht wurden. Die französischen Bergsteiger entschieden sich für den Südsporn (und nicht für den IHE-Sporn). Bei schlechten Wetterverhältnissen bauten sie eine Reihe von Lagern auf, das letzte (Lager V) auf 6800 Meter. Es wurde beabsichtigt, ein weiteres Lager in der Nähe eines Vorgipfels, den die Franzosen Hidden Sud nannten (7069 Meter), aufzustellen. Obwohl horizontal gesehen noch ziemlich weit vom Gipfel weg, glaubten die Franzosen, dass sie dann die Hauptschwierigkeiten überwunden hätten und in der Lage wären, den Gipfel anzugreifen. Aber im entscheidenden Moment brach ein Sturm aus. Zehn Tage lang schneite es unaufhörlich und machte nicht nur weitere Aufstiege unmöglich, sondern auch einen geordneten Rückzug riskant. Zwei Sherpas, die vom Lager III zum Lager II abstiegen, wurden von einer Pulverschneelawine erfasst und 550 Meter den Berg hinuntergerissen. Die beiden »schossen an Lager II vorbei wie Meteore« und hatten Glück, dass sie unverletzt blieben. Nach diesem heroischen Rückzug waren die Franzosen verständlicherweise nicht bereit nochmals aufzusteigen, und das Unternehmen wurde abgebrochen.

Die Erstbesteigung

1958 sponserte der amerikanische Alpenverein (American Alpine Club) eine Expedition zum Gasherbrum I. Man hatte festgestellt, dass die Möglichkeiten einen Achttausender zu besteigen bald zu Ende gehen. Das Unternehmen leitete Nick Clinch und bestand aus Dick Irvin, Andy Kauffmann, Tom McCormack, Dr. Tom Nevison, dem Expeditionsarzt, Gil Roberts, Bob Swift und Pete Schoening, dem Mann, der den Absturz beim Rückzug vom K2 verhindert hatte, der mit dem tragischen Tod von Art Gilkey endete. Das Team wurde durch zwei pakistanische Armeeoffiziere vervollständigt, Mohammed Akram und Tash Rizvi. Sie waren für die als Hochträger eingesetzten sechs Balti-Träger verantwortlich. Die Amerikaner benutzten noch fast ausschließlich Ausrüstung, die aus England, Frankreich und der Schweiz stammte – wie sich die Dinge doch ändern: nur wenig später wurden umgekehrt viele Verbesserungen der Bergsteigerausrüstung von Amerika nach Europa exportiert.

Gasherbrum I: Aufstiegsrouten

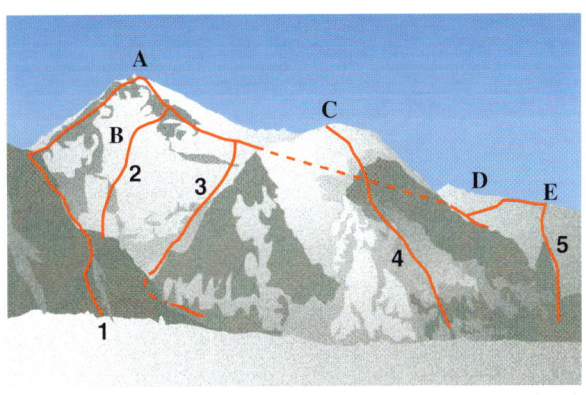

Oben: Blick nach Nordosten vom Basislager auf dem Abruzzi-Gletscher
A *Gasherbrum I* B *Südwestwand*
C *Hidden Sud* D *Urdok I*
E *Sporn*
1 *Südwestgrat, Jugoslawen-Route (1977); vollständige Gratbegehung durch die japanische Expedition (1990)*
2 *Kukuczka/Kurtyka (1983)*
3 *Spanier-Route (1983)*
4 *Hidden Sud Erstaufstieg, Franzosen-Route (1980)*
5 *Route der Erstbesteiger (1958), über den Sporn*

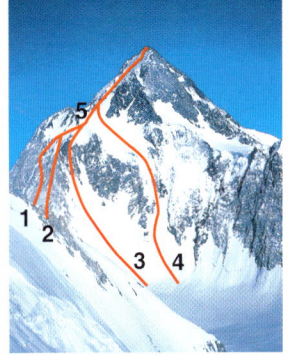

Oben: Nordwestwand
1 *Deutsche Route (1982)*
2 *Schweizer Route (1983)*
3 *Messner/Habeler (1975)*
4 *Italiener-Route (1985)*
5 *Japaner-Couloir (1986)*
Es sind nur die Hauptrouten eingezeichnet; es sind viele Varianten – besonders des heutigen Normalwegs über das Japaner-Couloir – möglich.

Oben: Südwestwand
1 *Kukuczka/Kurtyka (1983)*
2 *Spanier-Route (1983)*
3 *Südwestgrat. Teilweise von Jugoslawen (1977) und vollständig von den Japanern (1990) begangen*
4 *Südostgrat; von den Amerikanern bei der Erstbesteigung (1958), von den Franzosen (1980) und von den Spaniern (1983) begangen*

Die Amerikaner griffen den IHE-Sporn an (den sie Roch-Arête, nach André Roch nannten) und verwendeten Fixseile, um den Lastentransport zum Lager IV am Rand des Schneeplateaus unterhalb des Südostgrates zu erleichtern. Auf dem Plateau mussten die Bergsteiger mit hüfthohem Schnee fertig werden und wünschten sich, sie hätten Ski. Der Schnee verlangsamte das Vorwärtskommen, und als am 4. Juli Clinch, Kauffmann, Nevison, Schoening und Swift aufstiegen, um Lager V aufzubauen, konnten sie trotz der Benützung von Sauerstoff nur eine Höhe von 7150 Meter erreichen. Sie blieben über 150 Meter niedriger, aber viel schlimmer, horizontal 800 Meter vom Pass unterhalb des

Südgipfels entfernt, wo sie ursprünglich gehofft hatten, das Lager aufbauen zu können. In dieser Nacht blieben Kauffmann und Schoening im Lager V, während die anderen drei abstiegen. Die beiden atmeten Sauerstoff, aber nicht durch Masken, sondern über ein offenes Schlauchsystem, das in der Nähe ihrer Köpfe Sauerstoff abgab – ein echter Anreiz, sich während der Nacht nicht umzudrehen.

Am nächsten Tag brachen die beiden um 5 Uhr morgens auf. Sie hatten mit ihren Steigeisen die Sperrholzseiten der Lebensmittelkisten durchstochen und verwendeten sie als behelfs-

Nevison, Swift und Clinch verlassen Lager V während der Erstbesteigung

mäßige Schneeschuhe, außerdem verwendeten sie künstlichen Sauerstoff, dieses Mal mit richtigen Masken. Der Tag war klar und sonnig, aber bittere Kälte verlangsamte das Gehen. Als sich der Hang aufsteilte, verzichtete man auf die provisorischen Schneeschuhe, die aber unschätzbare Dienste leisteten, da sie doch ein relativ schnelles Vorwärtskommen möglich gemacht hatten. Deshalb konnten Kauffmann und Schoening auch die Sauerstoffzufuhr erhöhen, als sie zur zweiten Flasche wechselten. Am Gipfelgrat nahm der Wind zu, aber das Klettern verlief problemlos. Am 5. Juli, um 15 Uhr am Nachmittag, erreichten sie den Gipfel, eine breite Schneekuppel. Ihren Erfolg signalisierten sie mit Spiegeln an die Teamgefährten in den unteren Lagern.

Ein oder zwei weitere Gipfelversuche waren noch geplant, aber keiner aus dem restlichen Team fühlte sich fit genug, und so zog man sich vom Berg zurück.

Spätere Besteigungen

Es vergingen 17 Jahre, bevor wieder ein Bergsteigerteam zum Gasherbrum I kam, eine Verzögerung, die eher an der Verweigerung der pakistanischen Regierung lag, die Gegend für Ausländer zu öffnen, als an fehlendem Enthusiasmus seitens der Bergsteiger. Als 1975 der Karakorum wieder geöffnet wurde, tauchten zwei Expeditionen am Fuß des Berges auf. Ein deutsches Team, geführt von Hans Schell, und das Zweimannteam Peter Habeler (ein Österreicher) und Reinhold Messner (ein Südtiroler). Seit seiner Beteiligung an großen Expeditionen zum Nanga Parbat, zum Manaslu und kurz zuvor zur Lhotse-Südwand wollte Messner die Besteigung eines Achttausenders im Alpinstil versuchen. Das war zum einen die Reaktion auf die Organisation der Großexpeditionen und andererseits ein Test, um zu einem reineren Stil des Bergsteigens zurückzukehren. Sein Buch über den Gasherbrum I bezieht sich verschiedene Male auf das vierköpfige Team, welches den Broad Peak bestiegen hat. In derart kleinen Expeditionen sah Messner eindeutig den zukünftigen Weg im Himalaja-Bergsteigen. Und Hermann Buhl war für ihn die Vaterfigur des reinen Stils.

Schell hatte die Genehmigung, den Baltoro Kangri zu besteigen, schrieb aber an Habeler und bat darum, auf dessen Genehmigung für den Gasherbrum I vermerkt zu werden. Zuerst war Messner erfreut – Schell hatte angeboten, für die Genehmigung zu zahlen, und Geld war knapp –, aber schließlich war er gegen die Idee. Er war zum

Lager II während der Erstbesteigung. Im Hintergrund sieht man Chogolisa und Masherbrum

Teil verärgert durch Schells Absprachen und fehlende Kontakte in Pakistan, aber auch beunruhigt darüber, dass Kritiker sich auf die Tatsache stützen könnten, da gäbe es noch eine andere Mannschaft am Berg, die seine und Habelers Leistung schmälern könnte. So kam es, dass Schells Gruppe den IHE-Sporn bestieg, einen ganzen Berg von Habeler und Messner entfernt.

Habeler und Messner kamen in Pakistan mit 220 Kilogramm Ausrüstung an, im Gegensatz zu den 2 Tonnen, die von dem Team am Broad Peak genutzt wurden. Am ersten Tag des eigentlichen Aufstiegs trugen Habeler und Messner Rucksäcke, die 13 Kilogramm wogen. Am zweiten (Gipfel-)Tag trugen sie gar nichts. Sie folgten dem Südlichen Gasherbrum-Gletscher und übernachte-

Andy Kauffmann auf dem Gipfel nach der Erstbesteigung

ten im Freien in 5900 Meter Höhe unterhalb der Nordwestwand. Am 9. August durchstiegen sie die Wand, die sie in Steilheit und Schwierigkeitsgrad mit der Matterhorn-Nordwand verglichen. Sie biwakierten nahe einer klar erkennbaren Schulter auf 7100 Meter. Dann am 10. August brachen sie um 8 Uhr morgens auf, kletterten über den Grat zwischen der Nord- und der Nordwestwand und erreichten den Gipfel um 12.30 Uhr mittags, lange vor ihrer selbst auferlegten Frist von 15 Uhr nachmittags. Der Gasherbrum I war Messners dritter Achttausender. Die beiden kehrten zu ihrer zweiten Biwakstelle zurück. In dieser Nacht änderte sich aber das Wetter, das nahezu perfekt war, und heftige Winde zerstörten fast ihr Zelt. Trotz des Sturmes stiegen sie am 11. August unbeschadet über die Nordwestwand ab, wo sie auf die polnische Gasherbrum II/III-Expedition trafen, die ihnen zu ihrem Erfolg gratulierte, der eine entscheidende Veränderung im Himalaja-Bergsteigen bedeutete. Das war zweifellos wahr. Nach der Ära der Erstbesteigungen, und dann der Suche nach den schwierigsten Routen – Annapurna-Südwand, Rupal-Wand am Nanga Parbat – ging die logische Entwicklung zu kleineren Teams über, die im Alpinstil kletterten. Letztendlich brachte man beides zusammen: Zwei-Mann-Teams in schwierigsten Routen; und als konsequente Schlußfolgerung Solobegehungen in den höchsten Schwierigkeitsgraden.

In seinem Buch gesteht Messner die Gefahren dieser Entwicklung ein – bei einer großen Expedition hat man die Chance auf Rettung durch die Teamkameraden –, aber er meint, dass der Lohn das Risiko rechtfertigt. Messner behauptet außerdem, dass dieser Aufstieg ihm »die Antwort auf die Frage der grundlegenden Existenz des Menschen« gegeben habe und dass er sich selbst nun »in einer neuen Beziehung zur Welt« sehe. Obgleich derartige Alltagsphilosophie seinen Kritikern etwas zum Kauen gab, konnte die Bedeutung dieser Leistung nicht geleugnet werden und sie eröffnete wirklich ein neues Zeitalter in der Geschichte des Himalaja-Bergsteigens.

Nicht ohne Ironie ist, dass einen Tag nach Habeler und Messner das Team von Schell im »traditionellen Stil« die dritte Begehung machte. Robert Schauer, Schell selbst und Herbert Zefferer folgten dem Normalweg zum Gipfel.

In den folgenden Jahren gab es vier weitere Aufstiege zum Gasherbrum I, drei davon auf neuen Routen. 1977 kletterte ein achtköpfiges jugoslawisches Team über den Südwest-/Westgrat: Andrej Stremfelj und Nejc Zaplotnik erreichten den Gipfel, aber Drago Bergar verschwand bei einem Alleinaufstieg. Im Jahre 1980 vollendeten die Franzosen Maurice Barrard und George Norbaud die französische Route von 1936 über den Hidden Sud. Um das Schneeplateau zu überqueren, welches den Amerikanern so viel Schwierigkeiten bereitet hatte, benutzten die Franzosen Ski. Das französische Unternehmen war – zusätzlich zum alpinen Stil – eine Meisterleistung im Durchhaltevermögen: Nachdem sie den Südgipfel bestiegen hatten, wurden die beiden Franzosen durch schlechtes Wetter gezwungen zum Basislager zurückzukehren. Alles in allem verbrachten sie über vier Wochen auf dem Berg. 1981 wiederholte eine japanische Großexpedition den Normalweg und benutzte künstlichen Sauerstoff bei der Gipfelbesteigung. Dann, im Jahre 1982, kletterte eine deutsche Expedition, geführt von Günther Sturm, eine neue Route über die Nordwestwand links (nördlich) der Habeler-Messner-Linie. Sturm erreichte den Gipfel zusammen mit Michl Dacher und Sigi Hupfauer. Zur gleichen Zeit wiederholte ein französisches Team den Normalweg und brachte fünf Mitglieder auf den Gipfel, darunter Marie-Jose Valençot, der damit die erste Frauenbegehung gelang. Sylvain Saudan fuhr mit Ski vom Gipfel bis zum Basislager ab. Die erste vollständige Skiabfahrt von einem Achttausender, obwohl im Jahr zuvor ein Abstieg am Manaslu überwiegend mit Ski unternommen wurde.

1983 bestieg die polnische Alex-McIntyre-Erinnerungsexpedition, bestehend aus Jerzy Kukuczka und Wojciech Kurtyka, die bereits eine neue Route am Gasherbrum II begangen hatten, den Gasherbrum I über die Südwestwand. Sie mussten dreimal biwakieren, wobei zwei Nächte im zweiten Biwak verbracht wurden, weil zwei Versuche, die Gipfelwand zu besteigen, scheiterten und die Querung zu einem südöstlicher gelegenen Sporn notwendig wurde. Während des erfolgreichen Gipfelangriffs fanden die Polen eines von Kurtykas Steigeisen, das einen Tag zuvor bei dem fehlgeschlagenen Versuch an der Gipfelwand heruntergefallen war. Während die Polen ihre neuen Routen am Gasherbrum I und

II beendeten, versuchte sich ein Schweizer Team an den beiden Gasherbrum-Gipfeln und dem Broad Peak. Erhard Loretan und Marcel Ruedi vollendeten eine teilweise neue Route an der Nordwestwand (sie stießen weiter oben auf die deutsche Linie von 1982). Dieser Aufstieg wurde von ihren Kollegen Pierre Morand und Jean-Claude Sonnenwyl am folgenden Tag wiederholt. Ebenfalls 1983 erreichten alle Mitglieder eines spanischen Teams unter der Leitung von Javier Escartín den Gipfel über eine teilweise neue Route, indem sie dem Südwestgrat zum Hidden Sud und dann der französischen Linie folgten.

Im folgenden Jahr überschritten Hans Kammerlander und Reinhold Messner Gasherbrum I und II, die erste Überschreitung von zwei Achttausendern, und zwar ohne die Route einzurichten oder Proviantlager anzulegen. Die beiden bestiegen den Gasherbrum II, stiegen dann zum Gasherbrum La ab und von dort weiter in die Nordwestwand und über eine Variante der Habeler-Messner-Route, bevor sie zum Fuß der Nordwestwand abstiegen. Diese kletterten sie über eine Variante der deutschen Route von 1982 und stiegen dann zum Südlichen Gasherbrum-Gletscher ab.

1985 wurden weitere neue Routen in Angriff genommen. Die nicht so steilen Wände des Berges lassen viele Varianten zu. Das italienische »Quota 8000«-Team, das darauf aus ist, alle 14 Achttausender zu besteigen, eröffnete zwei neue Routen an der Nordwestwand.

Bergsteiger auf der heutigen Normalroute, dem Japaner-Couloir

Gleichzeitig stiegen die Franzosen Eric Escoffier und Benoît Chamoux eine Variante der deutschen Linie von 1982. Die beiden hatten zuvor den Gasherbrum II zusammen bestiegen. Zum Gasherbrum I startete Chamoux aber vor Escoffier und biwakierte bei Einbruch der Dunkelheit. Er wurde von Escoffier, der am Folgetag früh aufgebrochen war, eingeholt. Escoffier benötigte vom Ausgangspunkt der beiden bis zum Gipfel und zurück 21 Stunden. Ihre Route wurde kurze Zeit danach von Gianpiero De Federico wiederholt, dem Leiter eines italienischen Teams, welches sich an dem Gipfel versuchte. Es war die erste Alleinbegehung.

1986, während einer Phase erneuter Spannungen mit Indien über Kaschmir, richtete Pakistan ein militärisches Lager auf dem

Von einem Hochlager führt eine Spur zum Einstieg in das Japaner-Couloir

Abruzzi-Gletscher auf der Südseite des Berges ein und verbannte alle Expeditionen aus dieser Gegend. Dieses Verbot besteht noch immer, die nur mäßig steile Südseite des Gipfels bleibt unzugänglich. Dadurch dass der Normalweg nicht mehr zur Verfügung steht, sind die Expeditionen nun gezwungen, eine alternative »Normalroute« für die Aufstiege zu finden. Diese wurde schnell von den Japanern Kiyoshi Wakutsu und Osamu Shimizu geliefert, die im selben Jahr ein Couloir durchstiegen, das sich oberhalb des Gasherbrum La durch die Nordwand hochzieht. Das Japaner-Couloir ist heute die Standardroute zum Gipfel. Aber der japanische Erfolg wurde nicht allen Gipfelteams zuteil. Eine Schweizer Expediton, die den Nordgrat direkt vom Gasherbrum La aus in Angriff nahm, scheiterte ganze 20 Meter vom Gipfel entfernt. Der Sturm drohte sie vom Berg zu wehen.

Nachdem der Drang nach neuen Routen nachgelassen hatte, erhielt der Gipfel in den späten achtziger Jahren weniger Besuche. Dies lag an der Kombination aus militärischen Aktivitäten zwischen den rivalisierenden indischen und pakistanischen Streitkräften, schlechtem Wetter und Lawinen, die die Teams in Schach hielten. Ein bemerkenswerter Versuch, den Gipfel während dieser schwierigen Periode zu besteigen, unternahm ein japanisches Team, das über den Sagan-Gletscher in Richtung Norden anmarschierte. Schlechtes Wetter und die Schneebedingungen vereitelten diesen Versuch in einer Höhe von 6100 Meter. 1990 kletterten Wanda Rutkiewicz und Ewa Pankiewicz dennoch eine neue Route an der Nordwestwand, und ein japanisches Team bestieg den Südwestgrat von unten; eine neue Route, da die jugoslawische Route von 1977 erst weiter oben auf den Grat stieß. Bei diesem Aufstieg wurden eine Menge Fixseile angebracht, ein Umstand, der es zwei Teams erlaubte, der Linie zu folgen, nachdem sich die Japaner zurückgezogen hatten. Die neunziger Jahre brachten viele weitere Besteigungen, hauptsächlich von kommerziellen Expeditionen. Die Nähe des Gasherbrum I zum Gasherbrum II, einem sehr beliebten Gipfel für kommerzielle Unternehmungen, hatte zur Folge, dass vielen Kunden die Wahl zwischen beiden (oder sogar die Möglichkeit für beide Gipfel) eingeräumt wurde, mit gemeinsamem Anmarsch und folgerichtig weniger Organisationsaufwand. Dennoch gab es immer wieder innovative Leistungen. 1995, nach dem Aufstieg eines slowenischen Teams, fuhren Marko Car auf einem Snowboard und Iztok Tomazin auf Ski das Japaner-Couloir ab – am ersten Tag vom Gipfel zu Lager II, am folgenden Tag bis zum Basislager. Im nächsten Jahr bestieg der Franzose Jean-Christophe Lafaille den Gasherbrum II und dann den Gasherbrum I innerhalb von vier Tagen im Alleingang. Lafaille gehörte zu einer großen Gruppe, die sich am Gasherbrum II versuchte. Er verließ das Lager I auf 5900 Meter Höhe am Abend des 27. Juli. Den Gipfel des Gasherbrum II erreichte er um 9.10 Uhr morgens am 28. Juli. Dann stieg er zu einem Biwaklager ab und war am Morgen des 29. Juli zurück in Lager I. Um 23 Uhr machte er sich auf den Weg zum Gasherbrum I. Er kletterte eine Route, die rechts der Habeler-Messner-Route lag. Am 30. Juli biwakierte er in 7450 Meter

Im oberen Teil des Japaner-Couloirs

Höhe, aber schlechtes Wetter zwang ihn hinunter ins Lager III, eingerichtet von anderen Expeditionen, die am Berg unterwegs waren. Dann, um 23 Uhr startete er erneut und erreichte den Gipfel am Morgen des 31. Juli. Er kehrte am selben Tag zurück ins Lager I.

1997 stellte Pakistan zahlreiche Permits für die Gasherbrum-Gipfel aus, angeblich um den 50. Jahrestag der Unabhängigkeit zu feiern. Die Auswirkungen war chaotisch. 150 Bergsteiger drängelten sich im Basislager. Viele glauben, dass nur dank der perfekten Wetterverhältnisse ernsthafte Probleme ausblieben. Aber ungeachtet dieser Anzahl von Gipfelaspiranten hatte der Gasherbrum I von den Karakorum-Achttausendern die wenigsten Begehungen. Trotz der großen Zahl bestehender Gipfelrouten und der Tatsache, dass sich weitere offensichtliche Linien anbieten – wie zum Beispiel in der Nordostwand –, ist anzunehmen, dass die (relative) Unschwierigkeit des nahegelegenen Gasherbrum II sicherstellt, dass dies noch für viele Jahre der Fall bleibt.

» Und dann – da war er ... einfach unbeschreiblich, gewaltig, unglaublich schön – der Dhaulagiri. «

Dhaulagiri 8167 m

Kurt Diemberger

Dhaulagiri

Man muss aber hinzufügen, dass sich östlich des Dhaulagiri die Nilgiri-Berge (nilgiri = blauer Berg) befinden und dass die riesige Masse des Dhaulagiri wirklich ein Berg von reinstem Weiß ist, ein strahlendes, blendendes Weiß – wenn man es von Süden aus im Licht der Morgensonne betrachtet. Allerdings mag das in der Vergangenheit noch mehr zugetroffen haben, denn in den letzten Jahren ist an einigen Gipfeln im Himalaja viel Eis verschwunden (eine weitere Folge des Treibhauseffektes?).

Es ist vielleicht überraschend, dass der eindrucksvolle Dhaulagiri einen weltlichen Namen trägt und nicht in eine Legende der Einheimischen eingebunden oder nach einer der Gottheiten des Hinduismus benannt ist.

Der Gipfel XLII der Indischen Landvermessung wurde nach dem aus dem Sanskrit stammenden »dhavala giri« benannt, was »weißer Berg« bedeutet. Es wird erzählt, dass immer wenn ein Reisender im Himalaja nach dem Namen eines markanten Gipfels fragt, er zur Antwort erhält, er heiße Dhaulagiri. Es scheint, als wählten die Einheimischen, wenn sie schnell einen Namen brauchen, einen offensichtlichen: die meisten Gipfel im Himalaja sind schließlich im Wesentlichen weiß.

Erforschung

Der Dhaulagiri war seit dem frühen 19. Jahrhundert bekannt, als Lieutenant Webb Vermessungen vornahm, für die er zunächst verspottet wurde. Diese zeigten, dass der Gipfel 2000 Meter höher als der Chimborazo war, der zu dieser Zeit als der höchste Berg der Welt galt. Lieutenant James Herbert hat den Berg auf seinem Vormarsch nach Nepal während des Nepalesischen Krieges ebenfalls vermessen und er bestätigte die von Webb angegebene Höhe. Aber erst 1949 kamen die ersten Fotografien des Berges nach Europa. Aufgenommen wurden sie von Dr. Arnold Heim, einem

Die Südwand des Dhaulagiri (von Südosten) von Poon Hill (3194 Meter) oberhalb des Ghorapani La aus gesehen

Schweizer Wissenschaftler, der während einer der ersten Forschungsreisen im wieder geöffneten Nepal auf etwa 4500 Meter Höhe nahe an den Gipfel herangeflogen war.

Im folgenden Jahr war der Dhaulagiri eines von zwei potenziellen Zielen der französischen Expedition unter der Leitung von Maurice Herzog. Da die Qualität der vorhandenen Karten sehr schlecht war, mussten die Franzosen erst einmal herausfinden, wo genau der Berg lag. Sie kamen nicht sehr nah an den Dhaulagiri heran, aber über das was sie sahen, waren sie entsetzt. Lionel Terray, einer der größten französischen Bergsteiger aller Zeiten, prophezeite, dass der Berg niemals bestiegen werden würde und alle, die ihn gesehen hatten, glaubten, dass er weder von Norden noch von Süden zu besteigen war. Die Geschichte des Bergsteigens kennt viele Namen von Leuten, die ihre eigenen Worte zurücknehmen mussten, nachdem ein Team ihre »unbezwingbare« Route geklettert waren. Später schlug Terray Max Eiselin (der das erste erfolgreiche Team am Dhaulagiri anführte) vor, es mit dem Nordostgrat zu versuchen, der ihm am erfolgversprechendsten erschien. Zumindest mit dieser Einschätzung lag er nicht daneben, denn das Team von Eiselin folgte diesem Grat.

1952 führte ein kleines britisches Team botanische Forschungen durch. Im Auftrag des British Museum unterzogen sie die nördliche Seite des Dhaulagiri einer gründlicheren Untersuchung, als es seinerzeit den Franzosen möglich gewesen war. Sie sammelten eine Menge an Informationen, was einem Schweizer Team zugute kam, das 1953 in Nepal eintraf, um die Nordseite des Berges zu erforschen und, wenn möglich, den Gipfel zu besteigen. Das siebenköpfige Team, angeführt von Bernard Lauterburg, näherte sich dem Berg entlang des Mayangdi-Gletschers, der westlich der Nordseite verläuft. Die Anreise war aufreibend, speziell durch das Mayangdi-Khola-Tal, wo das Team gezwungen war, sich seinen Weg durch einen fast undurchdringlichen Dschungel zu schlagen. Schließlich wurde das Basislager am Fuß der Nordwand aufgebaut. Die unkomplizierte Kletterei an einem Felssporn erlaubte flottes Vorankommen bis etwa 5900 Meter, aber die Wand darüber steilte sich stark auf. Schließlich wurde das oberste Lager (Lager V) in 6500 Meter Höhe errichtet, nahe des Beginns einer markanten Stelle in der Wand, welche die Bergsteiger »Birne« nannten. Sie hofften oberhalb davon den Westgrat zu erreichen, um auf diesem leichter zum Gipfel zu kommen. Am 29. Mai wagten sich Peter Braun und Ruedi Schatz zusammen mit drei Sherpas, die Lasten trugen, an die »Birne«. Am oberen Ende dieses Wandteils wurden die drei Sherpas zurückgeschickt (dabei rutschte einer von ihnen aus und verursachte einen 500-Meter-Sturz, den alle drei unverletzt überlebten), Braun und Schatz kletterten weiter und verwendeten dabei künstlichen Sauerstoff. Sie erreichten eine Höhe von ungefähr 7600 Meter, schätzten aber, dass sie noch weitere 4 Stunden bis zum Grat brauchen würden. Da sie nicht abschätzen konnten, wie lange es dann noch bis zum Gipfel dauern würde, traten sie den Rückzug an. Die Expedition leistet dann noch wertvolle Erkundungsarbeit. Sie erreichten den Nordost-

Dhaulagiri: Aufstiegsrouten

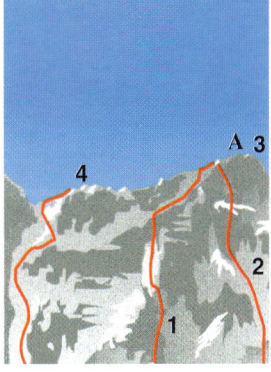

Oben: Westwand
A *Gipfel* 1 *Kasachen-Route (1991)*
2 *Tschechen-Route (1985), aber ohne Gipfel* 3 *Südwestpfeiler (Tschechen/Italiener/Russen 1988)*
4 *Tschechen-Route (1984)*

Oben: Nordwand
1 *Route der Erstbesteiger/Normalweg*
2 *Britisch-russische Route (1993)*
3 *Japaner-Route (»Birne«) (1982)*

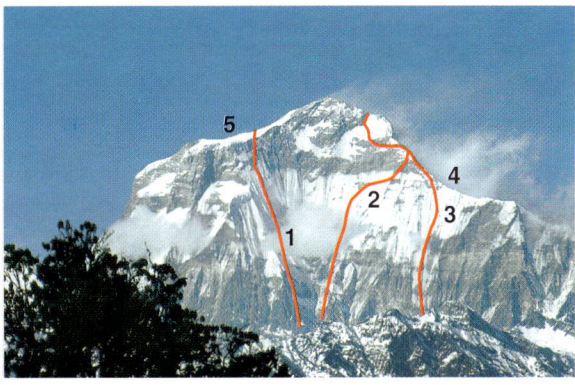

Oben: von Poon Hill
1 *Polnisch-kanadische Route (1986), aber nur die Route am Japaner-Pfeiler*
2 *Humar (1999), aber ohne Gipfel*
3 *Slowenen-Route (1981), aber nur zum Südostgrat*
4 *Südostgrat, Japaner-Route (1978), Zugang von der anderen Seite*
5 *Südpfeiler, Japaner-Route (1978)*

Oben: Ostwand
1 *Südostgrat, Japaner-Route (1978)*
2 *Ostwand, Ghilini/Kurtyka/MacIntyre/Wilczynski (1980)*
3 *Ostwand, Slowenen-Route (1986), aber ohne Gipfel*
4 *Nordostgrat, Route der Erstbesteiger/Normalweg*

sattel und überquerten den Franzosen-Pass und den Dambush-Pass, um Tukuche zu erreichen.

1954 kam eine argentinische Expedition zur Nordwand. Sie wurde von Francisco Ibañez geleitet, der bei der französischen Expedition zum Fitz Roy der Verbindungsoffizier gewesen war. Das Elf-Mann-Team errichtete das Basislager sehr früh in der Saison und folgte der Schweizer Route von 1953. Hoch oben in der Wand, wo die Schweizer keinen ebenen Platz für ein vernünftiges Lager hatten finden können, benutzten die Argentinier Dynamit, um eine Plattform für ihr Lager VI frei zu sprengen –

Ernst Forrer während der Erstbesteigung auf 8000 Meter

ein zweifelhaftes Unternehmen (obwohl dies nicht der letzte diskussionswürdige Zwischenfall auf einem Achttausender war), das drei Tage in Anspruch nahm. Die Argentinier kletterten dann die »Birne« und bauten auf 7500 Meter Lager VII auf. Von dort aus brachen am 1. Juni vier Männer zum Gipfel auf: Alfredo Magnani, der in Österreich geborene Gerhard Watzl und die Sherpas Pasang Dawa Lama und Ang Nyima. Sie erreichten den Westgrat, aber der stellte sich als schwieriger heraus als sie geahnt hatten. Nicht kletterbare Felsspitzen zwangen sie, in die gewaltige Südwand zu queren. Erst um 17 Uhr kamen sie wieder auf den Grat zurück. Nun biwakierten sie in einer Schneehöhle auf 7900 Meter und waren zufrieden, weil der Weg zum Gipfel nunmehr unkompliziert war und nicht mehr als 3 Stunden Kletterei in Anspruch nehmen würde. Aber in dieser Nacht brach ein hef-

tiger Sturm los, und statt wie geplant den Gipfel zu besteigen waren sie gezwungen, sich nach unten zum Lager VII zu kämpfen, wo sie auf Ibañez trafen, der auf sie gewartet hatte. Er litt unter starken Erfrierungen und schaffte es nur bis Lager VI hinunter. Die anderen stiegen weiter ab, obwohl sie ebenfalls Erfrierungen hatten und erschöpft waren. Ibañez konnte erst nach fünf Tagen gerettet werden, aber sein Zustand war nun so schlecht, dass sie ihn in eine behelfsmäßige Trage legen mussten, um ihn vom Berg abzulassen. Während des Abtransports verlor Ibañez einige Finger und Zehen sowie einen Teil seines linkes Fußes. Leider gab es für ihn kein glückliches Ende: Er starb im Krankenhaus in Katmandu.

1955 versuchte ein deutsch-schweizerisches Team unter der Leitung von Martin Meier (der zusammen mit Rudolf Peters den Crozpfeiler in der Nordwand der Grandes Jorasses bestiegen hatte) wieder die Nordwandroute. Das Team wurde als die »Vegetarische (oder Bircher Müsli) Himalaja-Expedition« bezeichnet, da eine Bedingung des Hauptsponsors war, dass sich die Bergsteiger fleischfrei ernährten. Das Team erreichte auf der Route über die »Birne« nur 7350 Meter. Der fehlende Erfolg hatte jedoch weniger mit der Ernährung als vielmehr mit dem Mangel an Erfahrung und Sachkenntnis der Bergsteiger (Toni Hiebeler

Diemberger, Schelbert, Nawang Dorje und Nima Dorje auf dem Gipfel bei der Erstbesteigung

hatte sich aus Besorgnis darüber zu einem frühen Zeitpunkt von der Expedition zurückgezogen) sowie mit der generell schlechten Organisation dieses Versuches zu tun.

Im folgenden Jahr kamen die Argentinier zurück, aber es erging ihnen dieses Mal nicht besser, da der frühe Eintritt des Monsuns sie zum Abbruch auf einer Höhe zwang, die nur wenig oberhalb derer lag, die sie 1954 erreicht hatten.

1958 kamen die Schweizer wieder, dieses Mal von Werner Stäuble angeführt. Wieder wurde die Route über die »Birne« gewählt, aber nachdem sie ein Lager auf 7350 Meter errichtet hatten, wurde der Versuch, das nächsthöhere Lager aufzubauen von einem gewaltigen Sturm durchkreuzt. Max Eiselin und der Sherpa Pasang Sona, befanden sich allein in der Schneehöhle, welche das Lager IV darstellte, und wurden darin während des Sturms von einer Lawine eingeschlossen. Ihr verzweifelter Versuch, sich selbst auszugraben, wäre beinahe daran gescheitert, dass sie den restlichen Sauerstoff in der Höhle verbraucht hatten. Sie schafften es nur knapp vor der Ohnmacht sich zu befreien. Später betrachteten Eiselin und sein Freund, der Expeditionsarzt Georg Hajdukiewicz, den Berg ausführlich und kamen zu der Überzeugung, dass die beste Route zum Gipfel vom Nordostsattel über den Nordostgrat führt. Eiselin beantragte eine Genehmigung für 1959, aber diese war bereits an den Österreicher Fritz Moravec vergeben, den Leiter der erfolgreichen Gasherbrum-II-Expedition. Daher sicherte sich Eiselin die Genehmigung für 1960, erzählte Moravec aber, dass die bisherigen Expeditionen seiner Meinung nach den falschen Weg beschritten hatten.

Das österreichische Team unternahm in der Tat einen Versuch am Nordostgrat und kam anfangs sehr gut voran. Lager IV wurde schon am 24. April auf 6500 Meter errichtet. Unglücklicherweise erfuhr das Team dann aber einen doppelten Rückschlag. Am 29. April fiel Heinrich Roiss in der Nähe von Lager II in eine Gletscherspalte. Sein Verschwinden wurde erst ein paar Stunden später bemerkt und als man ihn schließlich fand, war es zu spät: Obwohl er noch lebte, als man ihn herauszog, befand er sich in einem sehr schlimmen Zustand und starb in der Nacht. Zur gleichen Zeit zerstörte schlechtes Wetter die oberen Lager, wodurch das Team weit unten festgehalten wurde. Erst Ende Mai konnte ein oberes Lager in einer Höhe von 7400 Meter aufgebaut werden. Von dort aus unternahmen Karl Prein und Sherpa Pasang Dawa Lama mehrere Versuche, den Gipfel zu erreichen. Sie wurden jedes Mal von starken Winden und bitterer Kälte besiegt und kamen nicht über 7800 Meter hinaus.

Blick vom Pilgerdorf Muktinath nach Westen, die Sonne versteckt sich hinter dem Dhaulagiri.

Die Erstbesteigung

1960 leitete Max Eiselin eine Expedition, die zwar überwiegend aus Schweizern bestand, dennoch international war. Außer Eiselin stammten Ernst Forrer, Albin Schelbert, Michel Vaucher und Hugo Weber aus der Schweiz, ebenso Jean-Jacques Roussi, obwohl er damals in Nepal ansässig war. Kurt Diemberger war Österreicher und Peter Diener Deutscher, der Teamarzt Georg Hajdukiewicz und sein Assistent Adam Skoczylas waren Polen.

Während der britisch-russischen Besteigung 1993 in der Nordwand

Das letzte Mitglied war der Amerikaner Norman Dyhrenfurth, der in der Schweiz geborene Sohn von Günter Oskar Dyhrenfurth, der einen Film von dieser Expedition drehte. Die Bergsteiger wurden von einem Team von sieben Sherpas unterstützt, die von Sirdar Ang Dawa angeführt wurden. Der Grund für die geringe Anzahl der Sherpas lag darin, dass die Expedition von einem Pilatus-Porter-Gletscherflugzeug (rot und gelb angestrichen und »Yeti« genannt) unterstützt wurde. Der Pilot Ernst Saxer und der Co-Pilot/Mechaniker Emil Wick waren Teammitglieder, die ein besonders hohes Risiko auf sich nahmen.

Das Flugzeug flog Ausrüstung und Bergsteiger zum Nordostsattel, es wurde jedoch zuerst auf dem Dambush-Pass ein Akklimatisationslager errichtet. Der Pass befindet sich auf 5200 Meter, eine Weltrekordhöhe für eine Flugzeuglandung. Der Nordostsattel liegt auf 5700 Meter, und als auf dieser Höhe Landungen vorgenommen wurden, war das offensichtlich ein neuer Weltrekord. Der Einsatz des Flugzeuges ersparte dem Team den ermüdenden Anmarsch und mögliche Auseinandersetzungen mit den Trägern, aber der schnelle Höhengewinn (in einer Stunde von Pokhara auf 5200 Meter) verursachte bei allen Bergsteigern und den Sherpas Höhenkrankheit. Mit dem Flugzeug gab es ebenfalls Schwierigkeiten. Nachdem es ohne Probleme von der Schweiz bis Pokhara geflogen war und diverse Flüge zum Dambush-Pass und auf den Sattel überstanden hatte, explodierte ein Zylinder und machte eine Notlandung in Pokhara erforderlich, die die Piloten unversehrt überstanden. Zwar wurde in sehr kurzer Zeit ein Ersatztriebwerk besorgt, aber das Flugzeug stürzte später auf dem Dambush-Pass ab. Wieder entkamen die Piloten unverletzt. Dieses Mal konnte das Flugzeug nicht wieder instandgesetzt werden, aber zumindest waren zu diesem Zeitpunkt bereits alle notwendigen Versorgungsgüter zum Pass geflogen worden. Einige Expeditionsmitglieder und ein paar Versorgungsgüter mussten allerdings auf dem herkömmlichen Weg zu Fuß am Mayangdi-Gletscher entlang zum Sattel kommen.

Das Buch von Max Eiselin über diese Expedition liest sich recht merkwürdig. Nach einem ausführlichen Kapitel über den Flug nach Nepal (bei dem er Passagier war) gibt es noch ausführlichere über die ersten Flüge zum Dambush-Pass und zum Sattel, über den Triebwerksausfall und den Absturz. Nur auf den letzten paar Seiten wird die Besteigung des Berges erwähnt. Die Erstbesteigung des Dhaulagiri war, so kommt es dem Leser vor, lediglich eine Nebenhandlung in der »Yeti«-Geschichte. Als »Yeti« abstürzte, galt Eiselins Interesse nicht dem Problem, wie der Berg nun ohne das Flugzeug bestiegen werden könnte, sondern wie schnell ein Ersatzflugzeug beschafft werden könnte. Um das richtige Verständnis für die Schwierigkeiten am Nordwestgrat zu bekommen, ist es notwendig, die Berichte der Bergsteiger in anderen Publikationen zu lesen.

Das Team bemerkte schon früh, dass die gelieferten Sauerstoffflaschen unbrauchbar, da praktisch leer waren (die Gründe

Rob Hall und Veikka Gustafsson hoch oben auf der »klassischen« Nordostgrat-Route, im Hintergrund die Annapurna-Gruppe

Der Ost- und der Südostgrat des Dhaulagiri und der berüchtigte Ost-Dhaulagiri-Gletscher von oberhalb des Larjung im Kali-Gandaki-Tal gesehen

dafür waren nicht ersichtlich). Sollte der Dhaulagiri also bestiegen werden, müsste dies ohne künstlichen Sauerstoff geschehen. Die ersten, die am Sattel ankamen – Diemberger, Diener, Forrer, Schelbert und mehrere Sherpas – trieben die Aufstiegsroute voran, obwohl es eine ihrer ersten Aufgaben war, eine Landebahn für den »Yeti« zu befestigen, da seine Kufen im weichen Schnee versanken. Der Start auf dieser behelfsmäßigen Bahn war eine Mach-es-oder-stirb-Angelegenheit, die von Ernst Saxer allein durchgeführt wurde: Sollte der Start misslingen, würden er und das Flugzeug in einer Spalte verschwinden; gewann er nicht rechtzeitig an Höhe, würde er in die Séracs krachen. Der Start glückte und stellte den mutigsten Teil der ganzen Reise dar.

Das Team benützte die Fixseile, die die Österreicher 1959 zurückgelassen hatten, und errichtete eine Reihe von Lagern. Das oberste, Lager V, wurde bereits Anfang Mai auf 7450 Meter aufgebaut, womit die Nützlichkeit des Flugzeugs als Transportmittel bewiesen war. Von diesem Lager aus wurde am 4. Mai ein Gipfelversuch gestartet, der aber auf 7800 Meter – wo der Südostgrat und der Nordostgrat aufeinandertreffen – wegen des üblichen Wettereinbruchs am Mittag scheiterte. Es stand fest, dass ein weiteres Lager benötigt wurde, bevor noch ein Versuch mit Hoffnung auf Erfolg gestartet werden konnte. Aber dann verursachte ein Sturm erst einmal eine Zwangspause.

Beim zweiten Versuch wurde an der Einstellung der Bergsteiger deutlich, dass eine neue Ära im Himalaja-Bergsteigen angebrochen war. Vorbei war der Altruismus des Annapurna-Teams und anderer Fünfziger-Jahre-Expeditionen, als (üblicherweise) der Erfolg des Teams wichtiger war als der Erfolg des Einzelnen. Natürlich gab es schon immer einiges Gipfelfieber, aber nun nahm es überhand. Am Nordostsattel wurde Eiselins Plan eines steten Vorstoßes auf den Berg ignoriert, speziell von Kurt Diemberger. Er wollte Diener vom Gipfelteam ausschließen, weil er nicht in der Gruppe war, die die Aufstiegsroute vorbereitet hatte. Seiner Ansicht nach, so der Bericht des Expeditionsleiters, hatte er am Broad Peak die ganze schwere Arbeit geleistet und war kurz vor dem Gipfel überholt worden. Dies sollte ihm nicht wieder passieren. Deshalb kletterte Diemberger vom Sattel bis zum Lager V in einem Tag, zusammen mit Forrer, Schelbert und zwei Sherpas. Der Teamarzt war wegen des Risikos dieses schnellen Aufstiegs entsetzt, aber Eiselin, mit dieser kleinen Meuterei konfrontiert, sagte lediglich: »Na ja, es war alles eine Frage der Taktik.«

Nachdem am nächsten Tag Peter Diener dazu gekommen war, befanden sich neun Bergsteiger im Lager V und folglich niemand weiter unten am Berg zur Unterstützung. Roussi, Vaucher und Weber, die dort bereits eine Nacht zur Akklimatisation verbracht hatten, schienen der Ansicht gewesen zu sein, dass sie den ersten Versuch verdient hätten, wenn nicht, dann sollten eben alle neun eine Nacht zusammengedrängt überstehen. Ein Streit brach aus und die drei stiegen nach dieser Nacht ab. Dies war, im Nachhinein gesehen, eine gute Entscheidung, da Vaucher krank wurde noch bevor die drei das Lager IV erreicht hatten. Vom Lager V aus kletterten die verbliebenen sechs Männer weiter und nahmen ein Zweimannzelt mit. Dieses wurde auf 7800 Meter aufgeschlagen und bezogen. Die sechs waren nicht in der Lage, sich richtig hinzulegen und wechselten von einer unbequemen Position in die andere. Der nächste Tag, der 13. Mai, war kalt, aber klar und windstill, ein perfekter Gipfeltag. Die sechs Männer starteten in drei Seilschaften. Zuerst Forrer und Sherpa Nima Dorje, dann Diemberger und Sherpa Nawang Dorje, zuletzt Diener und Schelbert. Später banden sich Diener und Schelbert los, da Schelbert viel schneller war. Nachdem sie um 8 Uhr morgens losgegangen waren, erreichten sie den Gipfel gegen 12.30 Uhr. 4½ Stunden für etwa 370 Meter Klettern, mit einer Passage im Schwierigkeitsgrad IV. Obwohl die Bergsteigerwelt zwischen diesen sechs Männern keinen Unterschied machen würde, wird aus ihren Berichten deutlich, dass sie selbst es taten: Diemberger und Schelbert erreichten den felsigen Gipfel zuerst. Ihnen folgte unmittelbar Nawang Dorje, dann kamen Forrer und Nima Dorje und schließlich Diener. Nach einer Stunde stiegen die sechs wieder ab. Zehn Tage später wurde die Besteigung von Vaucher und Weber wiederholt, die vom Lager V starteten. Damit zählte Diemberger zusammen mit Buhl (und eigentlich mit Gyaltsen Norbu, der den Manaslu erstbestieg und der im zweiten Gipfelteam der erfolgreichen französischen Expedition am Makalu war), zu den Menschen, die als einzige zwei Achttausender erstbegangen hatten.

Die Schweizer Expedition schien kaum Schwierigkeiten gehabt zu haben, den höchsten Punkt zu erkennen, obwohl spätere Gipfelstürmer mehr Probleme damit hatten. Nachdem in etlichen Fällen Bergsteiger bezichtigt wurden, nicht den wahren

Alpenglühen am Dhaulagiri, von Poon Hill aus gesehen, im Vordergrund das nebelgefüllte Kali-Gandaki-Tal

Gipfel erreicht zu haben, sondern einen niedrigeren Punkt auf dem langen Gipfelgrat, wurde 1998 ein Pfosten auf dem Gipfel aufgestellt. Unglücklicherweise wurde er genau an dem Punkt platziert (dem niedrigeren), der die ursprüngliche Verwirrung geschaffen hatte und vergrößerte die Probleme damit noch.

Spätere Besteigungen

Neun Jahre nach der Erstbesteigung versuchte ein amerikanisches Team einen Aufstieg über den Südostgrat. Sie kamen von Osten über den Dhaulagiri-Gletscher, der sehr zerklüftet und lawinengefährdet ist. Am 28. April wurde ein Team von sechs Amerikanern und zwei Sherpas, das dabei war, eine riesige Gletscherspalte zu überbrücken, um weiter voran zu kommen, von einer Lawine verschlungen. Nur Lou Reichardt überlebte.

1970 wurde der Berg ein zweites Mal bestiegen. Ein japanisches Team folgte der Erstbesteigungsroute und Tetsuji Kawada und Sherpa Lhakpa Tensing erreichten den Gipfel am 20. Oktober und machten damit gleichzeitig die erste Herbstbesteigung. Die Japaner benützten künstlichen Sauerstoff. Einige volle Sauerstoffflaschen blieben am Berg zurück und wurden 1971 von dem Amerikaner Tom Bech und seiner Frau benützt, die nach einem sichereren Weg suchten, den Südostgrat zu erreichen als durch den »Selbstmörder-Gletscher«. Im Frühling 1973 kam ein amerikanisches Team, um unter Verwendung der Fotos von Bech den Südostgrat zu versuchen, den sie über den Nordostsattel erreichen wollten. Der Grat wurde erfolgreich erreicht, stellte sich aber als sehr schmal und schwierig heraus. Als sie begriffen, dass sie weder die Zeit noch die Mittel besaßen, um ihn zu besteigen, richteten die Amerikaner ihre Aufmerksamkeit auf die Erstbesteigungsroute. Am 12. Mai erreichte Lou Reichardt, der einzige Überlebende der Tragödie von 1970, ohne künstlichen Sauerstoff zusammen mit John Roskelley und dem Sherpa Nawang Samden den Gipfel.

Der Ruf des Dhaulagiri als einer der schwierigsten Achttausender in Verbindung mit der großen Anzahl der offensichtlichen, aber schwierigen Routen, hatte zur Folge, dass Expeditionen nun ein jährliches Ereignis waren. 1975 wagte ein japanisches Team einen ersten Versuch am Südpfeiler am linken Ende der furchteinflößenden Südwand, brach diesen aber ab, als eine Lawine zwei Teammitglieder, zwei Sherpas und einen einheimischen Träger tötete. Im folgenden Jahr versuchte ein italienisches Team den Nordwestgrat, scheiterte aber und wiederholte stattdessen den Normalweg, wobei zwei Männer den Gipfel erreichten. Dann, im Frühjahr 1977, führten Peter Habeler und Reinhold Messner ein internationales Team an, das eine direkte Route in der Südwand versuchte. Die extreme Lawinengefahr zwang sie zur Aufgabe. Im Herbst desselben Jahres scheiterte ein japanisches Team erneut am Südpfeiler, war aber schließlich im Frühling 1978 erfolgreich. Toshiaki Kobayashi und Tatsuji Shigeno erreichten den Gipfel am 10. Mai. Vier weitere Teammitglieder wiederholten die Besteigung am folgenden Tag. Traurigerweise starb ein Teilnehmer nach einem schweren Sturz an einem Ödem. Im selben Jahr nach dem Monsun bestieg ein japanisches Team den Südostgrat vom Ost-Dhaulagiri-Gletscher aus und vollendete die amerikanische Route. Sechs Männer erreichten den Gipfel, drei Männer des Teams wurden jedoch durch eine Lawine getötet und ein weiterer durch einen Sturz.

1980 durchstiegen die Polen Wojciech Kurtyka und Ludwick Wilczynski, der Brite Alex MacIntyre und der Franzose René Ghilini bei scheußlichem Wetter die Ostwand im Alpinstil. Als sie den Nordostgrat erreicht hatten, stiegen sie über ihn ab (und benützten dabei die Fixseile der Schweizer Expedition zum 20. Jubiläum), kehrten aber 10 Tage später wieder zurück, um diese Route bis zum Gipfel zu vollenden. Das Schweizer Team war ebenfalls erfolgreich: 14 Bergsteiger erreichten den Gipfel, einschließlich Fritz Luchsinger (damals 59 Jahre alt), der zum Erstbesteigungsteam des Lhotse gehört hatte, sowie der Sherpa Ang Rita, der den Gipfel zweimal erreichte, am 13. Mai und noch einmal am 19. Mai. 1981 machte der japanische Bergsteiger

Der Dhaulagiri und sein Südostgrat erheben sich steil über dem Kali-Gandaki-Tal, Blick von Ostnordosten bei Tukuche

Hironobu Kamuro eine Alleinbesteigung auf dem Normalweg. Er wurde jedoch bis zum Nordostsattel unterstützt und benutzte dann auf der Route Fixseile und ein Zelt, das von einer erfolgreichen englisch-kanadischen Expedition zurückgelassen wurde. Nichtsdestotrotz war diese Besteigung mit vier Biwaks beim Aufstieg und zwei Biwaks beim Abstieg eine bedeutende Leistung.

Im Oktober 1981 wurde die Südwand von einem sechsköpfigen jugoslawischen Team auf einer Route auf der rechten Seite des Südostgrates im Alpinstil durchstiegen. Für die Durchsteigung wurden 16 Tage gebraucht, einschließlich neun Biwaks beim Aufstieg. Der Abstieg dauerte 5 Tage und erforderte schwierigste Kletterei in Fels und Eis mit einer Steilheit nie unter 50 Grad. Diese großartige Leistung von Ausdauer und Kletterfähigkeit wurde unglücklicherweise nicht durch das Erreichen des Gipfels gekrönt. Der Abstieg hatte tragikomische Momente. Ohne Nahrungsmittel, Brennstoff und Zelte stolperte das Team in ein japanisches Lager auf dem Südostgrat. Ihre Freude war von kurzer Dauer, da ein Kocher explodierte, als sie versuchten ihn in Gang zu setzen. So saßen sie wieder ohne Brennstoff da. Im Frühling 1982 machte Lutgaerde Vivijs, die mit einem belgischen Team am Normalweg unterwegs war, die erste Frauenbesteigung des Dhaulagiri. Bei dieser Expedition erreichten sieben Menschen den Gipfel. Einer von ihnen, der Sherpa Ang Rita, machte seine vierte Besteigung. In der Nachmonsunzeit desselben Jahres bestieg schließlich ein japanisches Team die Route über die »Birne«. Das Gipfelteam, bestehend aus Kozu Komatsu, Yasuhira Saito und Noburu Yamada, benutzte Sauerstoffflaschen zum Schlafen im obersten Lager und außerdem für den Aufstieg entlang des Westgrates. Später im selben Jahr, unternahm eine japanische Expedition der Hokkaido University die erste Winterbesteigung des Dhaulagiri. Der Gipfel wurde am 13. Dezember von Akio Koizumi und Sherpa Wangdu erreicht. Die beiden kletterten mit künstlichem Sauerstoff auf dem Normalweg und begannen ihren Gipfelaufstieg bei einer Schneehöhle auf 7930 Meter, wo sie biwakiert hatten. Noch vor Erreichen des Gipfels ging ihnen der Sauerstoff aus, was den letzten Abschnitt und den Abstieg zu einer echten Prüfung werden ließ. Nach den strengen Regeln des Winterbergsteigens bedeutete die Ankunft des Teams im Oktober und die frühe Arbeit an der Route im November, dass die Besteigung genaugenommen eine Herbst-Winterbegehung war, aber das dürfte unnötige Haarspalterei sein.

Nach dem Monsun 1984 gab es zwei bedeutende Aufstiege: Ein tschechisches Zwanzig-Mann-Team durchstieg die Westwand (die mit der Rupal-Wand des Nanga Parbat um den Titel »höchste Bergwand der Welt« konkurriert) in einem heldenhaften, 60 Tage dauernden Aufstieg. Karel Jakes, Jan Simon und Jaromir Stejskal erreichten den Gipfel, aber Simon, der den anderen vorausgeklettert war und zuerst abstieg, kam dabei ums Leben. Er hatte die Gipfelflagge mitgenommen, die von den Franzosen Pierre Béghin und Jean-Noël Roche hinterlassen worden war, als sie den Japaner-Pfeiler in der Südwand im Alpinstil bestiegen hatten. Im Winter 1984/85 unternahm ein polnisches Team die erste offizielle Winterbesteigung des Gipfels auf dem Normalweg. Das Gipfelpaar hieß Andrzej Czok und Jerzy Kukuczka (es war sein siebter Achttausender).

Im Frühling 1985 folgten Hans Kammerlander und Reinhold Messner ebenfalls dem Normalweg. Der Dhaulagiri war Messners zwölfter Achttausender, den er nur drei Wochen nach seinem Gipfelerfolg an der Annapurna bestieg.

Später im selben Jahr eröffnete ein tschechisches Team im Alpinstil eine neue, sehr schwierige Route in der Westwand. Aber als sie den Südwestgrat erreichten, wurden sie durch gewaltige Winde zurückgedrängt. Am 8. Dezember 1985 kletterten die Schweizer Erhard Loretan, Jean Troillet und Pierre-Alain Steiner in einer Nacht-und-Tag-Besteigung die englisch-französisch-polnische Route in 19 Stunden. Sie pausierten in der zweiten Nacht und erreichten den Gipfel am folgenden Tag – eine bemerkenswerte Leistung.

Nach dem Monsun 1986 machte ein polnisches Team (in dem sich auch zwei Kanadier befanden) eine ähnliche Erfahrung wie das tschechische Team 1985: Sie kletterten eine neue, sehr schwierige Route in der Südwand bis zur japanischen Route von 1978, konnten aber wegen des schlechten Wetters nicht weitermachen. Im selben Jahr eröffnete ein slowenisches Team eine neue Route in der Ostwand, war aber ebenso wenig in der Lage, den Gipfel zu erreichen. Zwei Jahre später vollendete ein tschechisch-italienisch-russisches Team einen Aufstieg im Alpinstil am Südwestpfeiler (in der Westwand, rechts der tschechischen Route von 1985; diese Route war schon 1980 von einem französischen Team versucht worden). An der riesigen Gipfelwand (450 Meter) gibt es auf 7000 Meter Passagen im Schwierigkeitsgrad VI/A2.

Die Geschwindigkeit der Erschließung neuer Routen reduzierte sich nun, aber es wurden weiterhin sagenhafte Klettertouren vollendet. Im Frühling 1990 bestieg Krzysztof Wielicki, als

Winterlicher Sonnenuntergang über dem Dhaulagiri aus der Nähe von Muktinath, an der Grenze zu Mustang

Der Gipfel des Dhaulagiri erhebt sich hinter dem abgelegenen Jirbang (6062 Meter), Blick von Südwesten über den Myagdi Khola hinweg aus der Nähe von Dharapani

Mitglied eines internationalen Teams, am 24. April den Normalweg im Alleingang. Dann am 9./10. Mai eröffnete er ebenfalls im Alleingang eine neue Route in der Ostwand, rechts von der englisch-polnisch-französischen Route von 1981. Als er den Nordostgrat erreicht hatte, unternahm Wielicki keine erneute Gipfelbesteigung, sondern stieg auf seiner früheren Aufstiegsroute ab. Im folgenden Jahr unternahm ein kasachisches Team über eine neue Route einen Vorstoß in der Westwand. Sie behaupteten, dass diese wegen der langen 80 Grad steilen Passagen sogar schwieriger war als ihre Route in der Lhotse-Südwand. Zehn der elf Männer des Teams erreichten den Gipfel. 1993 kletterte dann ein Sieben-Mann-Team (sechs Russen und der Brite Rick Allen) die sehr schwierige direkte Route in der Nordwand. Alle sieben erreichten den Gipfel am 11. Mai.

1994 scheiterte der Niederländer Bart Vos bei einer Winteralleinbegehung. Er verbrachte insgesamt 36 Tage entweder im Basislager oder darüber. Er kehrte im Frühling 1995 zum Dhaulagiri zurück, aber da er zu viele Menschen am Normalweg antraf, bestieg er allein eine Route in der Ostwand, die der englisch-französisch-polnischen Route ähnlich war. Er erreichte den Nordostgrat auf etwa 7400 Meter. Unglücklicherweise wurde er 50 Meter vor dem Gipfel zur Umkehr gezwungen, aber er kehrte im Herbst 1996 nochmals zurück und bestieg im Alleingang eine weitere neue Route in der Ostwand (ähnlich der von 1994). Er behauptet, den Gipfel am 17. Oktober erreicht zu haben, was aber von vielen Experten angezweifelt wird. Ebenfalls im Jahre 1996 bestieg der Schweizer Bergsteiger André Georges den Dhaulagiri im Alleingang. Am Gipfel fand er die Leiche von Albrecht Hammann, der ein Mitglied eines internationalen Teams von 1995 gewesen war. Elf Tage später bestieg Georges die Annapurna allein.

Zwei Jahre später starben die führende Bergsteigerin Chantal Mauduit und ihr Sherpa Ang Tsering in ihrem Lager auf 6500 Meter. Anscheinend erstickten sie, nachdem sich Schnee auf ihrem Zelt aufgetürmt hatte. (Mauduit hatte Kopfverletzungen, die möglicherweise von Eisschlag herrührten, der das Zelt getroffen hatte.) Mauduit hatte sechs Achttausender bestiegen, mehr als irgendeine andere lebende Bergsteigerin zu dieser Zeit. Ironischerweise wurde im Herbst 1999 die britische Bergsteigerin Ginette Harrison, die neue Anwärterin für den Rekord der meisten Achttausender-Besteigungen, am Dhaulagiri durch eine Lawine getötet. In dieser Saison nach dem Monsun gab es beträchtliche Schneefälle und, folglich, Lawinen – Alex Lowe wurde in einer Lawine am Shisha Pangma getötet. Das wirft bei vielen die Frage auf, ob die globale Erderwärmung das Wetter im Himalaja beeinflusst und, wenn dies so ist, wie die langfristigen Konsequenzen für das Höhenbergsteigen aussehen könnten.

Die Tragödie überschattete den phänomenalen Aufstieg des Slowenen Tomaž Humar. Im Oktober nahm er den Zentralteil der furchterregenden Südwand in Angriff, wobei er schnell die Höhe von 6800 Meter erreichte. Dort wurde er durch eine Felswand aufgehalten, an der er wenig Chancen hatte, sie allein und schnell zu durchsteigen. Deshalb querte er zum Südostgrat und bestieg diesen bis auf etwa 7700 Meter, wo er dann zurück in die Wand querte. Er kletterte in der Wand weiter hoch, erreichte wieder den Grat und folgte diesem bis zum Nordostgrat. An diesem Punkt verwarf er jeden Gedanken an eine Gipfelbesteigung und stieg über den Normalweg ab. Während seines Abstiegs, am 24. Oktober, fand er die Leiche von Ginette Harrison. Es gibt Gerüchte, dass Humar bei seiner Rückkehr nach Europa am Flughafen von Reinhold Messner empfangen wurde. Sollte dies der Wahrheit entsprechen, so war es eine passende Geste: Der Mann, dessen Leistungen die ersten 50 Jahre des Achttausender-Bergsteigens dominiert haben, begrüßte und gratulierte dem Mann, dessen Besteigung am Ende dieser Ära steht und für die nächste Generation ein Zeichen gesetzt hat.

Am Ende des Jahrzehnts gab es am Dhaulagiri mehr Besteigungen als an sonst einem Gipfel außer dem Everest und den »leichten« Achttausendern Cho Oyu und Gasherbrum II, eine Tatsache, die aufgrund seines Rufes als schwieriger Berg überrascht. Es scheint, dass die Kombination aus herausfordernden schwierigen Wänden und Graten, die weiterhin die besten Bergsteiger anziehen werden, und dem relativ unschwierigen Normalweg, gepaart mit der beeindruckenden Schönheit des Gipfels, ihn unwiderstehlich macht.

Die großartige Pyramide des Dhaulagiri von Muktinath aus gesehen

Shisha Pangma 8046 m

» Der Grat wurde zunehmend schmaler und spitzer. Die Nordseite war schneebedeckt und steil, schwierig und gefährlich zu queren – die Südseite war noch steiler, sie verlor sich unmittelbar in einem Durcheinander von Fels und schneeüberzuckertem Eis ... «

ALEX MACINTYRE am Gipfelgrat

Shisha Pangma

Die Legende besagt, dass Shiva seinen Dreizack in den Boden nahe des Passes zwischen den Tälern von Helambu und Langtang rammte und sich in den Löchern die heiligen Seen bildeten. Gosainkund ist das Ziel einer alljährlichen Pilgerreise der Nepalesen im August (im Hochmonsun, eine kritische Zeit für eine solche Reise), um bei einem rituellen Bad in seinen kalten Wassern Körper und Seele zu reinigen. Man sagt, dass der See über einen unterirdischen Kanal von den Quellen des Kumbeshwar-Tempels in Patan (auf der anderen Seite des Bagmati-Flusses von Katmandu) gespeist wird. Manche Nepalesen bevorzugen es, ihr rituelles Bad lieber dort zu nehmen als den langen Marsch nach Gosainkund anzutreten.

Der tibetische Name des Gipfels lautet Shisha Pangma, womit der Bergkamm über einer grasbewachsenen Ebene gemeint ist, eine sehr anschauliche, fast prosaische Bezeichnung. Nach der Besetzung Tibets durch die Chinesen (oder der Befreiung, je nachdem, welche Geschichtsbetrachtung man bevorzugt) versuchten die neuen Herrscher dem Gipfel den offensichtlich willkürlichen Namen Kaosengtsan Feng aufzudrängen. Als dies scheiterte, kehrten sie zum tibetischen Namen zurück, schufen aber eine chinesisch-tibetische Version, Xixabangma. Sie behaupteten, das bedeute »schlechtes Wetter«, vermutlich wegen der Wetterlagen, die diesen fernen und einsamen Gipfel kennzeichnen. Mit Rücksicht auf die Chinesen, die schließlich die Permits für den Gipfel und für die Nordseite des Everest ausstellen, kann man diese Version heute ab und zu in der Bergsteigerliteratur finden.

> Der Gipfel XXIII der Indischen Landvermessung war viele Jahre unter dem Sanskrit-Namen Gosainthan bekannt, der »Ort des Heiligen« bedeutet. Die Existenz eines Sanskrit-Namens für einen Gipfel, der über die Tibetische Hochebene hinausragt, war und ist so etwas wie ein Mysterium. Aber es wird angenommen, dass er von der Nähe des Berges zu Gosainkund stammt, einem heiligen See der Hindus, der auf der anderen Seite der Grenze in Nepal liegt.

Erforschung

Die Erforschung des Shisha Pangma hat eine relativ junge Geschichte. Im Jahre 1921 wurde er von Mitgliedern der britischen Everest-Erkundungsexpedition aus einer Entfernung von 45 Kilometer gesehen. Wahrscheinlich waren sie die ersten Europäer, die ihn erblickten. Alle folgenden Besucher dieses südlichen Teils der Tibetischen Hochebene, einschließlich späterer britischer Everest-Unternehmungen, werden diesen Gipfel ebenfalls gesehen haben.

1945 wurde der Shisha Pangma von Peter Aufschnaiter und Heinrich Harrer skizziert, während ihrer Reise durch Tibet nach ihrer Flucht aus dem Kriegsgefangenenlager in Dehra Dun, wo sie 1939 interniert wurden. Dann, im Jahre 1949, führte der britische Bergsteiger Bill Tilman ein kleines Team (einschließlich Tensing Norgay) in den Langtang Himal, wobei sie sich der Westwand des Shisha Pangma auf 20 Kilometer näherten. Im folgenden Jahr wurde der Gipfel von Dr. Toni Hagen, einem Schweizer Geologen, bei Vermessungen aus der Luft aus südwestlicher Richtung fotografiert, und 1951 machte Peter Aufschnaiter, der sich ihm bis auf 10 Kilometer annäherte, Fotos von Osten. Weitere Gipfelaufnahmen lieferte Hagen 1952, als er den Langtang Himal zu Fuß erforschte.

1961 wurden die Chinesen auf den Gipfel aufmerksam, denn der Shisha Pangma war der einzige noch unbestiegene Achttausender. Sie unternahmen eine Erkundung von Norden aus. Bei dieser ersten Fahrt scheint man sich nur mit den Anmarschmöglichkeiten zum Berg beschäftigt zu haben. Die ersten Bergsteiger, die den Shisha Pangma besuchen sollten, kamen erst 1963 an. Diese Gruppe untersuchte die Nordseite im Detail, beobachtete

Das erfolgreiche Team auf dem Gipfel des Shisha Pangma

die Wetterverhältnisse genauer und unternahm einige Besteigungsversuche, bei denen sie eine Höhe von 7160 Meter erreichten.

Die Erstbesteigung

Die Chinesen kehrten 1964 mit einer über 200 Mitglieder starken Expedition zurück: Bergsteiger, Wissenschaftler und Träger – viel zu viele, um sie alle aufzuzählen, selbst wenn alle Namen bekannt wären.

Die Bergsteiger hatten den vorangegangenen Winter in einem Fitnesscamp zugebracht und ein Programm genossen (oder erduldet), das Fingerklimmzüge, Liegestütze, Eilmärsche, Unterwasserschwimmen und vieles mehr umfasste. Die Devise des Lagers lautete: »Mehr Schweiß im Training, weniger Schmerz beim Klettern.«

Die Chinesen bauten bis auf 5900 Meter eine Piste für Geländefahrzeuge, wo eine komplette kleine Stadt mit Kino entstand, um die Mitglieder der riesigen Expedition bei Laune zu halten. Man näherte sich dem Gipfel über den Shisha-Pangma-Gletscher, der von der Nordwand herunterfließt. Es wurden drei Lager darauf errichtet, bevor das Team auf den Nordgrat stieg. Sie überquerten die Westseite eines spitzen Gratabschnittes und errichteten Lager IV nahe dem Pass zwischen diesem Abschnitt und dem Hauptgipfel. Zwei weitere Lager wurden auf dem Grat errichtet. Vom letzten Lager aus (Lager VI, 7700 Meter) starteten am 2. Mai zehn Bergsteiger und stiegen in drei Seilschaften auf, offensichtlich ohne zusätzlichen Sauerstoff zu benützen. Es passierte ein kleines Missgeschick. Wang Fu-chou (dies ist die übliche westliche Schreibweise, die bevorzugte chinesische wäre Wang Fuzhou), einer der drei chinesischen Bergsteiger, die 1960 den ersten Aufstieg zum Everest von Norden gemacht hatten, rutschte auf blankem Eis aus und fiel 20 Meter, bevor er von seinen Gefährten gehalten wurde. Nach 4½ Stunden erreichten die zehn Männer schließlich den winzigen Gipfelpunkt und wechselten sich ab, um darauf zu stehen. Es waren die Chinesen Chen San, Cheng Tianliang, Wang Fuzhou, Wu Zongyue, Xu Jing (der Teamleiter) und Zhang Junyan, sowie die Tibeter Doje, Mima Zaxi, Sodnam Doje und Yungden. Der Gipfel des Shisha Pangma ist ein pyramidenförmiger verschneiter Fleck auf dem langen Ostwestgrat.

Unmittelbar nach der Besteigung betrachteten viele westliche Bergsteiger den chinesischen Anspruch mit Skepsis. Die Everest-Besteigung von 1960 mit nächtlicher Gipfelankunft, einer angeblich aufgestellten Büste des Vorsitzenden Mao und fehlenden Fotos begründete allerlei Zweifel, und die Besteigung des Shisha Pangma folgte dem gleichen Muster. Wieder wurde behauptet, dass eine Büste von Mao auf den Gipfel getragen wurde und die Gipfelfotos zeigten keinen Hintergrund – nur Bergsteiger vor blauem Himmel: Befanden sie sich auf dem Shisha Pangma oder auf einem Parkplatz außerhalb Pekings? Es gab jedoch Fotos vom Gipfel, und spätere Aufstiege zeigten, dass diese in der Tat entweder auf dem Gipfel selbst oder ganz in seiner Nähe aufgenommen wurden. Selbst dann meinten einige

Shisha Pangma: Aufstiegsrouten

Oben: von Süden
A *Nordwestwand*
1 *Chinesen-Route (1964), Normalweg*

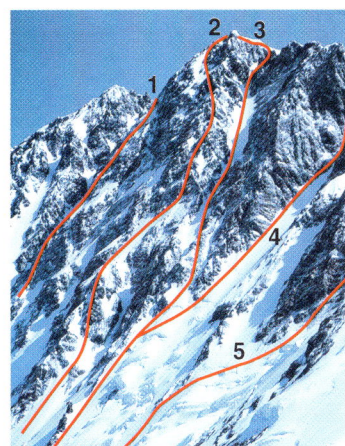

Links: Südwestwand
1 *Polen-Schweizer-Route (1990)*
2 *Slowenische Route, Kozjek/Stremfelj (1989)*
3 *Briten-Route (1982)*
4 *Wielicki, Alleinbesteigung (1993)*
5 *Slowenische-Route, Bence/Groselj (1989)*

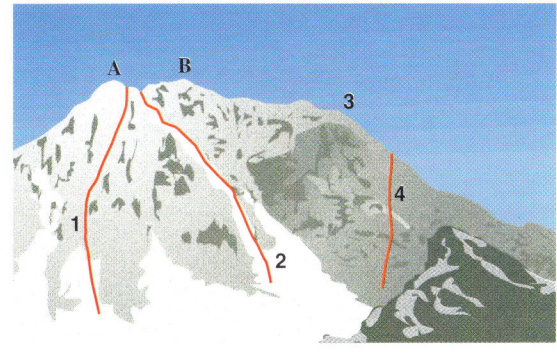

Oben: Nordwestwand
A *Mittelgipfel; der Hauptgipfel liegt dahinter, links vom Mittelgipfel*
B *Westgipfel*
1 *»Esprit d'Equipe«-Route (1990), aber nur zum Mittelgipfel*
2 *Hinkes/Untch (1987)*
3 *Westgrat, Polen-Route (1987)*
4 *Lafaille (1994), aber nur zum Westgipfel*

Blick von Nordosten über den üblichen Basislagerplatz auf der Tibetischen Hochebene zum Shisha Pangma. Links der Phola Gangchen (7716 Meter)

immer noch – allerdings mit wenig Berechtigung –, dass die Chinesen nicht den eigentlichen Gipfel, sondern nur eine vorgelagerte, niedrigere Gratspitze erreicht hätten. Angesichts der späteren Kontroversen über Bergsteiger, die Gipfelbesteigungen für sich reklamierten, obwohl sie eher nur auf dem Mittelgipfel und nicht auf dem Hauptgipfel standen, ist dies verständlich. Jene, die den Mittelgipfel erreicht haben, müssen feststellen, dass ein schmaler, gelegentlich stark überwechteter und gefährlicher Grat überklettert werden muss, um zum Hauptgipfel zu gelangen, der nur ein paar Meter höher liegt. Diesen Grat zu überwinden kann mehrere Stunden dauern, obwohl manche ihn unschwierig fanden und ihn schnell bestiegen haben. Wie auch immer, heute bezweifeln nur wenige die Richtigkeit des chinesischen Anspruches, den Hauptgipfel erreicht zu haben.

Spätere Besteigungen

Nach der chinesischen Erstbegehung wurde der Gipfel über 16 Jahre in Ruhe gelassen. Dann, 1980, öffneten die Chinesen Tibet für ausländische Bergsteiger. Die Japaner gingen zum Everest, und ein deutsches Team, gemeinsam geführt von Manfred

Shisha Pangma

Abellin und Günther Sturm, brach zum Shisha Pangma auf. Am 7. Mai erreichten Michl Dacher, Wolfgang Schaffert, Günther Sturm und Fritz Zintl den Gipfel über die chinesische Route auf der Nordseite des Berges. Der Anstieg wurde fünf Tage später von Sigi Hupfauer und Manfred Sturm wiederholt. In der Nachmonsunzeit des gleichen Jahres wurde der Gipfel – wieder auf der Erstbegeherroute – durch ein österreichisches Team erneut bestiegen: der erste Nachmonsun-Aufstieg.

1981 wiederholte eine japanische Frauenexpedition den Normalweg. Junko Tabei (die erste Frau, die den Everest bestiegen hatte) unternahm den ersten Frauenaufstieg auf den Shisha Pangma in Begleitung von zwei chinesischen Trägern. Sie hat keine Sauerstoffflaschen benützt. Einen Monat später wiederholten auch Reinhold Messner und Friedl Mutschlechner den Normalweg, mit einer kleinen Variante im Gipfelbereich. Der Shisha Pangma war Messners fünfter Achttausender. Messner und Mutschlechner gehörten einem Team an, das beabsichtigte eine direkte Route über die Nordwand zu nehmen. Als der frühe Beginn des Monsuns sie dazu zwang, diesen Versuch aufzugeben, stiegen die beiden während einer kurzen Wetterpause von einem Biwak in etwa 6800 Meter Höhe innerhalb eines Tages direkt zum Gipfel.

1982 wurde eine zweite Route zum Gipfel eröffnet. Ein kleines britisches Team bestieg die 3300 Meter hohe Südwestwand. Der Aufstieg wurde von Roger Baxter-Jones, Alex MacIntyre und Doug Scott mit zwei Biwaks und im Alpinstil durchgeführt. Der untere Teil der Route führt über kombiniertes und etwa 55 Grad steiles Gelände, der obere durch eine ähnlich steile Rinne, bis man dann nahe des Gipfelgrates leichteres Gelände erreicht. Der Abstieg verläuft über den weniger steilen Südostgrat und dann über die Südwestwand Richtung Osten zur Aufstiegslinie. Im folgenden Jahr gab es etliche Erfolge auf dem Normalweg, aber Fritz Luchsinger, einer der Erstbesteiger des Lhotse, wurde das erste Opfer des Sisha Pangmas. Er hatte den Dhaulagiri im Alter von 59 Jahren bestiegen, jetzt starb er mit 62 Jahren an einem Lungenödem.

Ermutigt durch die relative Leichtigkeit des Shisha Pangmas (als Achttausender) tauchte im Jahre 1985 die erste kommerzielle Expedition auf: eine erfolgreiche italienische Unternehmung. Zur gleichen Zeit erreichten alle zwölf Mitglieder eines österreichisch-schweizer-deutschen Teams den Gipfel. Im Herbst 1987 wurden neue Routen zum Gipfel geklettert. Am 18. September erreichten Arthur Hajzer und Jerzy Kukuczka den Gipfel über den Westgrat. Kukuczka machte den Abstieg von der Spitze teilweise auf Ski. Kukuczka war mit dieser Besteigung der zweite Mensch, der alle 14 Achttausender bestiegen hat. Er hat dazu neun Jahre gebraucht, und bei allen, bis auf den Lhotse, hat er entweder neue Routen gewählt oder die erste Winterbesteigung unternommen. Ebenfalls am 18. September gelangte ein internationales fünfköpfiges Team (mit dabei Carlos Carsolio und Wanda Rutkiewicz) über den Normalweg auf den Gipfel. Nebenbei bemerkt gibt es über das Datum dieses Aufstigs unterschiedliche Meinungen. Kukuczka schreibt in seinem Buch, dass es der 18. war. Aber Wanda Rutkiewicz behauptet felsenfest, dass es der 19. war (obgleich der Unterschied wirklich rein akademischer Natur ist). Was aber nicht diskutiert wird ist, dass Kukuczka, vielleicht überwältigt von seiner Situation, hinter den anderen herging, als sie sich dem Gipfel näherten und der Letzte war, der ihn erreichte. Ein paar Tage später stiegen der Brite Alan Hinkes und der Amerikaner Steve Untch durch das zentrale Couloir in der Nordwestwand und eröffneten eine neue Route. Gleichzeitig mit diesen Erfolgen versuchte sich ein britisches

Team an der Ostwand, entschied aber, dass das zu gefährlich sei und wandte sich stattdessen dem Verbindungsgrat zwischen Pungpa Ri und dem Hauptgipfel zu. Luke Hughes und Steven Venables waren aber nach einem miserablen Biwak gezwungen, die Querung in etwa 7650 Meter Höhe aufzugeben.

Eine slowenische Expedition nahm 1989 die Südwestwand in Angriff und richteten zwei neue Routen ein. Vom 17. bis zum 19. Oktober (zwei Biwaks) bestiegen Pavle Kozjek und Andrej Stremfelj

Während der Erstbegehung der britischen Südwestwand-Route 1982

den Pfeiler links von der britischen Route, während zwischen dem 18. und dem 20. Oktober Filip Bence und Viktor Groselj eine Route kletterten, die über die Hälfte der Distanz der britischen Abstiegsroute folgte und dann den Südostgrat erreichte, dem sie bis zum Gipfel folgten. Im folgenden Jahr, wieder in der Nachmonsunzeit, kam in der Südwand eine neue Route dazu. Nur eine Woche nachdem sie auf dem Cho Oyu gestanden hatten, durchstiegen Erhard Loretan, Wojciech Kurtyka und Jean Troillet das zentrale Couloir (an dem zwei Jugoslawen 1989 abgebrochen hatten, nachdem einer der beiden eine Lungenentzündung bekam). Das Couloir weist eine Neigung von 45–50 Grad auf und war problemlos zu klettern. Am Abend des 2. Oktober startete das Trio und stieg ohne Biwakausrüstung zum Gipfelgrat auf. Kurtyka pausierte hier; die Schweizer erreichten den Mittelgipfel um 10 Uhr morgens. Dann stiegen sie ab und waren in weniger als 24 Stunden nach dem Start wieder im Basislager. Kurtyka erreichte den Mittelgipfel um 16 Uhr nachmittags, biwakierte in einer »angenehm warmen« Nacht und stieg am nächsten Morgen ab. Eine weitere neue Route wurde 1990 begangen, als eine internationale Mannschaft das »Esprit d'Equipe«-Couloir in der Nordwestwand durchstieg (links von der Hinkes-Untsch-Route). Das Team, dem auch Hinkes, Benoît Chamoux und Pierre Royer angehörten,

Unterwegs im Couloir (britische Südwestwand-Route 1982)

Nach der miserablen Biwaknacht: Versuch am Pungpa Ri Richtung Shisha-Pangma-Grat

erreichte den Mittelgipfel, ging aber nicht zum Hauptgipfel weiter.

1993 bestieg ein polnisches Team, welches am Südwestpfeiler des Cho Oyu erfolgreich war, die slowenische Route von 1989 im Alpinstil. Zur gleichen Zeit schaffte ein Mitglied des Teams, Krzysztof Wielicki das 50 Grad steile Couloir rechts von der Scott-Route aus dem Jahr 1982 im Alleingang. Nach dieser Besteigung startete Wielicki, der seinen zehnten Achttausender bestiegen hatte, einen leidenschaftlichen Angriff auf die Leute, die nur den Mittelgipfel bestiegen hatten oder diejenigen, die beim Cho Oyu nur den Rand des Gipfelplateaus erreichen und dann den Gipfel für sich reklamieren. Das seien nicht die höchsten Punkte, sagte er, und könnten deshalb nicht als Gipfelbesteigung gelten. Das Problem der echten Gipfelbezwinger zeigte sich wieder 1994, als nur zwei Bergsteiger (einer im Frühling und einer nach dem Monsun) den Hauptgipfel schafften, obgleich viele andere den Mittelgipfel erreichten. Der Franzose Christophe Lafaille bestieg den Mittelgipfel im Alleingang, aber empfand es als zu stürmisch, um zum Hauptgipfel weiterzugehen. Zwei Tage später bestieg er im Alleingang eine neue Route im rechten Teil der Nordwand und gelangte über den Westgrat zum Westgipfel; dieses Mal hatte er für den Hauptgipfel zu wenig Zeit. Im gleichen Jahr scheiterte ein Versuch einer Ski- und Snowboard-Abfahrt. Die Skifahrer kamen beim Aufstieg auf der Hinkes-Untch-Nordwandroute nur auf eine Höhe von 7990 Meter. Mark Newcomb fuhr mit Ski von diesem Punkt ab.

1995 bestieg Erhard Loretan den Normalweg im Alleingang. Er startete um 5.30 Uhr morgens vom Basislager (auf 5800 Meter) und erreichte den Mittelgipfel am nächsten Tag um 11.30 Uhr morgens. Er ging zum Hauptgipfel weiter und kam dort etwa gegen Mittag an. Loretan war einer der drei Gipfelbezwinger, die 1995 auf dem Hauptgipfel standen. Eine weitere neue Route in der Südwestwand kam durch ein spanisches Team hinzu. Es hatte die Spitze in dichtem Nebel erreicht und musste nachdem der Nebel sich gelichtet hatte erschrocken feststellen, dass sie rechts des Hauptgipfels waren. Der Grat war tiefverschneit und das Team zu müde um weiterzumachen. Sie stiegen deshalb ab.

Dann, einige Zeit irgendwie in den Hintergrund geschoben und als ein leichter Achttausender abgehakt, stand der Berg 1999 plötzlich wieder in den Schlagzeilen. Der Amerikaner Alex Lowe, der wohl beste Bergsteiger dieser Zeit (ein Titel, den er nicht für sich beanspruchte), starb zusammen mit David Bridges am Shisha Pangma. Die beiden gehörten einem Team an, das die erste amerikanische Skiabfahrt von einem Achttausender versuchte.

Mit der Einschätzung des Shisha Pangma als einer der leichtesten Achttausender und der zusätzlichen Attraktivität seiner Lage in Tibet, stieg die Anzahl der kommerziellen Expeditionen und damit natürlich auch die Zahl der Gipfelbesteiger an. Es bleibt die Schwierigkeit der Entscheidung, ob diejenigen, die den Mittelgipfel erreicht haben, dies als »echten« Aufstieg in Anspruch nehmen dürfen. Es ist möglich, dass er in der Reihenfolge bald an vierter Stelle hinter dem Everest, dem Cho Oyu und dem Gasherbrum II liegt. Wie bei all den großen Gipfeln lässt die massige Gestalt des Berges viel Spielraum für viele neue Routen; und zum Ende des Milleniums wartet der Shisha Pangma noch immer auf die erste Winterbegehung.

Liste der Besteigungsdaten für alle 14 Achttausender

Diese Daten wurden mit der Hilfe von Elizabeth Hawley (die acht Gipfel in Nepal), Jan Kielkowski (die fünf Gipfel Pakistans und Shisha Pangma) und Xavier Eguskitza (die unten gezeigten Tabellen) zusammengestellt. Die früheren Daten der einzelnen Gipfel sind genau festgehalten, aber bei den späteren wird es immer schwieriger, alle Daten zu sammeln. Das liegt zum Teil daran, dass die Bergsteigerwelt nicht mehr besonders an den Gipfelbesteigungen auf den Normalwegen interessiert ist und dadurch diese Daten nicht mehr so eifrig gesammelt wurden. Und dann gibt es auch noch das Problem der umstrittenen Gipfelbesteigungen. Das trifft besonders auf die Berge mit mehr als einem Gipfel zu – Vorgipfel des Broad Peak, Mittelgipfel des Shisha Pangma. Die niedrigeren sind »leichter« zu besteigen oder vor dem eigentlichen Gipfel gibt es einige Punkte, die schneller zu erreichen sind – zum Beispiel am Cho Oyu, wo der eigentliche Gipfel hinter einem weiten Plateau liegt.

Der Beginn der kommerziellen Expeditionen auf die Achttausender und das »Wettrennen« um die Besteigung aller 14 Achttausender und um die »schwierigsten Routen der Welt an den hohen Bergen« haben die Problematik einer Zusammenstellung der »echten« Aufstiegsdaten zusätzlich verstärkt.

Summe aller Achttausender-Besteigungen bis 31.12.1999

	Anzahl der Bergsteiger	Wiederholungen	Anzahl der Besteigungen	Anzahl der Besteigungen von Frauen
Cho Oyu	998	92	1090	82 (79 Frauen)
Everest	874	299	1173	55 (52 Frauen)
Gasherbrum II	456	12	468	43
Dhaulagiri	290	8	298	171
Broad Peak	212[1]	5	217	9
Manaslu	189	1	190	6
Nanga Parbat	184	2	186	9
Shisha Pangma	165[2]	2	167	7
K2	163	1	164	5
Gasherbrum I	161	3	164	6
Makalu	156	0	156	5
Kangchendzönga	146	7	153	1
Lhotse	128	1	129	3
Annapurna	106	3	109	5
Summe	2768[3]	436	4664	247 (bei einer Gesamtzahl von 170 Frauen)

Anmerkung: Außer beim Cho Oyu und beim Everest, gab es keine Mehrfachbesteigungen von Frauen.

[1] Nur Hauptgipfel, weitere 107 Bergsteiger haben den Vorgipfel erreicht.

[2] Nur Hauptgipfel, weitere 434 Bergsteiger haben den Mittelgipfel erreicht.

[3] 2768 Bergsteiger sind insgesamt auf dem Gipfel von mindestens einem Achttausender gestanden

Bergsteiger mit einer oder mehreren Achttausender-Besteigungen bis zum 31.12.1999

Die Anzahl der Gipfel schließt nicht die Mehrfachbesteigungen eines bestimmten Berges mit ein.

Anzahl der Gipfel	Anzahl der Bergsteiger	Anzahl der Gipfel	Anzahl der Bergsteiger
14	6 (Messner, Kukuczka, Loretan, Carsolio, Wielicki, Oiarzabal)	7	4
13	2 (De Stefani, Martini)	6	21
12	1 (Kammerlander)	5	26
11	0	4	64
10	13	3	150
9	7	2	408
8	6	1	2060

Tote an den Achttausendern bis 31.12.1999

	Anzahl der Besteigungen	Todesfälle beim Abstieg	% der Gipfelbezwinger, die beim Abstieg starben	Gesamtanzahl der Todesfälle
K2	164	22[1]	13,4	49
Annapurna	109	8	7,3	55
Makalu	156	8	5,1	19
Kangchendzönga	153	7	4,6	38
Everest	1173	40[2]	3,4	165
Broad Peak	218	4	1,8	18
Gasherbrum I	164	3	1,8	17
Dhaulagiri	298	5	1,7	53
Nanga Parbat	186	3	1,6	61
Manaslu	190	3	1,6	51
Lhotse	129	2	1,6	8
Shisha Pangma	167	2	1,2	19
Gasherbrum II	468	3	0,6	15
Cho Oyu	1090	5	0,5	23
Summe	4664	115		591

Anmerkung: Die Todesfälle an Everest, K2, Kangchendzönga und Nanga Parbat schließen jene mit ein, die sich bei Expeditionen vor 1950 ereigneten.

Die Todesfälle beim Abstieg werden gewöhnlich durch Erschöpfung und Stürze hervorgerufen und werden seltener durch Lawinen verursacht. Unter diesem Aspekt ist der K2 bei weitem der gefährlichste Berg. Todesfälle beim Aufstieg sind oft die Folge von Lawinen. Unter diesem Gesichtspunkt sind heute die Annapurna und der Manaslu, vor 1950 auch der Nanga Parbat die gefährlichsten Berge.

[1] Diese Zahl schließt nicht die drei Bergsteiger aus der Ukraine mit ein, die am 10. oder 11.7.94 starben. Zwei wurden in einem Biwak auf 8400 Meter gefunden, der andere ist vermutlich aus etwa derselben Höhe abgestürzt. Es wird angenommen, dass sie eher während des Abstieges als beim Aufstieg gestorben sind, es ist aber nicht bekannt, ob sie den Gipfel erreicht hatten.

[2] Diese Zahl schließt nicht Mick Burke (26.9.75) und Pasang Temba (13.10.88) mit ein, die den Gipfel wahrscheinlich erreicht haben und beim Abstieg starben.

Annapurna-Besteigungsdaten

Alle Besteigungen erfolgten über die Route der Erstbegeher (Nordwand), außer wenn etwas anderes angegeben wird.

3.6.50 M. Herzog (Frankreich), L. Lachenal (Frankreich); **20.5.70** H. Day (Großbritannien), G. Owens (Großbritannien); 27.5.70 D. Whillans (Großbritannien), D. Haston (Großbritannien) S-Wand; **13.10.77** M. van Rijswick (Niederlande), Sonam Wolang Sherpa (Nepal); **15.10.78** I. Miller (w) (USA), V. Komarkova (w) (USA), Mingma Tshering Sherpa (Nepal), Chewang Rinzing Sherpa (Nepal); 30.4.78 Y. Morin † (Frankreich), H. Sigayret (Frankreich); **8.5.79** S. Tanake (Japan), Pema Sherpa (Nepal); **1.5.80** G. Harder (Deutschland), K. Staltmayr (Deutschland), Ang Dorje Sherpa (Nepal); 3.5.80 K. Schrag (Deutschland), W. Broeg (Deutschland), Maila Pemba Sherpa (Nepal), Ang Tsangi Sherpa (Nepal); **19.10.81** K. Aota (Japan), Y. Yanagisawa (Japan) S-Wand; **4.5.82** W. Bürkli † (Schweiz), T. Hägler (Schweiz), Dawa Tensing Sherpa (Nepal), W. Wörgötter (Österreich); **24.10.84** N. Joos (Schweiz), E. Loretan (Schweiz), Aufstieg Ostgrat, Abstieg NW-Wand; **24.4.85** H. Kammerlander (Italien), R. Messner (Italien), NW-Wand; **21.9.86** A. Giambisi (Italien), S. Martini (Italien), F. De Stefani (Italien); **3.2.87** A. Hajzer (Polen), J. Kukuczka (Polen); 8.10.87 R. López (Spanien), J. M. Maixe (Spanien); 11.10.87 J. C. Gómez (Spanien), F. J. Perez (Spanien), Kaji Sherpa (Nepal); 20.12.87 T. Kobyashi † (Japan), Y. Saito † (Japan), T. Saegusa (Japan), N. Yamada (Japan) S-Wand, Variante der britischen Route (1970); **10.5.88** S. Boyer (USA), B. Chamoux (Frankreich), N. Campredon (Frankreich), S. Dorotei (Italien), J. Rakoncaj (Tschechoslowakei) S-Wand, Variante der britischen Route (1970); 2.10.88 J. Martis (Tschechoslowakei), J. Nezerka (Tschechoslowakei) NW-Wand; 3.10.88 P. Aldai (Spanien), J. F. Azcona (Spanien); **28.10.89** L. Ianakiev (Bulgarien), P. Panayotov (Bulgarien), O. Stoykov † (Bulgarien); **5.10.90** G. Gazzola (Italien) (Besteigung umstritten); 20.-21.10.90 G. Denamur † (Belgien) S-Wand, britische Route (1970); **21.10.91** B. Stefko (Polen), K. Wielicki (Polen) S-Wand, britische Route (1970) 22.10.91 R. Pawlowski (Polen), W. Rutkiewicz (w) (Polen), R. Schleypen (Deutschland), S-Wand, britische Route (1970); 23.10.91 I. Baeyens (w) (Belgien), M. Sprutta (Polen), G. Velez (Portugal) S-Wand, britische Route (1970); 24.10.91 S. Arsentiev (UdSSR), N. Cherny (UdSSR); 26.10.91 V. Bashkirov (UdSSR), S. Isaev (UdSSR), V. Obichok (UdSSR), N. Petrov (UdSSR) S-Wand, britische Route (1970); **26.4.93** Akbu (Tibet), Bianba Zaxi (Tibet), Rena (Tibet), Cering Doje (Tibet); **10.10.94** Park Jung-Hun (Südkorea), Dawa Sherpa (Nepal), Ang Dawa Tamang (Nepal), Mingma Tamang (Nepal) S-Wand, Variante der britischen Route (1970); **29.4.95** C. Carsolio (Mexiko), D. Karnicar (Slowenien), A. Karnicar (Slowenien); 6.5.95 T. Humar (Slowenien); **3.5.96** Kim Hun-Sang (Südkorea), Park Young-Seok (Südkorea), Kaji Sherpa (Nepal), Gyaltsen Sherpa (Nepal); 15.5.96 A. Georges (Schweiz); 20.10.96 A. Marciniak (Polen), V. Terzyul (Ukraine) NW-Grat; 20.10.96 S. Bershov (Ukraine), I. Svergan (Ukraine), S. Kovalev (Ukraine) S-Wand, Variante der britischen Route (1970); **3.5.98** Han Wang-Yong (Südkorea), Ang Dawa Tamang (Nepal) (2.), Phurba Tamang (Nepal), Arjun Tamang (Nepal), Kami Dorje (Dorchi) Sherpa (Nepal); **29.4.99** F. Latorre (Spanien), J. Oiarzabal (Spanien), J. Vallejo (Spanien), Um Hong-Gil (Südkorea), Park Chang-Soo (Südkorea), Ji Hyun-Ok † (w) (Südkorea), Ang Dawa Tamang (Nepal) (3.), Kami Dorje Sherpa † (Nepal) (2.)

(w) weiblicher Bergsteiger
† beim Abstieg umgekommen

Erstbesteigungen der untergeordneten Gipfel:
Ostgipfel: 29.4.74 J. M. Anglada (Spanien), E. Civis (Spanien), J. Pons (Spanien) N-Grat. Mittelgipfel: 3.10.80 U. Boening (Deutschland), L. Greissl (Deutschland), H. Oberrauch (Deutschland)

Everest-Besteigungsdaten

Die Liste beinhaltet alle Bergsteiger, die behaupten, den Gipfel erreicht zu haben, auch wenn es bei einigen Zweifel gibt, ob es wirklich so war. Die angezweifelten Besteigungen wurden kenntlich gemacht. Die Nummerierung entspricht nicht notwendigerweise der Reihenfolge, in der die Bergsteiger den Gipfel erreichten, auch nicht bei denen, die im selben Gipfelteam waren. Einige Bergsteiger waren mehr als einmal auf dem Gipfel, so dass die Gesamtzahl der Bergsteiger am Gipfel des Everest nicht mit der Nummer, die der letzten Person der Liste zugeordnet ist, identisch ist. Auch wenn jemand den Everest zehnmal bestiegen hat, wird er nur als eine Person gezählt.
Alle Besteigungen verliefen über den Normalweg (Western Cwm, Südsattel, Südostgrat), außer wenn etwas anderes angegeben wird.

29.5.53 1 Edmund Hillary (Neuseeland), 2 Tensing Norgay (Indien); **23.5.56** 3 Jürg Marmet, 4 Ernst Schmied (Schweiz); 24.5.56 5 Adolf Reist, 6 Hansrudolf von Gunten (Schweiz); **25.5.60** 7 Wang Fuzhou (China), 8 Gonpa (China), 9 Chu Yin-hua (Besteigung umstritten) (China) N-Sattel/N-Grat, 1. Besteigung von tibetischer Seite; **1.5.63** 10 Jim Whittaker (USA), 11 Nawang Gombu Sherpa (Indien); 22.5.63 12 Lute Jerstad (USA), 13 Barry Bishop (USA); 22.5.63 14 Willi Unsoeld (USA), 15 Tom Hornbein (USA) Aufstieg Cwum/W-Grat; Abstieg SO-Grat/S-Sattel, 1. Besteigung des W-Grates, 1. Gipfelüberschreitung; **20.5.65** 16 A. S. Cheema (Indien), 17 Nawang Gombu Sherpa (Indien) (2.) 1. Mensch, der den Everest zweimal bestiegen hat; 22.5.65 18 Sonam Gyatso (Indien), 19 Sonam Wangyal (Indien); 24.5.65 20 C. P. Vohra (Indien), 21 Ang Kami Sherpa (Indien); 29.5.65 22 H. P. S. Ahluwalia (Indien), 23 H. C. S. Rawat, (Indien), 24 Phu Dorje Sherpa (Nepal); **11.5.70** 25 Teruo Matsuura (Japan), 26 Naomi Uemura (Japan); 12.5.70 27 Katsutoshi Hirabayashi (Japan), 28 Chotare Sherpa (Nepal); **5.5.73** 29 Rinaldo Carrel (Italien), 30 Mirko Minuzzo (Italien), 31 Lhakpa Tensing Sherpa (Nepal), 32 Sambu Tamang (Nepal); 7.5.73 33 Fabrizio Innamorati (Italien), 34 Virginio Epis (Italien), 35 Claudio Benedetti (Italien), 36 Sonam Gyaltsen Sherpa (Nepal); 26.10.73 37 Yasuo Kato (Japan), 38 Hisashi Ishiguro (Japan) 1. Besteigung in der Nachmonsunzeit; **16.5.75** 39 Junko Tabei (w) (Japan) 1. Frau auf dem Gipfel, 40 Ang Tsering Sherpa (Nepal); 27.5.75 41 Phantog (w) (China), 42 Sonam Norbu (China), 43 Lotse (China), 44 Hon Sheng-fu (China), 45 Samdrub (China), 46 Darphuntso (China), 47 Kunga Pasang (China), 48 Tsering Tobgyal (China), 49 Ngapo Khyen (China) N-Sattel/NO-Grat; 24.9.75 50 Dougal Haston (Großbritannien), 51 Doug Scott (Großbritannien) 1. Besteigung durch die SW-Wand; 26.9.75 52 Peter Boardman (Großbritannien), 53 Pertemba Sherpa (Nepal) SW-Wand; **16.5.76** 54 John (Brummy) Stokes (Großbritannien) (Besteigung umstritten), 55 Michael (Bronco) Lane (Großbritannien) (Besteigung umstritten); 8.10.76 56 Chris Chandler (USA), 57 Bob Cormack (USA); **15.9.77** 58 Ko Sang-Don (Südkorea), 59 Pemba Norbu Sherpa (Nepal); **3.5.78** 60 Wolfgang Nairz (Österreich), 61 Robert Schauer (Österreich), 62 Horst Bergmann (Österreich), 63 Ang Phu Sherpa (Nepal); 8.5.78 64 Reinhold Messner (Italien), 65

Peter Habeler (Österreich) Messner und Habeler 1. Besteigung ohne künstlichen Sauerstoff; 11.5.78 66 Oswald Oelz (Österreich), 67 Reinhard Karl (Deutschland); 14.5.78 68 Franz Oppurg (Österreich) 1. Alleinbesteigung vom letzten Lager aus; 14.10.78 69 Hubert Hillmaier (Deutschland), 70 Josef Mack (Deutschland), 71 Hans Engl (Deutschland) (ohne künstlichen Sauerstoff); 15.10.78 72 Jean Afanassief (Frankreich), 73 Nicolas Jaeger (Frankreich), 74 Pierre Mazeaud (Frankreich), 75 Kurt Diemberger (Österreich); 16.10.78 76 Siegfried Hupfauer (Deutschland), 77 Wilhelm Klimek (Deutschland), 78 Robert Allenbach (Schweiz), 79 Wanda Rutkiewicz (w) (Polen), 80 Ang Kami Sherpa (Nepal) (nicht derselbe Mann wie Nr. 21), 81 Ang Dorje Sherpa (Nepal) (ohne künstlichen Sauerstoff), 82 Mingma Nuru Sherpa (Nepal) (ohne künstlichen Sauerstoff); 17.10.78 83 Georg Ritter (Deutschland), 84 Bernd Kullmann (Deutschland); **13.5.79** 85 Jernej Zaplotnik (Jugoslawien), 86 Andrej Stremfelj (Jugoslawien) W-Grat von S (vom Lho La aus) 1. Besteigung über den gesamten W-Grat; 15.5.79 87 Stipe Bozic (Jugoslawien), 88 Stane Belak (Jugoslawien), 89 Ang Phu Sherpa † (Nepal) (2.) 1. Mensch, der den Everest auf zwei Routen bestieg, W-Grat; 1.10.79 90 Gerhard Schmatz (Deutschland), 91 Hermann Warth (Deutschland), 92 Hans von Kaenel (Schweiz), 93 Pertemba Sherpa (Nepal) (2.), 94 Lhakpa Gyalzo (Gyaltsen) Sherpa (Nepal); 2.10.79 95 Tilman Fischbach (Deutschland), 96 Günter Kämpfe (Deutschland), 97 Hannelore Schmatz † (w) (Deutschland) 1. Frau, die am Everest starb, 98 Ray Genet † (USA), 99 Nick Banks (Neuseeland), 100 Sundare Sherpa (Nepal), 101 Ang Phurba Sherpa (Nepal), 102 Ang Jangbo Sherpa (Nepal); **17.2.80** 103 Leszek Cichy (Polen), 104 Krzysztof Wielicki (Polen) 1. Winterbesteigung eines Achttausenders; 3.5.80 105 Yasuo Kato (Japan) N-Sattel/NO-Grat (2.) 1. Mensch, der die Nord- und die Südseite bestiegen hat; 1. Nicht-Sherpa, der den Everest zweimal bestieg; 10.5.80 106 Takashi Ozaki (Japan), 107 Tsuneoh Shigehiro (Japan) 1. Besteigung über die N-Wand; 14.5.80 108 Martin Zabaleta (Spanien), 109 Pasang Temba Sherpa (Nepal); 19.5.80 110 Andrzej Czok (Polen), 111 Jerzy Kukuczka (Polen) S-Pfeiler/S-Gipfel, SO-Grat, 1. Besteigung des S-Pfeilers; das 1. Mal, dass zwei neue Routen in derselben Saison (und im selben Monat) begangen wurden; 20.8.80 112 Reinhold Messner (Italien) (2.) N-Sattel/N-Grat/N-Wand (ohne künstlichen Sauerstoff), 1. vollständige Alleinbegehung; 1. Mensch, der zweimal ohne künstlichen Sauerstoff aufstieg; 1. Sommerbesteigung; **21.10.81** 113 Chris Kopczynski (USA), 114 Sundare Sherpa (Nepal) (2.) S-Pfeiler/SO-Grat; 24.10.81 115 Chris Pizzo (USA), 116 Yong Tensing Sherpa (Nepal), 117 Peter Hackett (USA) S-Pfeiler/SO-Grat; **4.5.82** 118 Volodya Balyberdin (UdSSR), 119 Eduard Myslovski (UdSSR), 120 Sergei Bershov (UdSSR), 121 Mikhail Turkevich (UdSSR) SW-Pfeiler/SW-Wand/W-Grat; 5.5.82 122 Valentin Ivanov (UdSSR), 123 Sergei Yefimov (UdSSR) SW-Pfeiler/SW-Wand/W-Grat; 8.5.82 124 Valeri Khrishchaty (UdSSR), 125 Kazbek Valiev (UdSSR) SW-Pfeiler/SW-Wand/W-Grat; 9.5.82 126 Valeri Khomutov (UdSSR), 127 Vladimir Puchkov (UdSSR), 128 Yuri Golodov (UdSSR) SW-Pfeiler/SW-Wand/W-Grat; 5.10.82 129 Laurie Skreslet (Kanada), 130 Sundare Sherpa (Nepal) (3.) 1. Mensch, der den Gipfel dreimal bestieg, 131 Lhakpa Dorje Sherpa (Nepal); 7.10.82 132 Pat Morrow (Kanada), 133 Lhakpa Tshering Sherpa (Nepal), 134 Pema Dorje Sherpa (Nepal); 27.12.82 135 Yasuo Kato † (Japan) (3.); **7.5.83** 136 Gerry Roach (USA), 137 David Breashears (USA), 138 Peter Jamieson (USA), 139 Larry Nielson (USA) (ohne künstlichen Sauerstoff), 140 Ang Rita Sherpa (Nepal) (ohne künstlichen Sauerstoff); 14.5.83 141 Gary Neptune (USA), 142 Jim States (USA), 143 Lhakpa Dorje Sherpa (Nepal) (nicht derselbe Mann wie Nr. 131); 8.10.83 144 Louis Reichardt (USA), 145 Carlos Buhler (USA), 146 Kim Momb (USA) O-Wand/SO-Grat, 1. Besteigung über die O-Wand; 8.10.83 147 Shomi Suzuki (Japan), 148 Haruichi Kawamura (Japan) S-Pfeiler/SO-Grat (das gesamte Team ohne künstlichen Sauerstoff); 8.10.83 149 Haruyuki Endo (Japan), 150 Hiroshi Yoshino † (Japan), 151 Hironobu Kamuro † (Japan) (das gesamte Team ohne künstlichen Sauerstoff); 9.10.83 152 Dan Reid (USA), 153 George Lowe (USA), 154 Jay Cassell (USA) O-Wand/SO-Grat; 16.12.83 155 Takashi Ozaki (Japan) (2.), 156 Noboru Yamada (Japan), 157 Kazunari Murakami (Japan), 158 Nawang Yonden Sherpa (Nepal); **20.4.84** 159 Hristo Prodanov † (Bulgarien) (ohne künstlichen Sauerstoff) W-Grat von S; 8.5.84 160 Ivan Vulchev (Bulgarien), 161 Metodi Savov (Bulgarien) Aufstieg W-Grat, Abstieg SO-Grat/S-Sattel, 1. Überschreitung auf zwei vollständig verschiedenen Routen; 9.5.84 162 Kiril Doskov (Bulgarien), 163 Nikolay Petkov (Bulgarien) Aufstieg W-Grat, Abstieg SO-Grat/S-Sattel; 9.5.84 164 Phu Dorjee (Indien); 23.5.84 165 Bachendri Pal (w) (Indien), 166 Dorjee Lhatoo (Indien), 167 Sonam Palzor Sarapa (Indien) 168 Ang Dorje Sherpa (Nepal) (2.) (ohne künstlichen Sauerstoff); 3.10.84 169 Tim McCartney-Snape (Australien) (ohne künstlichen Sauerstoff), 170 Greg Mortimer (Australien) (ohne künstlichen Sauerstoff) N-Wand; 8.10.84 171 Bart Vos (Holland) (Besteigung umstritten); 15.10.84 172 Zoltan Demjan (Tschechoslowakei) (ohne künstlichen Sauerstoff), 173 Jozef Psotka † (Tschechoslowakei) (ohne künstlichen Sauerstoff), 174 Ang Rita Sherpa (Nepal) (2.) (ohne künstlichen Sauerstoff) Aufstieg S-Pfeiler/SO-Grat, Abstieg SO-Grat/S-Sattel; 20.10.84 175 Phil Ershler (USA) N-Sattel/N-Wand/Norton-Couloir; **21.4.85** 176 Chris Bonington (Großbritannien), 177 Odd Eliassen (Norwegen), 178 Bjorn Myrer-Lund (Norwegen), 179 Pertemba Sherpa (Nepal) (3.), 180 Ang Lhakpa Sherpa (Nepal), 181 Dawa Norbu Sherpa (Nepal); 29.4.85 182 Arne Naess (Norwegen), 183 Stein Aasheim (Norwegen), 184 Ralph Höibakk (Norwegen), 185 Haavard Nesheim (Norwegen), 186 Sundare Sherpa (Nepal) (4.) 1. Mensch, der den Gipfel viermal bestieg), 187 Ang Rita Sherpa (Nepal) (3.) (ohne künstlichen Sauerstoff), 188 Chowang Rinzing Sherpa (Nepal), 189 Pema Dorje Sherpa (Nepal) (2.); 30.4.85 190 Richard Bass (USA) 55 Jahre alt, bis dahin der älteste Gipfelbezwinger, 191 David Breashears (USA) (2.), 192 Ang Phurba Sherpa (Nepal) (nicht derselbe Mann wie Nr. 101, 215, 338); 28.8.85 193 Oscar Cadiach (Spanien), 194 Antoni Sors (Spanien), 195 Carles Vallés (Spanien), 196 Shambu Tamang (Nepal) (2.), 197 Ang Karma Sherpa (Nepal), 198 Narayan Shrestha (Nepal) N-Sattel/N-Grat; 30.10.85 199 Noboru Yamada (Japan) (2.) (ohne künstlichen Sauerstoff), 200 Kuniaki Yagihara (Japan), 201 Hideji Nazuka (Japan), 202 Etsuo Akutsu (Japan), 203 Satoshi Kimoto (Japan), 204 Mitsuyoshi Sato (Japan), 205 Teruo Saegusa (Japan); **20.5.86** 206 Dwayne Congdon (Kanada), 207 Sharon Wood (w) (Kanada) W-Grat von N; 30.8.86 208 Erhard Loretan (Schweiz), 209 Jean Troillet (Schweiz) N-Wand; beide schneller Aufstieg im Alpinstil ohne künstlichen Sauerstoff; **22.12.87** 210 Huh Young-Ho (Südkorea), 211 Ang Rita Sherpa (Nepal) (4.) (ohne künstlichen Sauerstoff) 1. Winterbegehung ohne künstlichen Sauerstoff; **5.5.88** 212 Noboru Yamada (Japan) (3.), 213 Lhakpa Nuru Sherpa (Ang Lhakpa) (Nepal), 214 Cerin Doji (China) Aufstieg N-Sattel/N-Grat, Abstieg SO-Grat; 1. Nord-Süd-Überschreitung; 5.5.88 215 Ang Phurba Sherpa (Thami) (Nepal) (2.; nicht derselbe Mann wie Nr.101, 192, 338), 216 Da Cering (China), 217 Ringen Pungco (China) Aufstieg SO-Grat, Abstieg N-Grat/N-Sattel; 1. Süd-Nord-Überschreitung; 5.5.88 218 Susumu Nakamura (Japan), 219 Shoji

Nakamura (Japan), 220 Teruo Saegusa (Japan) (2.), 221 Munehiko Yamamoto (Japan), 222 Li Zhixin (China), 223 Lhakpa Sona Sherpa (Nepal) N-Sattel/N-Grat; 10.5.88 224 Sundare Sherpa (Nepal) (5.) 1. Mensch, der den Gipfel fünfmal bestieg, 225 Padma Bahadur Tamang (Nepal); 12.5.88 226 Stephen Venables (Großbritannien) (ohne künstlichen Sauerstoff), O-Wand/SO-Grat; 25.5.88 227 Paul Bayne (Australien), 228 Patrick Cullinan (Australien); 28.5.88 229 John Muir (Australien); 26.9.88 230 Jean-Pierre Frachon (Frankreich), 231 Jean-Marc Boivin (Frankreich) (mit Gleitschirm vom Gipfel zum Lager II auf 6400 Meter), 232 Gérard Vionnet-Fuasset (Frankreich), 233 Michel Metzger (Frankreich) (ohne künstlichen Sauerstoff), 234 André Georges (Schweiz), 235 Pasang Tshering Sherpa (Nepal), 236 Sonam Tshering Sherpa (Nepal), 237 Ajiwa Sherpa (Nepal); 26.9.88 238 Kim Chang-Sun (Südkorea), 239 Uhm Hong-Gil (Südkorea), 240 Pema Dorje Sherpa (Nepal) (3.) S-Pfeiler/SO-Grat; 26.9.88 241 Marc Batard (Frankreich) (ohne künstlichen Sauerstoff); der schnellste Aufstieg bis dahin; 29.9.88 242 Jang Bong-Wan (Südkorea), 243 Chang Byong-Ho (Südkorea), 244 Chung Seung-Kwon (Südkorea) S-Pfeiler/SO-Grat; 29.9.88 245 Stacy Allison (w) (USA), 246 Pasang Gyaltsen Sherpa (Nepal); 2.10.88 247 Nam Sun-Woo (Südkorea) S-Pfeiler/SO-Grat; 2.10.88 248 Peggy Luce (w) (USA), 249 Geoffrey Tabin (USA), 250 Nima Tashi Sherpa (Nepal), 251 Phu Dorje Sherpa (Nepal), 252 Dawa Tshering Sherpa (Nepal); 13.10.88 253 Serge Koenig (Frankreich), 254 Lhakpa Sonam Sherpa † (Nepal); 14.10.88 255 Nil Bohigas (Spanien), 256 Lluis Giner (Spanien), 257 Jeronimo López (Spanien), 258 Ang Rita Sherpa (Nepal) (5.) (ohne künstlichen Sauerstoff), 259 Nima Rita Sherpa (Nepal) (ohne künstlichen Sauerstoff); 14.10.88 260 Lydia Bradey (w) (Neuseeland) (ohne künstlichen Sauerstoff) 1. Frau auf dem Gipfel ohne künstlichen Sauerstoff (Besteigung umstritten); 17.10.88 261 Jozef Just † (Tschechoslowakei) (ohne künstlichen Sauerstoff) SW-Wand; **10.5.89** 262 Stipe Bozic (Jugoslawien) (2.), 263 Viktor Groselj (Jugoslawien), 264 Dimitar Ilijevski † (Jugoslawien), 265 Ajiwa Sherpa (Nepal) (2.), 266 Sonam Tshering Sherpa (Nepal) (2.) (ohne künstlichen Sauerstoff); 16.5.89 267 Ricardo Torres (Mexiko), 268 Phu Dorje Sherpa † (Nepal) (2.), 269 Ang Dannu Sherpa (Nepal); 24.5.89 270 Adrian Burgess (Großbritannien), 271 Sonam Dendu Sherpa (Nepal), 272 Lhakpa Nuru Sherpa (Nepal) (2.), 273 Roddy Mackenzie (Australien); 24.5.89 274 Eugeniusz Chrobak † (Polen), 275 Andrzej Marciniak (Polen) W-Grat von S via Khumbutse; 13.10.89 276 Toichiro Mitani (Japan), 277 Tchiring Thebe Lama (Nepal), 278 Chuldin Dorje Sherpa (Nepal) 279 Hiroshi Ohnishi (Japan), 280 Atsushi Yamamoto (Japan); 13.10.89 281 Cho Kwang-Je (Südkorea) S-Pfeiler/SO-Grat; 13.10.89 282 Carlos Carsolio (Mexiko) (ohne künstlichen Sauerstoff); 23.10.89 283 Chung Sang-Yong (Südkorea), 284 Nima Rita Sherpa (Nepal) (2.), 285 Nuru Jangbu Sherpa (Nepal) W-Grat von S; **23.4.90** 286 Ang Rita Sherpa (Nepal) (6.) 1. Mensch, der den Gipfel sechmal bestieg (ohne künstlichen Sauerstoff), 287 Pasang Norbu Sherpa (Nepal), 288 Ang Kami Sherpa (Nepal) (2.), 289 Top Bahadur Khatri (Nepal); 7.5.90 290 Robert Link (USA), 291 Steve Gall (USA), 292 Sergei Arsentiev (UdSSR) (ohne künstlichen Sauerstoff), 293 Grigori Lunyakov (UdSSR) (ohne künstlichen Sauerstoff), 294 Da Cheme (Tibet), 295 Gyal Bu (Tibet) N-Sattel/NO-Grat; 8.5.90 296 Edmund Viesturs (USA) (ohne künstlichen Sauerstoff), 297 Mistislav Gorbenko (UdSSR), 298 Andrej Tselishchev (UdSSR) (ohne künstlichen Sauerstoff), N-Sattel/NO-Grat; 9.5.90 299 Ian Wade (USA), 300 Da Qiong (Tibet), 301 Luo Tse (Tibet), 302 Ren Na (Tibet), 303 Gui San (w) (China) N-Sattel/NO-Grat; 10.5.90 304 Yekaterina Ivanova (w) (UdSSR), 305 Anatoli Moshnikov (UdSSR) (ohne künstlichen Sauerstoff), 306 Aleksander Tokarev (UdSSR) (ohne künstlichen Sauerstoff), 307 Yervand Illyinski (UdSSR), 308 Mark Tucker (USA), 309 Wang Ja (Tibet) N-Sattel/NO-Grat; 10.5.90 310 Peter Athans (USA), 311 Glenn Porzak (USA), 312 Ang Jangbu Sherpa (Nepal), 313 Nima Tashi Sherpa (Nepal) (2.), 314 Brent Manning (USA), 315 Dana Coffield (USA), 316 Michael Browning (USA), 317 Dawa Nuru Sherpa (Nepal); 10.5.90 318 Peter Hillary (Neuseeland); 319 Rob Hall (Neuseeland), 320 Gary Ball (Neuseeland), 321 Rudy Van Snick (Belgien), 322 Apa Sherpa (Nepal); 11.5.90 323 Andrew Lapkass (USA); 11.5.90 324 Mikael Reutersward (Schweden), 325 Oskar Kihlborg (Schweden); 11.5.90 326 Tim McCartney-Snape (Australien) (2.) (ohne künstlichen Sauerstoff); 1. Mensch, der zu Fuß von Meereshöhe bis zum Gipfel ging; 4.10.90 327 Alex Lowe (USA), 328 Dan Culver (Kanada); 4.10.90 329 Yves Salino (Frankreich), 330 Ang Temba Sherpa (Nepal), 331 Phinzo Sherpa (Nepal), 332 Hooman Aprin (USA); 7.10.90 333 Catherine Gibson (w) (USA), 334 Aleksei Krasnokutsky (UdSSR) Gibson and Krasnokutsky waren das 2. Ehepaar, das den Gipfel gemeinsam erreichte; 7.10.90 335 Jean-Noël Roche (Frankreich), 336 Bertrand Roche (Frankreich) (17 Jahre, der jüngste Nicht-Nepalese am Gipfel), das 1. Mal, dass Vater und Sohn gemeinsam auf dem Gipfel waren; 337 Nima Dorje Sherpa (Nepal), 338 Ang Phurba Sherpa (Nepal) (nicht derselbe Mann wie Nr. 101, 192, 215), 339 Denis Pivot (Frankreich), 340 Alain Desez (Frankreich), 341 Rene De Bos (Holland); 5.10.90 342 Nawang Thile Sherpa (Nepal), 343 Sonam Dendu Sherpa (Nepal) (2.), 344 Erik Decamp (Frankreich), 345 Marc Batard (Frankreich) (2.) (ohne künstlichen Sauerstoff), 346 Christine Janin (w) (Frankreich), 347 Pascal Tournaire (Frankreich); 6.10.90 348 Babu Tshering Sherpa (Nepal); 6.10.90 349 Bok Jin-Young (Südkorea), 350 Kim Jae-Soo (Südkorea), 351 Park Chang-Woo (Südkorea), 352 Dawa Sange Sherpa (Nepal), 353 Pemba Dorje Sherpa (Nepal); 7.10.90 354 Lhakpa Rita Sherpa (Nepal), 355 Andrej Stremfelj (Jugoslawien) (2.), 356 Marija Stremfelj (w) (Jugoslawien) 1. Ehepaar gemeinsam auf dem Gipfel, 357 Janez Jeglic (Jugoslawien); **8.5.91** 358 Ang Temba Sherpa (Nepal), 359 Sonam Dendu Sherpa (Nepal) (3.), 360 Apa Sherpa (Nepal) (2.); 8.5.91 361 Peter Athans (USA) (2.); 15.5.91 362 Mark Richey (USA), 363 Yves La Forest (Kanada), 364 Richard Wilcox (USA), 365 Barry Rugo (USA); 15.5.91 366 Eric Simonson (USA), 367 Bob Sloezen (USA), 368 Lhakpa Dorje Sherpa (Nepal) (2.), 369 Ang Dawa Sherpa (Nepal), 370 George Dunn (USA), 371 Andy Politz (USA) N-Sattel/N-Grat/N-Wand; 17.5.91 372 Mike Perry (Neuseeland) N-Sattel/N-Grat/N-Wand; 21.5.91 373 Mark Whetu (Neuseeland), 374 Brent Okita (USA) N-Sattel/N-Grat/N-Wand; 24.5.91 375 Greg Wilson (USA) N-Sattel/N-Grat/N-Wand; 15.5.91 376 Edmund Viesturs (USA) (2.); 15.5.91 377 Mingma Norbu Sherpa (Nepal), 378 Gyalbu Sherpa (Nepal), 379 Lars Cronlund (Schweden) N-Wand/Hornbein-/Japaner-Couloir; 17.5.91 380 Battista Bonali (Italien) (ohne künstlichen Sauerstoff), 381 Leopold Sulovsky (Tschechoslowakei) (ohne künstlichen Sauerstoff) N-Wand/Norton-Couloir; 22.5.91 382 Babu Tshering (Ang Babu) Sherpa (Nepal) (2.), 383 Chuldin Temba Sherpa (Nepal) N-Sattel/N-Grat; 27.5.91 384 Muneo Nukita (Japan), 385 Nima Dorje Sherpa (Nepal) (2.), 386 Phinzo Norbu Sherpa (Nepal) (nicht derselbe Mann wie Nr. 331), 387 Junichi Futagami † (Japan) N-Sattel/N-Grat/N-Wand; 6.10.91 388 José-Antonio Garcés (Spanien), 389 Francisco José Pérez (Spanien), 390 Antonio Ubieto (Spanien), 391 Rafael Vidaurre (Spanien); 7.10.91 392 Volodya Balyberdin (UdSSR) (2.) (ohne künstlichen Sauerstoff), 393 Anatoli Boukreev (UdSSR) (ohne künstlichen Sauerstoff); 10.10.91 394 Roman Giutashvili (UdSSR), 395 Dan Mazur (USA); **10.5.92** 396 Prem Singh (Indien), 397 Sunil Dutt Sharma (Indien), 398 Kanhaiyalal Pokhriyal (Indien); 12.5.92 399 Lobsang Sherpa (Indien), 400 Santosh Yadav (w) (Indien), 401 Sange Sherpa (Indien), 402 Wangchuk Sherpa (Nepal), 403 Mohan Singh Gunjal (Indien); 12.5.92 404 Ned Gillette (USA), 405 Doron Erel (Israel), 406 Yick-Kai Cham (Hong Kong), 407 Gary Ball (Neuseeland) (2.), 408 Douglas Mantle (USA), 409 Rob Hall (Neuseeland) (2.), 410 Randall Danta (USA), 411 Guy Cotter (Neuseeland), 412 Sonam Tshering Sherpa (Nepal) (3.), 413 Ang Dorje Sherpa (Nepal) (nicht derselbe Mann wie 77 und 168), 414 Tashi Tshering Sherpa (Nepal), 415 Apa Sherpa (Nepal) (3.), 416 Ang Dawa Sherpa (Nepal) (2.), 417 Ingrid Baeyens (w) (Belgien); 12.5.92 418 Ronald Naar (Holland), 419 Edmond Oefner (Holland), 420 Nima Temba Sherpa (Nepal), 421 Dawa Tashi Sherpa (Nepal); 12.5.92 422 Aleksander Gerasimov (Russland), 423 Andrei Volkov (Russland), 424 Ilia Sabelnikov (Russland), 425 Ivan Dusharin (Russland); 14.5.92 426 Sergei Penzov (Russland), 427 Vladimir Zakharov (Russland), 428 Yevgeni Vinogradsky (Russland), 429 Fedor Konyukhov (Russland); 12.5.92 430 Skip Horner (USA), 431 Louis Bowen (USA), 432 Vernon Tejas (USA), 433 Dawa Temba Sherpa (Nepal), 434 Ang Gyaltsen Sherpa (Nepal); 15.5.92 435 Lhakpa Rita Sherpa (Nepal) (2.), 436 Peter Athans (USA) (3.), 437 Keith Kerr (Großbritannien), 438 Todd Burleson (USA), 439 Hugh Morton (USA), 440 Man Bahadur Tamang (»Gopal«) (Nepal), 441 Dorje Sherpa (Nepal); 15.5.92 442 Christian García-Huidobro (Chile), 443 Rodrigo Jordan (Chile), 444 Juan-Sebastian Montes (Chile); 15.5.92 445 Francisco Gan (Spanien), 446 Alfonso Juez (Spanien), 447 Ramon Portilla (Spanien), 448 Lhakpa Nuru Sherpa (Nepal), 449 Pemba Norbu Sherpa (Nepal) S-Pfeiler/SO-Grat; 15.5.92 450 Mauricio Purto (Chile), 451 Ang Rita Sherpa (Nepal) (7.) (ohne künstlichen Sauerstoff), 452 Ang Phuri Sherpa (Nepal); 15.5.92 453 Jonathan Pratt (Großbritannien); 25.9.92 454 Juan-Mari Eguillor (Spanien), 455 Patxi Fernández (Spanien), 456 Alberto Iñurrategi (Spanien), 457 Felix Iñurrategi (Spanien) die Iñurrategis sind die ersten Brüder, die gemeinsam auf dem Gipfel waren (ohne künstlichen Sauerstoff); 1.10.92 458 Josu Bereziartua (Spanien); 3.10.92 459 Juan Tomas (Spanien), 460 Mikel Repáraz (Spanien), 461 Pedro Tous (Spanien); 28.9.92 462 Giuseppe Petigaz (Italien), 463 Lorenzo Mazzoleni (Italien), 464 Mario Panzeri (Italien) (ohne künstlichen Sauerstoff), 465 Pierre Royer (Frankreich), 466 Lhakpa Nuru Sherpa (Nepal) (2.); 29.9.92 467 Benoît Chamoux (Frankreich), 468 Oswald Santin (Italien); 30.9.92 469 Abele Blanc (Italien), 470 Giampietro Verza (Italien); 1.10.92 471 Eugène Berger (Luxemburg); 4.10.92 472 Ralf Dujmovits (Deutschland), 473 Sonam Tshering Sherpa (Nepal) (4.); 7.10.92 474 Michel Vincent (Frankreich); 9.10.92 475 Scott Darsney (USA); 9.10.92 476 »Poncho« de la Parra (Mexiko), 477 Wally Berg (USA), 478 Augusto Ortega (Peru), 479 Kaji Sherpa (Nepal), 480 Apa Sherpa (Nepal) (4.); 9.10.92 481 Philippe Grenier (Frankreich), 482 Michel Pellé (Frankreich), 483 Thierry Defrance (Frankreich), 484 Alain Roussey (Frankreich), 485 Pierre Aubertin (Frankreich); **13.4.93** 486 Heo Young-Ho (Südkorea) (2.), 487 Ngati Sherpa (Nepal) Aufstieg N-Sattel/N-Grat, Abstieg SO-Grat/S-Sattel; 22.4.93 488 Dawa Tashi Sherpa (Nepal) (2.), 489 Pasang Lhamu Sherpa † (w) (Nepal), 490 Pemba Nuru Sherpa (Pemba Norbu) (Nepal) (2.), 491 Sonam Tshering Sherpa † (Nepal) (5.), 492 Lhakpa Nuru Sherpa (Nepal) (3.), 493 Nawang Thile Sherpa (Nepal) (2.); 5.5.93 494 Ji Mi (China), 495 Jia Chuo (China), 496 Kai Zhong (China), 497 Pu Bu (China), 498 Wang Yong Feng (China), 499 Wu Chin Hsiung (Taiwan) N-Sattel/N-Grat; 10.5.93 500 Alex Lowe (USA) (2.), 501 John Helenek (USA), 502 John Dufficy (USA), 503 Wally Berg (USA) (2.), 504 Michael Sutton (Kanada), 505 Apa Sherpa (Nepal) (5.), 506 Dawa Nuru Sherpa (Nepal) (2.), 507 Chuldin Temba Sherpa (Nepal) (2.); 10.5.93 508 Kim Soon-Joo (w) (Südkorea), 509 Ji Hyun-Ok (w) (Südkorea), 510 Choi Oh-Soon (w) (Südkorea), 511 Ang Dawa Sherpa (Nepal) (3.), 512 Ang Tshering Sherpa (Nepal), 513 Sona Dendu Sherpa (Nepal) (4.), 514 Rinzin Sherpa (Nepal); 10.5.93 515 Michael Groom (Australien) (ohne künstlichen Sauerstoff), 516 Lobsang Tshering Bhutia † (Indien); 10.5.93 517 Harry Taylor (Großbritannien) (ohne künstlichen Sauerstoff beim Aufstieg); 17.5.93 518 Rebecca Stephens (w) (Großbritannien), 519 Ang Pasang Sherpa (Nepal), 520 Kami Tshering Sherpa (Nepal); 10.5.93 521 Dicky Dolma (w) (Indien), 522 Santosh Yadav (w) (Indien) (2.) 1. Frau, die den Gipfel zweimal bestieg, 523 Kunga Bhutia (w) (Indien), 524 Baldev Kunwer (Indien), 525 Ongda Chhiring Sherpa (Nepal), 526 Na Temba Sherpa (Nepal), 527 Kosang Dorje Sherpa (Indien), 528 Dorje Sherpa (Nepal) (2.); 16.5.93 529 Radha Devi Thakur (w) (Indien), 530 Rajiv Sharma (Indien), 531 Deepu Sharma (w) (Indien), 532 Savita Martolia (w) (Indien), 533 Nima Norbu Dolma (Indien), 534 Suman Kutiyal (w) (Indien), 535 Nima Dorje Sherpa (Nepal) (3.), 536 Tensing Sherpa (Nepal), 537 Lobsang Jangbu Sherpa (Nepal), 538 Nga Temba Sherpa (Nepal); 10.5.93 539 Mary (Dolly) Lefever (w) (USA), 540 Mark Selland (USA), 541 Charles Armatys (USA), 542 Pemba Temba Sherpa (Nepal), 543 Moti Lal Gurung (Nepal); 16.5.93 544 Michael Sinclair (USA), 545 Mark Rabold (USA), 546 Phinzo Sherpa (Nepal) (2.), 547 Dorje Sherpa (Nepal), 548 Durga Tamang (Nepal); 10.5.93 549 Veikka Gustafsson (Finnland), 550 Jan Arnold (w) (Neuseeland), 551 Rob Hall (Neuseeland) (3.), 552 Jonathan Gluckman (Neuseeland), 553 Ang Chumbi Sherpa (Nepal), 554 Ang Dorje Sherpa (Nepal) (2.), 555 Norbu (Nuru) Sherpa (Nepal); 10.5.93 556 Vladas Vitkauskas (Littauen); 10.5.93 557 Alexei Mouravlev (Russland); 15.5.93 558 Vladimir Janochkine (Russland); 16.5.93 559 Vladimir Bashkirov (Russland) (ohne künstlichen Sauerstoff); 17.5.93 560 Vladimir Koroteev (Russland); 16.5.93 561 Josep Pujante (Spanien), 562 Ang Phurba Sherpa (Nepal) (3.); 17.5.93 563 Oscar Cadiach (Spanien) (2.) (ohne künstlichen Sauerstoff); 16.5.93 564 José-Maria Onate (Spanien), 565 Alberto Cerain (Spanien), 566 José Ramon Aguirre (Spanien), 567 Jangbu Sherpa (Nepal), 568 Ang Rita Sherpa (Nepal) (8.) (ohne künstlichen Sauerstoff); 16.5.93 569 Jan Harris (USA), 570 Keith Brown (USA); 16.5.93 571 Park Young-Seok (Südkorea), 572 An Jin-Seob † (Südkorea), 573 Kim Tae-Kon (Südkorea), 574 Kazi Sherpa (Nepal) (2.); 27.5.93 575 Dawson Stelfox (Irland) N-Sattel/N-Grat; 6.10.93 576 Park Hyun-Jae (Südkorea), 577 Panuru Sherpa (Nepal) N-Sattel/N-Grat; 6.10.93 578 François Bernard (Frankreich), 579 Antoine Cayrol (Frankreich), 580 Eric Gramond (Frankreich) (ohne künstlichen Sauerstoff), 581 Gyalbu Sherpa (Nepal) (2.), 582 Dawa Tashi Sherpa (Nepal) (3.); 9.10.93 583 Alain Esteve (Frankreich), 584 Hubert Giot (Frankreich) (ohne künstlichen Sauerstoff), 585 Norbu (Nuru) Sherpa (Nepal) (2.), 586 Nima Gombu Sherpa (Nepal); 7.10.93 587 Juanito Oiarzabal (Spanien), 588 Ongda Chhiring Sherpa (Nepal) (2.) S-Pfeiler; 7.10.93 589 Ginette Harrison (w) (Großbritannien), 590 Gary Pfisterer (USA), 591 Ramon Blanco (Spanien) 60 Jahre alt, bis dahin der älteste Gipfelbezwinger, 592 Graham Hoyland (Großbritannien), 593 Stephen Bell (Großbritannien), 594 Scott McIvor (Großbritannien), 595 Na Temba Sherpa (Nepal) (2.), 596 Pasang Kami Sherpa (Nepal), 597 Dorje Sherpa (Nepal) (3.); 9.10.93 598 Martin Barnicott (Großbritannien), 599 David Hempleman-Adams (Großbritannien), 600 Lee Nobmann (USA), 601 Tensing Sherpa (Nepal) (2.), 602 Nga Temba Sherpa (Nepal) (2.), 603 Lhakpa Gelu Sherpa (Nepal), 604 Ang Pasang Sherpa (Nepal); 9.10.93 605 Maciej Berbeka (Polen), 606 Lhakpa Nuru Sherpa (Nepal) (4.) 1. Mensch, der auf drei verschiedenen Routen aufstieg, N-Sattel/N-Wand; 10.10.93 607 Jonathan Tinker (Großbritannien), 608 Babu Tshering Sherpa (Nepal) (3.) N-Sattel/N-Wand, 18.12.93 609 Hideji Nazuka (Japan) (2.), 610 Fumiaki Goto (Japan) SW-Wand, 1. Winterdurchsteigung der SW-Wand; 20.12.93 611 Osamu Tanabe (Japan), 612 Sinsuke Ezuka (Japan) SW-Wand; 22.12.93 613 Yoshio Ogata (Japan), 614 Ryushi Hoshino (Japan) SW-Wand; **8.5.94** 615 Kiyohiko Suzuki (Japan) S-Pfeiler; 616 Wataru Atsuta (Japan), 617 Nima Dorje Sherpa (Nepal) (4.), 618 Dawa Tshering Sherpa (Nepal), 619 Na Temba Sherpa (Nepal) (3.), 620 Lhakpa Nuru Sherpa (Nepal) (5.) S-Pfeiler; 13.5.94 621 Tomiyasu Ishikawa (Japan), 622 Nima Temba Sherpa (Nepal), 623 Dawa Tashi Sherpa (Nepal) (4.), 624 Pasang Tshering Sherpa (Nepal) (2.) S-Pfeiler; 8.5.94 625 Shih Fang-Fang † (Taiwan) N-Sattel/N-Wand; 9.5.94 626 Lobsang Jangbu Sherpa (Nepal) (2.) (ohne künstlichen Sauerstoff), 627 Rob Hess (USA) (ohne künstlichen Sauerstoff), 628 Scott Fischer (USA) (ohne künstlichen Sauerstoff), 629 Brent Bishop (USA); 630 Sona Dendu Sherpa (Nepal) (5.); 13.5.94 631 Steven Goryl (USA); 9.5.94 632 Ang Dorje Sherpa (Nepal) (3.), 633 Hall Wendel (USA), 634 Helmut Seitzel (Deutschland), 635 David Keaton (USA), 636 Ekke Gundelach (Deutschland), 637 Rob Hall (Neuseeland) (4.), 638 Ed Viesturs (USA) (3.), 639 Nima Gombu Sherpa (Nepal) (2.), 640 Norbu (Nuru) Sherpa (Nepal) (3.), 641 David Taylor (USA), 642 Erling Kagge (Norwegen); 13.5.94 643 Lhakpa Rita Sherpa (Nepal) (3.), 644 Chuwang Nima Sherpa (Nepal), 645 Man Bahadur Tamang (Nepal) (2.), 646 Kami Rita Sherpa (Nepal), 647 Dorje Sherpa (Nepal) (4.), 648 Ryszard Pawlowski (Polen), 649 Robert Cedergreen (USA), 650 Paul Morrow (USA), 651 Peter Athans (USA) (4.), 652 Todd Burleson (USA) (2.); 19.5.94 653 David Hahn (USA) N-Sattel/N-Wand; 25.5.94 654 Steve Swenson (USA) (ohne künstlichen Sauerstoff) N-Sattel/N-Wand; 26.5.94 655 Mark Whetu (Neuseeland) (2.), 656 Michael Rheinberger † (Australien) N-Sattel/N-Wand; 31.5.94 657 Bob Sloezen (USA) (2.) N-Sattel/N-Wand; 10.10.94 658 Muneo Nukita (Japan) (2.), 659 Apa Sherpa (Nepal) (6.), 660 Chumang Nima Sherpa (Nepal) (2.), 661 Dawa Tshering Sherpa (Nepal); 11.10.94 662 Charlie Hornsby (Großbritannien), 663 Roddy Kirkwood (Großbritannien), 664 Dorje Sherpa (Nepal) (5.), 665 Dawa Temba Sherpa (Nepal) (2.); **7.5.95** 666 Lobsang Jangbu Sherpa (Nepal) (3.) (ohne künstlichen Sauerstoff); 11.5.95 667 Kiyoshi Furuno (Japan), 668 Shigeki Imoto (Japan), 669 Dawa Tshering Sherpa (Nepal) (2.), 670 Pasang Kami Sherpa (Nepal) (2.), 671 Lhakpa Nuru Sherpa (Karikhola) (Nepal) (6.) zusammen mit Nima Dorje Sherpa (Nr. 672), die ersten Menschen, die auf vier verschiedenen Routen aufstiegen, 672 Nima Dorje Sherpa (Nepal) (5.) siehe Nr. 671, 1. Besteigung des gesamten NO-Grates; 11.5.95 673 Vladimir Shataev (Russland), 674 Iria Projaev (Russland), 675 Fedor Shuljev (Russland) N-Sattel/N-Grat; 13.5.95 676 Kazbek Khamitsayev (Nordossetien/Russland), 677 Eugeni Vinogradski (Russland) (2.), 678 Sergei Bogomolov (Russland), 679 Vladimir Korenkov (Russland), 680 Ang Rita Sherpa (Nepal) (9.) (ohne künstlichen Sauerstoff) N-Sattel/N-Grat; 12.5.95 681 Piotr Pustelnik (Polen) N-Sattel/N-Grat; 13.5.95 682 Marco Bianchi (Italien) (ohne künstlichen Sauerstoff), 683 Christian Kuntner (Italien) (ohne künstlichen Sauerstoff) N-Sattel/N-Grat; 12.5.95 684 Ryszard Pawlowski (Polen) (2.) N-Sattel/N-Grat; 14.5.95 685 Mozart Catao (Brasilien), 686 Waldemar Niclevicz (Brasilien) N-Sattel/N-Grat; 17.5.95 687 Graham Ratcliffe (Großbritannien), 688 Anatoli Boukreev (Kasachstan) (2.) (ohne künstlichen Sauerstoff), 689 Nikoli Sitnikov (Russland) N-Sattel/N-Grat; 23.5.95 690 Michael Jorgensen (Dänemark), 691 Crag Jones (Großbritannien) N-Sattel/N-Grat; 12.5.95 692 Cheng Kuo-Chun (Taiwan), 693 Chiang Hsui-Chen (w) (Taiwan), 694 Mingma Tshering Sherpa (Nepal), 695 Lhakpa Dorje Sherpa (Nepal) (ohne künstlichen Sauerstoff), 696 Tensing Nuru Sherpa (Nepal) N-Sattel/N-Grat; 13.5.95 697 Alison Hargreaves (w) (Großbritannien) (ohne künstlichen Sauerstoff) N-Sattel/N-Grat; 17.5.95 698 Constantin Lacatusu (Rumänien) N-Sattel/N-Grat; 26.5.95 699 Greg Child (Australien), 700 Karsang Sherpa (Nepal), 701 Lobsang Temba Sherpa (Nepal) N-Sattel/N-Grat; 14.5.95 702 Reinhard Patscheider (Italien) (ohne künstlichen Sauerstoff), 703 Teodors Kirsis (Lettland), 704 Imants Zauls (Lettland) N-Sattel/N-Grat; 14.5.95 705 George Mallory (Australien), 706 Jeffrey Hall (USA), 707 Jim Litch (USA), 708 Dan Aguillar (USA), 709 Kaji Sherpa (Nepal) (3.), 710 Ongda Chhiring Sherpa (Nepal) (3.), 711 Wongchu Sherpa (Nepal) N-Sattel/N-Grat; 16.5.95 712 Colin Lynch (USA), 713 Jay Budnik (USA), 714 Steve Reneker (USA), 715 Kurt Wedberg (USA), 716 Phinzo Sherpa (Nepal) (3.), 717 Jangbu Sherpa (Nepal) N-Sattel/N-Grat; 14.5.95 718 Luc Jourjon (Frankreich), 719 Babu Tshering Sherpa (Nepal) (4.) N-Sattel/N-Grat; 17.5.95 720 George Kotov (Russland), 721 Ali Nasuh Mahruki (Türkei) N-Sattel/N-Grat; 24.5.95 722 Jeff Shea (USA), 723 Lhakpa Gelu Sherpa (Nepal) (2.), 724 Tshering Dorje Sherpa (Nepal) N-Sattel/N-Grat; 26.5.95 725 Patrick Hache (Frankreich), 726 Robert Hempstead (USA), 727 Lama Jangbu Sherpa (Nepal), 728 Babu Tshering Sherpa (Nepal) (5.) 1. Mensch, der zwei Besteigungen in derselben Saison gemacht hat, N-Sattel/N-Grat; 27.5.95 729 Michael Smith (Großbritannien), 730 Patrick Falvey (Irland), 731 James Allen (Australien) N-Sattel/N-Grat; 14.5.95 732 Josef Hinding (Österreich) (ohne künstlichen Sauerstoff) N-Sattel/N-Grat; 15.5.95 733 Brad Bull (USA), 734 Tommy Heinrich (Argentinien), 735 Apa Sherpa (Nepal) (7.), 736 Arita Sherpa (Nepal), 737 Nima Rita Sherpa (Nepal) (3.); 16.5.95 738 Tony Tonsing (USA), 739 Musal Kazi Tamang (Nepal) N-Sattel/N-Grat; 14.10.95 740 Jo Yong-Il (Südkorea), 741 Zangbu Sherpa † (Nepal) N-Sattel/N-Grat; 742 14.10.95 742 Han Wuang-Yong (Südkorea), 743 Hong Sung-Taek (Südkorea), 744 Tashi Tshering Sherpa (Nepal) (2.) N-Sattel/N-Grat; 14.10.95 745 Park Jung-Hun (Südkorea), 746 Kim Young-Tae (Südkorea), 747 Keepa (Kipa) Sherpa (Nepal), 748 Dawa Tamang (Nepal) SW-Wand; **10.5.96** 749 Anatoli Boukreev (Kasachstan) (3.); 750 Neil Beidleman (USA), 751 Martin Adams (USA), 752 Klev Schoening (USA), 753 Charlotte Fox (w) (USA), 754 Tim Madsen (USA), 755 Sandy Hill Pittman (w) (USA), 756 Scott Fischer † (USA) (2.), 757 Lena Nielsen-Gammelgaard (w) (Dänemark), 758 Lobsang Jangbu Sherpa (Nepal) (4.) (ohne künstlichen Sauerstoff), 759 Nawang Dorje Sherpa (Nepal), 760 Tensing Sherpa (Nepal) (3.), 761 Tashi Tshering Sherpa (Nepal) (3.); 10.5.96 762 Jon Krakauer (USA), 763 Andrew Harris † (Neuseeland), 764 Michael Groom (Australien) (2.), 765 Rob Hall † (Neuseeland) (5.), 766 Yasuo Namba † (w) (Japan), 767 Douglas Hansen † (USA), 768 Ang Dorje (Chuldim) Sherpa (Nepal) (4.), 769 Norbu Sherpa (Nepal) (4.); 10.5.96 770 Gau Ming-Ho (Taiwan), 771 Nima Gombu Sherpa (Nepal) (3.), 772 Mingma Tshering Sherpa (Nepal) (2.); 10.5.96 773 Tsewang Smanla † (Indien), 774 Tsewang Paljor † (Indien), 775 Dorje Morup † (Indien) (Besteigung umstritten) N-Sattel/N-Wand; 17.5.96 776 Sange Sherpa (Indien) (2.), 777 Hira Ram (Indien), 778 Tashi Ram (Indien), 779 Nadra Ram (Indien), 780 Kusang Dorjee Sherpa (Indien) (2.) N-Sattel/N-Wand; 11.5.96

781 Hiroshi Hanada (Japan), 782 Eisuka Shigekawa (Japan), 783 Pasang Tshering Sherpa (Nepal) (3.), 784 Pasang Kami Sherpa (Nepal) (3.), 785 Ang Gyaltsen Sherpa (Nepal) N-Sattel/N-Wand; 13.5.96 786 Mamoru Kikuchi (Japan), 787 Hirotaka Sugiyama (Japan), 788 Nima Dorje Sherpa (Nepal) (6.), 789 Chuwang Nima Sherpa (Nepal) (3.), 790 Dawa Tshering Sherpa (Thami) (Nepal) (2.) N-Sattel/N-Wand; 17.5.96 791 Hirotaka Takeyuchi (Japan), 792 Pemba Tshering Sherpa (Nepal), 793 Na Temba Sherpa (Nepal) (4.) N-Sattel/N-Wand; 21.5.96 794 Koji Yamazaki (Japan) N-Sattel/N-Wand; 17.5.96 795 Sven Gangdal (Norwegen), 796 Olav Ulvund (Norwegen), 797 Dawa Tashi Sherpa (Nepal) (5.), 798 Dawa Tshering Sherpa (Beding) (Nepal) (3.) N-Sattel/N-Wand; 18.5.96 799 Morten Rostrup (Norwegen), 800 Josef Nezerka (Tschechien), 801 Fausto De Stefani (Italien), 802 Gyalbu Sherpa (Nepal) (3.) N-Sattel/N-Wand; 19.5.96 803 Alan Hinkes (Großbritannien), 804 Matthew Dickinson (Großbritannien), 805 Lhakpa Gelu Sherpa (Nepal) (3.), 806 Mingma Dorje Sherpa (Nepal), 807 Phur Gyaltsen Sherpa (Nepal) N-Sattel/N-Wand; 20.5.96 808 Petr Kouznetsov (Russland), 809 Valeri Kohanov (Russland), 810 Grigori Semikolenkov (Russland) Couloir zwischen N- und NO-Grat; 23.5.96 811 Thierry Renard (Frankreich), 812 Babu Tshering Sherpa (Nepal) (6.) (ohne künstlichen Sauerstoff), 813 Dawa Sherpa (Nepal); 23.5.96 814 Ed Viesturs (USA) (4.) (ohne künstlichen Sauerstoff), 815 David Breashears (USA) (3.), 816 Robert Schauer (Österreich) (2.), 817 Jamling Tensing Norgay Sherpa (Indien) (Sohn von Tensing Norgay), 818 Araceli Segarra (w) (Spanien), 819 Lhkapa Dorje Sherpa (Nepal) (2.) (ohne künstlichen Sauerstoff), 820 Dorje Sherpa (Nepal), 821 Jangbu Sherpa (Nepal) (2.), 822 Muktu Lhakpa Sherpa (Nepal), 823 Thilen Sherpa (Nepal); 23.5.96 824 Göran Kropp (Schweden) (ohne künstlichen Sauerstoff), 825 Ang Rita Sherpa (Nepal) (10.) (ohne künstlichen Sauerstoff) S-Pfeiler/S-Sattel; 23.5.96 826 Jesus Martinez (Spanien) (ohne künstlichen Sauerstoff) S-Pfeiler/S-Sattel; 24.5.96 827 Hans Kammerlander (Italien) (ohne künstlichen Sauerstoff) N-Sattel/N-Wand; 23½ Stunden Basislager – Gipfel – Basislager; fuhr den größten Teil der Route mit Ski ab; 24.5.96 828 Yuri Contreras (Mexiko), 829 Hector Ponce de Leon (Mexiko) N-Sattel/N-Wand; 25.5.96 830 Ian Woodall (Südafrika), 831 Cathy O'Dowd (w) (Südafrika), 832 Bruce Herrod † (Großbritannien), 833 Pemba Tenji Sherpa (Nepal), 834 Ang Dorje Sherpa (Nepal), 835 Lama Jangbu (Nepal) (2.); 26.9.96 836 Clara Sumarwati (w) (Indonesien) (Besteigung umstritten), 837 Kaji Sherpa (Nepal) (4.), 838 Gyaltsen Sherpa (Nepal), 839 Ang Gyaltsen Sherpa (Nepal) (2.), 840 Dawa Tshering Sherpa (Nepal) (3.), 841 Chuwang Nima Sherpa (Nepal) (4.) N-Sattel/N-Wand; 11.10.96 842 Choi Jong-Tai (Südkorea), 843 Shin Kwang-Chal (Südkorea), 844 Paneru Sherpa (Nepal) (4.), 845 Keepa (Kipa) Sherpa (Nepal) (2.), 846 Dawa Tamang (Nepal) (2.); **26.4.97** 847 Apa Sherpa (Nepal) (8.), 848 Anatoli Boukreev (Kasachstan) (4.), 849 Dawa Nuru Sherpa (Nepal), 850 Vladimir Bashkirov (Russland) (2.), 851 Asmujiono (Indonesien); 2.5.97 852 Vladimir Frolov (Kasachstan), 853 Andrej Molotov (Kasachstan), 854 Sergei Ovsharenko (Kasachstan), 855 Vladimir Souviga (Kasachstan) (ohne künstlichen Sauerstoff) N-Sattel/N-Wand; 7.5.97 856 Ivan Plotnik † (Russland), 857 Nikolai Chevtchenko † (Russland) N-Sattel/N-Wand; 20.5.97 858 Konstantin Farafonov (Kasachstan), 859 Sergei Lavrov (Kasachstan), 860 Dmitri Grekov (Kasachstan), 861 Dmitri Sobolev (Kasachstan), 862 Dmitri Mouravev (Kasachstan), 863 Lyudmila Savina (w) (Kasachstan) N-Sattel/N-Wand; 22.5.97 864 Andy Evans (Kanada) N-Sattel/N-Wand; 7.5.97 865 Lee In (Südkorea), 866 (Ang) Dawa Tamang (Nepal) (3.) N-Sattel/N-Wand; 8.5.97 867 Antoine de Choudens (Frankreich) (ohne künstlichen Sauerstoff), 868 Stephane Cagnin (Frankreich) N-Sattel/N-Wand; 20.5.97 869 Doytchin Vassilev (Bulgarien) N-Sattel/N-Wand; 21.5.97 870 Nikola Kekus (Großbritannien), 871 Bjorn Olafsson (Island), 872 Hallgrimur Magnusson (Island), 873 Einar Stefansson (Island), 874 Babu Tshering Sherpa (Nepal) (7.), 875 Dawa Sherpa (Nepal) (2.); 23.5.97 876 Mark Warham (Großbritannien), 877 Eric Blakeley (Großbritannien), 878 Hugo Rodriguez (Mexiko), 879 Lhakpa Gelu Sherpa (Nepal) (4.), 880 Da Tenzi Sherpa (Nepal); 21.5.97 881 Danuri Sherpa (Nepal); 22.5.97 882 Franc Pepevnik (Slowenien) N-Sattel/N-Wand; 23.5.97 883 Pavle Kozjek (Slowenien) (ohne künstlichen Sauerstoff) N-Sattel/N-Wand; 23.5.97 884 David Breashears (USA) (4.), 885 Peter Athans (USA) (5.), 886 Jangbu Sherpa (Nepal) (3.), 887 Dorje Sherpa (Nepal) (2.), 888 Kami Sherpa (Nepal); 23.5.97 889 Jamie Clarke (Kanada), 890 Alan Hobson (Kanada), 891 Lhakpa Tshering Sherpa (Nepal) (2.), 892 Gyalbu Sherpa (Nepal) (4.), 893 Tashi Tshering Sherpa (Nepal) (4.), 894 Kami Tshering Sherpa (Nepal) (2.); 23.5.97 895 Guy Cotter (Neuseeland) (2.), 896 Ed Viesturs (USA) (5.), 897 Tashi Tensing (Australien) 1. Enkel eines Gipfelbezwingers, 898 Veikka Gustafsson (Finnland) (2.) (ohne künstlichen Sauerstoff), 899 David Carter (USA), 900 Ang Dorje Sherpa (Nepal) (5.), 901 Mingma Tshering Sherpa (Nepal) (3.); 23.5.97 902 Mohandas Nagapan (Malaysia), 903 Magendran Munisamy (Malaysia), 904 Na Temba Sherpa (Nepal) (5.), 905 Dawa Temba Sherpa (Nepal) (3.), 906 Gyaltsen Sherpa (Nepal) (2.), 907 Ang Phuri Gyaltsen Sherpa (Nepal), 908 Fura Dorje Sherpa (Nepal); 23.5.97 909 Andres Delgado (Mexiko), 910 Tensing Sherpa (Nepal) (4.); 27.5.97 911 Brigitte Muir (w) (Australien), 912 Kipa Sherpa (Nepal) (3.), 913 Dorje Sherpa (Nepal) (6.); 24.5.97 914 Alexandre Zelinski (Russland), 915 Sergei Sokolov (Russland) N-Sattel/N-Wand; 25.5.97 916 Wally Berg (USA) (3.), 917 Kami Rita Sherpa (Nepal) (2.), 918 Ang Pasang Sherpa (Nepal) (2.), 919 Pemba Tenji Sherpa (Nepal) (2.), 920 Mingma Tshering Sherpa (Nepal), 921 Lhakpa Rita Sherpa (Nepal) (4.), 922 Nima Tashi Sherpa (Nepal) (3.), 923 Tensing Nuru Sherpa † (Nepal) (2.); 27.5.97 924 Yuri Contreras (Mexiko) (2.), 925 Ilgvars Pauls (Lettland), 926 Dawa Sona Sherpa (Nepal); 29.5.97 927 Russell Brice (Neuseeland), 928 Richard Price (Neuseeland) N-Sattel/N-Wand; 29.5.97 929 Da Chimyi (China) (Tibet), 930 Tensing Dorje (China), 931 Kai Zhong (China) (2.) N-Sattel/N-Wand; **18.5.98** 932 Shoji Abe (Japan), 933 Toshiya Nakajima (Japan), 934 Pasang Kami Sherpa (Nepal) (4.), 935 Na Temba Sherpa (Nepal) (6.), 936 Ang Gyaltsen Sherpa (Nepal) (3.) N-Sattel/N-Wand; 19.5.98 937 Hitoshi Onodera (Japan), 938 Hiromichi Kamimura (Japan), 939 Chuwang Nima Sherpa (Nepal) (5.), 940 Dawa Tshering Sherpa (Nepal) (4.) N-Sattel/N-Wand; 18.5.98 941 Surendra Chavan (Indien), 942 Dawa Tashi Sherpa (Nepal) (6.), 943 Dawa Nuru Sherpa (Nepal) (2.), 944 Thomting Sherpa (Nepal), 945 Nawang Tensing Sherpa (Nepal) N-Sattel/N-Wand; 19.5.98 946 Loveraj Dharmshaktu (Indien), 947 Phinzo Norbu Sherpa (Nepal) (2.), 948 Nima Gyaltsen Sherpa (Nepal) N-Sattel/N-Wand; 18.5.98 949 Hidetoshi Kurahashi (Japan), 950 Masaru Sato (Japan), 951 Koichi Nagata (Japan), 952 Hisashi Hashimoto (Japan), 953 Shoji Sakamoto (Japan), 954 Ang Mingma Sherpa (Nepal) N-Sattel/N-Wand; 20.5.98 955 Toshiaki Yano (Japan), 956 Yoshinori Kawahara (Japan), 957 Gyaltsen Sherpa (Nepal) (3.) N-Sattel/N-Wand; 22.5.98 958 Kazuyoshi Kondo (Japan), 959 Dawa Sherpa (Nepal) N-Sattel/N-Wand; 18.5.98 960 Alexei Bolotov (Russland), 961 Valeri Perchine (Russland), 962 Sergei Timofeev (Russland), 963 Yevgeni Vinogradski (Russland) (3.) N-Sattel/N-Wand; 21.5.98 964 Anatoly Mochnikov (Russland) (2.)

(ohne künstlichen Sauerstoff), 965 Gilles Roman (Frankreich); 22.5.98 966 Francys Arsentiev † (w) (USA) (ohne künstlichen Sauerstoff), 967 Sergei Arsentiev † (Russland) (2.) (ohne künstlichen Sauerstoff) N-Sattel/N-Wand; 18.5.98 968 Victor Koulbatchenko (Weißrussland), N-Sattel/N-Wand; 19.5.98 969 Peter Hamor (Slowakei), 970 Vladimir Zboja (Slowakei), 971 Vladimir Plulik (Slowakei) (ohne künstlichen Sauerstoff) N-Sattel/N-Wand; 24.5.98 972 Ci Luo (China) N-Sattel/N-Wand; 19.5.98 973 Noriyuki Muraguchi (Japan), 974 Minoru Sawada (Japan), 975 Mingma Tshering Sherpa (Nepal) (4.), 976 Tshering Dorje Sherpa (Nepal), 977 Pasang Kitar Sherpa (Nepal) N-Sattel/N-Wand; 19.5.98 978 Radek Jaros (Tschechien) (ohne künstlichen Sauerstoff), 979 Vladimir Nosek (Tschechien) (ohne künstlichen Sauerstoff) N-Sattel/N-Wand; 20.5.98 980 Bob Hoffman (USA), 981 Donald Beavon (USA), 982 Pasquale Scaturro (USA), 983 Charles Demarest (USA), 984 Mark Cole (USA), 985 Apa Sherpa (Nepal) (9.), 986 Pemba Norbu Sherpa (Nepal), 987 Nima Rita Sherpa (Nepal) (4.), 988 Gyaltsen Sherpa (Nepal), 989 Chuldim Nuru Sherpa (Nepal), 990 Ang Pasang Sherpa (Nepal), 991 Arita Sherpa (Nepal) (2.); 20.5.98 992 Jalal Cheshmeh Ghasabani (Iran); 993 Mohammad Hassan Najarian (Iran), 994 Hamid Reza Olanj (Iran), 995 Mohammad Oraz (Iran), 996 Dawa Tenzi Sherpa (Nepal) (2.), 997 Chuldim Sherpa (Nepal), 998 Pemba Rinzi Sherpa (Nepal); 20.5.98 999 Jeffery Rhoads (USA), 1000 Tashi Tshering Sherpa (Nepal) (5.); 27.5.98 1001 Jeffery Rhoads (USA) (2.) zwei Besteigungen in einer Woche, 1002 Tashi Tshering Sherpa (Nepal) (6.) zwei Besteigungen in einer Woche, 1003 Tom Whittaker (USA) 1. Beinamputierter auf dem Gipfel, 1004 Norbu Sherpa (Nepal) (5.), 1005 Lhakpa Tshering Sherpa (Nepal) (3.), 1006 Dawa Sona Sherpa (Nepal) (2.); 20.5.98 1007 Wally Berg (USA) (4.) S-Sattel/SO-Grat; 22.5.98 1008 Rustam Radjapov N-Sattel/N-Wand; 23.5.98 1009 Svetlana Baskakova (w), 1010 Sergei Sokolov (Usbekistan) (nicht derselbe Mann wie Nr. 915), 1011 Marat Usaev (Usbekistan), 1012 Oleg Grigoriev (Usbekistan), 1013 Angrew Fedorov (Usbekistan) N-Sattel/N-Wand; 24.5.98 1014 Aleksei Dokukin (Usbekistan), 1015 Ilyas Tukhvatullin (Usbekistan), 1016 Andrew Zaikin (Usbekistan) N-Sattel/N-Wand; 25.5.98 1017 Khaniv Balmagambetov (Usbekistan), 1018 Roman Mats (Usbekistan) N-Sattel/N-Wand; 24.5.98 1019 Lama Jangbu Sherpa (Nepal) (3.), 1020 Lhakpa Gelu Sherpa (Nepal) (5.) N-Sattel/N-Wand; 25.5.98 1021 Bernardo Guarachi (Bolivien); 25.5.98 1022 Khoo Swee-Chiow (Malaysia), 1023 Siew Cheok-Wai (Malaysia), 1024 Kami Rita Sherpa (Nepal) (3.), 1025 Dorje Sherpa (Nepal) (3.), 1026 Fura Dorje Sherpa (Nepal) (2.), 1027 Nawang Phurba Sherpa (Nepal); 25.5.98 1028 Sundeep Dhillon (Großbritannien), 1029 David Walsh (Großbritannien), 1030 Nima Gombu Sherpa (Nepal) (4.), 1031 Kusang Dorje Sherpa (Indien) (3.), 1032 Nima Dorje Sherpa (Nepal); 25.5.98 1033 Russell Brice (Neuseeland) (2.) N-Sattel/N-Wand; 1034 Sumio Tsuzuki (w) (Japan), 1035 Karsang Sherpa (Nepal) (2.); 25.5.98 1036 Mark Jennings † (Großbritannien), 1037 Nima Wangchu Sherpa (Nepal) N-Sattel/N-Wand; 25.5.98 1038 Craig John (USA), 1039 Dawa Nuru Sherpa (Nepal), 1040 Lhakpa Rita Sherpa (Nepal) N-Sattel/N-Wand; 27.5.98 1041 Richard Alpert (USA), 1042 Robert Sloezen (USA) (3.), 1043 Panuru Sherpa (Nepal) (3.) N-Sattel/N-Wand; 26.5.98 1044 Alan Silva (Australien), 1045 Neil Laughton (Großbritannien), 1046 Edward Grylls (Großbritannien), 1047 Pasang Dawa Sherpa (Nepal), 1048 Pasang Tshering (Pangboche) (Nepal); 26.5.98 1049 Heinz Rockenbauer (Österreich) N-Sattel/N-Wand; 15.10.98 1050 Carlos Pitarch (Spanien) (Besteigung umstritten); 17.10.98 1051 Kaji Sherpa (Nepal) (5.) (ohne künstlichen Sauerstoff beim Aufsteig) (schnellster Aufstieg, aber Besteigung umstritten), 1052 Tashi Tshering Sherpa (Nepal) (7.); **5.5.99** 1053 Peter Athans (USA) (6.), 1054 William Crouse (USA),1055 Chuwang Nima Sherpa (Nepal) (6.),1056 Phu Tashi Sherpa (Nepal), 1057 Dorje Sherpa (Nepal) (7.), 1058 Gyaltsen Sherpa (Nepal) (4.), 1059 Na Temba Sherpa (Nepal) (7.); 18.5.99 1060 Charles Corfield (Großbritannien), 1061 Chuwang Nima Sherpa (Nepal) (7., 2. in dieser Saison), 1062 Nima Tashi Sherpa (Nepal) (4.), 1063 Dawa Sona Sherpa (Nepal) (3.); 5.5.99 1064 Graham Ratcliffe (Großbritannien) (2.), 1065 Ray Brown (Großbritannien), 1066 Elsa Avila (w) (Mexiko), 1067 Andrew Lapkass (USA) (2.), 1068 Pasang Tshering Sherpa (Nepal) (2.); 13.5.99 1069 Michael Trueman (Großbritannien), 1070 Pasang Dawa Sherpa (Nepal) (2.); 5.5.99 1071 Renata Chlumska (w) (Schweden), 1072 Göran Kropp (Schweden) (2.), 1073 Mingma Tshering Sherpa (Nepal) (5.), 1074 Kami Sherpa (Nepal) (2.), 1075 Ang Chiri (Nepal); 5.5.99 1076 Bernard Voyer (Kanada), 1077 Dorje Sherpa (Nepal) (4.) (nicht derselbe Mann wie Nr. 1057), 1078 Chhongba Nuru Sherpa (Nepal); 6.-7.5.99 1079 Babu Tshering Sherpa (Nepal) (8.) verbrachte 21½ Stunden auf dem Gipfel (ohne künstlichen Sauerstoff), 6.5.99 1080 Dawa Sherpa (Nepal) (3.), 1081 Nima Dorje Sherpa (Nepal) (2.); 26.5.99 1082 Thomas Sjogren (Schweden), 1083 Tina Sjogren (w) (Schweden), 1084 Babu Tshering Sherpa (Nepal) (9., 2. in dieser Saison) (ohne künstlichen Sauerstoff), 1085 Dawa Sherpa (Nepal) (4., 2. in dieser Saison), 1086 Nima Dorje Sherpa (Nepal) (3., 2. in dieser Saison), 1087 Dawa Temba Sherpa (Nepal) (4.); 8.5.99 1088 Vasili Kopytko † (Ukraine) (ohne künstlichen Sauerstoff), 1089 Vladislav Terzeoul (Ukraine) (ohne künstlichen Sauerstoff), 1090 Valdimir Gorbach (Ukraine) (ohne künstlichen Sauerstoff) N-Sattel/N-Wand; 12.5.99 1091 Joby Ogwyn (USA), 1092 Tensing Sherpa (Nepal) (5.), 1093 Nima Gombu Sherpa (Nepal) (5.), 1094 Guillermo Benegas (USA); 13.5.99 1095 Augusto Ortega (Peru) (2.), 1096 Constantine Niarchos (Schweiz), 1097 David Rodney (Kanada), 1098 Katja Staartjes (w) (Holland), 1099 Christopher Brown (Großbritannien), 1100 Martin Doyle (Großbritannien), 1101 Michael Smith (Großbritannien) (2.), 1102 Michael Matthews † (Großbritannien), 1103 Lhakpa Gelu Sherpa (Nepal) (6.), 1104 Nima Gyaltsen Sherpa (Nepal) (2.), 1105 Kami Rita Sherpa (Nepal) (4.), 1106 Pasang Kitar Sherpa (Nepal) (2.), 1107 Tshering Dorje Sherpa (Nepal) (2.), 1108 Pemba Rinzi Sherpa (Nepal) (2.), 1109 Dawa Nurbu Sherpa (Nepal); 12.5.99 1110 Lev Sarkisov (Georgien) ältester Gipfelbezwinger, ein Tag älter als Ramon Blanco, Nr. 591, 1111 Afi Gigani (Georgien), 1112 Bidzina Gujabidze (Georgien), 1113 Benedict Kashakashvili (Georgien), 1114 Chewang Dorje Sherpa (Nepal), 1115 Nawang Tensing Sherpa (Nepal); 13.5.99 1116 Ken Noguchi (Japan), 1117 Dawa Tshering Sherpa (Nepal) (5.), 1118 Nima Wangchu Sherpa (Nepal) (2.), 1119 Nawang Wangchu Sherpa (Nepal), 1120 Krishna Bahadur Tamang (Nepal); 17.5.99 1121 Conrad Anker (USA), 1122 David Hahn (USA) (2.) N-Sattel/N-Wand; 18.5.99 1123 Jacek Maselko (Polen), 1124 Tadeusz Kudelski † (Polen), 1125 Ryszard Pawlowski (Polen) (3.) N-Sattel/N-Wand; 18.5.99 1126 Joao Garcia (Portugal) (ohne künstlichen Sauerstoff), 1127 Pascal Debrouwer † (Belgien) N-Sattel/N-Wand; 26.5.99 1128 Gheorghe Dijmarescu (USA), 1129 Apa Sherpa (Nepal) (10.) N-Sattel/N-Wand; 26.5.99 1130 Fred Barth (USA), 1131 Nanda Dorje Sherpa (Nepal) N-Sattel/N-Wand; 26.5.99 1132 Andrei Louchnikov (Russland) N-Sattel/N-Wand; 26.5.99 1133 Hugo Rodriguez (Mexiko) (2.), 1134 Carlos Guevara (Mexiko), 1135 Lhakpa Nuru Sherpa (Nepal), 1136 Mingma Chhiri (Tshering) Sherpa (Nepal) (2., derselbe wie Nr. 920), 1137 Pemba Sherpa (Nepal); 26.5.99 1138 Merab Khabazi (Georgien), 1139 Irakli Ugulava (Georgien), 1140 Mamuka Tsikhiseli (Georgien), 1141 Man Bahadur Tamang (Nepal) (3.) N-Sattel/N-Wand; 26.5.99 1142 Sergio Martini (Italien), 1143 Maria Lago (w) (Spanien) (ohne künstlichen Sauerstoff beim Aufstieg), 1144 Samdu Sherpa (Nepal) N-Sattel/N-Wand; 27.5.99 1145 Geoffrey Robb (Australien), 1146 Helga Hengge (w) (Deutschland), 1147 Kazuhiko Kozuka (Japan), 1148 Karsang Sherpa (Nepal) (3.), 1149 Lobsang Temba Sherpa (Nepal) (2.), 1150 Phurba Tashi Sherpa (Nepal) N-Sattel/N-Wand; 27.5.99 1151 Ivan Vallejo (Ecuador) (ohne künstlichen Sauerstoff), 1152 Heber Orona (Argentinien) (ohne künstlichen Sauerstoff), 1153 Karla Wheelock (w) (Mexiko), 1154 Fura Dorje Sherpa (Nepal) (3.), 1155 Ari Piela (Finnland), 1156 Antti Maniken (Finnland) N-Sattel/N-Wand; 28.5.99 1157 Akbu (Tibet), 1158 Lodue (Tibet) (2.), 1159 Ren Na (Tibet) (2.), 1160 Gui Sang (w) (China) (2.), 1161 Gyalbu (Tibet) (2.), 1162 Pemba Tashi (Tibet), 1163 Jiji (w) (China), 1164 Tshering Dorje (Tibet) (2.), 1165 La Ba (China), 1166 Tashi Tshering (China) N-Sattel/N-Wand; 28.5.99 1167 Amar Prakash (Indien), 1168 Kusang Dorjee Sherpa (Indien) (4.), 1169 Senge Sherpa (Indien) (3.) O-Wand/SO-Grat; 29.5.99 1170 Cathy O'Dowd (w) (Südafrika) (2.), 1171 Ian Woodall (Großbritannien) (2.), 1172 Lama Jangbu Sherpa (Nepal) (4.), 1173 Pemba Tenjee Sherpa (Nepal) (3.) N-Sattel/N-Wand

Nanga-Parbat-Besteigungsdaten

Alle Besteigungen wurden über die Kinshofer-Route in der Diamir-Flanke an der linken (nördlichen) Seite der Wand gemacht, außer wenn etwas anderes angegeben wird. Die Erstbesteigung erfolgte direkt über die Bazhin-Scharte, dann über die Buhl-Route zum Gipfel, es ist inzwischen aber üblich nach rechts zu queren und dann direkt zum Gipfel aufzusteigen.

3.7.53 H. Buhl (Österreich) vom Rakhiot-Gletscher über die N-Wand des Rakhiot Peak, dann O-Grat zum Silbersattel, über das Silber-Plateau und entlang des SO-Grates; **22.6.62** T. Kinshofer (Deutschland), S. Löw † (Deutschland), A. Mannhardt (Deutschland); **27.6.70** G. Messner † (Italien), R. Messner (Italien) Zentralrippe der Rupal-Wand; 28.6.70 F. Kuen (Österreich), P. Scholz (Österreich) Zentralrippe der Rupal-Wand; **11.7.71** I. Fiala (Tschechoslowakei), M. Orolin (Tschechoslowakei) Buhl-Route; **11.8.76** S. Gimpel (Österreich), R. Schauer (Österreich), H. Schell (Österreich), H. Sturm (Österreich) Schell-Route: SSW-Grat am linken (westlichen) Rand der Rupal-Wand; **9.8.78** R. Messner (Italien) (2.) rechter (westlicher) Rand der Diamir-Flanke, 23.8.78 W. Bauer (Österreich), R. Streif (Österreich), R. Wurzer (Österreich); 28.8.78 A. Imitzer (Österreich), A. Indrich (Österreich); **5.8.81** R. Naar (Holland) Variante der Schell-Route; 19.8.81 S. Fassi (Italien), L. Rota (Italien), B. Scanabessi (Italien); **10.6.82** N. Joos (Schweiz), E. Loretan (Schweiz) Schell-Route; 14.7.82 H. Engl (Deutschland) **17.7.83** E. Koblmüller (Österreich) Schell-Route; 31.7.83 N. Nakanishi (Japan), M. Taniguchi (Japan); 5.8.83 E. de Pablo (Spanien), J. L. Zuloaga (Spanien); **3.6.84** M. Ruedi (Schweiz); 27.6.84 L. Barrard (w) (Frankreich), M. Barrard (Frankreich); 7.8.84 O. Cadiach (Spanien), J. Magrinyá (Spanien) Schell-Route; **8.7.85** L. de la Ferrière (w) (Frankreich), H. Hanada (Japan), M. Kikuchi (Japan), B. Muller (Frankreich); 12.7.85 M. Dacher (Deutschland), P. Habeler (Österreich); 13.7.85 C. Carsolio (Mexiko), Z. Heinrich (Polen), J. Kukuczka (Polen), S. Lobodzinski (USA) SO-Pfeiler der Rupal-Wand; 15.7.85 A. Czerwinska (w) (Polen), F. De Stefani (Italien), M. García (Spanien), M. Gómez (Spanien), S. Martini (Italien), K. Palmowska (w) (Polen), W. Rutkiewicz (w) (Polen), R. Vidaurre (Spanien); **16.8.86** H. Lanters (Holland), J. Van Hees (Belgien), L. Vivijs (w) (Belgien); **5.7.87** G. Calcagno (Italien), B. Chamoux (Frankreich), S. Dorotei (Italien), T. Vidoni (Italien); 9.8.87 F. Alvarez (Spanien), P. Expósito (Spanien), D. Hernández (Spanien), J. Martínez (Spanien); 19.8.87 K. Matsui (Japan), R. Okabayashi (Japan); **13.7.88** H. Endo (Japan), Y. Endo (w) (Japan); 29.7.88 S. Hupfauer (Deutschland), T. Mügge (Deutschland); 9.8.88 O. Gassler (Österreich); **13.7.89** E. Gundelach (Deutschland), Atta-ul-Haq (Pakistan), Sher Khan (Pakistan), Mohammad Ullah (Pakistan), Rajab Shah (Pakistan); **1.7.90** H. Kammerlander (Italien); 25.7.90 M. Sato (Japan), R. Portilla (Spanien); 31.7.90 M. Frantar (w) (Slowenien), J. Rozman (Slowenien) Schell-Route; 11.8.90 P. Nicolás (Spanien), C. Soria (Spanien), A. Fredborg (Norwegen); 12.8.90 R. Joswig (Deutschland), P. Mezger (Deutschland) Schell-Route; 18.8.90 M. Todaka (Japan) Schell-Route; **21.7.91** R. Mear (Großbritannien), D. Walsh (Großbritannien); 29.6.92 Park Hee-Taek (Südkorea), Song Jea-Deuk (Südkorea), Kim Ju-Hyun (Südkorea); **4.7.92** J. Nezerka (Tschechoslowakei), J. Rakoncaj (Tschechoslowakei); 8.7.92 C. Häuter (Schweiz); 12.7.92 M. Abrego (Spanien), A. Appelániz (Spanien), J. Gozdzik (Polen), P. Pustelnik (Polen) M. Ruiz de Apodaka (Spanien), J. Oiarzabal (Spanien); **7.7.93** P. Barrenetxea (Spanien), J. L. Clavel (Spanien); 30.7.93 R. Estiú (Spanien), J. Permanyé (Spanien); 16.8.93 Y. Mochizuki (Japan); 18.8.93 T. Tonchev (Bulgarien); 24.8.93 R. Pawlowski (Polen), B. Stefko (Polen); 28.8.93 M. Konewka (Polen), R. Schleypen (Deutschland); **23.6.94** J. R. Agraz (Spanien), J. Castillón (Spanien), L. Ortiz (Spanien); **23.7.95** T. Akiyama (Japan), H. Saito (Japan), Y. Yabe (Japan) NO-Grat des NO-Gipfels zum Silbersattel, dann Buhl-Route; **1.9.96** K. Wielicki (Polen); **15.6.97** Akbu (Tibet), Aziz Baig (Pakistan), Bianba Zaxi (Tibet), Cering Doje (Tibet), Jiabu (Tibet), Luoze (Tibet), Mohammad Ullah (Pakistan) (2.), Rena (Tibet); 7.7.97 M. Sawada (Japan); 7.-14.7.97 einige Südkoreaner eines Teams unter Yoon Kye-Joong (einschließlich Park Jun-Hun); 14.7.97 C. Buhler (USA), I. Dusharin (Russland); 18.7.97 V. Kolisnichenko (Russland), A. Volkov (Russland); 18.7.97 drei Japaner eines Teams unter M. Kajiura; 19.7.97 drei Japaner eines Teams unter M. Sawada; 27.7.97 J. Bretcha (Spanien), J. Colet † (Spanien), T. Comerma (Spanien), M. Gioroianu (Rumänien), E. Sallent (Spanien); 31.7.97 S. Bershov (Ukraine), V. Terzeoul (Ukraine); **20.7.98** R. Beret (Italien), N. Meroi (w) (Italien); 21.7.98 A. Hinkes (Großbritannien), A. Lock (Australien), Kang Seong-Gyu (Südkorea), Park Young-Seok (Südkorea), Ra Kwang-Ju (Südkorea), Wuang Young-Han (Südkorea), Rozi Ali (Pakistan); 6.8.98 T. Kitamura (Japan); 10.8.98 L. Fraga (Spanien), J. I. Gordito (Spanien), Y. Tanahashi (Japan); **2.7.99** Asad Hassan (Pakistan), A. Christensen (Dänemark), N. Cofman (USA), M. Granlien (Dänemark), P. Guggemos (Deutschland); D. Porsche (Deutschland), A. Tremoulière (Frankreich), M. Vincent (Frankreich) 12.7.99 Ang Dawa Tamang (Nepal), Um Hong-Gil (Südkorea); 27.7.99 H. Kurahashi (Japan), S. Mori (Japan), Y. Seino (Japan); 28.7.99 T. Ikeda (Japan); 29.7.99 A. Iñurrategi (Spanien), F. Iñurrategi (Spanien), K. Kondo (Japan), J. C. Tamayo (Spanien)

K2-Besteigungsdaten

Alle Besteigungen erfolgten über die Route der Erstbegeher (Abruzzi-Grat), außer wenn etwas anderes angegeben wird.

31.7.54 A. Compagnoni (Italien), L. Lacedelli (Italien); **8.8.77** S. Nakamura (Japan), T. Shigehiro (Japan), T. Takatsuka (Japan); 9.8.77 Ashraf Aman (Pakistan), M. Hiroshima (Japan), M. Onodera (Japan), H. Yamamoto (Japan); **6.9.78** L. Reichardt (USA), J. Wickwire (USA) NO-Grat/Abruzzi-Grat; 7.9.78 R. Ridgeway (USA), J. Roskelley (USA) NO-Grat/Abruzzi-Grat; **12.7.79** M. Dacher (Deutschland), R. Messner (Itaien); **7.8.81** E. Ohtani (Japan), Nazir Sabir (Pakistan) W-Grat/SW-Wand; **14.8.82** N. Sakashita (Japan), Y. Yanagisawa † (Japan), H. Yoshino (Japan) N-Grat; 15.8.82 H. Kamuro (Japan), H. Kawamura (Japan), T. Shigeno (Japan), K. Takami (Japan) N-Grat; **31.7.83** A. Da Polenza (Italien), J. Rakoncaj (Tschechoslowakei) N-Grat; 4.8.83 S. Martini (Itaien), F. De Stefani (Italien) N-Grat; **19.6.85** N. Joos (Schweiz), M. Ruedi (Schweiz); 6.7.85 E. Escoffier (Frankeich), E. Loretan (Schweiz), P. Morand (Schweiz), J. Troillet (Schweiz); 7.7.85 D. Lacroix † (Frankreich), S. Schaffter (Schweiz); 24.7.85 K. Murakami (Japan), N. Yamada (Japan), K. Yoshida (Japan); **23.6.86** M. Abrego (Spanien); L. Barrard † (w) (Frankreich), M. Barrard † (Frankreich), J. Casimiro (Spanien), M. Parmentier (Frankreich), W. Rutkiewicz (w) (Polen); 5.7.86 G. Calcagno (Italien), B. Chamoux (Frankreich), S. Dorotei (Italien), B. Fuster (Schweiz), M. Moretti (Italien), J. Rakoncaj (Tschechoslowakei) (2.), T. Vidoni (Italien), R. Zemp (Schweiz); 8.7.86 J. Kukuczka (Polen), T. Piotrowski † (Polen) S-Wand; 3.8.86 Chang Bong-Wan (Südkorea), Chang Byong-Ho (Südkorea), Kim Chang-Sun (Südkorea); 3.8.86 P. Bozik (Tschechoslowakei), P. Piasecki (Polen), W. Wröz † (Polen) SSW-Pfeiler; 4.8.86 W. Bauer (Österreich), A. Imitzer † (Österreich), K. Diemberger (Österreich), J. Tullis † (w) (Großbritannien), A. Rouse † (Großbritannien); **9.8.90** H. Imamura (Japan), H. Nazuka (Japan) NW-Wand; 20.8.90 G. Child (Australien), G. Mortimer (Australien), S. Swenson (USA) N-Grat; **15.8.91** P. Béghin (Frankreich), C. Profit (Frankreich) W-Wand/NW-Wand/N-Grat; **1.8.92** V. Balyberdin (Russland), G. Kopieka (Ukraine); 3.8.92 C. Mauduit (w) (Frankreich), A. Nikiforov (Russland); 16.8.92 S. Fischer (USA), C. Mace (USA), E. Viesturs (USA); **13.6.93** S. Bozic (Kroatien), C. Carsolio (Mexiko), V. Groselj (Slowenien), Z. Pozgaj (Slowenien); 23.6.93 G. Kropp (Schweden); 7.7.93 D. Culver † (Kanada), J. Haberl (Kanada), P. Powers (USA); 30.7.93 D. Bindner † (Schweden), A. Boukreev (Kasachstan), R. Jensen (Dänemark), R. Joswig † (Deutschland), A. Lock (Australien), P. Mezger † (Deutschland); 2.9.93 D. Mazur (USA), J. Pratt (Großbritannien) W-Grat/SW-Wand; **24.6.94** A. Iñurrategi (Spanien), F. Iñurrategi (Spanien), J. Oiarzabal (Spanien), E. de Pablo (Spanien), J. Tomáz (Spanien) SSO-Sporn; 9.7.94 R. Hall (Neuseeland); 10.7.94 D. Ibragimzade † (Ukraine), A. Kharaldin † (Ukraine), A. Parkhomenko † (Ukraine); 23.7.94 R. Dujmovits (Deutschland), M. Gorbenko (Ukraine), B. Mstislev (Ukraine), V. Mstislev (Ukraine), M. Groom (Australien), V. Gustafsson (Finnland), A. Schlönvogt (Deutschland), V. Terzeoul (Ukraine), M. Wärthl (Deutschland); 30.7.94 S. de la Cruz (Argentinien), J. C. Tamayo (Spanien) N-Grat; 4.8.94 A. Appelániz † (Spanien), J. San Sebastian (Spanien) N-Grat; **17.7.95** A. Hinkes (Großbritannien), R. Naar (Holland), Mehrban Shah (Pakistan), Rajab Shah (Pakistan), H. van der Meulen (Holland); 13.8.95 J. Escartin † (Spanien), J. Olivar † (Spanien), L. Ortiz † (Spanien) SSO-Sporn; 13.8.95 A. Hargreaves † (w) (Großbritannien), R. Slater † (USA), B. Grant † (Neuseeland); **29.7.96** G. Maggioni (Itaien), L. Mazzoleni † (Italien), M. Panzeri (Italien), S. Panzeri (Italien), M. Todaka (Japan); 10.8.96 M. Bianchi (Italien), C. Kuntner (Italien), K. Wielicki (Polen) N-Grat; 12.8.96 Akasako Kenzo (Japan), Matsubara Masayuki (Japan), Muraia Bunsho (Japan), Sshiina Atshusi (Japan), Tanigawa Taro (Japan), Yoshida Yuichi (Japan) SSO-Sporn; 13.8.96 M. Alvial (Chile), W. Farina (Chile), C. Garcia-Nuldobro (Chile), M. Purcell (Chile) SSO-Sporn; 14.8.96 Inaba Hideki (Japan), Nagakubo Hirotaka (Japan), Sana Takahashi (Japan), Takahashi Kazuhiro (Japan), H. Takeuchi (Japan), Yamamoto Atsushi (Japan) SSO-Sporn; 14.8.96 I. Benkin † (Russland), C. Buhler (USA), R. Pawlowski (Polen), S. Penzov (Russland), P. Pustelnik (Polen) N-Grat; **19.7.97** K. Nakagawa (Japan), M. Suzuki (Japan), O. Tanabe (Japan) Variante W-Grat/SW-Wand; 28.8.97 Pernbadolge (Nepal), Gyarbu (Nepal), M. Kobayashi (Japan), A. Nakajima (Japan), M. Takine (Japan), Dawatasi (Nepal), Mingma Tshering (Nepal), R. Yamada (Japan) Variante W-Grat/SW-Wand

Cho-Oyu-Besteigungsdaten

Alle Besteigungen erfolgten über die Route der Erstbegeher (Westgrat und Westwand), außer wenn etwas anderes angegeben wird. Früher wurde der Berg eher von Süden (Nepal) her bestiegen, heute erfolgt die Anreise in der Regel von Norden (Tibet). Anmerkung: Viele der Sherpas haben denselben Namen, weshalb zu ihrer Identifizierung der Heimatort angefügt wurde.

19.10.54 H. Tichy (Österreich), S. Jöchler (Österreich), Pasang Dawa Lama (Indien); **15.5.58** Sonam Gyatso (Indien), Pasang Dawa Lama (Indien) (2.); **25.4.64** F. Stammberger (Deutschland) (Besteigung umstritten); **29.10.78** A. Furtner (Österreich), E. Koblmüller (Österreich) SO-Wand; **10.10.79** M. Saleki (Iran) (Besteigung umstritten); **?.10.82** H. D. Sauer (Deutschland) (Besteigung umstritten); **5.5.83** M. Dacher (Deutschland), H. Kammerlander (Italien), R. Messner (Italien); 15.11.83 N. Hertkorn (Deutschland), R. Klingl (Deutschland); 17.11.83 R. Klingl (Deutschland) (2.); ?.11.83 M. Saleki (Iran) (Besteigung umstritten); **13.5.84** V. Komarkova (w) (USA), M. Sterbova (w) (Tschechoslowakei), Ang Rita Sherpa (Thami) (Nepal), Nuru Sherpa (Nepal); 20.9.84 A. Llasera (Spanien), C. Vallès (Spanien), Sambhu Tamang (Nepal), Ang Karma Sherpa (Nepal); 21.9.84 J. Clemenson (Frankreich), J. Pons (Spanien); **12.2.85** M. Berbeka (Polen), Z. Heinrich (Polen), J. Kukuczka (Polen), M. Pawlikowski (Polen) S-Grat; 1.5.85 Renqing Pingcuo (Tibet), Danzeng Tobgyal (Tibet), Da Tobgyal (Tibet), Da Cering (Tibet), Xiao Tobgyale (Tibet), Wanjia (Tibet), Gaisang (Tibet), Lawang (Tibet), Bianba (Tibet); 15.5.85 J. Amezgarai (Spanien), M. Apodaca (Spanien), J. Oiarzabal (Spanien), I. Querejeta (Spanien); 15.5.85 A. Appeláníz (Spanien), X. Garaioa (Spanien), F. Uriarte (Spanien); 28.5.85 M. Gardzielewski (Polen), J. Jezierski (Polen); 3.10.85 M. Kitamura (Japan), T. Mitani (Japan), N. Nakanishi (Japan); 5.12.85 D. Becik (Tschechoslowakei), J. Stejskal (Tschechoslowakei); **29.4.86** R. Gajewski (Polen), M. Pawlikowski (Polen) (2.) SW-Grat/W-Wand; 1.5.86 P. Konopka (Polen), SW-Grat/W-Wand; 3.5.86 M. Danielak (Polen), A. Osika (Polen) SW-Grat/W-Wand; 5.5.86 P. Habeler (Österreich), M. Ruedi (Schweiz) SW-Grat/W-Wand; 9.5.86 R. Schleypen (Deutschland), J. Smith (USA) SW-Grat/W-Wand; 10.5.86 J. Daum (Deutschland) SW-Grat/W-Wand; 11.5.86 B. Brakus (Kroatien) SW-Grat/W-Wand; 11.5.86 J. Frush (USA), D. Hambly (Großbritannien); 12.5.86 H. Vollmer (Deutschland) (Besteigung umstritten);

16.5.86 M. Lorenz (Österreich) SW-Grat/W-Wand; 16.10.86 E. Hino (Japan); **29.4.87** M. Purto (Chile), Ang Phuri Sherpa (Beni) (Nepal), Ang Rita (Thami) (Nepal) (2.), I. Valle (Chile), F. Graf (Schweiz), J. Wangeler (Schweiz); 5.5.87 O. Gassler (Österreich), H. Wagner (Österreich), P. Wörgötter (Österreich); 6.5.87 K. Wimmer (Deutschland); 7.5.87 R. Hofer (Schweiz); 8.5.87 R. Strouhal (Österreich); 9.5.87 P. Ganner (Österreich), K. Hecher (Österreich), H. Pree (Österreich), S. Wörgötter (Österreich); 12.5.87 B. Vos (Holland); 20.9.87 A. Hayakawa (Japan), K. Kondo (Japan); 21.5.87 Y. Okura (Japan), K. Takahashi (Japan), T. Kato (Japan), E. Otani (Japan), Nima Dorje Sherpa (Beding) (Nepal), Ang Dawa Tamang (Nepal); 22.9.87 S. Kobayashi (Japan), M. Takahashi (w) (Japan), Lhakpa Tensing Sherpa (Nepal), Ang Phurba Sherpa (Beding) (Nepal), Mingma Tensing (Thami) (Nepal); 23.9.87 T. Renard (Frankreich), Ang Rinzee Sherpa (Nepal); 30.9.87 T. Karolczak (Polen), A. Lwow (Polen); 2.10.87 W. Berg (USA); **6.2.88** F. Garrido (Spanien); 30.4.88 D. Walsh (Großbritannien); 1.5.88 G. De Marchi (Italien), F. Spazzadeschi (Italien), L. Zani (Italien); 2.5.88 O. Forno (Italien); 10.5.88 H. Engl (Deutschland), G. Schmatz (Deutschland); 11.5.88 S. Wörner † (Schweiz); 30.5.88 T. Fischbach (Deutschland), K. Gürtler (Österreich), P. Konzert (Österreich), H. Bärnthaler (Österreich), W. Kuzendorf (Deutschland), D. Thomann (Deutschland); 1.9.88 M. Batard (Frankreich), Sundare Sherpa (Nepal); 12.9.88 B. Cormier (Frankreich), E. Decamp (Frankreich), R. Eynard-Machet (Frankreich), B. Gouvy (Frankreich), V. Périllat (w) (Frankreich), M. Vincent (Frankreich), Ang Dorje Sherpa (Chaplung) (Nepal), Da Gombu Sherpa (Nepal); 13.9.88 A. Busettini (Italien), E. Fergio (Italien); 14.9.88 J. Hoeffelman (Belgien), J. Sesma (Spanien), M. Vincent (Frankreich) (2.), Lhakpa Gyalu (Chaunrikarka) (Nepal), Da Gombu Sherpa (Nepal) (2.); 17.9.88 S. Martini (Italien), F. De Stefani (Italien); 27.9.88 F. Castenuovo (Italien), M. Conti (Italien), L. Mazzoleni (Italien), M. Panzeri (Italien); 16.10.88 P. Henschke (Polen); 2.11.88 I. Tomazin (Jugoslawien) Aufstieg N-Wand, Abstieg, W-Seite; 5.11.88 V. Groselj (Jugoslawien), J. Rozman (Jugoslawien) N-Wand/W-Seite; 6.11.88 T. Saegusa (Japan), O. Shimizu (Japan), N. Yamada (Japan), A. Yamamoto (Japan); 8.11.88 R. Nadvesnik (Jugoslawien), M. Prezelj (Jugoslawien) N-Wand; 9.11.88 B. Jereb (Jugoslawien), R. Robas (Jugoslawien) N-Wand/W-Seite; **8.4.89** C. Buhler (USA), M. Zabaleta (Spanien) SW-Grat/W-Wand; 2.9.89 Hong Kyung-Pyo (Südkorea), Lee Dong-Yeon (Südkorea), Wangel Sherpa (Nepal); 17.9.89 A. Brugger (Italien), R. Zeyen (Luxemburg); 18.9.89 M. Casella (Schweiz), P. Giuliani (Schweiz), E. Rosso (Italien); 19.9.89 M. Capelli (Schweiz), C. Margna (Schweiz), M. Nos King (w) (Spanien), M. Verge (w) (Spanien), Ang Phuri (Beni) (Nepal) (2.); **27.4.90** H. Kato (Japan), Y. Tanahashi (Japan), Mingma Tensing (Thami) (Nepal) (2.), Pemba Tenjee Sherpa (Nepal); 30.4.90 B. Chamoux (Frankreich), Y. Detry (Frankreich), A. Hinkes (Großbritannien), J. Rakoncaj (Tschechoslowakei), M. Rossi (Italien), P. Royer (Frankreich), F. Valet (Frankreich) (Besteigung umstritten); 11.5.90 M. Groom (Australien); 19.5.90 G. Härter (Deutschland), G. Lindebner (Österreich), R. Müller (Deutschland), D. Porsche (Deutschland), W. Treibel (Deutschland) (Besteigung umstritten); 26.5.90 G. Binder (Deutschland), P. Blank (Deutschland), W. Funkler (Deutschland), B. Hochstuhl (Deutschland), G. Hupfauer (w) (Deutschland), S. Hupfauer (Deutschland), G. Kurze (w) (Deutschland), H. Rössner (Deutschland), U. Schmitz (Deutschland), F. Stark (Deutschland), J. Tschoten (Österreich), K. Westphal (Deutschland), U. Zehetleitner (Deutschland), K. Zöll (Deutschland), Nawang Thile Sherpa (Beding) (Nepal); 21.6.90 H. Taylor (Großbritannien), R. Brice (Neuseeland), Dawa Nuru Sherpa (Phortse) (Nepal), Lhakpa Gyalu (Portse) (Nepal); 23.8.90 A. Hubert (Belgien), L. Lange (Belgien); 20.9.90 W. Kurtyka (Polen), E. Loretan (Schweiz), J. Troillet (Schweiz) SW-Wand von N; 4.10.90 A. Koncz (Ungarn), J. Straub (Ungarn), R. Wlasich (Österreich); 6.10.90 K. Aranguren (Spanien), P. Eguillor (Spanien), P. Fernandez (Spanien), M. Martinez (Spanien), J. Pujante (Spanien), J. Tapias (Spanien), Ang Phurba Sherpa (Thami) (Nepal); 7.10.90 J. Csíkos (Ungarn), I. Pajor (Ungarn), C. Tóth (Ungarn), L. Várkonyi (Ungarn), L. Vörös (Ungarn); 8.10.90 S. Nagy (Ungarn), S. Szendrö (Ungarn), I. Decsi (Ungarn), P. Tous (Spanien), M. Reparaz (Spanien); 19.10.90 A. Appelániz (Spanien) (2.), R. Portilla (Spanien), J. San Sebastian (Spanien), A. Trabado (Spanien); **22.4.91** S. Beck (Brasilien), A. Hantz (Frankreich), Man Bahdur Gurung (Gorkha) (Nepal), Iman Singh Gurung (Gorkha) (Nepal); 8.5.91 A. Beetschen (Schweiz), P. Kapsomenakis (Griechenland), I. Konstantinou (Griechenland), M. Rizzi (Schweiz), A. Ruiz (Spanien), Tirtha Tamang (Nepal), K. Tsivelekas (Griechenland); 9.5.91, E. Eder (Österreich), W. Maier (Deutschland), F. Pantillon (Schweiz), T. Pichler (Österreich), M. Respondek (Deutschland), N. von Schumacher (Schweiz), E. Wullschleger (w) (Schweiz), P. Wullschleger (Schweiz); 27.5.91 A. Albrecht (Deutschland), H. Bauer (Deutschland), H. Conrad (Deutschland), R. Erardi (Italien), O. Fangauer (Deutschland), R. Gasser (Italien), G. Hofer (w) (Italien), M. Kumpf (w) (Deutschland), J. Pallhuber (Italien), K. Renzler (Italien), H. Tauber (Italien), A. Wiedemann (Deutschland), J. Weissenberger (Deutschland), K. Wolfsgruber (w) (Italien); 25.9.91 C. Kuntner (Italien), S. De Leo (Italien), J. Reichen (Schweiz); 26.9.91 W. Rutkiewicz (w) (Polen); 28.9.91 Tsindin Temba Sherpa (Nepal), T. Ishikawa (Japan), Y. Nezu (Japan), B. Quetglas (Spanien), T. Watanabe (w) (Japan), Mingma Norbu Sherpa (Beding) (Nepal), Nima Temba Sherpa (Nepal); 29.9.91 C. Armstrong (USA), K. Groninger (USA), K. Ikeda (Japan), C. Richards (w) (USA), Pemba Norbu Sherpa (Nepal), K. Young (w) (USA), M. Mojaev (Russland), E. Prilepa (Russland), V. Skripko (Russland); 1.10.91 B. Dimitrov (Bulgarien), I. Dimitrova (w) (Bulgarien); 4.10.91 M. Imbert (Frankreich), Dawa Dorje Sherpa (Makalu) (Nepal); 5.10.91 M. Zalio (Frankreich), Kilu Temba Sherpa (Nepal); 20.10.91 S. Bogomolov (UdSSR), V. Pershin (UdSSR), I. Plotnikov (UdSSR), Y. Vinogradski (UdSSR), A. Yakovenko (UdSSR) O-Grat von S; **7.5.92** P. Debrouwer (Belgien), G. Kropp (Schweden); 8.5.92 L. LeBon (w) (Belgien), Danu Sherpa (Nepal), B. Ongis (Italien), M. Soregaroli (Italien), G. Vigani (Italien), M. Lutterjohann (Deutschland); 14.5.92 P. Kowalzik (Deutschland), Musal Kazi Tamang (Nepal); 17.5.92 T. Finkbeiner (Deutschland); 22.5.92 M. Schneider (Deutschland); 4.6.92 P. Guggemos (Deutschland), M. Schumacher (Deutschland); 15.8.92 M. Saleki (Iran), S. Tsuzuki (w) (Japan); 17.9.92 A. Arantzabal (w) (Spanien), J. Bereziartua (Spanien), J. Colet (Spanien); 20.9.92 J. Artetxe (Spanien), M. P. Ganuza (w) (Spanien), Nam Sun-Woo (Südkorea), Kim Young-Tae (Südkorea), Mingma Norbu (Beding) (2.) (Nepal), Nima Dorje (Beding) (2.) (Nepal); 20.9.92 H. Baba (Japan), A. Hayasimoto (Japan), K. Kondo (Japan), M. Taniguchi (Japan), S. Tsukamoto (Japan), T. Suzuki (Japan), An Young-Jong (Nordkorea), Nima Sherpa (Taksindu) (Nepal), Mingma Tensing (Thami) (Nepal) (3.); 21.9.92 K. Kanazawa (Japan), S. Kimoto (Japan), Y. Sato (w) (Japan), T. Yanagihara (Japan), H. Yatsuhashi (Japan), Ang Phurba (Thami) (Nepal) (2.), Dawa Norbu Sherpa (Nepal); 20.9.92 F. Airoldi (Italien), P. Gugliermina (Italien); 21.9.92 A. Cvahte (Slowenien), M. Gregoréie (Slowenien), S. Lagoja (Slowenien), F. Urh (Slowenien), M. Urh (Slowenien); 29.9.92 A. Ballano (Spanien), J. B. Jimeno (Spanien); **8.2.93** M. González (Spanien), F. Guerra (Spanien), M. Morales

(Spanien), M. Salazar (Spanien); 10.2.93 L. Arbués (Spanien), M. Chapuisat (w) (Schweiz), M. A. Sánchez (Argentinien); 29.4.93 G. Seifried (Deutschland); 2.5.93 Chiang Yung-ta (Taiwan), Tsai Shang-chih (Taiwan), Tensing Sherpa (Nepal), Ang Kami Lama (Nepal); 4.5.93 Liang Chin-mei (w) (Taiwan), Liu Chi-man (Taiwan), Pasang Lama (Nepal), D. Alessio (Argentinien), R. Mear (Großbritannien), E. Tryti (Norwegen), C. Giorgis (Italien), V. Lauthiers (w) (Italien), G. Sacco (Italien); 4.5.93 M. Fernandez (Argentinien) O-Grat/N-Wand; 5.5.93 P. Stadler (Schweiz), A. Würsch (Schweiz); 7.5.93 A. Georges (Schweiz); 15.5.93 A. Neuhuber (Österreich); 16.5.93 P. Y. Guichard (Schweiz); 16.5.93 M. Breuer (Deutschland), C. Gabl (Österreich), F. Kühnhauser (Deutschland), R. Ratteit (Deutschland), M. Moreni (Schweiz), A. Verzaroli (Schweiz); 10.9.93 Choi Byung-Soo (Südkorea), Min Kyoung-Tee (Südkorea), Um Hong-Gil (Südkorea), J. A. Serrano (Spanien); 18.9.93 M. Bianchi (Italien), K. Wielicki (Polen) W-Grat von N; 21.9.93 F. Campos (Spanien), B. Sabadell (Spanien); 24.9.93 J. Garcia (Portugal), P. Pustelnik (Polen) W-Grat von N; 30.9.93 D. Caillat (Frankreich), J. Cardona (Spanien), F. Faure (Frankreich), J.-C. Lafaille (Frankreich), J. R. Lasa (Spanien); 8.10.93 T. Akiyama (Japan), F. Goto (Japan), R. Hoshino (Japan), H. Nazuka (Japan), Y. Ogata (Japan), M. Sato (Japan); 8.10.93 J. Garcia (Spanien), C. Pitarch (Spanien); 10.10.93 J. Elorrieta (Spanien), J. Gómez (Spanien), Y. Martinez (w) (Spanien); 11.10.93 S. Ezuka (Japan), O. Tanabe (Japan), Pasang Tshering (Beding) (Nepal), Lobsang Jangbu Sherpa (Nepal); 12.10.93 T. Miyazaki (Japan), T. Terada (Japan), K. Yagihara (Japan), F. Yoshida (w) (Japan), Nawang Sakya (Beding) (Nepal), Dawa Tshering (Beding) (Nepal), Nima Dorje (Beding) (3.), Mingma Norbu (Beding) (3.); 31.10.93 M. de la Matta (Spanien), C. Mauduit (w) (Frankreich); **26.1.94** J. Garra (Spanien), J. Magrinyá (Spanien); 26.4.94 C. Carsolio (Mexiko); 29.4.94 F. Pedrina (Schweiz) 3.5.94 E. Schwarzenlander (Österreich); 4.5.94 H. Katzenmaier (Deutschland), W. Korber (Deutschland), H. Spindler (w) (Deutschland), L. Protze (Deutschland), A. Ratka (Deutschland), T. Türpe (Deutschland); 8.5.94 J. Delgado (Venezuela), M. Duff (Großbritannien), C. Jones (Neuseeland), N. Lindsey (Großbritannien), Pasang Gombu (Lokhim) (Nepal); 12.5.94 Z. Hruby (Tschechien), S. Silhan (Tschechien), A. Giovanetti (Italien), O. Piazza (Italien); 14.5.94 L. Kamarad (Tschechien), B. Lodi (Italien); 16.5.94 A. Oberbacher (Italien); 20.5.94 H. Blatter (Schweiz), N. Joos (Schweiz); 23.5.94 Y. Yamanoi (Japan) Aufstieg SW-Grat, Abstieg W-Grat/Wand; 25.9.94 Y. Endo (w) (Japan), T. Nagao (w) (Japan) SW-Wand; 26.9.94 G. Frey (Frankreich), R. Geoffrey (Frankreich), Y. Salino (Frankreich), Ang Rita (Thami) (Nepal) (3.), Pasang Jambu Sherpa (Nepal); 27.9.94 Park Young-Seok (Südkorea), Han Wuang-Yong (Südkorea), Panuru Sherpa (Phortse) (Nepal); 29.9.94 T. Harada (Japan), S. Imoto (Japan), Kunga Sherpa (Rolwaling) (Nepal), Nawang Dorje (Rolwaling); 30.9.94 Akbu (Tibet), Daqimi (Tibet), Daqiong (Tibet), Jaibu (Tibet), Luoze (Tibet), Bianba Zaxi (Tibet), Rena (Tibet), Cering Doje (Tibet), Wangjia (Tibet) (2.); 2.10.94 F. Bibollet (Frankreich); 4.10.94 S. Sasahara (Japan), II. Tabata (Japan), Chhong Ringee (Beding) (Nepal), Lhakpa Gyalu † (Chaunrikarka) (Nepal) (2.); 6.10.94 J. Arnold (w) (Neuseeland), R. Hall (Neuseeland), E. Viesturs (USA); **18.4.95** F. Pepevnik (Slowenien); 6.5.95 H. Eibl (Deutschland), B. Zedrosser (Österreich); 9.5.95 A. Delgado (Mexiko) H. Ponce de Léon (Mexiko), P. Arvis (Frankreich), R. Brand (Deutschland), P. Brill (Deutschland), R. Dujmovits (Deutschland), L. Edel (Deutschland), A. Häusler (Deutschland), K. Hub (Deutschland), P. Hub (w) (Österreich), F. Prasicek (Österreich), J. Spescha (Deutschland), A. Vedani (Schweiz), Nawang Thile (Beding) (Nepal) (2.), H. Konishi (Japan), Pembra Tshering (Thamo) (Nepal), M. Yamamoto (Japan); 11.5.95 U. Blasczyk (Deutschland), A. Kraus (Deutschland), W. Kuch (Deutschland), C. Fox (w) (USA), D. Hahn (USA), M. Hutnak (USA) Tensing Phinzo (Phortse) (Nepal); 12.5.95 M. Bazillian (USA), J. Findlay (USA), H. MacDonald (w) (USA), R. Sloezen (USA); 16.5.95 B. Hill (USA), W. Thompson (USA), Dawa Nuru (Phortse) (Nepal) (2.), A. van Steen (USA); 17.5.95 C. John (USA), M. O'Day (USA), A. Rausch (USA); 29.5.95 I. Peter (Großbritannien), P. Walters (Australien), Nima Timba Sherpa (Nepal); 30.5.95 N. Croucher (Großbritannien), Ang Temba Sherpa (Beding) (Nepal); 1.6.95 W. Kleinknecht (Deutschland), E. Resch (Österreich); 13.9.95 F. Iñurrategi (Spanien), A. Iñurrategi (Spanien), Onchu Lama (Nepal); 25.9.95 H. Hashiyada (Japan), J. Miyakawa (Japan), T. Yamamoto (Japan), Ang Phurba (Beding) (Nepal) (2.), Dawa Tshering (Beding) (Nepal) (2.), Nawang Tensing Sherpa (Nepal), Dawa Tashi Sherpa (Nepal), B. Separovic (Kroatien), B. Puzak (Kroatien), Nawang Dorje (Rolwaling) (Nepal) (2.); 26.9.95 K. Ikeda (Japan), Y. Ogio (Japan), R. Rosenbaum (Australien), Ang Temba Sherpa (Nepal) (2.), Tendu Sherpa (Nepal), Nawang Sakya Sherpa (Nepal) (2.); 26.9.95 J. Arnold (w) (Neuseeland) (2.), R. Hall (Neuseeland) (2.), L. Harvey (Australien), D. Mantle (USA), Ang Dorje (Pangboche) (Nepal), Norbu Sherpa (Beding) (Nepal); 27.5.95 S. Burnik (Slowenien), D. Petrin (Kroatien), F. Seiler (Deutschland), J. Stiller (Deutschland); 28.5.95 R. Buccela (Italien), A. Clavel (Italien), A. Stremfelj (Slowenien), M. Stremfelj (w) (Slowenien); 29.9.95 K. Ito (Japan), J. Sawataishi (Japan), Y. Ueno (Japan), Pasang Kami Sherpa (Nepal), Ang Gyaltsen Sherpa (Nepal), Man Bahadur Gurung (Sitalpati) (Nepal); 1.10.95 M. Hatakeyama (Japan), T. Tanaka (Japan), Na Temba Sherpa (Nepal), Ang Gyaltsen Sherpa (Nepal) (2.), Kunga (Rolwaling) (Nepal) (2.); 1.10.95 C. Jager (Frankreich), A. Thevenot (Frankreich), Kunga (Rolwaling) (Nepal) (2.), J. Botella de Maglia (Spanien), Gyalbu Sherpa (Nepal); 2.10.95 F. Alvárez (Spanien), A. Gómez (Spanien), A. Pallarés (Spanien), J. L. Sanz (Spanien), Kami Tensing Sherpa (Kumjung) (Nepal), L. Drda (Tschechien), R. Hunter (USA), H. Magnusson (Island), V. Mysik (Tschechien) B. Olafsson (Island), N. Shustrov (Russland), E. Stefansson (Island), J. Tinker (Großbritannien), Babu Tshering (Taksindu) (Nepal), Lama Jangbu (Nepal); 3.10.95 O. Louka (Tschechien); 4.10.95 V. Yanotchkin (Russland), P. Sicouri (Italien), Lhakpa Rita Sherpa (Nepal); 6.10.95 J. Kardhordo (Tschechien), O. Srovnal (Tschechien); 7.10.95 P. Athans (USA), W. Prittie (USA), I. Woods (Südafrika), Lhakpa Rita Sherpa (Nepal) (2.), Dawa Sherpa (Nepal); 8.10.95 T. Hromadka (Tschechien); 10.10.95 A. Cheze (Frankreich); 13.10.95 F. Delrieu (w) (Spanien), J. Desplan (Frankreich), Ang Rita (Thami) (Nepal) (4.); **2.5.96** M. Schmid (Schweiz), C. Zinsli (Schweiz), C. Bannwart (Schweiz), C. Bitz (Schweiz), S. Bonvin (Schweiz), R. Laveikis (Lettland), J. Osis (Lettland), A. Rutkis (Lettland), Jangbu Sherpa (Nepal), Nawang Chokleg (Thami) (Nepal); 3.5.96 J. Hermosillo (Mexiko); 4.5.96 D. Bieri (Schweiz), B. Hasler (Schweiz), A. Käslin (Schweiz), R. Real Soriano (w) (Spanien), M. Boggelmann (Deutschland), A. Hcckclc (Dcutschland), K. Schmidt (Dcutschland), R. Stihlcr (Deutschland), Nawang Thile (Beding) (Nepal) (3.), Ongchu Sherpa (Karikhola) (Nepal), H. Stockert (Deutschland), A. Buhl (Deutschland), C. J. Schulte (Deutschland); 8.5.96 T. Masuda (Japan), H. Masunaga (Japan), N. Miki (Japan), T. Todo (w) (Japan), Tshering Dorje Sherpa (Nepal), Kunga (Rolwaling) (Nepal) (3.); 9.5.96 T. Saito (Japan), S. Sato (Japan), M. Yamaguchi (w) (Japan), S. Yasukawa (Japan), Nima Sherpa (Taksindu) (Nepal) (2.), Tshering Dorje Sherpa (Nepal) (2.); 10.5.96 B. Pederiva (Italien), Kancha Nuru Sherpa (Khumjung) (Nepal) W-Grat/Wand; 13.5.96 J. Ellis (USA), H. MacDonald (w)

(USA) (2.), T. Richards (USA), Dawa Nuru (Phortse) (Nepal) (3.); 14.5.96 E. Leas (USA), J. Race (USA); 15.5.96 F. De Stefani (Italien), M. Tosi (Italien), S. Valentini (Italien); 16.5.96 A. de Boer (w) (Holland), R. Brice (Neuseeland) (2.), B. Hasler (Neuseeland), P. Reynal-O'Connor (Neuseeland), A. Salek (Neuseeland), M. Whetu (Neuseeland); 19.5.96 M. Leuprecht (Österreich), F. Obermüller (Österreich); 26.5.96 A. Fink (Österreich), C. Haas (Deutschland), A. Hinterplattner (Österreich), P. Perlia (Luxemburg); 27.5.96 E. Gatt (Österreich), S. Gatt (Österreich), S. Greve (w) (Norwegen), I. Gruber (Österreich), E. Huber (w) (Österreich); 20.9.96 R. Brice (Neuseeland) (3.), T. Kurai (w) (Japan), J. Tabei (w) (Japan), Karsang Sherpa (Nepal); 21.9.96 S. Blackmore (Großbritannien), H. Majima (w) (Japan), Lobsang Temba Sherpa (Nepal), Chuldin Temba Sherpa (Nepal); 23.9.96 Byun Mi-Jung (w) (Südkorea), Kim Young-Ki (Südkorea), Lee Sang-Bae (Südkorea), Park Jung-Hun (Südkorea), Nima Sherpa (Taksindu) (Nepal) (3.), Ang Phurba (Thami Nr. 2) (Nepal), Chewang Dorje Sherpa (Nepal), V. Bashkirov (Russland), A. Klimin (Russland), A. Kovalchuk (Estland), B. Mednik (Russland), A. Paskin (Russland), V. Pershin (Russland) (2.), A. Sedov (Russland), B. Sedusov (Russland), Y. Vinogradski (Russland) (2.), G. Tortladze (Georgien), N. Zakharov (Russland), J. Berbeka (Polen), A. Boukreev (Kasachstan), M. McDermott (Großbritannien), Babu Tshering (Taksindu) (Nepal) (2.); 25.9.96 K. Noguchi (Japan), Pasang Tshering (Beding) (Nepal) (2.); 27.9.96 K. Boskoff (USA), D. Brown (Kanada), R. Dorr (USA), C. Feld-Boskoff (w) (USA), D. Robinson (Kanada), L. Hall (USA), M. Pfetzer (USA), H. Todd (Großbritannien), Pemba Dorje Sherpa (Pangboche) (Nepal), Jyamang Bhote (Nepal), P. Mahenc (Frankreich), Kancha Nuru (Khumjung) (Nepal) (2.), R. Brice (Neuseeland) (4.), S. Tsuzuki (w) (Japan) (2.); 28.9.96 P. Morrow (USA), Danuru Sherpa (Namche) (Nepal); 28.9.96 O. Cadiach (Spanien), S. Ruchsteiner (Österreich) N-Grat; 29.9.96 N. Kekus (Großbritannien), I. Loredo (Mexiko), K. Wheelock (w) (Mexiko), Lhakpa Gelu Sherpa (Nepal), R. Boice (USA), M. Buchan (Großbritannien), S. French (w) (Neuseeland), S. Horner (USA), E. Viesturs (USA) (2.), Ang Dorje (Pangboche) (Nepal) (2.), Chuldin Dorje (Khumjung) (Nepal); 1.10.96 A. Arnold (Schweiz), B. Huc-Dumas (Frankreich), M. Kittleman (USA), I. Pauls (Lettland), Babu Tshering (Taksindu) (Nepal) (3.), Pemba Tshering (Karikhola) (Nepal), Nima Sherpa (Karikhola) (Nepal), M. Saul (w) (Kanada), H. Sovdat (w) (Kanada), Nawang Phurba Sherpa (Nepal); 6.10.96 K. Farafonov (Kasachstan), S. Gataoulin (Kasachstan); 9.10.96 L. Becak † (Tschechien), M. Otta (Tschechien); 10.10.96 M. Penalva (Spanien), O. Ribas (Andorra); 14.10.96 S. Gataoulin (Kasachstan) (2.), O. Malikov (Kasachstan), Y. Moiseev (Kasachstan); **27.4.97** D. Beavon (USA), S. Bull (USA), D. Johnck (USA), P. Scaturro (USA), K. Tensing (Khumjung) (Nepal) (2.); 28.4.97 C. Demarest (USA), B. Hoffman (USA), Pemba Norbu Sherpa (Nepal), Pasang Phutar Sherpa (Nepal); 30.4.97 H. Rainer (Österreich); 2.5.97 J. Inhöger (Österreich), H. Nikol (Deutschland), S. Allan (Großbritannien), J. Sparks (USA), Dorje Sherpa (Nepal), Lhakpa Gyaltsen Sherpa (Nepal), H. Rockenbauer (Österreich), O. Cadiach (Spanien) (2.), N. Duró (w) (Andorra), J. Tosas (Spanien); 3.5.97 H. Chlastak (Deutschland), H. Goger (Österreich), L. Ioffe (Russland), E. Lebedeva (w) (Russland), T. Zoena (w) (Russland), E. Andueza (Spanien), V. Izquierdo (Spanien), A. Navas (Spanien); 6.5.97 R. Nicco (Italien), V. Strba (Slowakei), J. Leupold (Deutschland), M. Walter (Deutschland), G. Wiegand (Deutschland); 7.5.97 S. Pasmeny (Kanada), F. Ziel (USA); 8.5.97 T. Slama (Tschechien), W. Turek (Österreich); 12.5.97 M. Mayerhofer (Österreich), H. Ortner (Österreich); 13.5.97 K. Braun (USA); 14.5.97 H. Dolenga (Deutschland); 15.5.97 F. Alldredge (USA), R. Alpert (USA), D. Hahn (USA) (2.), T. La France (USA); 19.5.97 W. Kugler (Deutschland), J. Mayer (Deutschland), A. Metzger (Deutschland), A. Teuchert (Deutschland), Tensing Phinzo (Phortse) (Nepal) (2.); 20.5.97 C. Arthur (Großbritannien), D. Spencer (Großbritannien), S. Stacey (Großbritannien), Mingma Dorje Sherpa (Nepal), Pemba Tshering (Karikhola) (Nepal); 19.9.97 Jang Hun-Moo (Südkorea), Kim Hong-Sang (Südkorea), Oh Jun-Young (Südkorea), Park Young-Seok (Südkorea) (2.), Tashi Tshering Sherpa (Nepal); 20.9.97 Jang Kum-Duk (Südkorea), P. Schmidt (Frankreich), C. Trommsdorff (Frankreich), Nawang Thile (Beding) (Nepal) (4.); 21.5.97 G. Kotov (Russland), W. Pierson (USA) N-Grat; 21.9.97 Kim Seong-Seok (Südkorea), Park Heon-Ju (Südkorea), Panuru Sherpa (Phortse) (Nepal) (2.), G. Scaccabarozzi (Italien); 22.9.97 M Ellerby (USA), Ang Pemba Sherpa (Nepal), M. Jesús Lago (w) (Spanien), Ongchu (Karikhola) (Nepal) (2.); 26.9.97 I. Beltrán de Lubiano (Spanien), G. Velez (Portugal), M. Kadoya (Japan), K. Maeda (Japan), K. Tsubosa (w) (Japan), Dawa Dorje (Makalu) (Nepal) (2.), Man Bahadur Gurung (Sitalpati) (Nepal) (2.), P. Garcés (Spanien), J. L. Gómez (Spanien), V. Leontyev (Ukraine), V. Kopytko (Ukraine), S. Kovalev (Ukraine), G. Cemmi (Italien), M. Perego (Italien); 27.9.97 M. Airoldo (Italien), G. Harrison (w) (Großbritannien), G. Pfisterer (USA), Pasang Tshering (Pangboche) (Nepal); 28.9.97 D. Jewell (Neuseeland), R. Koval (Ukraine), V. Zboja (Slowakei), A. Collins (Neuseeland), G. Cotter (Neuseeland), D. Hiddleston (Neuseeland), Leung Yick-Nam (Hong Kong), Keith Kerr (Großbritannien), Ang Dorje (Pangboche) (Nepal) (3.), Chuldin Dorje (Khumjung) (Nepal) (2.), Khoo Swee Chiow (Malaysia), J. Lean (Singapur), D. Lim (Malaysia), M. R. Maarof (Malaysia), A. Silva (Australien), Kunga (Rolwaling) (Nepal) (4.), Lila Bahadur Gurung (Nepal), M. Dunnahoo (USA), K. Gattone (w) (USA), S. Greenholz (USA), C. Horley (USA), L. Lewis (USA), R. Link (USA), A Mondry (USA), J Norton (USA), E. Simonson (USA), Tensing Phinzo (Phortse) (Nepal) (3.), Ang Pasang Sherpa (Nepal), A. Nasuh Mahruki (Türkei); 30.9.97 A. Akinina (w) (Russland), S. Krylov (Russland); 3.10.97 V. Saunders (Großbritannien), Y. Contreras (Mexiko), S. Le Poole (Holland) W-Grat/Wand; 13.10.97 E. Escoffier (Frankreich), A. Paret (Frankreich), I. Singh Gurung (Gorkha) (Nepal) (2.); 15.10.97 S. Mondinelli (Italien), P. Paglino (Italien); 6.11.97 J. Martinéz (Spnien); **21.4.98** drei Chinesen unter Tang Yuan Xin; 28.4.98 N. Pimkin (Russland), D. Sergeev (Russland); 1.5.98 F. Loubert (Kanada), C.-A. Nadon (Kanada); 6.5.98 J. Hinding (Österreich), R. Hofer (Österreich), G. Kaltenbrunner (w) (Österreich), T. Prinz (Österreich), F. Scharmüller (Österreich), H. Wolf (Österreich); 12.5.98 A. Poppe (Deutschland), G. Rösner † (Deutschland); 14.5.98 B. Prax (USA); 19.5.98 K.-D. Grohs (Deutschland), R. Rackl (Deutschland), Nawang Thile (Beding) (Nepal) (5.), M. Della Santa (Italien), S. Dotti (Italien), R. Pizzagalli (Italien), C. Romano (Italien), G. Santi (Italien); 20.5.98 G. Anders (USA), G. Bate (Großbritannien), P. Falvey (Irland), Nima Sherpa (Karikhola) (Nepal) (2.), Phenden Sherpa (Nepal), A. Wildsmith (Großbritannien), M. Frankhauser (Österreich), B. Hirschbichler (w) (Deutschland), A. Huber (Deutschland), G. Simair (Österreich), K. Koomen-Staartjes (w) (Holland), Nanda Dorje (Khumjung) (Nepal); 21.5.98 M. Pearson (Großbritannien); 22.5.98 B. Friedrich (Deutschland), T. Lämmil (Deutschland), R. Lebek (Deutschland), R. Roozen (Österreich), M. Staschull (Deutschland), G. Weinberger (Österreich), Y. De Jong (Holland), S. Terwee (Holland), H. Van der Meulen (Holland), Chhong Ringee (Beding) (Nepal) (2.); 23.5.98 K. Schmid (Deutschland), A. Blanc (Italien), M. Camandona (Italien), W. Niclevicz (Brasilien), H. Gogl (Österreich), H. Lechner (Österreich), J. Murg (Österreich), P. Perlia (Luxemburg) (2.);

24.5.98 M. Mlynarczyk (w) (Deutschland), Z. Mlynarczyk (Deutschland); 29.5.98 A. Smets (Holland); 31.5.98 A. Dingemans (Holland), Nawang Chokleg (Thami) (Nepal) (2.); 1.6.98 P. Bergevoet (Holland); 24.9.98 R. Tudor Hughes (Großbritannien), Sonam Tashi Sherpa (Nepal), Phurba Tashi Sherpa (Nepal), S. Fear (w) (Australien), Nima Dorje Tamang (Kerung) (Nepal), M. Blanchebarbe (Deutschland), Mingma Sherpa (Nepal), T. Nousiainen (w) (Finnland), Chhong Ringee (Beding) (Nepal) (3.), Nanda Dorje (Khumjung) (Nepal) (2.), C. Lacatusu (Rumänien); 25.9.98 M. Comes (Spanien), Tarke Sherpa (Lokhim) (Nepal), K. Morooka (Japan), A. Jaggi † (Schweiz), Norbu (Beding) (Nepal) (2.); 26.9.98 M. Nukita (Japan), M. Taniguchi (Japan), Nima Dorje (Beding) (Nepal) (4.), Mingma Tshering Sherpa (Nepal), Tashi Sherpa (Nepal), T. Cowen (USA), M. Goddard (USA), D. Lambert (Großbritannien), A. Lapkass (USA), L. Medina (w) (USA), D. Ryan (Irland), Pasang Tshering (Pangboche) (Nepal) (2.), R. Benedetti (Italien), M. Dibona (Italien); 27.9.98 G. Ferlan (Jugoslawien), N. Gubser (USA), D. Jacimovič (Jugoslawien), A. Mayer (Österreich), D. Mellor (Großbritannien), Pemba Dorje (Pangboche) (Nepal) (2.), A. Gil (Spanien), J. M. Lete (Spanien), R. Bacena (Spanien), J. L. Bolado (Spanien), A. Cinca (Spanien), J. C. Gómez (Spanien), S. Mingote (Spanien); 28.9.98 S. Woolums (USA), J. Robinson (USA), B. Ousland (Norwegen), E. Urtaran (Spanien), J. Verdeguer (Spanien); 9.10.98 T. Riga (Estland), A. Sarapuu (Estland); 11.10.98 R. Plumer (Estland), M. Proos (Estland), T. Sarmet (Estland), R. Dujmovits (Deutschland) (2.), R. Eberhard (Deutschland), W. Goering (Deutschland), S. Mayr (Deutschland), H. Steger (Deutschland), S. Weiche (Deutschland), Chuldim Nuru Sherpa (Nepal), Ang Phurba (Beding) (Nepal) (2.), Nawang Thile (Beding) (Nepal) (6.); **13.4.99** J. Gangdal (Norwegen), Tamtin Sherpa (Nepal), Dawa Tshering (Beding) (Nepal) (3.); 23.4.99 A. Delgado (2.) (Mexiko); 25.4.99 M. Arbelaez (Kolumbien), M. Barrios (Kolumbien), F. González (Kolumbien); 26.4.99 A. Boll (w) (Schweiz), M. Borrmann (Deutschland) 30.4.99 C. Soria (Spanien), Sona Dendu Sherpa (Nepal); 1.5.99 M. Küng (Schweiz); 3.5.99 A. Delgado (Mexiko) (3.), A. Ochoa (Mexiko); 4.5.99 R. Robinson (Kanada), S. Wyatt (Kanada), A. Bullard (w) (USA), K. Hess (w) (USA), G. Stanley (w) (USA); 5.5.99 R. Ariano (Kolumbien), N. Cardona (Kolumbien), J. P. Ruiz (Kolumbien); 6.5.99 J. Bach (USA), J. Gauthier (Kanada), W. Krause (Deutschland); 7.5.99 O. Rieck (Deutschland), T. Türpe (Deutschland) (2.), M. Abrego (Spanien), A. López (Spanien), Tarke Sherpa (Lokhim) (Nepal) (2.); 18.5.99 F. Luchsinger (Chile), C. Prieto (w) (Chile), Pemba Sherpa (Nepal); 19.5.99 T. Fritsche (Österreich), S. Gatt (Österreich) (2.); 20.5.99 C. Bäumler (w) (Deutschland), T. Becherer (Deutschland), M. Beuter (Deutschland), H. Bielefeldt (Deutschland), M. Bischoff (Schweiz), F. Everts (Deutschland), M. Farenzena (w) (Luxemburg), H. Hackl (Deutschland), E. Schmitt (Deutschland), T. Zwahlen (Schweiz), Chuldim Sherpa (Nepal); 22.5.99 J. Einwaller (Österreich), J. Koller (Österreich), J. Streif (Österreich), R. Benet (Italien), N. Meroi (w) (Italien); 23.5.99 A. Abramov (Russland), L. Abramova (w) (Russland), N. Cherny (Russland), V. Elagin (Russland), J. Khokhlov (Russland), S. Larin (Russland); 25.5.99 T. Klösch (Österreich), R. Knebel (Deutschland), W. Scheidl (Österreich), J. Schoff (Österreich); 26.9.99 Kang Seong-Gyu (Südkorea), Kim Sang-Jo (Südkorea), Moon Bong-Su (Südkorea), Oh Hee-Joon (Südkorea), Pemba Pasang Sherpa (Nepal), Pasang Gombu (Lokhim) (Nepal) (2.), J. McGuinness (Neuseeland), I. Okanda (w) (Japan), S. Sakamoto (Japan), S. Takahashi (w) (Japan), Man Bahadur Gurung (Nepal) (3.); 27.9.99 B. Johnson (USA), P. Kenny (USA), C. Warner (USA), A. de Choudens (Frankreich); S. de Choudens (w) (Frankreich), S. Juvet (Schweiz), C. Mirmand (Frankreich), Nawang Thile (Beding) (Nepal) (7.); 28.9.99 J. Marmet (Frankreich), B. Muller (Frankreich), K. Nagakubo (Japan), K. Nakamura (Japan), M. Okuda (Japan), T. Tanigawa (Japan), A. Collet (w) (Frankreich), Tarke Sherpa (Lokhim) (Nepal) (3.), Ang Phurba Sherpa (Lukla) (Nepal), S. Vetter (Frankreich); 30.9.99 F. Oderlep (Slowenien), P. Stular (Slowenien); 1.10.99 T. Kitamura (Japan), A. Lapkass (USA) (2.), J. Litch (USA), P. Pappas (USA), D. Staples (Neuseeland), K. Tucker (USA), T. Aryama (Japan), Ang Dorje (Pangboche) (Nepal) (4.), Lhakpa Tshering Sherpa (Nepal)

Makalu-Besteigungsdaten

Alle Besteigungen erfolgten über die Route der Erstbegeher, außer wenn etwas anderes angegeben wird.

15.5.55 J. Couzy (Frankreich), L. Terray (Frankreich); 16.5.55 J. Franco (Frankreich), G. Magnone (Frankreich), Gyaltsen Norbu Sherpa (Indien); 17.5.55 J. Bouvier (Frankreich), S. Coupe (Frankreich), P. Leroux (Frankreich), A. Vialatte (Frankreich); **23.5.70** H. Tanaka (Japan), Y. Ozaki (Japan) SO-Grat; **23.5.71** B. Mellet (Frankreich), Y. Seigneur (Frankreich) W-Pfeiler; **6.10.75** S. Belak (Jugoslawien), M. Manfreda (Jugoslawien) S-Wand ; 8.10.75 J. Azman (Jugoslawien), N. Zaplotnik (Jugoslawien) S-Wand; 10.10.75 V. Groselj (Jugoslawien), I. Kotnik (Jugoslawien) S-Wand; 11.10.75 J. Dovzan (Jugoslawien) S-Wand; **24.5.76** J. Camprubi (Spanien) SO-Grat; 24.5.76 K. Schubert † (Tschechoslowakei), M. Krissak (Tschechoslowakei) SO-Pfeiler/SO-Grat; **1.5.78** H. Warth (Deutschland), Ang Cheppal (Nepal); 10.5.78 H. von Kaenel (Schweiz), K. Landvogt (Deutschland), Nga Temba Sherpa (Nepal); 21.5.78 K. Diemberger (Österreich), Nawang Tensing Sherpa (Nepal); **15.5.80** J. Roskelley (USA) W-Pfeiler; **25.4.81** R. Schauer (Österreich); 15.10.81 J. Kukuczka (Polen) W-Wand/NW-Grat; **20.5.82** Heo Young-Ho (Südkorea), Pasang Norbu Sherpa (Nepal), Ang Phurba Sherpa (Nepal), SO-Grat/O-Wand; 30.9.82 M. Ishibashi (Japan), Y. Michiwaki (Japan), K. Yuda (Japan); 10.10.82 A. Czok (Polen) N-Wand/NW-Grat, zwischen Kukuczka-Route und W-Pfeiler; **16.5.84** M. Abrego (Spanien), E. de Pablos; 29.9.84 R. Nottaris (Schweiz) Kukuczka-Route; **1.10.85** A. Giambisi (Italien), S. Martini (Italien), J. C. de San Sebastian (Spanien), F. Stedile (Italien), F. De Stefani (Italien); **24.9.86** M. Ruedi † (Schweiz), K. Wielicki (Polen); 26.9.86 H. Kammerlander (Italien), R. Messner (Italien), F. Mutschlechner (Italien); **12.5.87** C. Pizzo (USA), G. Porzak (USA), Lhakpa Nuru Sherpa (Nepal); 16.5.87 G. Neptune (USA), Dawa Nuru Sherpa (Nepal), Moti Lal Gurung (Nepal); **27.5.88** M. Batard (Frankreich) Aufstieg W-Pfeiler, Abstieg NW-Seite; 12.10.88 C. Carsolio (Mexiko); 14.10.88 T. Kolakowski † (Polen), T. Kopys (Polen); **6.10.89** P. Béghin (Frankreich) Aufstieg S-Wand, Abstieg NW-Seite; **6.5.90** H. Onishi (Japan), Nima Dorje Sherpa (Nepal); 18.5.90 K. Calhoun-Grisson (w) (USA), J. Schutt (USA) W-Pfeiler; 3.10.90 J. Angles (Spanien), A. Bros (Spanien), Lhakpa Sherpa (Nepal) Kukuczka-Route; **24.9.91** C. Figueras (Spanien), J. Permane (Spanien), X. Robiro (Spanien) Kukuczka-Route; 30.9.91 A. Iñurrategi (Spanien), F. Iñurrategi (Spanien), F. Uriarte (Spanien) Kukuczka-Route; 2.10.91 M. Badiola † (Spanien), E. Loretan (Schweiz), F. Troillet (Schweiz), C. Valles (Spanien) W-Pfeiler; 5.10.91 Y. Futamata (Japan), H. Imamura (Japan), Y. Okada (Japan), Ang Dorje Sherpa (Nepal); 7.10.91 T. Ishizaka † (Japan), T. Nagao (w) (Japan); **22.5.93** F. Manoni (Italien), S. Panzeri (Italien), D. Spreafico (Italien), L. Sulovsky (Tschechien), Tirtha Tamang (Nepal), Mingmar Tamang (Nepal); **15.5.94** N. Beidleman (USA), A. Boukreev (Kasachstan); **5.5.95** B. Chamoux (Frankreich), P. Royer (Frankreich) NW-Seite (Besteigung umstritten); **8.5.95** M. Auricht (Australien), D. Hume † (Australien), J. Oiarzabal (Spanien), B. Ruiz de Infante (Spanien), J. Vallejo (Spanien), Um Hong-Gil (Südkorea); **9.5.95** A. Zerain (Spanien); **18.5.95** V. Gustafsson (Finnland), R. Hall (Neuseeland), E. Viesturs (USA); **21.5.95** T. Arai (Japan), M. Matsubara (Japan), O. Tanabe (Japan), A. Yamamoto (Japan) O-Grat/NW-Seite; **22.5.95** T. Ono (Japan), T. Tanigawa (Japan), H. Takeuchi (Japan), M. Yamamoto (Japan), O-Grat/NW-Seite; **9.10.95** A. Collins (Großbritannien), D. Mazur (USA), A. Nikiforov (Russland), J. Pratt (Großbritannien) SO-Grat; **19.5.96** N. Kogemiako (Russland), V. Koroteev (Russland), I. Plotnikov (Russland), G. Sokolov (Russland); **23.5.96** V. Bachkirov (Russland), S. Bogomolov (Russland), V. Foigt (Russland), Y. Outechev (Russland), V. Stalkovski (Russland), A. Vegner (Russland); **21.5.97** A. Bolotov (Russland), I. Bougatschevski † (Russland), Y. Ermatchek (Russland), N. Jiline (Russland), D. Pavlenko (Russland) W-Wand; **16.5.98** A. Alexandrov (Russland), I. Aristov (Russland), N. Kadoshinikov (Russland); 19.5.98 O. Cadiach (Spanien), N. Duro (w) (Andorra), A. Horoaov (Bulgarien), Z. Petkov (Bulgarien), J. Simunek (Tschechien), I. Valtchev (Bulgarien), D. Vassilev (Bulgarien), S. Vomackova (w) (Tschechien), Lahkpa Dorje Sherpa (Nepal); **30.4.99** M. Jorgensen † (Dänemark), M. Stofer (Schweiz); 13.5.99 A. Georges (Schweiz) NW-Seite; 16.5.99 M. Groom (Australien), D. Bridges (USA); 22.5.99 G. Harrison (w) (Großbritannien), H. Robertson (Australien); 23.5.99 A. Hinkes (Großbritannien), Dawa Chiri Sherpa (Nepal); 25.5.99 W. Pierson (USA)

Kangchendzönga-Besteigungsdaten

Alle Besteigungen erfolgten über die Route der Erstbegeher (Südwestwand), außer wenn etwas anderes angegeben wird.

25.5.55 G. Band (Großbritannien), J. Brown (Großbritannien); 26.5.55 N. Hardie (Neuseeland), T. Streather (Großbritannien); **31.5.77** P. Chand (Indien), Nima Dorje Sherpa (Nepal) NO-Sporn/N-Grat; **16.5.79** P. Boardman (Großbritannien), D. Scott (Großbritannien), J. Tasker (Großbritannien) NW-Wand/N-Grat; **14.5.80** R. Fukuda (Japan), S. Kawamura (Japan), N. Sakashita (Japan), S. Suzuki (Japan), Ang Phurba Sherpa (Nepal) NW-Wand; 15.5.80 G. Ritter (Deutschland), Nima Dorje Sherpa (Nepal), Lhakpa Gyalu Sherpa (Nepal); 17.5.80 M. Ohmiya (Japan), T. Sakano (Japan), Pemba Tshering Sherpa (Nepal), Dawa Norbu Sherpa (Nepal) NW-Wand; **9.5.81** K. Fujikura (Japan), A. Hosake (Japan), K. Kataoka (Japan), S. Suzuki (Japan), N. Yamada (Japan), Nima Temba Sherpa (Nepal); 20.5.81 J. Psotka (Tschechoslowakei), L. Zahoransky (Tschechoslowakei) NW-Wand; 15.10.81 M. Parmentier (Frankreich), J. Ricouard † (Frankreich); **2.5.82** I. Menbreaz (Italien), O. Squinobal (Italien), Nga Temba Sherpa (Nepal); 6.5.82 R. Messner (Italien), F. Mutschlechner (Italien), Ang Dorje Sherpa (Nepal) NW-Wand/N-Grat; **28.5.83** G. Bachler (Österreich); 17.10.83 P. Béghin (Frankreich); 21.10.83 M. Buchez (Schweiz), V. May (Schweiz) NW-Wand; **19.5.84** T. Ozake (Japan), Ang Tshering Sherpa (Nepal); 20.5.84 T. Mitani (Japan), S. Wada (Japan) Aufstieg SW-Rippe/S-Grat, Abstieg Überschreitung von drei Gipfeln; 18.10.84 R. Marshall (Kanada); **11.1.86** J. Kukuczka (Polen), K. Wielicki (Polen); 24.10.86 J. Permane (Spanien), Ang Rita Sherpa (Nepal); **25.5.87** F. Bhutia † (Indien), P. Dorjee † (Indien), C. Tsering † (Nepal) NO-Sporn/N-Grat; 31.5.87 S. Limbu (Indien), C. Singh † (Indien), B. Singh (Indien), NO-Sporn/N-Grat; 10.10.87 J. Coulton (Australien), M. Groom (Australien); **2.1.88** L. Jeong-Chel (Südkorea); 3.5.88 C. Buhler (USA), P. Habeler (Österreich), M. Zabaleta (Spanien) N-Grat; 17.10.88 M. Unno (Japan), Nima Temba Sherpa (Nepal) (2.); **9.4.89** V. Elagin (UdSSR), E. Kinezky (UdSSR), V. Koroteev (UdSSR), A. Sheinov (UdSSR); 16.4.89 Z. Chalitov (UdSSR), V. Dedy (UdSSR), A. Glushkovsky (UdSSR), G. Lunjakov (UdSSR), Y. Moiseev (UdSSR), V. Suviga (UdSSR), L. Trotschinenko (UdSSR), K. Valiev (UdSSR); 29.4.89 S. Bogomolov (UdSSR), R. Chaibullin (UdSSR), V. Karatajev (UdSSR), M. Mozaev (UdSSR), V. Pastuk (UdSSR); 1.5.89 S. Bershov (UdSSR), A. Boukreev (UdSSR), A. Pogorelov (UdSSR), M. Turkevitch (UdSSR), S. Vinogradski (UdSSR), Aufstieg S-Grat/SW-Rippe; Abstieg W-Wand, große Überschreitung vom Yalung Kang 30.4; 1.5.89 S. Arentiev (UdSSR), E. Kinezky (UdSSR) (2.), V. Khrichtchaty (UdSSR), V. Suviga (UdSSR) (2.); 1.5.89 V. Babyberdin (UdSSR), Z. Chalitov (UdSSR) (2.), V. Elagin (UdSSR) (2.), V. Karatajev (UdSSR) (2.), G. Lunjakov (UdSSR) (2.) Aufstieg SW-Rippe/W-Wand/S-Grat, Abstieg nach SW mit einer großen Überschreitung zum Yalung Kang 2.5; 3.5.89 N. Cherny (UdSSR), S. Efimov (UdSSR), Ang Babu Sherpa (Nepal); 18.5.89 P. Ershler (USA), C. van Hoy (USA), E. Viesturs (USA) NW-Wand/N-Grat; 21.5.89 R. Link (USA), L. Nielson (USA), G. Wilson (USA) NW-Wand/N-Grat; **15.5.90** M. Udall (USA); **1.5.91** S. Bozic (Slowenien), V. Groselj (Slowenien); 24.5.91 H. Imamura (Japan), H. Nazuka (Japan), R. Oda (Japan) NO-Sporn/N-Grat; 5.5.91 K. Lal (Indien), S. D. Sharma (Indien), T. Smanla (Indien) NO-Sporn/N-Grat; **12.5.92** C. Carsolio (Mexiko) NW-Wand/N-Grat; **23.5.93** V. Borko (Ukraine), A. Kharaldine (Ukraine), A. Serpak (Ukraine), M. Sitnik (Ukraine), V. Terzeoul (Ukraine) NO-Sporn/N-Grat; 26.5.93 S. Perkhomenko (Ukraine), I. Zade (Ukraine) NO-Sporn/N-Grat; **23.10.94** V. Koulbatchenko (Weißrussland); **5.10.95** E. Loretan (Schweiz), J. Troillet (Schweiz); 14.10.95 A. Blanc (Italien), S. Martini (Italien); **6.5.96** F. Iñurrategi (Spanien), A. Iñurrategi (Spanien), J. Oiarzabal (Spanien) NW-Wand; **24.5.97** S. McKee (USA) NW-Wand; **9.5.98** Akbu (Tibet), Daqiong (Tibet), Jaibu (Tibet), Luoze (Tibet), Baibo Zaxi (Tibet), Rena (Tibet), Cering Doje (Tibet); 15.5.98 F. De Stefani (Italien), Gyaltsen Sherpa (Nepal); 15.5.98 K. Aksaka † (Japan), K. Hirose (Japan), M. Okuda (Japan), A. Shiina † (Japan), T. Tanigawa (Japan) NW-Wand; 18.5.98 G. Harrison (w) (Großbritannien), T. Horvath (USA), J. Pratt (Großbritannien), C. Shaw (USA) NW-Wand; 18.5.98 K. Auer (Italien), H. Kammerlander (Italien); **12.5.99** Park Young-Seok (Südkorea), Sherap Jangbu Sherpa (Nepal), Sange Sherpa (Nepal)

Erstbesteigungen der untergeordneten Gipfel:
Südgipfel: 19.5.78 E. Chrobak (Polen), W. Wröz (Polen) W-Wand. Mittelfel: 22.5.78 W. Branski (Polen), Z. Heinrich (Polen), K. Olech (Polen) W-Wand. Westgipfel (Yalung Kang): 14.5.73 Y. Ageta (Japan), T. Matsuda † (Japan) SW-Grat

Manaslu-Besteigungsdaten

Alle Besteigungen erfolgten über die Route der Erstbegeher (Nordostwand), außer wenn etwas anderes angegeben wird.

9.5.56 T. Imanishi (Japan), Gyaltsen Norbu Sherpa (Nepal); 11.5.56 M. Higeta (Japan), K. Kato (Japan); **17.5.71** K. Kohara (Japan), M. Tanaka

(Japan) NW-Wand; **25.4.72** R. Messner (Italien) S-Wand; **22.4.73** S. Hupfauer (Deutschland), G. Schmatz (Deutschland), Urkien Tshering Sherpa (Nepal); **4.5.74** M. Mori (w) (Japan), N. Nakaseko (w) (Japan), Jangbu Sherpa (Nepal), M. Uchida (w) (Japan); **26.4.75** G. Blazquez (Spanien), J. López (Spanien), Sonam Wolang Sherpa (Nepal); **12.10.76** M. J. Assadi (Iran), J. Kageyama (Japan), Pasang Sherpa (Nepal); **28.4.80** Seo Dong-Hwan (Südkorea), Ang Pasang Sherpa (Nepal), Ang Zawa Sherpa (Nepal); **7.5.81** H. von Kaenel (Schweiz), J. Mecke (Deutschland), Wangchu Sherpa (Nepal); 9.5.81 F. Graf (Schweiz), K. Horn (Deutschland), A. Loferer (Deutschland), H. Müller (Schweiz), H. Zabrowski (Deutschland); 19.5.81 W. Heimbach (Deutschland), J. Millinger (Österreich), R. Schleypen (Deutschland), Pasang Norbu Sherpa (Nepal), P. Weber (Schweiz), P. Wörgötter (Österreich), S. Wörner (Schweiz); **7.10.81** P. Béghin (Frankreich), B. Muller (Frankreich) W-Wand; 12.10.81 T. Ozaki (Japan); 14.10.81 M. Tomita (Japan), Y. Kato (Japan); **10.10.82** L. Audobert (Frankreich), Nawang Tensing Sherpa (Nepal); **22.10.83** Heo Young-Ho (Südkorea); 22.10.83 G. Härter (Deutschland), Ang Dorje Sherpa (Nepal), Nima Rita Sherpa (Nepal), H. Streibel (Deutschland), H. Tauber (Deutschland), H. Wehrs (Deutschland) S-Wand; **12.1.84** M. Berbeka (Polen), R. Gajewski (Polen) S-Wand; 30.4.84 E. Loretan (Schweiz), M. Ruedi (Schweiz); 4.5.84 S. Bozic (Jugoslawien), V. Groselj (Jugoslawien) S-Wand; 7.5.84 M. Dacher (Deutschland), F. Zintl (Deutschland); 11.5.84 N. Joos (Schweiz), W. Schaffert (Deutschland), R. Schaider (Deutschland), Ang Cheppal Sherpa (Nepal), Wongel Sherpa (Nepal), G. Sturm (Deutschland); 20.10.84 A. Lwow (Polen), K. Wielicki (Polen) S-Grat/SO-Wand; **1.5.85** Ang Kami Sherpa (Nepal), W. Studer (Österreich) O-Grat/NO-Wand; 14.12.85 Y. Saito (Japan), N. Yamada (Japan); **10.11.86** A. Hajzer (Polen), J. Kukuczka (Polen) O-Grat; **7.10.87** J. Etschmayer (Österreich), W. Hauser (Österreich), Lhakpa Sonam Sherpa (Nepal); **1.5.88** B. Fuster (Schweiz), U. Huber (w) (Schweiz), R. Ott (Schweiz) O-Grat/NO-Wand; 25.10.88 J. Agullo (Spanien), Ang Lhakpa Sherpa (Nepal); **9.5.89** B. Chamoux (Frankreich), P. Royer (Frankreich) S-Wand; 10.5.89 S. Dorotei (Italien), J. Rakoncaj (Tschechoslowakei) S-Wand; 11.5.89 Y. Detry (Frankreich), F. Valet (Frankreich) S-Wand; 12.5.89 A. Hinkes (Großbritannien), M. Rossi (Italien), Tirtha Tamang (Nepal) S-Wand; **26.4.90** F. De Stefani (Italien); **6.5.91** A. Makarov (Russland), V. Pastuhk (Ukraine), I. Svergun (Ukraine) S-Grat; 25.10.91 H. Brantschen (Schweiz), M. Ferrari (Schweiz); **28.9.92** M. Bianchi (Italien), C. Kuntner (Italien), K. Wielicki (Polen) (2.); **2.5.93** J. Brunner (Österreich), G. Flossmann (Österreich), J. Hinding (Österreich), M. Leuprecht (Österreich); 13.10.93 S. Mondinelli (Italien) S-Wand; 15.10.93 S. Inhöger (Österreich); 19.10.93 V. Lopatnikov (Russland); 21.10.93 E. Ivanova (w) (Russland), I. Khmiliar † (Russland); **19.10.94** A. Georges (Schweiz), A. Salamin (Schweiz); **7.5.95** J. Bartock (Deutschland), S. Thomas (Deutschland), M. Zunk † (Deutschland); 8.12.95 A. Baimakhanov (Kasachstan), A. Boukreev (Kasachstan), S. Gataoulin (Kasachstan), O. Malikov (Kasachstan), J. Moiseev (Kasachstan), D. Mouravev (Kasachstan), D. Sololev (Kasachstan), V. Sougiva (Kasachstan); **3.5.96** Akbu (Tibet), Cering Doje (Tibet), Rena (Tibet), Bianba Zaxi (Tibet); 4.5.96 Daqiong (Tibet), Jaibu (Tibet), Luoze (Tibet), Wangjia (Tibet); 12.5.96 A. Carsolio (Mexiko), C. Carsolio (Mexiko); 24.5.96 C. Mauduit (w) (Frankreich); 27.9.96 R. Benedetti (Italien), L. Campagna (Italien), T. Ishikawa (Japan), S. Martini (Italien), Nima Dorje Sherpa (Nepal), Tshering Dorje Sherpa (Nepal); 28.9.96 M. Konishi (Japan), Pemba Tshering Sherpa (Nepal), T. Sugiyama (Japan), Dhanjeet Tamang (Nepal); 30.9.96 M. Mimura (Japan), H. Arikawa (Japan); 13.10.96 A. Blanc (Italien), A. Favre (Italien), P. Obert (Italien); 27.9.96 Um Hong-Gil (Südkorea), Ngati Sherpa (Nepal); **19.9.97** Santa Bahadur Gurung (Nepal), K. Kobler (Schweiz), Nima Tamang (Nepal), I. Vallejo (Ecuador); 27.9.97 C. Mace (USA), A. McPherson (Großbritannien); 8.10.97 Y. Kato (Japan), T. Mitani (Japan), Pertemba Sherpa (Nepal), K. Takahashi (Japan), T. Toyoshima (Japan), A. Yamamoto (Japan); 8.10.97 J. I. Fernandez (Spanien), J. R. Lasa (Spanien), J. Oiarzabal (Spanien), I. Querejeta (Spanien); 8.10.97 M. Rybansky † (Slowakei), P. Sperka (Slowakei); 9.10.97 A. Harada (Japan), M. Hirose (Japan), Y. Seki (Japan), Dawa Nuru Sherpa (Nepal), Phurba Tshering Sherpa (Nepal); **6.12.98** Park Young-Seok (Südkorea), Kami Dorchi Sherpa (Nepal), Ang Dawa Tamang (Nepal); **22.4.99** V. Gustafsson (Finnland), A. Montalban (Spanien), J. Noguera (Spanien), E. Viesturs (USA); 29.4.99 G. Wiegand (Deutschland), G. Stingl (Deutschland); 2.5.99 M. Walter (Deutschland), V. Tiller (Deutschland); 5.5.99 R. Mittag (Deutschland), D. Ruelker (Deutschland); 7.5.99 J. Alzner (USA), E. Eriksson (USA), M. Manarik (Tschechien), F. Ziel (USA)

Lhotse-Besteigungsdaten

Alle Besteigungen erfolgten über die Route der Erstbegeher (Westwand), außer wenn etwas anderes angegeben wird.

18.5.56 F. Luchsinger (Schweiz), E. Reiß (Schweiz); **8.5.77** H. Warth (Deutschland), H. von Kaenel (Schweiz), Urkien Tshering Sherpa (Nepal); 9.5.77 G. Sturm (Deutschland), P. Vogler (Deutschland), F. Zintl (Deutschland); 11.5.77 M. Dacher (Deutschland), M. Lutz † (Deutschland), P. Wörgötter (Österreich), W. Wörgötter (Österreich); **5.5.79** W. Axt (Österreich), H. Ladreiter (Österreich); 10.5.79 I. Exnar (Tschechischer Flüchtling in die Schweiz), B. Klausbruckner (Österreich); 4.10.79 A. Czok (Polen), Z. Heinrich (Polen), J. Kukuczka (Polen), J. Skorek (Polen); 9.10.79 J. Baranek (Polen), A. Bilczewski (Polen), S. Cholewa (Polen), R. Niklas (Deutschland); **30.4.81** H. Prodanov (Bulgarien); **9.10.83** K. Murakami (Japan), T. Ozaki (Japan), N. Yamada (Japan); 10.10.83 T. Kagawa (Japan), T. Miyazaki (Japan), Dawa Norbu Sherpa (Nepal); 14.10.83 Pemba Norbu (Nepal), S. Suzuki (Japan), K. Takahashi (Japan); **4.5.86** M. Fukushima (Japan), T. Haruki (Japan), Nima Temba Sherpa (Nepal), Nima Dorje Sherpa (Nepal); 14.5.86 A. Lwow (Polen), T. Karolczak (Polen); 16.10.86 H. Kammerlander (Italien), R. Messner (Italien); **28.9.88** D. Becik (Tschechien), J. Just (Tschechien); 2.10.88 Chung Ho-Jin (Südkorea), Lim Hyung-Chil (Südkorea), Park Hee-Dong (Südkorea), Park Quay-Don (Südkorea); 31.12.88 K. Wielicki (Polen); **30.4.89** V. Groselj (Jugoslawien); 14.10.89 Heo Young-Ho (Südkorea); **24.4.90** T. Cesen (Gipfelbesteigung und Alleinbesteigung umstritten) (Jugoslawien) S-Wand; 13.5.90 W. Berg (USA), S. Fischer (USA); 16.10.90 S. Bershov (UdSSR), V. Karatajev (UdSSR) S-Wand; **4.10.93** G. Vionnet-Fuasset (Frankreich), Nuru Sherpa (Nepal); **9.5.94** O. Kihlborg (Schweden), M. Reutersward (Schweden); 13.5.94 C. Carsolio (Mexiko); 16.5.94 R. Hall (Neuseeland), E. Viesturs (USA); 1.10.94 E. Loretan (Schweiz), J. Troillet (Schweiz); 11.10.94 B. Chamoux (Frankreich), R. Pawlowski (Polen); **6.5.95** M. Groom (Australien), V. Gustafsson (Finnland); 10.5.95 B. Bishop (USA), K. Kerr (Großbritannien), Kipa Sherpa (Nepal), Danu (Danuri) Sherpa (Nepal); 27.9.95 A. Iñurrategi (Spanien), F. Iñurrategi (Spanien), Onchu Lama (Nepal); 2.10.95 J. Oiarzabal (Spanien), J. Vallejo (Spanien); **10.5.96** C. Mauduit (w) (Frankreich); 22.5.96 S.

Darsney (USA), J. Pratt (Großbritannien); 23.5.96 D. Mazur (USA); 17.5.96 A. Boukreev (Kasachstan); **23.5.97** A. Hinkes (Großbritannien), M. K. Jorgensen (Dänemark); 24.5.97 I. Outechev (Russland), N. Tchernyi (Russland), S. Zuev (Russland); 26.5.97 C. Feld-Boskoff (w) (USA); 26.5.97 V. Babanov (Russland), V. Bashkirov † (Russland), S. Bogomolov (Russland), A. Foigt (Russland), V. Koroteev (Russland), V. Pershin (Russland), G. Sokolov (Russland), S. Timofeev (Russland); 26.5.97 A. Boukreev (Kasachstan) (2.), S. Moro (Italien); 27.5.97 A. Blanc (Italien); 28.5.97 J.-C. Lafaille (Frankreich), M. Panzeri (Italien), S. Panzeri (Italien); 18.10.97 Han Wang-Yong (Südkorea), Park Young-Seok (Südkorea), Kaji Sherpa (Nepal); 21.10.97 K. Nagaoka (Japan), S. Sakamoto (Japan); **17.5.98** A. Georges (Schweiz); 18.5.98 A. N. Mahruki (Türkei); 25.5.98 I. Pauls (Lettland), Kami Sherpa (Nepal); 27.5.98 B. Bull (USA), T. Heinrich (Argentinien), A. Lapkass (USA); 13.10.98 Daqiong (Tibet), Bianba Zaxi (Tibet), Cering Doje (Tibet), Rena (Tibet), Luoze (Tibet); **21.4.99** I. Ochoa (Spanien); 12.5.99 J. Simunek (Tschechien), S. Vomackova (w) (Tschechien), Lhakpa Dorje Sherpa (Nepal); 13.5.99 J. Moravek (Tschechien), Z. Hruby (Tschechien); 22.5.99 M. Doya (Japan), Man Bahadur Gurung (Nepal), Phurba Chhiri Sherpa (Nepal)

Erstbesteigungen der untergeordneten Gipfel:
Ostgipfel (Lhotse Shar): 12.5.70 S. Mayerl (Österreich), R. Walter (Österreich)
SO-Grat. Mittelgipfel: Bis zum 31.12.1999 unbestiegen

Gasherbrum-II-Besteigungsdaten

Alle Besteigungen erfolgten über die Route der Erstbegeher (Südwestgrat, Fuß der Südostwand und Ostgrat), außer wenn etwas anderes angegeben wird.

7.7.56 S. Larch (Österreich), F. Moravec (Österreich), H. Willenpart (Österreich); 18.6.75 M. Batard (Frankreich), Y. Seigneur (Frankreich) S-Grat/O-Grat; 1.8.75 L. Cichy (Polen), J. Onyszkiewicz (Polen), K. Zdzitowiecki (Polen) SW-Grat/Pass zwischen GI und GII/NW-Wand; 9.8.75 M. Janas (Polen), A. Lapinski (Polen), W. L. Wozniak (Polen); 12.8.75 H. Krüger-Syrokomska (w) (Polen), A. Okopinska (w) (Polen); **9.8.78** G. Brosig (Deutschland); 9.6.79 C. Lucero (Chile), G. Oyarzun (Chile); **31.7.79** K. Hub (Deutschland), R. Karl (Deutschland), H. Sturm (Österreich); 4.8.79 K. Diemberger (Österreich), Fayyaz Hussain (Pakistan), W. Lösch (Österreich), H. Schell (Österreich), A. Schwab (Österreich), W. Weitzenböck (Österreich); **2.8.80** P. Aymerich (Spanien), E. Font (Spanien), M. Fukushima (Japan), K. Imada (Japan), H. Sato (Japan); **29.6.81** F. Neumayer (Österreich), G. Neumayer (Österreich); 3.8.81 R. Nottaris (Schweiz), A. Trabado (Spanien), T. Zünd (Schweiz); 6.8.81 E. Beaud (Frankreich), P. Grenier (Frankreich), C. Janin (w) (Frankreich), Sher Khan (Pakistan); **9.6.82** G. Markl (Österreich), G. Kaser (Österreich); 10.6.82 M. Grüner (Österreich), R. Renzler (Österrreich); 11.6.82 J. Trattner (Österreich); 12.6.82 L. Barrard (w) (Frankreich), M. Barrard (Frankreich), A. Bontemps (Frankreich); 24.7.82 Sher Khan (Pakistan) (2.), R. Messner (Italien), Nazir Sabir (Pakistan); **15.6.83** F. Graf (Schweiz), E. Loretan (Schweiz), A. Meyer (Schweiz), M. Ruedi (Schweiz), J. C. Sonnenwyl (Schweiz), S. Wörner (Schweiz); 1.7.83 J. Kukuczka (Polen), W. Kurtyka (Polen) SO-Grat über P 7200/O-Gipfel/O-Grat; **25.6.84** H. Kammerlander (Italien), R. Messner (Italien) (2.); 31.7.84 J. Demarolle (Frankreich), P. Glaizes (Frankreich), P. Guedu (Frankreich), F. Maurel (Frankreich); 6.8.84 P. Bournat (Frankreich), W. Pasquier (Schweiz); **6.6.85** G. Calcagno (Italien), G. Scanabessi (Italien), T. Vidoni (Italien) S-Grat/O-Grat; 15.6.85 B. Chamoux (Frankreich), E. Escoffier (Frankreich) S-Grat/O-Grat; 8.7.85 J. M. Boivin (Frankreich), L. Chevallier (Frankreich), F. Diaféria (Frankreich), Abdul »Little« Karim (Pakistan), M. Poincet (Frankreich), B. Prudhomme (Frankreich), G. Vionnet-Fuasset (Frankreich); 11.7.85 Mohammad Ali (Pakistan), G. Casarotto (w) (Italien), R. Casarotto (Italien), C. Frémont (Frankreich), P. Gévaux (Frankreich), G. Hassan (Pakistan), Ibrahim (Pakistan), T. Mayer (USA), A. Molinaire (Frankreich), O. Paulin (Frankreich), A. Re (Italien), M. Vincent (Frankreich), G. Ubaldini (Italien), G. Vionnet-Fuasset (Frankreich) (2.); 14.7.85 J. M. Boivin (Frankreich) (2.); 16.7.85 F. Germain (Schweiz), T. Kato (Japan); 28.7.85 M. Matsumoto (Japan), T. Takahashi (Japan); 31.7.85 P. O. Bergström (Schweden), N. Campredon (Frankreich), G. Flecher (Frankreich), L. Le Pivain (Frankreich), M. Metzger (Frankreich), P. Mure-Ravaud (Frankreich), R. Pillière (Frankreich), T. Renard (Frankreich), T. Sandberg (Schweden), P. Weng (Schweden); 2.8.85 M. Berquet (Frankreich), E. Julliard (w) (Frankreich), H. Sigayret (Frankreich); **6.6.86** R. Carminati (Frankreich), G. Chardiny (Frankreich), E. Guillot (Frankreich); 9.7.86 J. C. del Olmo (Spanien), R. Vázquez (Spanien); 3.8.86 Atta-ul-Haq (Pakistan), Fakhar-ul-Haq (Pakistan), Abdul Jabbar Bhatti (Pakistan), Sher Khan (Pakistan) (3.); 4.8.86 B. Bisèak (Jugoslawien), V. Groselj (Jugoslawien), P. Kozjek (Jugoslawien), A. Stremfelj (Jugoslawien); 16.8.86 J. Altgelt (Deutschland), M. Fischer (Schweiz), D. Siegers (Deutschland), V. Stallbohm (Deutschland), K. Zöll (Deutschland); **28.6.87** D. Heilig (USA), M. Miller (USA), P. Powers (USA), J. P. Hefti † (Schweiz), R. Thorns (Großbritannien), G. Hupfauer (w) (Deutschland), S. Hupfauer (Deutschland); 10.7.87 M. Dacher (Deutschland), G. Halliburton (Neuseeland), I. Peter (Großbritannien), U. Schmidt (Deutschland), D. Stewart (Großbritannien); 8.8.87 E. Berger (Luxemburg), F. De Stefani (Italien), M. Giordani (Italien), S. Martini (Italien); 16.8.87 A. Appelániz (Spanien), L. Bradey (w) (Neuseeland), J. Little (Australien), C. McDermott (Neuseeland), J. Oiarzabal (Spanien); **22.6.88** G. Lozat (Frankreich), B. Muller (Frankreich), J. Pons (Spanien), J. P. Renaud (Frankreich), B. Vallet (Frankreich); 23.6.88 N. Joos (Schweiz), J. Pêche (Frankreich), D. Schaer (Schweiz), D. Wellig (Schweiz), P. Zehnder (Schweiz); 24.6.88 H. Albet † (Frankreich), M. Buscail (Frankreich), P. Hittinger (Frankreich), Abdul »Little« Karim (Pakistan) (2.), Rozi Ali (Pakistan); 25.6.88 R. de Bos (Holland), J. Jacobse (Holland), H. van der Meulen (Holland), A. van Waardenburg (Holland) S-Grat/SO-Wand/O-Grat; 25.6.88 H. Hollwig (Deutschland), L. Krenbarova (w) (Tschechoslowakei), M. Sterbova (w) (Tschechoslowakei), H. Wassmann (Deutschland); 5.7.88 R. Borra (Schweiz), R. Wellig (Schweiz); 7.8.88 H. Sachetat (Frankreich); 8.8.88 I. Baeyens (w) (Belgien), S. Hashimoto (w) (Japan), J. van Hees (Belgien), Ibrahim (Pakistan) (2.), F. Kimura (w) (Japan), M. Kitagawa (w) (Japan), J. M. de Robert (Frankreich), L. Vivijs (w) (Belgien), N. Yanagisawa (w) (Japan), M. Yasuhara (w) (Japan); 13.8.88 G. Gadani (Frankreich), S. Ravel (Frankreich); **30.5.89** C. Forster (Schweiz), T. Fullin (Schweiz), T. Planzer (Schweiz), P. Stadler (Schweiz); 12.7.89 R. Lampard (w) (Großbritannien), W. Rutkiewicz (w) (Polen); 13.7.89 X. Erro (Spanien), J. M. Goñi (Spanien), A. Ibarguren † (Spanien); **18.7.90** R. Lang (Deutschland); 19.7.90 P. Pustelnik (Polen); 26.7.90 H. Endo (Japan), Y. Endo (w) (Japan), T. Suzuki (Japan), O. Tanabe (Japan); 30.7.90 L. García (Chile), F. Luchsinger (Chile), M. Purto (Chile); 31.7.90 I. Valle (Chile); 1.8.90 V. Dewaele (Belgien), R. Muys (Belgien); **28.6.91** C. Haymoz (Schweiz), P. Menu

(Schweiz), Ali Mohammad (Pakistan), F. Thurlir (Schweiz); 19.7.91 Han Sang-Kuk (Südkorea), Kim Chang-Seon (Südkorea), Kim Su-Hong (Südkorea), You Seok-Jae (Südkorea); 20.7.91 Cho Jae-Chul (Südkorea), Han Young-Jun (Südkorea), Jang Sang-Gi (Südkorea), Lee Young-Soon (Südkorea), Park Eul-Gyu (Südkorea); **18.7.92** G. Beggio (Italien), L. Cárdenas (Mexiko), G. Figueroa (Mexiko), R. González (Mexiko), V. Lauthiers (w) (Italien), J. Pracker (Deutschland), G. Schmieder (Deutschland), A. Velázquez (Mexiko), H. Wittmann (Deutschland); 20.7.92 S. Hasholzner (Deutschland), R. Steffens (Deutschland); 23.7.92 M. Benavent (Spanien), G. Dinev (Bulgarien), M. Miranda (Spanien), R. Rachev (Bulgarien), J. C. Recio (Spanien); **7.7.93** drei Koreaner eines sechsköpfigen Teams, angeführt von Yi Seok-Yang; 8.7.93 zwei Koreaner eines sechsköpfigen Teams, angeführt von Yi Seok-Yang; 21.7.93 R. Gocking (USA), T. Kieser (USA), C. Landon (USA); 22.7.93 R. Broshears (USA), C. Mace (USA), S. A. McPherson (Großbritannien); 22.7.93 I. Ogasawara (Japan), K. Ohbayashi (Japan), M. Sato (Japan), T. Tanigawa (Japan), H. Nagakubo (Japan), Y. Yoshida (Japan) S-Grat/O-Grat; 28.7.93 L. Hall (USA), A. Lwow (Polen), P. Snopczynski (Polen); 29.7.93 G. Fuller jr. (USA), C. Haugh (USA); 31.7.93 L. Bancells (Spanien), J. Barrachina (Spanien), H. Konishi (Japan), T. Nagao (w) (Japan), A. Serra (Spanien), M. Todaka (Japan), T. Tonsing (USA), Y. Yamanoi (Japan); 16.8.93 W. Angermeier (Deutschland), P. Kowalzik (Deutschland), M. Putz (w) (Deutschland), H. Wohlwent (Liechtenstein); **1.8.94** O. Banar (Ukraine), R. Coffman (USA), B. A. Evensen (Norwegen), C. Fox (w) (USA), J. Giban (USA), T. Hargis (USA), S. Mordre (Norwegen), E. Tryti (Norwegen); 2.8.94 J. Garrido (Spanien), J. L. Hurtado (Spanien), J. C. Llamas (Spanien), P. Nicolás (Spanien), C. Soria (Spanien), A. Tapiador (Spanien); **17.6.95** J. Wangeler (Deutschland), D. Porsche (Deutschland); 4.7.95 E. Viesturs (USA); 4.7.95 C. Carsolio (Mexiko) SW-Grat/WSW-Wand/W-Grat; 7.7.95 J. Pirzada (Pakistan), A. Raza (Pakistan), N. Raza (Pakistan), M. Yousaf (Pakistan); 8.7.95 J. Berbeka (Polen); 9.7.95 K. Wielicki (Polen); 10.7.95 Akbu (Tibet), Bianba Zaxi (Tibet), Cering Doje (Tibet), Luoze (Tibet); 11.7.95 Daqiong (Tibet), Jiabu (Tibet), Rena (Tibet), Wangjia (Tibet); 16.7.95 M. Sprutta (Polen); **24.7.96** V. Terzeoul (Ukraine), Choi Byung-Soo (Südkorea), Park Mu-Taek (Südkorea), Ha Chang-Soo (Südkorea); 28.7.96 J.-C. Lafaille (Frankreich); 29.7.96 A. Hinkes (Großbritannien), H. Howkins (w) (USA), I. Otxoa de Olza (Spanien), R. Portilla (Spanien), J. C. Tamayo (Spanien); **8.7.97** Danawang Dorje (Nepal), F. Goto (Japan), Y. Ogata (Japan); siehe Anmerkung 1; 10.7.97 R. Naghavi (Iran), H. Najarian (Iran), H. R. Owlanj (Iran); 13.7.97 P. Egillor (Spanien), A. Gianotti (USA), E. Havlick (USA), M. Hernández (w) (Spanien), K. Knox (w) (USA), G. Roach (USA); 14.7.97 Ang Chhiri (Nepal), Ang Gylazen (Nepal), Y. Baba (Japan), A. Boukreev (Kasachstan), S. Ezuka (Japan), S. Iwazaki (Japan), T. Miyazaki (Japan), H. Nazuka (Japan), Norbu (Nepal), T. Tajima (Japan), T. Watanuki (Japan); siehe Anmerkung 1; 15.7.97 B. Ader (USA), F. Barth (USA), T. Bradác (Tschechien), K. Gardyna (Polen), L. Kamarád (Tschechien), V. Mysik (Tschechien), G. Neptune (USA), P. Plsek (Tschechien), M. Reparaz (Spanien), C. Soles (USA), K. Volz (USA), J. Zurawski (Polen); 16.7.97 Ang Dorje (Nepal), G. Cotter (Neuseeland), D. Mantle (USA), Um Hong-Gil (Südkorea); 17.7.97 L. Drda (Tschechien), S. Falcón (Spanien), R. Fernández (w) (Spanien), Z. Hruby (Tschechien), J. Kardhórdó (Tschechien), C. Mauduit (w) (Frankreich), J. Natkinski (Polen), N. Orviz (Spanien), M. Palacky (Tschechien), Park Young-Seok (Südkorea), zusammen mit zwei Südkoreanerinnen, L. Pavlik (Tschechien), Q. Ruiz de la Peña (Spanien), J. Rybicka (Tschechien), J. Smid (Tschechien), D. Zulaski (Polen); 20.7.97 B. Batko (w) (Polen), E. Margueritte (Frankreich/Polen), R. Pawlowski (Polen); 21.7.97 J. Gozdzik (Polen), J. Maselko (Polen), P. Pustelnik (Polen) (2.); **7.7.98** J. Martínez (Spanien), J. A. Martínez (Spanien); 9.7.98 F. Blanco (Spanien), R. Blanco (Spanien), R. F. Brown (Australien), J. Brunner (Österreich), F. Criado (Spanien), J. Davies (Großbritannien), D. Hamilton (Großbritannien), A. Hinterplattner (Österreich), M. Leuprecht (Österreich), S. McIvor (Großbritannien), Ali Raza (Pakistan) (2.), J. Reynders (Belgien), S. Stacey (Großbritannien), S. Thorburn (USA), P. Walters (Australien); 22.7.98 P. Guggemos (Deutschland), Jin Hyun-Ok (w) (Südkorea), H. Rickert (w) (USA), B. Zeugswetter (Österreich) zusammen mit sechs Japanern aus dem »Silver Tortoise«-Bergsteigerteam im Alter von 47–61, angeführt von K. Ikeda (einschließlich K. Ikeda, T. Ishikawa, Y. Nezu und T. Watanabe (w) und zwei jüngeren Japanern, die die Expedition filmten) und Rajab Shah (Pakistan), Qurban Mohammad (Pakistan), Hashil Shah (Pakistan), Mehrban Shah (Pakistan) und zwei anderen Trägern; 25.7.98 E. Bolda (w) (Österreich), B. Saxinger (Österreich), H. Weiss (w) (Österrreich); 26.7.98 M. Gioroianu (Rumänien), A. Gionvanetti (Italien); 29.7.98 F. Facchinetti (Italien), J. Hancock (USA), E. Jensen (USA); 31.7.98 B. Zacahry (USA); 5.8.98 Y. Anciaux (Frankreich), A. Delade (w) (Frankreich), C. P. Blondot (Frankreich), J. F. Janvier (Frankreich), C. Mirmand (Frankreich), F. Odine (w) (Frankreich), E. Rambaud (Frankreich); 12.8.98 R. Larrandaburu (Frankreich); **9.7.99** O. Cadiach (Spanien), S. Corta (Spanien), N. Duró (w) (Andorra), P. Garcés (Spanien), P. Goñi (Spanien), D. Hamilton (Großbritannien) (2.), C. Jones (Neuseeland), A. Lock (Australien), I. Ollé (Spanien), L. M. Picabea (Spanien), Ali Raza (Pakistan) (3.), J. Reketa (Spanien), O. Ribas (Andorra), Shakoor Ali (Pakistan), X. Zubieta (Spanien) 10.7.99 A. Blanc (Italien), Cho Hyung-Gyu (Südkorea), Choi Byoung-Woo (Südkorea), Kim In-Kie (Südkorea), C. Kuntner (Italien), Lee Sang-Bae (Südkorea), W. Niclevicz (Brasilien); 29.7.99 L. Boucher (Frankreich), H. Ponce de Leon (Mexiko), R. Real (w) (Spanien), W. Schmidt (Österreich), C. Tudela (Spanien), F. Wolf (Österreich), W. Zohrer (Österreich); 31.7.99 J. L. Arnald (Frankreich), P. Melani (Frankreich); 3.8.99 H. D'Aubarede (Frankreich), M. Guillemette (w) (Frankreich), Mehrban Shah (Pakistan) (2.); 8.8.99 M. Argeles (Frankreich), J. C. Stalla (Frankreich); 19.8.99 E. Bladé (Spanien), C. Feld-Boskoff (w) (USA), X. González (Spanien), S. García-Prades (Spanien), J. Rhoads (USA), G. Ritchi (USA)

Anmerkung 1: 1997 versuchte sich das große Japanese-Gunma-Team mit der Unterstützung von Sherpas am Broad Peak, Gasherbrum I und Gasherbrum II. Das ganze Team war in drei Gruppen aufgeteilt, die sich jeweils an zwei der Gipfel versuchten. Die Gasherbrum-II-Gruppe bestand aus:
(plus Versuch am Gasherbrum I = Team A)
H. Nazuka (Leiter), Y. Baba, S. Ezuka, S. Iwazaki und T. Miyazaki zusammen mit Ang Gyaltsen und Ang Chhiri
(plus Versuch am Broad Peak = Team C)
F. Goto (Leiter), R. Hoshino, A. Nozawai, Y. Ogata, T. Tajima, T. Terada, T. Watanuki zusammen mit Danawang Dorje und Norbu
Es wird behauptet, dass diese Gruppen am 8. und am 14. Juli elf Japaner und vier Sherpas auf den Gipfel brachten. Diese Anzahl steht nicht im Einklang mit den angegebenen Namen, die aussagen, dass zwei Japaner und ein Sherpa am 8. Juli den Gipfel bezwangen und sieben Japaner und drei Sherpas am 14. Juli. Es ist wahrscheinlich, dass die angegebenen Namen korrekt sind und dass nur neun Japaner und vier Sherpas den Gipfel bestiegen.

Broad-Peak-Besteigungsdaten

Alle Besteigungen erfolgten über die Route der Erstbegeher (Westsporn zum Sattel, dann über den Vorgipfel zum Gipfelgrat), außer wenn etwas anderes angegeben wird. Einige der unten genannten Besteigungen könnten nur zum Vorgipfel geführt haben. Genauere Einzelheiten über die erreichten Gipfel sind manchmal schwer zu erhalten.

9.6.57 H. Buhl (Österreich), K. Diemberger (Österreich), M. Schmuck (Österreich), F. Wintersteller (Österreich); **8.8.77** K. Noro (Japan), T. Ozaki (Japan), Y. Tsuji (Japan); **4.6.78** Y. Seigneur (Frankreich), G. Bettembourg (Frankreich) – Bettembourg erreichte nicht den Hauptgipfel und behauptet, dass Seigneur ebenso scheiterte; **5.8.81** M. Hernández (Spanien), E. Pujol † (Spanien); **23.7.82** G. Bachler (Österreich), R. Bärtle (Deutschland), P. Gloggner (Deutschland), H. Kirchberger (Deutschland), K. Lewankowski (Deutschland), W. Lösch (Österreich), W. Sucher (Österreich); 30.7.82 J. Kukuczka (Polen), W. Kurtyka (Polen); 2.8.82 Sher Khan (Pakistan), R. Messner (Italien), Nazir Sabir (Pakistan); **25.6.83** J. Afanassieff (Frankreich), R. Baxter-Jones (Großbritannien), A. Parkin (Großbritannien), A. Rouse (Großbritannien); 28.6.83 D. Scott (Großbritannien), S. Sustad (USA); 30.6.83 F. Graf (Schweiz), E. Loretan (Schweiz), K. Palmowska (w) (Polen), M. Ruedi (Schweiz), S. Wörner (Schweiz); 2.7.83 P. Morand (Schweiz), J. C. Sonnenwyl (Schweiz); **26.6.84** M. Barrios (Kolumbien), T. Hägler (Schweiz), A. Reinhard (Schweiz), L. Deuber (Schweiz), R. Franzl (Österreich); 27.6.84 G. Calcagno (Italien), A. Enzio (Italien), T. Vidoni (Italien); 13.7.84 G. Calcagno (Italien) (2.), K. Hub (Deutschland), R. Schleypen (Deutschland), T. Vidoni (Italien) (2.); 14.7.84 W. Fiut (Polen), J. Majer (Polen), R. Pawlowski (Polen), K. Wielicki (Polen), H. Zebrowski (Deutschland); 17.7.84 J. Kukuczka (Polen) (2.), W. Kurtyka (Polen) (2.) W-Grat des N-Gipfels, dann entlang des Grates zum Mittelgipfel, dann über den Sattel und der Erstaufstiegsroute folgend; 18.7.84 K. Diemberger (Österreich) (2.), J. Tullis (w) (Großbritannien); 8.8.84 R. Joswig (Deutschland), R. Schauer (Österreich); **31.7.85** Fayyaz Hussain (Pakistan), Zahid Mahmood (Pakistan), Jawad Pirzada (Pakistan); 12.8.85 S. Kashu (Japan), R. Nishizutsumi (Japan), T. Shigehiro (Japan), T. Toyama (Japan), J. Wada (Japan), M. Yamamoto (Japan); **20.6.86** B. Chamoux (Frankreich) (wahrscheinlich nur der Vorgipfel), S. Dorotei (Italien), M. Giacometti (Italien), M. Moretti (Italien); 21.6.86 B. Fuster (Schweiz), M. Prechtl (Deutschland), D. Wellig (Schweiz), P. Wörgötter (Österreich), R. Zemp (Schweiz); 22.6.86 J. Rakoncaj (Tschechoslowakei); 23.6.86 H. Koch (Deutschland), J. Labisch (Deutschland); 7.7.86 S. Hölzl (Österreich), F. Schreinmoser (Österreich); 28.7.86 B. Biscak (Jugoslawien), V. Groselj (Jugoslawien); 29.7.86 T. Cesen (Jugoslawien), R. Fabjan (Jugoslawien), T. Jamnik (Jugoslawien), A. Stremfelj (Jugoslawien), M. Stremfelj (w) (Jugoslawien); 30.7.86 P. Kozjek (Jugoslawien); 4.8.86 D. Jelincic (Jugoslawien), S. Karo (Jugoslawien), M. Lenarcic (Jugoslawien), M. Stangelj (Jugoslawien); 16.8.86 B. Agnew (Australien), J. Chester (Australien), P. Cullinan (Australien), J. Dacher (Deutschland), K. Fassnacht (Deutschland), G. Hupfauer (w) (Deutschland), S. Hupfauer (Deutschland), P. Lambert (Australien), T. McCullagh (Australien), M. Rheinberger (Australien), J. van Gelder (Australien), Z. Zaharias (Australien); **29.5.87** N. Joos (Schweiz); 7.6.87 B. Honegger (Schweiz), E. Müller (Schweiz); **27.6.88** S. Matsumoto (w) (Japan), K. Sakai (Japan), M. Sasaki (Japan), K. Shimakata (Japan); 1.8.88 C. Schranz (Italien); 12.8.88 J. Saito (Japan), M. Taniguchi (Japan); 9.9.88 L. Gómez (Spanien), C. Vallès (Spanien); **12.7.91** K. Hayasaka (Japan), I. Ogasawara (Japan), M. Sato (Japan), T. Tanigawa (Japan), T. Yawata (Japan); 16.7.91 R. Beadle (Großbritannien), R. Blanco (Spanien), A. Hinkes (Großbritannien); 30.7.91 M. Abe (Japan), H. Konishi (Japan), T. Nagao (w) (Japan), Y. Yamanoi (Japan), T. Yoshimura (Japan); **2.8.92** D. Hambly (Großbritannien), S. McKee (USA), C. Lacatusu (Rumänien), E. Martínez (Spanien), P. Rodríguez (Spanien), A. Tapiador (Spanien); **6.7.93** M. Bianchi (Italien), C. Kuntner (Italien); 7.7.93 A. Brugger (Italien), S. De Leo (Italien), T. Heymann (Deutschland), F. De Stefani (Italien); 21.7.93 Sarwar Khan (Pakistan), Rajab Shah (Pakistan), M. Tamura (Japan), N. Tsuji (Japan); 29.7.93 A. Blanc (Italien), S. Martini (Italien), Nima Temba (Nepal), Ali Raza (Pakistan); 24.8.93 S. Ezuka (Japan), K. Mino (Japan), T. Nakamura (Japan), O. Tanabe (Japan), K. Uchida (Japan); **21.6.94** H. Kammerlander (Italien); 2.7.94 G. Kropp (Schweden); 3.7.94 A. Busca (Italien); 9.7.94 C. Carsolio (Mexiko) in zwei Anläufen, über P 6230, dann den WSW-Pfeiler zur Erstaufstiegsroute und über die Gipfelwand zum Vorgipfel, dann über den Normalweg zum Gipfel; 10.7.94 E. Morin (Frankreich); 23.7.94 B. Christensen (Dänemark), P. Ibarbia (Spanien), J. Mathorne (Dänemark); **12.7.95** M. Abrego (Spanien), J. Casimiro (Spanien), Lee Jeong-Hyun (Südkorea), J. Oiarzabal (Spanien), Park Hyun-Jae † (Südkorea), Park Sin-Young (Südkorea), Um Hong-Gil (Südkorea); 20.7.95 T. Hattori (Japan), T. Kitamura (Japan), M. Todaka (Japan) W-Grat des N-Gipfels, dann entlang des Grates zum Mittelgipfel, über den Sattel und den Normalweg zum Gipfel; 13.8.95 Ang Dorje II (Nepal), J. Alzner (USA), S. Ballard (w) (Kanada), M. Boyle (USA), Dawa Galjen (Nepal), J. Ehrlich (Deutschland), C. Feld-Boskoff (w) (USA), S. Fischer (USA), P. Goldman (USA), R. Hess (USA), J. Leupold (Deutschland), Lobsang Jangbu (Nepal), A. Lish (USA), I. Loredo (Mexiko), A. McKinlay (Kanada), W. Soroka (Polen), M. Walter (Deutschland), F. Ziel (USA); 23.7.96 Han Dong-Keun † (Südkorea), Yang Jae-Mo † (Südkorea); **13.7.97** A. Iñurrategi (Spanien), F. Iñurrategi (Spanien); 16.7.97 siehe Anmerkung 1; 19.7.97 J. Coburn (USA), B. Montoya (USA), M. Schneider (Deutschland), T. Tonsing (USA); 20.7.97 siehe Anmerkung 1; 7.8.97 A. Lock (Australien); 9.8.97 J. C. Cirera (Spanien); **5.7.98** R. Bösch (Schweiz), K. Kobler (Schweiz), I. Vallejo (Ecuador); 29.7.98 E. Escoffier (Frankreich), P. Bessières (Frankreich) (wurde das letzte Mal auf dem Gipfelgrat gesehen); **16.7.99** R. Dujmovits (Deutschland), G. Hafele (Österreich), Qudrat Ali (Pakistan), J. Rozas (Spanien), S. von Roth (Schweiz); 17.7.99 P. Fessler (Österreich), E. Koblmüller (Österreich)

Anmerkung 1: 1997 versuchte sich ein großes Team der Japanese Gunma Mountaineering Association mit der Unterstützung von Sherpas am Broad Peak, Gasherbrum I und Gasherbrum II. Das ganze Team wurde in drei Gruppen aufgeteilt, jede der Gruppen versuchte sich an zwei der Gipfel. Die Broad-Peak-Gruppe bestand aus:
(plus Versuch am Gasherbrum I = Team B)
M. Sato (Leiter), M. Fukumoto, H. Iwazaki, K. Nakajima, S. Yanase, H. Yoshida und F. Yoshida (w) zusammen mit Dawa Tsering und Arjun Tamang
(plus Versuch am Gasherbrum II = Team C)
F. Goto (Leiter), R. Hoshino, A. Nozawai, Y. Ogata, T. Tajima, T. Terada und T. Watanuki zusammen mit Danawang Dorje und Norbu
Am 16. Juli erreichten sechs von sieben Japanern aus Team B zusammen mit beiden Sherpas den Gipfel des Broad Peak. Am 20. Juli bestiegen F. Goto und

Y. Ogata, zusammen mit Danawang Dorje – alle aus Team C – den Broad Peak. Andere Quelle deuten an, dass insgesamt drei Japaner und zwei Sherpas den Hauptgipfel erreichten (wahrscheinlich einschließlich der drei Bergsteiger vom 20. Juli), die anderen drei Japaner erreichten den Vorgipfel.

Erstbesteigung der untergeordneten Gipfel:
Mittelgipfel: 28.7.75 K. Glazek (Polen), M. Kesicki † (Polen), J. Kulis (Polen), B. Nowaczyk † (Polen), A. Sikorski † (Polen) Hauptgipfel-Erstaufstiegsroute zum Sattel, dann entlang des Nordgrates des Mittelgipfels.

Gasherbrum-I-Besteigungsdaten

Die Besteigung erfolgte auf der Route der Erstbegeher (IHE-Sporn/SO-Grat), außer wenn etwas anderes angegeben wird.

5.7.58 A. Kauffman (USA), P. Schoening (USA); **10.8.75** P. Habeler (Österreich), R. Messner (Italien) NW-Wand; 11.8.75 R. Schauer (Österreich), H. Schell (Österreich), H. Zefferer (Deutschland); **8.7.77** A. Stremfelj (Jugoslawien), N. Zaplotnik (Jugoslawien) W-Grat; **15.7.80** M. Barrard (Frankreich), G. Narbaud (Frankreich) Hidden Sud/SO-Grat; **3.8.81** H. Azuma (Japan), K. Shimotori (Japan); **22.7.82** M. Dacher (Deutschland), S. Hupfauer (Deutschland), G. Sturm (Deutschland) NW-Wand (deutsche Variante); 27.7.82 Mohammad Ali (Pakistan), J. P. Ollagnier (Frankreich), S. Saudan (Schweiz), D. Semblanet (Frankreich), M. J. Valençot (w) (Frankreich); **23.6.83** E. Loretan (Schweiz), M. Ruedi (Schweiz) NW-Wand (Schweizer Variante); 24.6.83 P. Morand (Schweiz), J. C. Sonnenwyl (Schweiz) NW-Wand (Schweizer Variante); 23.7.83 J. Kukuczka (Polen), W. Kurtyka (Polen) SW-Wand; 22.8.83 V. Arnal (Spanien), I. Cinto (Spanien), J. Escartín (Spanien), J. López (Spanien), L. Ortas (Spanien), A. Ubieto (Spanien) W-Grat Hidden Sud, dann die Route der Franzosen (1980); **28.6.84** H. Kammerlander (Italien), R. Messner (Italien) (2.) NW-Wand (Variante der deutschen Route); **9.6.85** P. Camozzi (Italien), A. Da Polenza (Italien) NW-Wand rechts der (südlich) Habeler-Messner-Route, dann Habeler-Messner-Route; 19.6.85 G. Calcagno (Italien), T. Vidoni (Italien) NW-Wand (Deutsche Variante); 22.6.85 B. Chamoux (Frankreich), E. Escoffier (Frankreich) NW-Wand (Deutsche Variante); 15.7.85 G. De Federico (Italien) NW-Wand (Deutsche Variante); **2.8.86** O. Shimizu (Japan), K. Wakutsu (Japan) Japaner-Couloir; 3.8.86 A. Berthélemy (Frankreich), C. Janin (w) (Frankreich), R. Joswig (Deutschland) NW-Wand (Schweizer Variante); 17.8.86 R. Lang (Deutschland) (nur bis zu einem Punkt der NW-Wand 20 Meter unterhalb des Gipfels) (Deutsche Variante); 18.8.86 A. Bührer † (Schweiz), K. Kölleman (Österreich), M. Lorenz (Österreich), G. Schmatz (Deutschland) NW-Wand (Deutsche Variante); **20.6.88** R. Gálfy (Tschechoslowakei), I. Urbanovic (Tschechoslowakei) Japaner-Couloir; 20.6.88 F. Soltes (Tschechoslowakei) NW-Wand (Habeler-Messner-Route); **12.7.89** Tsindi Dorje † (Nepal), H. Endo (Japan), Y. Endo (w) (Japan) Japaner-Couloir; **16.7.90** T. Katayama (Japan), E. Pankiewicz (w) (Polen), Park Hyeok-Sang (Südkorea), Ali Raza (Pakistan), W. Rutkiewicz (w) (Polen), R. Shah (Pakistan), T. Yamane (Japan) Japaner-Couloir; 26.7.90 G. Derycke (Frankreich), A. Estève (Frankreich), W-Grat; Y. Tedeschi (Frankreich), Mohammad Ullah (Pakistan), M. Yousaf (Pakistan); 29.8.90 P. Bergeron (Kanada), C. Bernier (Kanada) W-Grat; **25.8.92** Nazir Sabir (Pakistan), Rajab Shah (Pakistan) (2.), Mehrban Shah (Pakistan) Japaner-Couloir; **7.6.93** H. Bumann (Schweiz), N. Joos (Schweiz), M. Stoller (Schweiz) Japaner-Couloir; **3.8.94** S. Martini (Italien), S. De Leo (Italien), F. De Stefani (Italien), G. Valle (Italien) Japaner-Couloir; 4.8.94 F. Lévy (Frankreich), J. M. Meunier (Frankreich), J. Pratt (Großbritannien), M. Staehelin (Schweiz) Japaner-Couloir; 12.8.94 A. Collins (Großbritannien), H. Inaba (Japan), M. Saeki (Japan), M. Taniguchi (Japan), D. Mazur (USA) Japaner-Couloir; **5.7.95** M. Car (Slowenien), I. Tomazin (Slowenien) Japaner-Couloir; 15.7.95 J. Berbeka (Polen), C. Carsolio (Mexiko), E. Viesturs (USA), K. Wielicki (Polen) Japaner-Couloir; 16.7.95 K. Lasa (Spanien), T. Lete (Spanien), L. M. López (Spanien) Japaner-Couloir; **10.7.96** D. Carroll (Großbritannien), J. Doyle (Großbritannien), A. Hinkes (Großbritannien), A. Hughes (Großbritannien), S. Hunt (Neuseeland), I. Otxoa de Olza (Spanien), J. Tomás (Spanien) Japaner-Couloir; 11.7.96 M. Alvarez † (Spanien), A. Juez (Spanien) Japaner-Couloir; 30.7.96 Y. Karahashi (Japan), T. Kawanabe (Japan), H. Masaki (Japan) Japaner-Couloir; 31.7.96 J.-C. Lafaille (Frankreich) NW-Wand (Schweizer Variante); **7.7.97** Ang Gyaltsen (Nepal), Ang Chhiri (Nepal), Y. Baba (Japan), S. Ezuka (Japan), S. Iwazaki (Japan), H. Nazuka (Japan), T. Miyazaki (Japan) Japaner-Couloir; siehe Anmerkung 1; 9.7.97 Ali Raza (Pakistan) (2.), J. Åkerstrom (Schweden), J. Bermúdez (Großbritannien), R. Foulquier (Großbritannien), D. Hamilton (Großbritannien), Z. Hruby (Tschechien), Ji Hyun-Ok (w) (Südkorea), J. Kardhordo (Tschechien), K. Kimura (Japan), V. Mysik (Tschechien), J. Oiarzabal (Spanien), Park Young-Seok (Südkorea), M. Ryden (Schweden), S. Silhan (Tschechien), Um Hong-Gil (Südkorea) Japaner-Couloir; 13.7.97 Han Wuang-Yong (Südkorea) Japaner-Couloir; 15.7.97 A. Giovannetti (Italien), J. Gozdzik (Polen), J. Maselko (Polen), R. Pawlowski (Polen), O. Piazza (Italien), P. Pustelnik (Polen) Japaner-Couloir; 16.7.97 T. Kitamura (Japan), H. Konishi (Japan), Rozi Ali (Pakistan) Japaner-Couloir; **9.7.98** B. Christensen (Dänemark), J. Mathorne (Dänemark), M. Granlien (Dänemark) Japaner-Couloir; 10.7.98 D. Porsche (Deutschland) Japaner-Couloir; 29.7.98 Y. Iwasita (Japan) Japaner-Couloir; 31.7.98 J. Martínez (Spanien), J. A. Martínez (Spanien) Japaner-Couloir; **3.7.99** A. Blanc (Italien), C. Kuntner (Italien) Japaner-Couloir; 17.7.99 P. Garcés (Spanien), A. Lock (Australien) Japaner-Couloir; 18.7.99 vier Koreaner angeführt von Lee Byong-Chui Japaner-Couloir

Anmerkung 1: 1997 versuchte sich ein großes Team der Japanese Gunma Mountaineering Association mit der Unterstützung von Sherpas am Broad Peak, Gasherbrum I und Gasherbrum II. Das ganze Team wurde in drei Gruppen aufgeteilt, jede Gruppe versuchte sich an zwei der Gipfel. Die Gasherbrum-I-Gruppe bestand aus:
(plus Versuch am Broad Peak = Team B)
M. Sato (Leiter), M. Fukumoto, H. Iwazaki, K. Nakajima, S. Yanase, H. Yoshida und F. Yoshida (w) zusammen mit Dawa Tsering und Arjun Tamang. Kein Mitglied dieses Teams erreichte den Gipfel des Gasherbrum I.
(plus Versuch am Gasherbrum II = Team A)
H. Nazuka (Leiter), Y. Baba, S. Ezuka, S. Iwazaki und T. Miyazaki zusammen mit Ang Gyaltsen und Ang Chhiri
Von diesen Gruppen wird behauptet, dass sie fünf Japaner und zwei Sherpas auf den Gipfel brachten. Sie alle waren aus dem Team A am 7 Juli.

Dhaulagiri-Besteigungsdaten

Alle Besteigungen erfolgten über die Route der Erstbegeher (Nordostgrat), außer wenn etwas anderes angegeben wird.

13.5.60 K. Diemberger (Österreich), P. Diener (Deutschland), E. Forrer (Schweiz), A. Schelbert (Schweiz), Nawang Dorje Sherpa (Nepal), Nima Dorje Sherpa (Nepal); 23.5.60 M. Vaucher (Schweiz), H. Weber (Schweiz); **20.10.70** T. Kawada (Japan), Lhakpa Tensing Sherpa (Nepal); **12.5.73** L. Reichardt (USA), J. Roskelley (USA), Nawang Samden Sherpa (Nepal); **4.5.76** S. Simoni (Italien), G. Zortea (Italien); **10.5.78** T. Kobayashi (Japan), T. Shigeno (Japan) SW-Grat; 11.5.78 Y. Kato (Japan), S. Shimizu (Japan), Ang Kami Sherpa (Nepal), H. Yoshino (Japan) SW-Grat; 19.10.78 A. Abe (Japan), T. Miyazaki (Japan), H. Tani (Japan); 21.10.78 Nawang Yonden Sherpa (Nepal), S. Suzuki (Japan), N. Yamada (Japan) SO-Grat; **12.5.79** I. Aldaya (Spanien), F. J. Garayoa (Spanien), G. Plaza (Spanien), J. Pons (Spanien), Ang Rita Sherpa (Nepal); **13.5.80** H. von Kaenel (Schweiz), F. Luchsinger (Schweiz), Ang Rita Sherpa (Nepal) (2.); 14.5.80 J. Buholzer (Schweiz), R. Monnerat (Schweiz), H. J. Mueller (Schweiz), H. Zimmermann (Schweiz); 17.5.80 H. Bergstaller (Österreich), H. Eitel (Deutschland), F. Graf (Schweiz), M. Ruedi (Schweiz); 18.5.80 M. Ballmann (Schweiz), R. Bleiker (Schweiz), Mingma Gyaltsen Sherpa (Nepal), Lhakpa Gyaltsen Sherpa (Nepal); 19.5.80 S. Burkhardt (Schweiz), J. Mueller (Schweiz), Ang Rita Sherpa (Nepal) (3.); 18.5.80 W. Kurtyka (Polen), A. MacIntyre (Großbritannien), R. Ghilini (Italien), L. Wilczynski (Polen) O-Wand/NO-Grat; **17.5.81** A. Burgess (Großbritannien); 2.6.81 H. Kamuro (Japan); **5.5.82** P. Cornelissen (Belgien), R. van Snick (Belgien), Ang Rita Sherpa (Nepal) (4.); 6.5.82 M. Lefever (Belgien), Ang Jangbo Sherpa (Nepal), J. van Hees (Belgien), L. Vivijs (w) (Belgien); 17.10.82 T. Mitani (Japan), J. Tanaka (Japan); 18.10.82 K. Komatsu (Japan), Y. Saito (Japan), N. Yamada (Japan) (2.) N-Wand/NW-Grat; 13.12.82 A. Koizumi (Japan), Wangdu Sherpa (Nepal); **18.5.83** M. Gardzielewski (Polen), J. Jezierski (Polen), T. Laukajtys (Polen), W. Otreba (Polen); 11.11.83 A. de Blanchaud (Frankreich), M. Metzger (Frankreich); **4.10.84** P. Béghin (Frankreich), J.-N. Roche (Frankreich) SW-Grat; 23.10.84 K. Jakes (Tschechoslowakei), J. Simon † (Tschechoslowakei), J. Stejskal (Tschechoslowakei) W-Wand/NW-Grat; **21.1.85** A. Czok (Polen), J. Kukuczka (Polen); 15.5.85 H. Kammerlander (Italien), R. Messner (Italien); 8.12.85 E. Loretan (Schweiz), P.-A. Steiner (Schweiz), J. Troillet (Schweiz) O-Wand/NO-Grat; **3.5.86** G. Härter (Deutschland), J. Hirtreiter (Deutschland); 5.5.86 W. Larcher (Österreich), W. Odenthal (Deutschland), L. Pfleging (Deutschland); **16.10.87** K. Calhoun (w) (USA), J. Culberson (USA), C. Grissom (USA); 2.12.87 M. Batard (Frankreich), Sundare Sherpa (Nepal); 4.12.87 M. Kregar (Jugoslawien), I. Tomazin (Jugoslawien) O-Wand/NO-Grat; **6.10.88** Z. Demjan (Tschechoslowakei), Y. Moiseev (UdSSR), K. Waliew (UdSSR) SW-Pfeiler; 14.11.88 Choi Tea-Sik (Südkorea), Da Gombu Sherpa (Nepal), Wangel Sherpa (Nepal); **11.5.89** S. Martini (Italien), F. De Stefani (Italien); 18.5.89 S. Inhöger (Österreich); **24.4.90** K. Wielicki (Polen); 11.5.90 I. Baeyens (w) (Belgien), R. Dujmovits (Deutschland); 30.9.90 K. Kobler (Schweiz), H. Roesti (Schweiz), P. Rothlisberger (Schweiz), H. Willi (Schweiz); 5.10.90 H. Kindle (Liechtenstein), M. Morales (Spanien), C. Pfistner (Schweiz), M. Sanchez (Argentinien); 6.10.90 S. Silhan (Tschechoslowakei), L. Sulovsky (Tschechoslowakei); 9.10.90 F. Kimura (w) (Japan), Dawa Tshering Sherpa (Nepal), Changba Norbu Sherpa (Nepal), M. Yasuhara (w) (Japan); 19.10.90 G. Lowe (USA); 31.10.90 C. Buhler (USA), D. Makauskas † (UdSSR), Nuru Sherpa (Nepal); **10.5.91** A. Boukreev (UdSSR), R. Chaibullin (UdSSR), Y. Moiseev (UdSSR) (2.), V. Suviga (UdSSR), A. Tselishev (UdSSR) W-Wand; 13.5.91 V. Khrichtchaty (UdSSR), Z. Mizambekov (UdSSR), V. Prisjashny (UdSSR), A. Savin (UdSSR), A. Shegai (UdSSR) W-Wand; 14.5.91 S. Smidt (Dänemark); 2.10.91 J. Corominas (Spanien); 11.10.91 T. Nakajima (Japan), Keepa Sherpa (Nepal), K. Yokoyama (Japan); **30.4.92** A. Guliaev (Russland), V. Kohanov (Russland), P. Kouznesov (Russland), N. Smetanin (Russland), N. Zacharov (Russland); **11.5.93** R. Allen (Großbritannien), S. Bogomolov (Russland), S. Efimov (Russland), A. Lebedikhim (Russland), V. Pershin (Russland), I. Plotnikov (Russland), B. Sedusov (Russland) N-Wand; 30.5.93 Akbu (Tibet), Daqimi (Tibet), Daqiong (Tibet), Cering Doje (Tibet), Jiabu (Tibet), Luoze (Tibet), Rena (Tibet), Bianba Zaxi (Tibet), Wangjia (Tibet); 6.10.93 B. Chamoux (Frankreich), M. Koseki (Japan), A. Nozawai (Japan); 9.10.93 V. Gustafsson (Finnland); 10.10.93 T. Kirsis (Lettland), I. Pauls (Lettland), I. Zauls (Lettland); 11.10.93 S. Sekiya (Japan), Mingma Tshering Sherpa (Nepal), J. Vanmarsenille (Belgien), Dorje Sherpa (Nepal); **25.9.94** P.-V. Amaudruz (Schweiz), M. Bianchi (Italien), C. Kuntner (Italien); 26.9.94 S. Albasini (Schweiz), R. Caughron (USA), J. Garcia (Portugal), J. Gozdzik (Polen), P. Pustelnik (Polen); 27.9.94 P. Boven (Schweiz), N. Gex (Schweiz), O. Roduit (Schweiz); 27.9.94 Y. Ueno (Japan), Man Bahadur Tamang (Nepal), Pa Nima Sherpa (Nepal); 1.10.94 K. Ikeda (Japan), T. Ishikawa (Japan), M. Konishi (Japan), K. Netsu (Japan), Nima Dorje Sherpa (Nepal), Nima Temba Sherpa (Nepal), Wangchu Sherpa (Nepal), T. Watanabe (w) (Japan); 3.10.94 R. Henke (USA), B. Johnson (USA), R. Taylor (USA); 4.10.94 R. Green (USA); 11.10.94 G. Lebedev (Ukraine), I. Svergun (Ukraine); 13.10.94 I. Chaplinsky (Ukraine), T. Ena (w) (Ukraine), V. Gorbach (Ukraine), V. Lanko (Ukraine), G. Chekanova † (w) (Ukraine); **9.5.95** A. Akinia (w) (Russland), D. Botchkov (Russland), J. Outeshev (Russland), V. Solomatov (Russland); 14.5.95 V. Bashkirov (Russland), V. Khilko (Russland), S. Krylov (Russland), E. Popov (Russland); 15.5.95 C. Carsolio (Mexiko); 17.5.95 R. Schmid (w) (Schweiz), M. Kofler (Schweiz); 19.5.95 U. Braschler (Schweiz), G. Ennemoser (Österreich), A. Hammann † (Deutschland), N. Joos (Schweiz); 4.10.95 M. Sawada (Japan), Dawa Sherpa (Nepal) (2.); 6.10.95 Hasta Bahadur Gurung (Nepal), H. Tawaraya † (Japan); 6.10.95 K. Narusaki (Japan), Pemba Rinzi Sherpa (Nepal), Arjun Tamang (Nepal), K. Ueda (Japan); 6.10.95 T. Hayashi (Japan), K. Kondo (Japan), I. Kuwabara (Japan), Pemba Tshering Sherpa (Nepal), Mingma Nuru Sherpa (Nepal), S. Takeda (Japan); 8.10.95 A. Boukreev (Kasachstan) (2.), R. Rachev (Bulgarien); 9.10.95 T. Tontchev (Bulgarien); 11.10.95 O. Gigani (Georgien), B. Gujabidze (Georgien); 12.10.95 B. Dimitrov (Bulgarien), A. Shinkarenko (Weißrussland), I. Vialenkova (w) (Weißrussland); 14.10.95 Z. Horozov (Bulgarien), D. Vassilev (Bulgarien); 15.10.95 T. Fritsche (Österreich), R. Mattle (Österreich); **1.5.96** Um Hong-Gil (Südkorea), Ngati Sherpa (Nepal); 4.5.96 A. Georges (Schweiz); 17.10.96 B. Vos (Holland) (Besteigung umstritten) O-Wand/NO-Grat; 21.10.96 A. Mochnikov (Russland); 5.11.96 E. Koblmüller (Österreich), M. Koblmüller (Österreich), F. Schmollngruber (Österreich), H. Schütter (Österreich); **27.4.97** Han Wuang-Yong (Südkorea), Kim Hun-Sang (Südkorea), Park Young-Seok (Südkorea), Kaji Sherpa (Nepal); 25.5.97 A. Lock (Australien), M. Rogerson (Australien), Z. Zaharias (Australien); 31.5.97 T. Kitamura (Japan), H. Konishi (Japan), Gyaltsen Sherpa (Japan); 24.9.97 J. Martinez (Spanien), J. A. Martinez (Spanien), J. Rodriguez (Spanien); 25.9.97 N. Petkov (Bulgarien); **22.5.98** A. Iñurrategi (Spanien), F.

Iñurrategi (Spanien), J. Oiarzabal (Spanien); 23.5.98 G. Lacen (Slowenien), M. Marence (Slowenien); 24.5.98 T. Jakofcic (Slowenien), P. Meznar (Slowenien); 26.5.98 T. Bello (Italien), T. Golob (Slowenien), J. Meglic (Slowenien), D. Polenik (Slowenien), M. Vielmo (Italien); 30.9.98 H. Kudo (Japan), T. Saito (Japan), Y. Shimoma (Japan), T. Sugiyama (Japan), Pasang Gyaltsen Sherpa (Nepal), Man Bahadur Tamang (Nepal) (2.), Tul Bahadur Tamang (Nepal); **4.5.99** V. Gustafsson (Finnland) (2.), E. Viesturs (USA); 16.10.99 T. Strausz (Österreich), P. Walters (Österreich)

Shisha-Pangma-Besteigungsdaten

Alle Besteigungen erfolgten über die Route der Erstbegeher (Shisha-Pangma-Gletscher/Ost-Cwm/Nordgrat/Nordostwand-Traverse), außer wenn etwas anderes angegeben wird. Einige der unten aufgeführten Besteigungen könnten nur zum Mittelgipfel durchgeführt worden sein. Genauere Einzelheiten über die erreichten Gipfel sind manchmal schwer zu erhalten.

2.5.64 Chen San (China), Cheng Tianliang (China), Doje (Tibet), Mima Zaxi (Tibet), Sodnam Doje (Tibet), Wang Fuzhou (China), Wu Zongyue (China), Xu Jing (China), Yungden (Tibet), Zhang Junyan (China); **7.5.80** M. Dacher (Deutschland), W. Schaffert (Deutschland), G. Sturm (Deutschland), F. Zintl (Deutschland); 12.5.80 S. Hupfauer (Deutschland), M. Sturm (Deutschland); 13.10.80 E. Obojes (Österreich), E. Putz (Österreich); **30.4.81** Jiabu (Tibet), Rhinzing Phinzo (Tibet), J. Tabei (w) (Japan); 28.5.81 R. Messner (Italien), F. Mutschlechner (Italien) Variante der Chinesen-Route; **28.5.82** R. Baxter-Jones (Großbritannien), A. MacIntyre (Großbritannien), Zentralcouloir; D. Scott (Großbritannien) SW-Wand; 10.10.82 M. Hara (Japan), H. Komamiya (Japan), H. Konishi (Japan); 12.10.82 T. Chiba (Japan), M. Ohmiya (Japan), M. Tomita (Japan); **29.4.83** U. Schum (Deutschland), J. Walter (Deutschland), M. Walter (w) (Deutschland); 30.9.83 M. Browning (USA), C. Pizzo (USA), G. Porzak (USA); **6.5.84** D. Howe (USA), M. Jenkins (USA), D. Kelley (USA), M. Wingert (USA); 8.5.84 S. Creer (USA), M. Lehner (USA); **10.5.85** O. Gassler (Österreich), L. Schausberger (Österreich), P. Wörgötter (Österreich); 12.5.85 G. Heinzel (Österreich), B. Kendler (Österreich), A. Vedani (Schweiz), T. Schilcher (Österreich), H. Wagner (Österreich), J. Wangeler (Schweiz), M. Wettstein (Schweiz); 16.5.85 G. De Marchi (Italien); 19.5.85 L. Karner (Österreich), H. Schell (Österreich), T. Schilcher (Österreich) (2.); 14.9.85 O. Oelz (Österreich), M. Ruedi (Schweiz), D. Wellig (Schweiz); **20.5.87** M. Perry (Neuseeland), M. Whetu (Neuseeland); 18.9.87 E. Avila (w) (Mexiko), C. Carsolio (Mexiko), R. Navarrete (Ecuador), W. Rutkiewicz (w) (Polen), R. Warecki (Polen) Mittelgipfelüberschreitung (über den Mittelgipfel zum Hauptgipfel); 18.9.87 A. Hajzer (Polen), J. Kukuczka (Polen) W-Grat/Mittelgipfel/ Hauptgipfel; 19.9.87 A. Hinkes (Großbritannien), S. Untch (USA) Zentralcouloir N-Wand/Mittelgipfel/Hauptgipfel; 1.10.87 S. Nagy (Ungarn), A. Ozsváth (Ungarn); 8.10.87 Z. Balaton (Ungarn), J. Csíkos (Ungarn), L. Várkonyi (Ungarn), L. Vörös (Ungarn); **13.5.88** T. Fischbach (Deutschland), K. Gürtler (Österreich), P. Konzert (Österreich) Mittelgipfelüberschreitung; 14.5.88 B. Kullmann (Deutschland), A. Metzger (Deutschland), H. Og (w) (Deutschland), K. Schuhmann (Deutschland); 17.5.88 H. Bärnthaler (Österreich), T. Hochholzer (Deutschland), W. Kunzendorf (Deutschland), J. Schütz (Deutschland), D. Thomann (Deutschland); 5.9.88 P. Berhault (Frankreich), F. De Stefani (Italien), S. Martini (Italien); 6.9.88 G. Daidola (Italien), D. Givois (Frankreich), P. Negri (Italien); 24.10.88 T. Saegusa (Japan), N. Yamada (Japan), A. Yamamoto (Japan); **16.4.89** K. Suzuki (Japan), S. Takamura (Japan), Y. Tsuji (Japan); 19.10.89 P. Kozjek (Jugoslawien), A. Stremfelj (Jugoslawien) Zentralpfeiler/SW-Wand; 20.10.89 F. Bence (Jugoslawien), V. Groselj (Jugoslawien) Rechte Seite SW-Wand/S-Grat; **12.5.90** E. Fries (Deutschland), J. Neuhauser (Österreich); 13.10.90 P. Expósito (Spanien), F. Gan (Spanien), F. Pérez (Spanien), R. Santaeufemia (Spanien), J. Martínez † (Spanien), M. A. Vidal (Spanien); **20.5.91** O. Dörrich (w) (Deutschland), T. Fritsche (Österreich), G. Härter (Deutschland), K. Hecher (Österreich), D. Porsche (Deutschland), H. Schnutt (Österreich); 8.10.91 Kim Chang-Seon (Südkorea) Zentralcouloir; Kim Jae-Soo (Südkorea) SW-Wand; **4.10.93** O. Cadiach (Spanien), M. de la Matta (Spanien) Zentralcouloir; C. Mauduit (w) (Frankreich) SW-Wand; 6.10.93 M. Bianchi (Italien), P. Pustelnik (Polen) Zentralpfeiler/SW-Wand; 7.10.93 K. Wielicki (Polen) SW-Wand zwischen der Briten-Route (1982) und der Jugoslawen-Route (1989); **7.5.94** Akbu (Tibet), Bianba Zaxi (Tibet), Cering Doje (Tibet), Daqiong (Tibet), Daqimi (Tibet), Jiabu (Tibet) (2.), Luoze (Tibet), Rena (Tibet), Wangjia (Tibet) Mittelgipfelüberschreitung; 28.5.94 J. Kirschmer (Deutschland) Mittelgipfelüberschreitung; 4.10.94 N. Kekus (Großbritannien) Mittelgipfelüberschreitung; **29.4.95** E. Loretan (Schweiz) Mittelgipfelüberschreitung; 12.5.95 R. Ratteit (Deutschland) Mittelgipfelüberschreitung; 13.5.95 P. Kotronaros (Griechenland), Sonam (Nepal) Mittelgipfelüberschreitung; **1.5.96** N. Joos (Schweiz) Mittelgipfelüberschreitung; 1.5.96 S. Sluka † (Slowakei), P. Sperka (Slowakei); 21.5.96 B. Hasler (Schweiz), C. Zinsli (Schweiz); 30.5.96 P. Guggemos (Deutschland), M. Schneider (Deutschland); 11.10.96 J. Bereziartua (Spanien), A. Iñurrategi (Spanien), F. Iñurrategi (Spanien) SW-Wand (Briten-Route); **24.5.97** P. Brill (Deutschland), R. Dujmovits (Deutschland), K. Hub (Deutschland), A. Neuhuber (Österreich), G. Osterbauer (Österreich), F. Prasicek (Österreich); **6.5.98** S. Andres (Italien), C. Kuntner (Italien); 14.5.98 A. Blanc (Italien), M. Comandona (Italien), V. Niclevicz (Brasilien) Mittelgipfelüberschreitung; 10.10.98 J. Oiarzabal (Spanien), C. Stangl (Österreich) Zentralcouloir/SW-Wand; 11.10.98 I. Querejeta (Spanien) Zentralcouloir/SW-Wand

Zusätzlich zu den vielen obengenannten Aufstiegen zum Hauptgipfel haben 14 Bergsteiger Mehrfachbesteigungen des Mittelgipfels unternommen. Mingma Norbu (Nepal) stand dreimal auf dem Mittelgipfel. A. Hinkes (Großbritannien), E. Loretan (Schweiz) und Cering Doje (Tibet) haben zu verschiedenen Gelegenheiten sowohl den Haupt- als auch den Mittelgipfel bestiegen.

Erstbesteigung des untergeordneten Gipfels:
Mittelgipfel: 29.4.83 G. Schmatz (Deutschland) Route der Erstbegeher zum Hauptgipfel mit einer Variante zu dem niedrigeren Gipfel. Schmatz wurde von seinen Partnern getrennt und war sich nicht dessen bewusst, dass er den ersten Aufstieg unternahm. Er glaubte, dass er den Hauptgipfel bestieg. Erst beim Abstieg bemerkte er, dass er einen anderen Gipfel bestiegen hatte.

Literatur über die Erstbesteigungen der Achttausender

Annapurna
»Annapurna. Erster Achttausender« von Maurice Herzog, mit einem Vorwort von Lucien Devies, Ullstein, Wien 1952
»Vor den Toren des Himmels. Von den Alpen zur Annapurna« von Lionel Terray, Neue Schweizer Bibliothek, Zürich 1965

Everest
»The Ascent of Everest« von John Hunt, Hodder und Stoughton, 1953
Berichte über die Expedition und die Gipfelbezwingung finden sich in der Autobiografie von Ed Hillary »High Adventure« und in Tensings Biografie »Man of Everest«
»Mount Everest. Kampf und Sieg« von John Hunt, Ullstein, Wien 1954
»Everest, Abenteuer und Tragödien am Berg der Berge« von Peter Gillman, J. Berg bei Bruckmann, München 1998

Nanga Parbat
»Nanga Parbat« von Karl M. Herrligkoffer, J. F. Lehmanns Verlag, München 1953
»8000 – Drüber und Drunter« von Hermann Buhl, Nymphenburger Verlagshandlung, München 1954

K2
»K2 – zweiter Berg der Erde« von Ardito Desio, Nymphenburger Verlagshandlung, München 1956
»K2 – Traum und Schicksal« von Kurt Diemberger, mit Besteigungschronik, Bruckmann, München 1989

Cho Oyu
»Cho Oyu. Gnade der Götter« von Herbert Tichy, Ullstein (sowie Buchgemeinschaft Donauland), Wien 1955

Makalu
»Makalu« von Jean Franco, Jonathan Cape, 1957

Kangchendzönga
»Kangchenjunga, The Untrodden Peak« von Charles Evans, Hodder and Staughton, 1956

Manaslu
»Manaslu 1954–6« vom Japanischen Alpen Club, The Mainichi Newspapers, 1956

Lhotse
»Gipfel über den Wolken« von Albert Eggler, Schweizer Lhotse-Everest-Expedition 1956, Hallwag, Bern 1957

Gasherbrum II
»Weisse Berge – Schwarze Menschen« von Fritz Moravec, Österreichischer Bundesverlag, Wien, 1958

Broad Peak
»Broad Peak 8047 m: Meine Bergfahrten mit Hermann Buhl« von Marcus Schmuck, Verlag Das Bergland Buch Salzburg/Stuttgart, 1958
»Deutsche am Broad Peak, 8047 m« von Karl M. Herrligkoffer, Lehmann, München 1955

Gasherbrum I
»A Walk in the Sky« von Nicholas Clinch, The Mountaineers, 1982

Dhaulagiri
»Erfolg am Dhaulagiri« von Max Eiselin, Zürich 1960

Shisha Pangma
Eine begrenzte Anzahl von Berichten findet sich in »Mountaineering in China« von Guozi Shuddian, Foreign Language Press, Beijing 1965 sowie in »Footprints on the Peaks: Mountaineering in China« von Zhou Zheng und Liu Zhenkai, Cloudcap, 1995

Als allgemeine Grundlage zur Situation am Beginn der »Achttausender-Ära« »Zum dritten Pol. Die Achttausender der Erde« von G. O. Dyhrenfurth, Nymphenburger Verlagshandlung, München 1952

Bildnachweis

Seitens des Verlegers wurden alle möglichen Anstrengungen unternommen, um die Inhaber der Urheberrechte für die Abbildungen, die dieses Buch beinhaltet, ausfindig zu machen. Für den Fall, dass der Inhaber des Urheberrechtes für eine Fotografie nicht ausfindig gemacht werden konnte, sich aber nach Veröffentlichung dieser Ausgabe meldet, wird der Verleger eine Richtigstellung zum frühest möglichen Zeitpunkt vornehmen.

Alle Fotos wurden von der Mountain Camera Picture Library zur Verfügung gestellt. Die Urheberrechte der Fotografien liegen bei folgenden Personen: Titel: Doug Scott, Shisha Pangma. Rückseite: Doug Scott, Everest; Colin Monteath/Mountain Camera, K2; John Cleare/Mountain Camera, Kangchendzönga; Ian Evans/Mountain Images, Lhotse; John Cleare/Mountain Camera, Makalu; David D. Keaton/Mountain Camera, Cho Oyu; John Cleare/Mountain Camera, Dhaulagiri; John Cleare/Mountain Camera, Manaslu; Doug Scott, Nanga Parbat; Darryn Pegram/Hedgehog House, Annapurna; Guy Cotter/Hedgehog House, Gasherbrum I; Doug Scott, Broad Peak; John Cleare/Mountain Camera, Shisha Pangma; Alan Hinkes, Gasherbrum II.

Die Positionen der Fotos im Buch sind wie folgt festgelegt: o = oben, l = links, m = Mitte, r = rechts, u = unten

Herzog der Abruzzen, National Mountain Museum, Turin: 19 um, 88 ol; Rick Allen: 172, 188 ol; Peter Aschenbrenner: 22 ur; Bill Atkinson/Hedgehog House: 161 ur, 176; Pat Barrett/Hedgehog House: 28, 184, 185 ur; Fritz Bechtold: 22 ol; Chris Bonington: 36, 38, 39, 56 ol, 65 ol, 79, 90–91, 98 ol, or; Brenner: 21 ur; Joe Brown/Mountain Camera: 124, 126; Hermann Buhl: 169 ol; John Cleare/Mountain Camera: 20 ol, 37, 41, 48 ur, 51 mr, 62, 65 or, 72 ol, 82, 88 ur, 89 o, 105 or, 122, 128 ol, 142 or, 149 u, 151 ol, or, 174, 190, 195; Nick Clinch: 178 ol, ur, 179; Guy Cotter/Hedgehog House: 3 ur, 5 ol, 7, 50, 51 ol, 146, 160 ul, 163 um; Henry Day/British Nepalese Army, Annapurna-Expedition: 26, 29, 30 ml, ul, 32 mr, 32–33, 33 ol, 34, 35 or, m, 40; Kurt Diemberger Collection: 78, 149 or, 164 ul, 170 l, m, 171 (»K2 – The Endless Knot«), 186 ur, ml (»The Kurt Diemberger Omnibus«); Grant Dixon/Hedgehog House: 45 o, 46 ul, 85 mr, 151 l; Ian Evans/Mountain Images: 4 u, 42, 52, 89 ur, 100, 102, 104 or, 185 or, 192, 194; John Fowler/Mountain Camera: 199 or, 200; Deutsche Himalaja-Stiftung, München: 21 om; John und Lindsay Griffin: 115 m; Hall and Ball Archive/Hedgehog House: 86 m, 90 or, 103, 120 ol, 151 ml, 154 m, 188 ur; David Hamilton: 4–5, 9 ur, 94 ul, 95, 156, 161 ol, ul, mr, 162 ur, 163 o, 164 ol, 180 om, 181; Bunshow Hattori: 87, 91 mr; Karl Herrligkoffer: 66 ul, m; Alan Hinkes: 2 l, ur, 9 ol, 12–13, 65 mr, 67, 68 ul, m, 69, 76, 77, 80, 84, 85 or, 86 ol, 92–93, 94 ur, 97 ol, ur, 99, 112, 121 ol, ur, 139 ol, 143, 150 u, or, 154 or, 155, 159, 162 o, 165, 166, 173, 177 ml, mr, 180, 196; T. Imanishi (Mainichi Newspapers): 140 ml, 141 ol; Indian Air Force/Mountain Camera: 148 um; Tadashi Kajiyama/Mountain Camera: 66 ol, 70, 71 or, 72 mr, 73, 74 ul, 75 ol, 81; David D. Keaton/Mountain Camera: 3 ul, 54–55, 58, 60, 104 ol, 105 ml, 106 ul, or, 107 um, or, 108 om, u, 109 ur, 110, 111; Col. Kumar: 127 ul, or; Louis Lachenal: 31; Alex McIntyre: 202 m; Helen Mason: 14, 15, 18, 19 ml, 65 ur; Colin Monteath/Mountain Camera: 46 ol, 53, 56 mr, 59 ul, 185 mr, 189, 193; Fritz Moravec: 158; Patrick Morrow: 13 ur, 48 ol, 59 or, 96, 119, 120 m, 132, 135 u, 152–153, 168, 182, 187; Mountain Camera Archive: 19; Hugh van Noorden/Hedgehog House: 8, 44, 45 u; Steve Razzetti: 11, 30 o, 30–31, 46 ml, 61 ml, 117 or, 125, 128 ml, 133 ol, um, 134, 136, 138, 144, 145 l; Ernst Reiß: 148 mr; RGS: 20 ul, 21 ul; RGS/The Times: 49 ol; Marcus Schmuck: 117 u; Doug Scott: 25 ol, 61 or, 64 ul, 71 ul, 75 u, 118 om, 129 or, u, 130 ul, 131 ml, or, 169 or, 199 mr, 202 ul; Eric Shipton: 24 ol, um; Will Siri: 114; Dick Smith/Hedgehog House: 118–119; Pip Smith/Hedgehog House: 3 or, 47; Frank Smythe: 23; Geoff Spearpoint/Hedgehog House: 135 ol; Lionel Terray: 116; Herbert Tichy: 104 ul; H. W. Tilman: 25 ol; Jon Tinker: 46 or; Stephen Venables: 6, 10 om, u, 57, 203; Takayoshi Yoda (Mainichi Newspapers): 140 um, 141 ur, 142 ul; Zhou Zheng/Liu Zhenkai: 198

Bildunterschriften für die Kapitelaufmacher: Seite 26–27: Die immer noch selten bestiegene Nordwand der Annapurna. Eine sichere Route durch dieses Wirrwarr von Eis und Fels zu finden, ist keine leichte Aufgabe. Seite 42–43: Die gewaltige Nordwand des Everest vom Rongbuk-Kloster aus, so wie sie wohl auch die erste Expedition gesehen hat. Seite 62–63: Von diesem Aussichtspunkt hoch über dem Babusar-Pass aus gesehen dominiert der Nanga Parbat – der westlichste Gipfel des Himalaja – das Panorama. Seite 82–83: Die spektakuläre Ansicht des K2 von Süden über dem Godwin-Austen-Gletscher hinweg (in der Nähe von Concordia). Seite 100–101: Die Südwand – auf der nepalesischen Seite – des Cho Oyu erhebt sich über den Ngozumpa-Gletscher. Seite 112–113: Zwischen den Moränen des Barun-Gletschers unterhalb der Südwestwand und des Südostgrates des Makalu. Seite 122–123: Ein klassischer Blick auf den Kangchendzönga – »die fünf Schatzkammern des großen Schnees« – vom Milke-Danda-Grat im Südwesten. Die Gipfel von rechts nach links sind der Südgipfel, der Hauptgipfel und der Westgipfel (Yalung Kang). Ganz links befindet sich der gewaltige Gipfel des Jannu. Seite 136–137: Blick nach Westen auf den Manaslu von Sama Gompa hoch im Buri-Gandaki-Tal. Seite 146–147: Bei diesem interessanten Ausblick vom Südostgrat des Everest auf den Südsattel kann man einige Zelte und Bergsteiger erkennen. Dahinter türmt sich der Lhotse auf. Seite 156–157: Der unverwechselbare Südwestsporn und der Südostsporn des Gasherbrum II neigen sich zum Eisfall des südlichen Gasherbrum-Gletschers hinab; der Gasherbrum III (7952 Meter) liegt links davon. Seite 166–167: Die Träger einer Expedition rasten in der Nähe des Basislagers des K2, im Hintergrund die gewaltige Nordostwand des Broad Peak. Seite 174–175: Gasherbrum I oder »Hidden Peak« in der Nähe des Basislagers von Südwesten aus gesehen. Seite 182–183: Von dem berühmten Aussichtspunkt Poon Hill fällt der Blick auf die südlichen Flanken des Dhaulagiri, die vom Morgennebel umhüllt sind. Seite 196–197: Yaks im vorgerückten Basislager auf etwa 5640 Meter zwischen den Moränen des Yabukangala-Gletschers.

Reinhold Messner bei BLV

... und im Internet: www.reinhold-messner.de

Berge versetzen
Reinhold Messners Analyse einiger seiner Abenteuer im Grenzbereich des Möglichen – Erfahrungen und Erkenntnisse, von denen jeder, der hohe Ansprüche an sich selbst stellt, im täglichen Leben profitieren kann.

Mallorys zweiter Tod
Die Antwort auf die Frage, wer am Mount Everest der Erste war: die Auseinandersetzung mit dem Mythos George L. Mallory und der Everest-Tragödie von 1924 – eine Spurensuche mit Zitaten aus Mallorys Briefen und Berichten sowie Messners Analyse der Geschehnisse am Berg.

Alexander und Thomas Huber
Herausgeber Reinhold Messner
The Wall
Die erste Dokumentation über Alexander und Thomas Huber – Vorbild und Wegbereiter für innovative Kletterer im höchsten Schwierigkeitsgrad: Entwicklungsstationen, spektakuläre Erstbegehungen und Expeditionen; mit Kommentaren von Reinhold Messner.

Die großen Wände
Grenzgänge an großen Wänden – zum Lesen, Hören, Miterleben: die Erschließungsgeschichte bis heute mit einzigartigem historischen und aktuellen Bildmaterial. Exklusiv mit CD: Reinhold Messner erzählt 13 selbst erlebte Episoden an großen Wänden – authentisch, spannend, fesselnd.

Überlebt
Als erster Mensch auf allen 14 Achttausendern der Welt: die Dokumentation einer kaum vorstellbaren Gesamtleistung und alpinhistorischen Sensation; aktuelle Achttausender Chronik; alle Besteiger der 14 Achttausender.

Everest
Die Besteigung des Everest 1978 »by fair means« und erstmals ohne künstlichen Sauerstoff – die Dokumentation dieser Expedition, in der Messner vor allem auch seine persönlichen Empfindungen und Erfahrungen protokollierte.

Bis ans Ende der Welt
Messners persönlicher Rückblick auf seine Gipfelerfolge – ausgewählte Kapitel, die seine einzigartigen Unternehmungen, wichtigsten Stationen und alpinen Höchstleistungen wieder lebendig werden lassen.

Annapurna
Zum 50. Jahrestag der Erstbesteigung: die Erschließungsgeschichte der Annapurna, Messners Bewertung der Leistungen verschiedener Expeditionen, Annapurna-Chronik mit allen Expeditionen und Erstbesteigungen.

G I und G II
Messners Pioniertaten an den Gasherbrums: G I im Alpenstil und die Doppelüberschreitung von G I und G II – alpinhistorische Meilensteine in Gegenüberstellung zum hochalpinen Massentourismus von heute.

Im BLV Verlag finden Sie Bücher zu den Themen:

Garten und Zimmerpflanzen • Natur • Heimtiere • Jagd und Angeln • Pferde und Reiten • Sport und Fitness • Wandern und Alpinismus • Essen und Trinken

Ausführliche Informationen erhalten Sie bei:

 BLV Verlagsgesellschaft mbH
Postfach 400320 • 80703 München
Telefon 089/12705-0
Telefax 089/12705-543
http://www.blv.de